›Traumpfade‹, ›Songlines‹: das sind nach dem Glauben der australischen Ureinwohner die labyrinthischen Linien und gedachten Wege, an denen entlang die legendären Ahnen der Traumzeit über den Kontinent wanderten und »singend alles benannten, was ihre Wege kreuzte – Vögel, Tiere, Pflanzen, Felsen, Wasserlöcher – und so die Welt ins Dasein sangen«. Bis zum heutigen Tag dürfen die Traumpfade nicht überschritten werden. So ist der Konflikt zwischen zwei Welten und zwei Kulturen unausweichlich, wenn beispielsweise eine Erdölfirma oder eine Eisenbahngesellschaft ihre Landvermesser ausschickt, denn wer könnte dem Vermesser klarmachen, daß »ein rötlicher Sandsteinbrocken die Leber eines mit dem Speer erlegten Känguruhs« ist? Deshalb hat es sich Arkady, Sohn eines vor den Nazis nach Australien ausgewanderten Kosaken, zur Aufgabe gemacht, Karten über die heiligen Stätten der Aborigines anzulegen, um allzu große Verletzungen der Traumpfade durch die Streckenführung der Eisenbahn zu verhindern.
An Arkadys Seite geht Chatwin den ›Fußspuren der Ahnen‹ nach in seinem Reisebuch, das Abenteuergeschichte, Ideenroman, Satire auf den Fortschrittswahn, geistige Autobiographie und romantische Komödie zugleich ist. Auf ihren Streifzügen zu Fuß und im Jeep begegnen sie einer Reihe hochinteressanter Menschen, kauzigen Typen, Idealisten, Eigenbrötlern, Philosophen von schwarzer und weißer Hautfarbe – Heiligen und weniger Heiligen.
»*Traumpfade* ist ein phantastischer Irrgarten voller Anekdoten, Spekulationen und Beschreibungen, faszinierend und anrührend, Chatwin ein Schriftsteller, den nicht zu lesen keiner, der sich für Literatur interessiert, sich leisten kann.« ›New York Times Book Review‹

Bruce Chatwin, geboren 1940 in Sheffield, arbeitete bei Sotheby's und als Journalist bei der ›Sunday Times‹. Ausgedehnte Reisen seit 1962 führten ihn nach Afghanistan, in die Sowjetunion, nach Osteuropa, Westafrika, Patagonien, Australien. Neben »wunderbaren Reisebüchern« (Michael Krüger) hat Chatwin einige hochgelobte Romane und Essays geschrieben. Er starb 1989 in Nizza.
Im *Fischer Taschenbuch Verlag* erschienen die Romane: ›Auf dem schwarzen Berg‹ (Bd. 10294) und ›Utz‹ (Bd. 10363), die Essaysammlung ›Was mache ich hier‹ (Bd. 10362), die Photobände ›Auf Reisen‹ (Bd. 13306) und ›Verschlungene Pfade‹ (Band 14706), ein Band mit Geschichten ›Der Traum der Ruhelosen‹ (Bd. 13729), außerdem – zusammen mit Paul Theraux – ›Wiedersehen mit Patagonien‹ (Bd. 11721). Und über Bruce Chatwin: Susannah Clapp ›Mit Chatwin. Porträt eines Schriftstellers‹ (Band 14562).

Unsere Adresse im Internet: www.fischer-tb.de

Bruce Chatwin

Traumpfade
The Songlines

Roman

Aus dem Englischen von
Anna Kamp

Fischer
Taschenbuch
Verlag

Limitierte Jubiläumsedition
Veröffentlicht im Fischer Taschenbuch Verlag,
Frankfurt am Main, Januar 2002

Lizenzausgabe mit freundlicher Genehmigung
des Carl Hanser Verlags, München, Wien
Die englische Originalausgabe erschien 1987
unter dem Titel ›The Songlines‹ bei Jonathan Cape, London
Der Autor hat, abweichend von der Originalausgabe,
für die deutsche Ausgabe einige geringfügige
Kürzungen und Ergänzungen vorgenommen
© Bruce Chatwin 1987
Für die deutsche Ausgabe:
© Carl Hanser Verlag München Wien 1990
Satz: Fotosatz Reinhard Amann, Leutkirch
Druck und Bindung: Clausen & Bosse, Leck
Printed in Germany
ISBN 3-596-50504-6

Für Elizabeth

1

In Alice Springs, einem Netz verbrannter Wege, wo Männer in langen weißen Socken unaufhörlich in Landcruiser einstiegen oder aus Landcruisern ausstiegen, begegnete ich einem Russen, der damit beschäftigt war, eine Karte von den heiligen Stätten der Aborigines anzulegen.

Sein Name war Arkady Wolschok. Er war australischer Staatsbürger. Er war dreiunddreißig Jahre alt.

Sein Vater, Iwan Wolschok, ein Kosake aus einem Dorf in der Nähe von Rostow am Don, war 1942 geschnappt und zusammen mit einer Zugladung weiterer »Ostarbeiter« zum Dienst in eine deutsche Fabrik geschickt worden. Eines Nachts, irgendwo in der Ukraine, sprang er aus dem Viehwaggon in ein Sonnenblumenfeld. Soldaten in grauen Uniformen jagten ihn die langen Reihen von Sonnenblumen auf und ab, aber er entkam ihnen. Irgendwo anders, verirrt zwischen modernen Armeen, traf er ein Mädchen aus Kiew und heiratete sie. Gemeinsam verschlug es sie in einen verschlafenen Vorort von Adelaide, wo er eine Wodkabrennerei aufzog und drei kräftige Söhne zeugte.

Der jüngste von ihnen war Arkady.

Arkady war von seinem Temperament her keineswegs für ein Leben in der Abgeschiedenheit eines angelsächsischen Vororts oder für einen konventionellen Beruf bestimmt. Er hatte ein flaches Gesicht und ein sanftes Lächeln, und er durchquerte die hellen Weiten Australiens mit der Unbeschwertheit seiner rastlosen Vorfahren.

Er hatte dichtes, glattes Haar von strohblonder Farbe. Seine Lippen waren in der Hitze aufgesprungen. Er hatte nicht den verkniffenen Mund so vieler weißer Australier aus dem Busch; auch verschluckte er seine Wörter nicht. Er rollte das R auf eine sehr russische Art. Nur aus nächster Nähe erkannte man, wie grobknochig er war.

Er war verheiratet, erzählte er mir, und hatte eine sechsjährige Tochter. Doch da er die Einsamkeit dem häuslichen Chaos vorzog, lebte er nicht mehr mit seiner Frau zusammen. Er besaß, abgesehen von einem Cembalo und einem Regal mit Büchern, kaum etwas.

Er war ein unermüdlicher Buschwanderer. Es machte ihm nichts aus, mit einer Feldflasche Wasser und ein paar Bissen Proviant zu einem Marsch von hundert Meilen längs der MacDonnell-Berge aufzubrechen. Wenn er danach aus der Hitze und der Helligkeit nach Hause kam, zog er die Vorhänge zu und spielte Musik von Buxtehude und Bach auf dem Cembalo. Ihre regelmäßig fortschreitenden Sequenzen, sagte er, entsprächen den Umrissen der zentralaustralischen Landschaft.

Arkadys Eltern hatten beide nie ein Buch in Englisch gelesen. Sie waren hocherfreut, als er sein Studium der Geschichte und der Philosophie an der Universität von Adelaide mit Auszeichnung abschloß. Sie waren traurig, als er fortging, um als Lehrer in einer Aborigines-Siedlung im Warlpiri Country nördlich von Alice Springs zu arbeiten.

Er mochte die Aborigines. Er mochte ihre Courage und ihre Zähigkeit und ihre geschickte Art im Umgang mit dem weißen Mann. Er hatte einige ihrer Sprachen gelernt oder halb gelernt, und ihre intellektuelle Kraft, ihr fabelhaftes Gedächtnis und ihre Fähigkeit und ihr Wille zu überleben hatten ihn in Erstaunen gesetzt. Sie seien, betonte er, keine aussterbende Rasse – wenn sie auch hin und wieder Hilfe brauchten, um sich die Regierung und die Bergbaugesellschaften vom Hals zu schaffen.

Während seiner Zeit als Lehrer hörte Arkady zum erstenmal von dem Labyrinth unsichtbarer Wege, die sich durch ganz Australien schlängeln und die Europäern als »Traumpfade« oder »Songlines« und den Aborigines als »Fußspuren der Ahnen« oder »Weg des Gesetzes« bekannt sind.

Schöpfungsmythen der Aborigines berichten von den legendären totemistischen Wesen, die einst in der Traumzeit über den Kontinent wanderten und singend alles benannten, was ihre Wege kreuzte – Vögel, Tiere, Pflanzen, Felsen, Wasserlöcher –, und so die Welt ins Dasein sangen.

Arkady war von der Schönheit dieser Vorstellung so beeindruckt, daß er begann, alles aufzuschreiben, was er hörte oder sah, nicht um es zu veröffentlichen, sondern um seine eigene Neugier zu befriedigen. Anfangs mißtrauten ihm die Ältesten der Warlpiri und gaben ihm ausweichende Antworten auf seine Fragen. Mit der Zeit jedoch, als er ihr Vertrauen gewonnen hatte, luden sie ihn ein, ihren streng geheimen Zeremonien beizuwohnen, und ermutigten ihn, ihre Lieder zu lernen.

Einmal kam ein Anthropologe aus Canberra, um die Landbesitz-Ordnung der Warlpiri zu erforschen: ein neidischer Akademiker, der Arkady seine Freundschaft mit den Lieder-Menschen mißgönnte, Informationen aus ihm herausholte und prompt ein Geheimnis verriet, das zu bewahren er versprochen hatte. Angewidert von dem nachfolgenden Streit warf der »Russe« seine Arbeit hin und ging ins Ausland.

Er sah die buddhistischen Tempel Javas, saß mit Sadhus an den Totenverbrennungsstätten in Benares, rauchte Haschisch in Kabul und arbeitete in einem Kibbuz. Auf der schneebestäubten Akropolis von Athen war nur ein einziger anderer Tourist: ein griechisches Mädchen aus Sydney.

Sie reisten zusammen durch Italien, sie schliefen miteinander, und in Paris beschlossen sie zu heiraten.

Da er in einem Land groß geworden war, in dem es »nichts« gab, hatte Arkady sich sein Leben lang danach gesehnt, die Monumente der abendländischen Zivilisation zu sehen. Er war verliebt. Es war Frühling. Es hätte wunderbar sein sollen in Europa. Zu seiner Enttäuschung hinterließ es bei ihm einen schalen Geschmack.

In Australien hatte er die Aborigines oft gegen Leute verteidigen müssen, die sie als Trunkenbolde und unfähige Wilde abtaten; doch hatte es in dem Fliegendreck und Elend eines Warlpiri-Lagers Augenblicke gegeben, in denen ihm der Verdacht kam, daß sie recht haben könnten und daß seine Berufung, diesen Schwarzen zu helfen, entweder eine vorsätzliche Selbsttäuschung oder aber Zeitverschwendung sei.

Jetzt, in einem Europa des gedankenlosen Materialismus, erschienen ihm seine »alten Männer« weiser und besonnener denn je. Er ging in ein Qantas-Büro und kaufte zwei Tickets für den Rückflug. Er heiratete sechs Wochen später in Sydney und nahm seine Frau mit nach Alice Springs.

Sie sagte, daß es ihr Wunsch sei, im Innern des Landes zu leben. Sie sagte, daß es ihr gefalle, als sie dort ankam. Nach nur einem Sommer in einem blechgedeckten Haus, in dem es heiß war wie in einem Backofen, begannen sie sich auseinanderzuleben.

Die Landrechte-Gesetzgebung gab den Aborigines-»Besitzern« Anrecht auf ihr Land, vorausgesetzt, es lag brach. Die Arbeit, die Arkady für sich ausdachte, bestand darin, die »Stammesgesetze« in die Sprache der Krone zu übersetzen.

Niemand wußte besser, daß die »idyllischen« Tage des Jagens und Sammelns vorüber waren – falls sie überhaupt jemals so idyllisch gewesen waren. Wenn man für die Aborigines etwas tun wollte, so mußte man ihnen ihre wichtigste Freiheit erhalten: die Freiheit, arm zu bleiben, oder, wie er es taktvoll formulierte, den Raum, in dem sie arm sein konnten, wenn sie arm sein wollten.

Jetzt, da er allein lebte, verbrachte er die meiste Zeit gern »draußen im Busch«. Wenn er in die Stadt kam, arbeitete er in einer stillgelegten Druckerei, wo Rollen alten Zeitungspapiers noch immer die Druckerpressen verstopften und Serien seiner Luftaufnahmen wie Dominosteine über die schäbigen weißen Wände verteilt waren.

Eine Serie zeigte einen dreihundert Meilen langen Streifen Land, der ziemlich genau nach Norden führte. Es war die geplante neue Eisenbahnlinie von Alice nach Darwin.

Diese Linie, sagte er mir, sei der letzte längere Schienenstrang, der in Australien gelegt werden würde; und der Chefingenieur, ein Eisenbahner der alten Schule, habe verkündet, daß sie auch die beste sein müsse.

Der Ingenieur stand kurz vor seiner Pensionierung und war um seinen Nachruf besorgt. Ihm war besonders daran gelegen, den Tumult zu vermeiden, der jedesmal ausbrach, wenn eine Bergbaugesellschaft ihren Maschinenpark auf Aborigine-Land abstellte. Daher hatte er versprochen, keine einzige ihrer heiligen Stätten zu zerstören, und ihre Vertreter gebeten, ihm eine Karte zu beschaffen.

Arkadys Arbeit bestand darin, die »traditionellen Landbesitzer« ausfindig zu machen, mit ihnen über ihre alten Jagdgründe zu fahren, auch wenn diese jetzt einer Viehzüchtergesellschaft gehörten, und in Erfahrung zu bringen, welcher Felsen, welches Schlammloch oder welcher Geistereukalyptusbaum das Werk eines Traumzeit-Heroen war.

Er hatte bereits eine Karte von der hundertfünfzig Meilen langen Strecke von Alice bis zur Middle-Bore-Ranch angelegt. Er hatte noch weitere hundertfünfzig Meilen vor sich.

»Ich habe den Ingenieur darauf aufmerksam gemacht, daß er reichlich verwegen ist«, sagte er. »Aber er will es nun einmal so.«

»Wieso verwegen?« fragte ich.

»Na ja, wenn man es mit *ihren* Augen betrachtet«, meinte er grinsend, »dann ist das ganze verflixte Australien eine heilige Stätte.«

»Erklären Sie«, sagte ich.

Er wollte soeben damit beginnen, als ein Aborigine-Mädchen mit einem Stapel Akten hereinkam. Es war eine Sekretärin, ein geschmeidiges braunes Mädchen in einem braunen Strickkleid. Sie lächelte und sage: »Hallo, Ark!«, aber ihr Lächeln erlosch, als sie den Fremden erblickte.

Arkady senkte die Stimme. Er hatte mich schon vorher darauf aufmerksam gemacht, wie sehr die Aborigines es hassen, wenn sie Weiße über ihre »Angelegenheiten« sprechen hören.

»Dies ist ein Engländer«, sagte er zur Sekretärin. »Ein Engländer mit dem Namen Bruce.«

Das Mädchen kicherte mißtrauisch, ließ die Akten auf den Tisch fallen und stürzte zur Tür.

»Gehen wir einen Kaffee trinken«, sagte er.

Und so gingen wir zu einem Coffee-Shop in der Todd Street.

2

In meiner Kindheit hörte ich das Wort »Australien« nie, ohne daß ich an die Eukalyptusdämpfe des Inhalierapparats und an ein endloses, von Schafen bevölkertes rotes Land denken mußte.

Mein Vater erzählte gern – und wir hörten gern – die Geschichte von dem australischen Schafmillionär, der in London in einen Vorführraum von Rolls-Royce schlenderte, alle kleineren Modelle verschmähte, sich für eine enorme Limousine mit einer gläsernen Trennwand zwischen Chauffeur und Fahrgästen entschied und beim Hinblättern des Bargelds arrogant hinzufügte:»Jetzt werden mir die Schafe nicht länger in den Nacken blasen können.«

Von meiner Großtante Ruth wußte ich außerdem, daß Australien das Land war, wo die Menschen mit dem Kopf nach unten gingen. Ein Loch, von England geradeaus durch die Erde gebohrt, würde unter ihren Füßen aufplatzen.

»Warum fallen sie nicht um?« fragte ich.

»Schwerkraft«, flüsterte sie.

Sie hatte in ihrer Bibliothek ein Buch über diesen Kontinent, und ich starrte verwundert auf Bilder vom Koalabären und vom Lachenden Hans, vom Schnabeltier und vom tasmanischen Buschteufel, vom alten Känguruhmann und dem gelben Dingohund und von der Hafenbrücke von Sydney.

Aber am besten gefiel mir das Bild, das eine Aborigine-Familie auf Wanderschaft darstellte. Es waren magere, knochige Menschen, und sie gingen nackt. Ihre Haut war sehr schwarz, nicht das glänzende Schwarz von Negern, sondern ein mattes Schwarz, als hätte die Sonne jede Möglichkeit der Spiegelung aufgesogen. Der Mann hatte einen langen gegabelten Bart und trug einen Speer oder zwei und eine Speerschleuder. Die Frau trug ein *dilly-bag* – einen Tragebehälter – und ein Baby an ihrer Brust. An ihrer Seite ging ein kleiner Junge – und mit ihm identifizierte ich mich.

Ich erinnere mich an die fantastische Heimatlosigkeit meiner ersten fünf Lebensjahre. Mein Vater war bei der Kriegsmarine, auf See. Meine Mutter und ich reisten mit der Eisenbahn kreuz und quer durch das vom Krieg gezeichnete England und besuchten Verwandte und Freunde.

All die wahnsinnige Unruhe der damaligen Zeit teilte sich mir mit: der zischende Dampf auf einem nebelverhüllten Bahnhof, das zweimalige Klu-unk der sich schließenden Zugtüren, das Dröhnen von Flugzeugen, die Scheinwerfer, die Sirenen; die Klänge einer Mundharmonika auf einem Bahnsteig voller schlafender Soldaten.

Unser Zuhause, soweit wir eines hatten, war ein stabiler schwarzer Koffer, Zauberkoffer genannt, in dem es eine Ecke für meine Kleidung und meine Mickymaus-Gasmaske gab. Ich wußte, daß ich, sobald die Bomben fielen, mich in dem Zauberkoffer zusammenrollen konnte und in Sicherheit war.

Manchmal lebte ich monatelang bei meinen beiden Großtanten in ihrem Reihenhaus hinter der Kirche von Stratford-on-Avon. Sie waren alte Jungfern.

Tante Katie war Malerin und war viel gereist. In Paris war sie auf einer sehr halbseidenen Party im Atelier von Kees van Dongen gewesen. Auf Capri hatte sie die Melone eines Mr. Uljanow gesehen, die die Piccola Marina entlang auf- und abhüpfte.

Tante Ruth war nur einmal in ihrem Leben gereist, nach Flandern, um einen Kranz auf das Grab eines geliebten Menschen zu legen. Sie war ein einfacher, zutraulicher Mensch. Ihre Wangen waren hellrosarot, und sie konnte so süß und unschuldig erröten wie ein junges Mädchen. Sie war sehr taub, und ich mußte immer in ihren Hörapparat brüllen, der wie ein Kofferradio aussah. Neben ihrem Bett stand eine Fotografie von ihrem Lieblingsneffen, meinem Vater, der gelassen unter dem Lackschirm seiner Marineoffiziersmütze hervorblickte.

Die Männer in der Familie meines Vaters waren entweder solide, seßhafte Bürger – Rechtsanwälte, Architekten, Altertumsforscher – oder horizontsüchtige Wanderer gewesen, deren Gebeine in allen Winkeln der Erde verstreut lagen: Cousin Charlie in Patagonien, Onkel Victor in einer Goldgräbersiedlung in Yukon, Onkel Robert in einem orientalischen Hafen, Onkel Desmond, der mit dem langen blonden Haar, war spurlos in Paris verschwunden, und Onkel Walter hatte in einem Hospital für heilige Männer in Kairo auf seinem Sterbebett Suren aus dem glorreichen Koran gesungen.

Manchmal hörte ich, wie meine Tanten über diese verkorksten Existenzen sprachen; dann drückte Tante Ruth mich an sich, als wollte sie verhindern, daß ich in ihre Fußstapfen trat. Doch aus der Art, wie sie bei Wörtern wie »Xanadu«, »Samarkand« oder »weinrote See« verweilte, konnte man schließen, daß auch sie die Unruhe des »Wanderers in ihrer Seele« spürte.

Das Haus stand voller klobiger Möbel, ein Erbe aus der Zeit der hohen Plafonds und der Dienstboten. Im Salon gab es William-Morris-Vorhänge, ein Klavier, eine Vitrine mit Porzellan und ein Ölgemälde mit Muschelsammlern, das Tante Katies Freund A. E. Russell gemalt hatte.

Mein meistgehüteter Besitz war damals eine Muschelschale mit Namen Mona, die mein Vater von den Westindischen Inseln mitgebracht hatte. Ich drückte mein Gesicht an ihre rosaglänzende Öffnung und lauschte dem Rauschen der Brandung.

Eines Tages, nachdem Tante Katie mir einen Druck von Botticellis *Geburt der Venus* gezeigt hatte, betete und betete ich darum, daß aus Mona eine schöne blonde junge Dame hervorkäme.

Tante Ruth schimpfte nie mit mir, außer einem einzigen Mal, an einem Abend im Mai 1944, als ich ins Badewasser pinkelte. Ich dürfte eines der letzten Kinder auf der Welt sein, denen noch mit dem Geist Bonapartes gedroht wurde. »Wenn du das noch einmal tust«, rief sie, »kommt Boney dich holen.«

Wie Boney aussah, wußte ich von seiner Porzellanfigur in der Vitrine: schwarze Stiefel, weiße Breeches, goldene Knöpfe und ein schwarzer Zweispitz. Aber die Zeichnung, die Tante Ruth für mich anfertigte – nach dem Vorbild einer anderen Zeichnung, die ein Freund ihres Vaters, Lawrence Alma-Tadema, für sie gemacht hatte, als sie ein Kind war –, zeigte den pelzigen Zweispitz nur auf zwei spindeldürren Beinen.

In derselben Nacht und in den darauffolgenden Wochen träumte ich, daß ich Boney auf dem Platz draußen vor dem Pfarrhaus begegnete. Er öffnete sich wie eine zweischalige Muschel in zwei Hälften. Innen waren Reihen von schwarzen Reißzähnen und eine Masse von drahtigem blauschwarzem Haar – in die ich hineinfiel, bevor ich schreiend aufwachte.

Freitags gingen Tante Ruth und ich zur Pfarrkirche, um sie für den Sonntagsgottesdienst herzurichten. Sie polierte die Messinggeräte, staubte das Chorgestühl ab, wechselte die Altardecke aus und stellte frische Blumen auf den Altar, während ich auf die Kanzel kletterte oder imaginäre Gespräche mit Mr. Shakespeare führte.

Mr. Shakespeare blickte von der Höhe seines Standbilds im nördlichen Teil des Altarraums herab. Er war ein kahlköpfiger Mann mit einem hochgezwirbelten Schnurrbart. Seine linke Hand ruhte auf einer Schriftrolle, und seine rechte Hand hielt einen Federkiel.

Ich ernannte mich zum Wächter seiner Grabstätte, spielte den Führer und verlangte von den G.I.s drei Pennies pro Rundgang. Die ersten Verse, die ich auswendig lernte, waren die vier Zeilen, die in seinen Grabstein eingraviert waren:

> Du guter Freund, tu's Jesus zu Gefallen
> Und wühle nicht im Staub, der hier verschlossen.
> Gesegnet sei der Mann, der schonet diese Steine,
> Und jeder sei verflucht, der stört meine Gebeine.

Lange Zeit danach, in Ungarn, wo ich mich aufhielt, um die Archäologie von Nomaden zu studieren, hatte ich das Glück, bei der Öffnung des Grabes einer Hunnen-»Prinzessin« zugegen zu sein. Das Mädchen lag auf dem Rücken, auf schwarze Erde gebettet, die mürben Knochen von einem Regen goldener Plättchen bedeckt, und quer über ihrer Brust lag mit ausgebreiteten Schwingen das Skelett eines Goldadlers.

Einer der Ausgräber rief ein paar Bäuerinnen herbei, die auf dem Feld in der Nähe Heu machten. Sie ließen ihre Rechen fallen, drängten sich um die Graböffnung und bekreuzigten sich mit schwerfälligen Handbewegungen, als wollten sie sagen: »Laßt sie in Ruhe. Laßt sie mit ihrem Liebhaber allein. Laßt sie mit Zeus allein.«

»Und jeder sei verflucht...« Mir war, als hörte ich Mr. Shakespeare rufen, und zum erstenmal fragte ich mich, ob die Archäologie selbst nicht vielleicht verflucht sei.

Wenn in Stratford am Nachmittag schönes Wetter war, gingen Tante Ruth und ich mit ihrem Cockerspaniel Amber, der an seiner Leine zerrte, den Weg, der Tante Ruth zufolge Shakespeares Lieblingsspazierweg gewesen war. Wir begannen in der College Street, gingen am Getreidesilo und dem schäumenden Mühlgerinne vorbei, weiter über den Steg über den Avon und folgten dem Pfad nach Weir Brake.

Weir Brake war ein Haselnußwäldchen an einem Hang, der zum Fluß hin abfiel. Im Frühling blühten dort Primeln und Glockenblumen. Im Sommer war es ein Gestrüpp aus

Nesseln, Dornsträuchern und Blutweiderich, unter dem das schlammige Wasser plätscherte.

Meine Tante versicherte mir, dies sei die Stelle, wo Mr. Shakespeare mit einer jungen Dame ein »Stelldichein« gehabt habe. Genau an diesem Ufer habe der wilde Thymian geblüht. Aber sie sagte nie, was ein Stelldichein war, und ich mochte noch so angestrengt suchen, ich fand dort weder Thymian noch Schlüsselblumen, wenn ich auch ein paar nickende Veilchen entdeckte.

Viel später, als ich Mr. Shakespeares Stücke endlich gelesen hatte und endlich wußte, was ein Stelldichein war, kam mir in den Sinn, daß Weir Brake viel zu schlammig und zu dornig war, als daß Titania und Zettel sich dort niedergelassen hätten, doch daß es eine ausgezeichnete Stelle für Ophelia war, um den Sprung zu tun.

Tante Ruth las gern Shakespeare vor, und an Tagen, wenn das Gras trocken war, ließ ich meine Beine am Ufer baumeln und lauschte ihrem Vortrag: »Wenn die Musik der Liebe Nahrung ist...«, »Die Art der Gnade weiß von keinem Zwang...«, oder: »Fünf Faden tief liegt Vater dein...«

»Fünf Faden tief...« regte mich schrecklich auf, weil mein Vater noch auf See war. Ich hatte einen anderen, ständig wiederkehrenden Traum: daß sein Schiff gesunken war, daß mir Kiemen und ein Fischschwanz wuchsen und ich zu ihm hinunter auf den Meeresboden schwamm und die Perlen erblickte, die einst seine hellblauen Augen gewesen waren.

Ein oder zwei Jahre später brachte mir meine Tante – zur Abwechslung nach so viel Mr. Shakespeare – einen eigens für Reisende zusammengestellten Gedichtband mit dem Titel *The Open Road* mit. Er hatte einen grünen Leineneinband, und auf dem Deckel war ein Schwarm goldener Schwalben abgebildet.

Ich liebte es, Schwalben zu beobachten. Wenn sie im Frühling eintrafen, wußte ich, daß meine Lungen bald vom grünen Schleim befreit sein würden. Im Herbst, wenn sie schwatzend auf den Telegrafendrähten saßen, konnte ich beinahe die Tage bis zum Inhalierapparat zählen.

The Open Road enthielt schwarzweiße Vorsatzblätter im Stil von Aubrey Beardsley, auf denen sich ein heller Pfad durch einen Kiefernwald schlängelte. Eines nach dem andern lasen wir jedes Gedicht in dem Buch.

Wir standen auf und gingen nach Innisfree. Wir sahen die für den Menschen unermeßlichen Höhlen. Wir wanderten, einsam wie eine Wolke. Wir schmeckten die ganze Blüte des Sommers, weinten um Lycidas, standen tränenüberströmt im fremden Korn und lauschten der schrillen, lockenden Musik Walt Whitmans:

> O Straße du,
> Du drückst mich besser aus, als ich es selbst vermöchte,
> Du sollst mir mehr sein als mein Lied.

Einmal erzählte mir Tante Ruth, daß unser Familienname einmal »Chettewynde« gewesen war, was im Angelsächsischen »der gewundene Pfad« bedeutete; und mir prägte sich die Vorstellung ein, daß Poesie, mein eigener Name und der Pfad, daß alle drei auf irgendeine geheimnisvolle Weise miteinander verbunden seien.

Von den Gutenachtgeschichten war mir die Erzählung von dem jungen Coyoten in Ernest Thompson Setons *Lives of the Hunted* die liebste.

Coyotito war die kleinste aus einem Wurf, dessen Mutter von dem Cowboy Wolver Jake erschossen worden war. Ihre Brüder und Schwestern wurden totgeschlagen, ihr eigenes Leben jedoch geschont, damit Jakes Bullterrier und Windhunde ihren Zeitvertreib hatten. Ihr Bild, wie sie in Ketten lag, stellte die traurigste kleine Hundeperson dar, die ich je gesehen hatte. Und doch entwickelte sich Coyotito zu einem klugen Tier, und eines Morgens, nachdem sie sich totgestellt hatte, riß sie in die Wildnis aus: um dort eine neue Generation von Coyoten in die Kunst einzuweisen, den Menschen aus dem Weg zu gehen.

Ich kann die Folge von Assoziationen heute nicht mehr aneinanderreihen, die mich veranlaßten, Coyotitos Freiheitsdrang mit dem »Walkabout«, der Buschwanderung der australischen Aborigines, in Zusammenhang zu bringen. Und ich weiß auch nicht mehr, wo ich den Ausdruck »Walkabout« zum erstenmal hörte. Doch irgendwie gewann ich die Vorstellung von den »zahmen« Australnegern, die an einem Tag zufrieden auf einer Rinderfarm arbeiteten und am nächsten Tag, ohne Ankündigung und *ohne ersichtlichen Grund*, ihre Stöcke aufpflanzten und das Weite suchten.

Sie zogen ihre Arbeitskleidung aus und gingen davon: für Wochen und Monate und sogar Jahre, und sie wanderten über den halben Kontinent, und sei es nur, um einen Menschen zu treffen, ehe sie zurückwanderten, als wäre nichts geschehen.

Ich versuchte mir das Gesicht ihres Arbeitgebers vorzustellen, wenn er entdeckte, daß sie gegangen waren.

Vielleicht war es ein Schotte: ein großer kräftiger Mann mit fleckigem Gesicht und einem Mund voller Obszönitäten. Ich malte mir aus, daß er zum Frühstück Steak und Eier aß – in den Tagen der Lebensmittelrationierung war uns bekannt, daß *alle* Australier ein Pfund Fleisch zum Frühstück aßen. Danach trat er in das blendende Sonnenlicht hinaus – in Australien war das Sonnenlicht immer blendend – und rief seine »Boys«.

Nichts.

Er rief wieder. Kein Laut, bis auf das höhnische Gelächter des Lachenden Hans. Er ließ den Blick über den Horizont schweifen. Nichts als Gummibäume. Er schritt über die Viehweiden. Auch dort nichts. Dann, draußen vor ihren Hütten, fand er die Stöcke mit ihren Hemden und Hüten und ihren aus den Hosen herausragenden Stiefeln...

3

Arkady bestellte zwei Cappuccinos im Coffee-Shop. Wir trugen sie zu einem Tisch am Fenster, und er begann zu erzählen.

Sein schnelles Denken machte mich ganz benommen, wenn ich auch manchmal den Eindruck hatte, daß er redete, als stünde er auf einem Podium, und daß vieles von dem, was er sagte, schon einmal gesagt worden war.

Die Aborigines hatten eine erdgebundene Philosophie. Die Erde schenkte einem Menschen das Leben, gab ihm seine Nahrung, seine Sprache und Intelligenz; und die Erde nahm ihn zurück, wenn er starb. Eines Menschen »eigenes Land«, und war es auch nur ein öder Landstrich mit Spinifexgestrüpp, war eine heilige Ikone, die unversehrt bleiben mußte.

»Unversehrt, meinen Sie, von Straßen und Bergwerken und Eisenbahnen?«

»Wenn man die Erde verwundet, verwundet man sich selbst«, sagte er ernst, »und wenn andere die Erde verwunden, verwunden sie dich. Das Land sollte unberührt bleiben: so wie in der Traumzeit, als die Ahnen die Welt ins Dasein sangen.«

»Rilke«, sagte ich, »hatte eine ähnliche Vorstellung. Auch er sagte: Gesang ist Dasein.«

»Ich weiß«, sagte Arkady und stützte sein Kinn in beide Hände. »Drittes Sonett an Orpheus.«

Die Aborigines, fuhr er fort, waren ein Volk, das auf leichten Füßen über die Erde schritt; und je weniger sie der Erde wegnahmen, um so weniger mußten sie ihr zurückgeben. Sie hatten nie verstanden, warum die Missionare ihnen ihre unschuldigen Opferriten verboten. Sie schlachteten nicht, weder Tiere noch Menschen. Wenn sie jedoch der Erde für ihre Geschenke danken wollten, schlitzten sie sich einfach eine Ader am Unterarm auf und ließen ihr eigenes Blut auf den Boden tropfen.

»Kein sehr hoher Preis«, sagte er. »Die Kriege des zwanzigsten Jahrhunderts sind der Preis dafür, daß zu viel genommen wurde.«

»Ich verstehe«, sagte ich und nickte ratlos. »Aber könnten wir zu den Songlines zurückkehren?«

»Können wir.«

Ich war nach Australien gekommen, um nach Möglichkeit selber in Erfahrung zu bringen und nicht aus Büchern anderer zu lernen, was eine Songline war – und wie sie funktionierte. Es war offensichtlich, daß ich nicht bis zum Kern der Sache vorstoßen würde, aber das wollte ich auch gar nicht. Ich hatte eine Freundin in Adelaide gefragt, ob sie einen Experten kenne. Sie gab mir Arkadys Telefonnummer.

»Haben Sie etwas dagegen, wenn ich mein Notizbuch benutze?« fragte ich.

»Nur zu!«

Ich zog ein Notizbuch mit einem schwarzen Wachstucheinband aus meiner Tasche; die Seiten wurden von einem Gummiband zusammengehalten.

»Ein hübsches Notizbuch«, sagte er.

»Ich habe sie immer in Paris gekauft«, sagte ich. »Aber jetzt werden sie nicht mehr hergestellt.«

»Paris?« wiederholte er und runzelte die Brauen, als sei ihm so etwas Anmaßendes noch nie zu Ohren gekommen.

Dann zwinkerte er mir zu und sprach weiter.

Um die Vorstellung der Traumzeit zu verstehen, sagte er, müsse man sie als eine Aborigine-Version der ersten beiden Kapitel der Genesis ansehen – mit einem entscheidenden Unterschied.

In der Genesis erschuf Gott zuerst die »lebenden Dinge«, und dann formte er Vater Adam aus Lehm. Hier in Australien erschufen sich die Ahnen selbst aus Lehm, zu Hunderten und Tausenden, je einen für jedes totemistische Wesen.

»Wenn also ein Aborigine Ihnen sagt: ›Ich habe einen Wallaby-Traum‹, will er damit sagen: ›Mein Totem ist das Wallaby. Ich bin ein Mitglied des Wallaby-Klans.‹«

»Ein Traum ist also ein Klan-Emblem? Eine Art Abzeichen, das ›uns‹ von ›ihnen‹ unterscheidet? ›Unser Land‹ von ›ihrem Land‹?«

»Das geht noch sehr viel weiter«, sagte er.

Jeder Wallaby-Mensch glaubte, von einem universalen Wallaby-Vater abzustammen, der der Ahne aller Wallaby-Menschen und aller lebenden Wallabys war. Wallabys waren daher seine Brüder. Eins zu töten, um es zu verzehren, war sowohl Brudermord als auch Kannibalismus.

»Und doch«, beharrte ich, »war der Mensch nicht mehr ein Wallaby, als die Briten Löwen, die Russen Bären oder die Amerikaner Weißkopf-Seeadler sind?«

»Jede Spezies kann ein Traum sein«, sagte er. »Ein Virus kann ein Traum sein. Man kann einen Windpocken-Traum haben, einen Regen-Traum, einen Wüstenorangen-Traum, einen Läuse-Traum. Auf dem Kimberley-Plateau haben sie jetzt einen Geld-Traum.«

»Und die Waliser haben Lauch, die Schotten Disteln, und Daphne wurde in einen Lorbeerbaum verwandelt.«

»Immer dieselbe alte Geschichte«, sagte er.

Er fuhr fort, mir zu erklären, daß jeder totemistische Ahne auf seiner Reise durch das Land eine Spur von Wörtern und Noten neben seinen Fußspuren ausgestreut habe und daß sich diese Traumpfade wie Verkehrs-»Wege« zwischen den am weitesten auseinanderliegenden Stämmen über das ganze Land hinzögen.

»Ein Lied«, sagte er, »war gleichzeitig Karte und Kompaß. Wenn man das Lied kannte, konnte man immer seinen Weg durch das Land finden.«

»Und wanderte ein Mann beim ›Walkabout‹ immer an einer dieser Songlines entlang?«

»In den alten Zeiten, ja«, stimmte er zu. »Heutzutage nehmen sie den Zug oder das Auto.«

»Und wenn der Mann von seiner Songline abwich?«

»Das war Betreten fremden Bodens. Dafür konnte er mit dem Speer getötet werden.«

»Aber solange er sich an seinen Pfad hielt, fand er immer Menschen, die seinen Traum teilten? Die in Wirklichkeit seine Brüder waren?«

»Ja.«

»Von denen er Gastfreundschaft erwarten konnte?«

»Und umgekehrt.«

»Ein Lied ist also eine Art Paß, ein Gutschein für eine Mahlzeit?«

»Auch das ist komplizierter.«

Zumindest theoretisch konnte ganz Australien wie eine Partitur gelesen werden. Es gab kaum einen Felsen oder einen Bach im Land, der nicht gesungen werden konnte oder gesungen worden war. Man mußte sich die Songlines wie Spaghetti aus Iliaden und Odysseen vorstellen, die sich hierhin und dorthin schlängelten, wobei jede »Episode« den geologischen Formen abzulesen war.

»Unter Episode verstehen Sie ›heilige Stätte‹?« fragte ich.

»So ist es.«

»Stätten wie die, die Sie zur Zeit für die Eisenbahngesellschaft vermessen?«

»Sie müssen es so sehen«, sagte er. »Überall im Busch können Sie auf irgendeine Stelle in der Landschaft zeigen und den Aborigine an Ihrer Seite fragen: ›Was für eine Geschichte ist das?‹ oder: ›Wer ist das?‹ Es ist möglich, daß er ›Känguruh‹ oder ›Wellensittich‹ oder ›Eidechse‹ antwortet, je nachdem, welcher Ahne diesen Weg gegangen ist.«

»Und die Entfernung zwischen zwei solcher Stätten kann als Abschnitt des Lieds gemessen werden?«

»Deshalb«, sagte Arkady, »habe ich so viele Schwierigkeiten mit den Leuten von der Eisenbahn.«

Es war nicht leicht, einen Vermesser davon zu überzeugen, daß ein Haufen Flußsteine die Eier einer Regenbogenschlange oder ein rötlicher Sandsteinbrocken die Leber eines mit dem Speer erlegten Känguruhs war. Schwerer noch war es, ihm einsichtig zu machen, daß eine öde Schotterlandschaft die musikalische Entsprechung zu Beethovens Opus 111 war.

Indem sie die Welt ins Dasein sangen, sagte er, seien die Ahnen Dichter in der ursprünglichen Bedeutung des Wortes *poesis* gewesen, das »Schöpfung« besage. Kein Aborigine könne sich vorstellen, daß die erschaffene Welt in irgendeiner Weise unvollkommen sei. Sein religiöses Leben hatte nur ein Ziel: das Land so zu erhalten, wie es war und wie es sein sollte. Ein Mann, der »Walkabout« ging, machte eine rituelle Reise. Er folgte den Fußspuren seines Ahnen. Er sang die Strophen seines Ahnen, ohne ein Wort oder eine Note zu ändern – und erschuf so die Schöpfung neu.

»Manchmal«, sagte Arkady, »wenn ich meine ›alten Männer‹ durch die Wüste fahre und wir zu einer Kette von Sandhügeln kommen, fangen sie plötzlich alle an zu singen. ›Was singt ihr Leute da?‹ frage ich sie, und sie antworten: ›Wir singen das Land herbei, Boß. Dann kommt das Land schneller.‹«

Aborigines konnten nicht glauben, daß das Land existierte, bevor sie es sehen und singen konnten – wie auch das Land in der Traumzeit nicht existierte, bevor die Ahnen es sangen.

»Das Land muß also zuerst als Vorstellung im Kopf existieren?« sagte ich. »Und dann gesungen werden? Erst dann kann es als existent bezeichnet werden?«

»Richtig.«

»Mit anderen Worten, ›existieren‹ bedeutet ›wahrgenommen werden‹?«

»Ja.«

»Hört sich verdächtig nach Bischof Berkeleys Widerlegung der Materie an.«

»Oder wie der Buddhismus des reinen Denkens«, sagte Arkady, »für den die Welt ebenfalls eine Illusion ist.«

»Dann ist es also so, daß diese dreihundert Meilen Stahl, die zahllose Songs durchschneiden, zwangsläufig das psychische Gleichgewicht Ihrer ›alten Männer‹ erschüttern werden?«

»Ja und nein«, sagte er. »Sie sind in emotionaler Hinsicht sehr stark, und sie sind sehr pragmatisch. Außerdem haben sie weitaus Schlimmeres erlebt als die Eisenbahn.«

Aborigines glaubten, daß alle »lebenden Dinge« im verborgenen unter der Erdkruste gemacht worden waren, wie auch alle Maschinen des weißen Mannes – seine Flugzeuge, seine Gewehre, seine Toyota-Landcruiser – und alle Erfindungen, die man noch erfinden würde; sie schlummerten unter der Oberfläche und warteten, bis sie gerufen wurden.

»Vielleicht können sie die Eisenbahn in die erschaffene Welt Gottes zurücksingen?« schlug ich vor.

»Da können Sie sicher sein«, sagte Arkady.

4

Es war nach fünf. Das Abendlicht harkte in die Straße hinunter, und durch das Fenster sahen wir eine Gruppe schwarzer Jugendlicher in karierten Hemden und Cowboyhüten, die sich unter den Flamboyants ruckartig auf das Pub zubewegten.

Die Kellnerin räumte die Speisereste ab. Arkady wollte noch einen Kaffee, aber sie hatte die Maschine bereits abgestellt. Er sah in seine leere Tasse und zog die Stirn in Falten.

Dann blickte er hoch und fragte schroff: »Warum interessieren Sie sich für all das? Was wollen Sie hier?«

»Ich bin hierhergekommen, um eine Idee zu testen«, sagte ich.

»Eine große Idee?«

»Wahrscheinlich eine Idee, die auf der Hand liegt. Aber eine, die ich loswerden muß.«

»Also?«

Sein plötzlicher Stimmungsumschwung machte mich nervös. Ich begann zu erklären, wie ich einmal erfolglos versucht hatte, ein Buch über Nomaden zu schreiben.

»Hirtennomaden?«

»Nein«, sagte ich. »Nomaden. ›Nomos‹ bedeutet ›Weideland‹ im Griechischen. Ein Nomade zieht von Weideland zu Weideland. Ein Hirtennomade ist ein Pleonasmus.«

»Eins zu null für Sie«, sagte Arkady. »Erzählen Sie weiter. Warum Nomaden?«

Als ich Mitte Zwanzig war, sagte ich, hatte ich eine Stellung als »Experte« für moderne Malerei in einer bekannten Auktionsfirma. Wir hatten Verkaufsräume in London und New York. Ich war einer von den cleveren jungen

Leuten. Es hieß, ich hätte eine große Karriere vor mir, wenn ich meine Trümpfe nur richtig ausspielen würde. Eines Morgens wachte ich auf und war blind.

Im Laufe des Tages konnte ich auf dem linken Auge wieder sehen, aber das rechte blieb trüb und umwölkt. Der Augenarzt, der mich untersuchte, sagte, organisch sei alles in Ordnung, und diagnostizierte die Ursache des Übels.

»Sie haben Bilder aus allzu großer Nähe betrachtet«, sagte er. »Warum tauschen Sie sie nicht gegen ein paar weite Horizonte?«

»Warum nicht?« sagte ich.

»Wohin würden Sie gern gehen?«

»Nach Afrika.«

Der Präsident der Firma sagte, er sei überzeugt, daß mit meinen Augen etwas nicht in Ordnung sei, aber er verstehe nicht, warum ich nach Afrika gehen müsse.

Ich ging nach Afrika, in den Sudan. In dem Augenblick, als ich am Flughafen eintraf, waren meine Augen wieder gesund.

Ich segelte auf einer Feluke von Händlern bei Dongola den Nil hinunter. Ich ging zu den »Äthiopiern«, was ein Euphemismus für Bordell war. Ich konnte gerade noch einem tollwütigen Hund entkommen. In einer Klinik, die nicht genügend Personal hatte, übernahm ich bei einem Kaiserschnitt die Rolle des Anästhesisten. Als nächstes schloß ich mich einem Geologen an, der in den Bergen am Roten Meer nach Mineralien suchte.

Dies war das Land von Nomaden, die Nomaden waren die Beja: Kiplings »Wuschelköpfe«, die sich den Teufel um die ägyptischen Pharaonen oder die britische Kavallerie in Omdurman scherten.

Die Männer waren groß und schlank, und sie trugen sandfarbene Baumwollstoffe, über der Brust zu einem X gefaltet. Mit Schutzschildern aus Elefantenhaut und »Kreuzritter«-Schwertern, die an ihren Gürteln baumelten, kamen sie in die Dörfer, um ihr Fleisch gegen Getreide zu tauschen. Auf die Dorfbewohner sahen sie herab, als wären sie andere Lebewesen.

Im frühen Licht des Morgengrauens, wenn die Geier auf den Spitzen der Dächer ihre Flügel spreizten, beobachteten der Geologe und ich die Männer bei ihrer täglichen Körperpflege.

Sie rieben einander parfümiertes Ziegenfett ins Haar, drehten es dann zu Korkenzieherlocken und formten einen butterartigen Sonnenschirm daraus, der, statt eines Turbans, verhindern sollte, daß ihnen das Hirn zerfloß. Gegen Abend, wenn das Fett geschmolzen war, fielen die Locken wieder zurück und bildeten ein festes Kissen.

Unser Kameltreiber war ein Spaßvogel mit Namen Mahmoud, dessen Haarwust noch gewaltiger war als der der anderen Männer. Als erstes stahl er das Geologenhämmerchen. Dann ließ er sein Messer liegen, damit wir es stahlen. Und dann tauschten wir sie unter johlendem Gelächter wieder aus und wurden auf diese Weise gute Freunde.

Als der Geologe nach Khartum zurückkehrte, nahm Mahmoud mich mit in die Wüste, wo wir nach Felszeichnungen suchten.

Das Land östlich von Derudeb war verblichen und ausgedörrt, und es gab lange graue Klippen und Dom-Palmen, die in den Wadis wuchsen. Die Ebenen waren mit windgestutzten Akazien gesprenkelt, die in dieser Jahreszeit keine Blätter hatten, mit langen, weißen, Eiszapfen ähnelnden Dornsträuchern und übersät mit gelben Blumen. Bei Nacht, wenn ich wach unter den Sternen lag, erschienen mir die Städte des Westens traurig und fremd – und die Anmaßungen der »Kunstwelt« idiotisch. Hier dagegen hatte ich das Gefühl, heimgekehrt zu sein.

Mahmoud unterwies mich in der Kunst des Fährtenlesens im Sand: Gazellen, Schakale, Füchse, Frauen. Wir verfolgten und sichteten eine Herde wilder Esel. Eines Nachts hörten wir das Husten eines Leoparden in der Nähe. Eines Morgens schlug er einer Puffotter, die sich unter meinem

Schlafsack zusammengerollt hatte, den Kopf ab und hielt sie mir auf der Spitze seiner Schwertklinge entgegen. Nie habe ich mich neben einem anderen Menschen so sicher und zur gleichen Zeit so unzulänglich gefühlt.

Wir hatten drei Kamele, zwei zum Reiten und eins für die Wasserschläuche, doch meistens zogen wir es vor zu laufen. Er ging barfuß, ich trug Stiefel. Nie habe ich etwas Ähnliches gesehen wie die Leichtigkeit seines Schritts, und er sang im Gehen: fast immer war es ein Lied über ein Mädchen aus dem Wadi Hammamat, das lieblich war wie ein grüner Wellensittich. Die Kamele waren sein einziger Besitz. Er hatte keine Herde und wollte keine. Er war gegen alles gefeit, was wir »Fortschritt« nennen würden.

Wir fanden unsere Felszeichnungen: ockerrote Strichmännchen, eingeritzt in einen Felsvorsprung. In der Nähe war ein langer flacher Stein, der an einem Ende gespalten und dessen Oberfläche mit Einkerbungen bedeckt war. Das, sagte Mahmoud, sei der Drache, dem Ali den Kopf abgeschlagen habe.

Er fragte mich mit einem boshaften Grinsen, ob ich zu den Gläubigen gehörte. In den zwei Wochen sah ich ihn nie beten.

Später, nach meiner Rückkehr nach England, entdeckte ich eine Fotografie von einem als Relief auf einem ägyptischen Grabmal der Zwölften Dynastie in Beni Hassan eingemeißelten »Wuschelkopf«: ein mitleiderregendes, ausgemergeltes Gesicht, das den Bildern von den Opfern der Dürre in der Sahelzone glich und deutlich dem von Mahmoud ähnelte.

Die Pharaonen waren verschwunden: Mahmoud und sein Volk hatten überdauert. Ich hatte das Gefühl, daß ich das Geheimnis ihrer zeitlosen und respektlosen Lebenskraft ergründen mußte.

Ich gab meine Stellung in der »Kunstwelt« auf und kehrte in die trockenen Regionen zurück: allein, mit leichtem Gepäck. Die Namen der Stämme, mit denen ich herumzog, sind unwichtig: Rguibat, Qashgai, Taimanni, Turkmenen, Bororo, Tuareg – Menschen, deren Reisen anders als die meinen keinen Anfang und kein Ende hatten.

Ich schlief in schwarzen Zelten, in blauen Zelten, in Zelten aus Häuten und in Jurten aus Filz und hinter einem Windschutz aus Dorngestrüpp. Eines Nachts, von einem Sandsturm in der West-Sahara überrascht, verstand ich Mohammeds Ausspruch: »Eine Reise ist ein Stück der Hölle.«

Je mehr ich las, um so stärker wurde meine Überzeugung, daß Nomaden der Angelpunkt der Geschichte gewesen waren, und sei es auch nur aus dem Grund, daß alle großen monotheistischen Religionen aus dem Hirtenmilieu hervorgegangen waren...

Arkady blickte aus dem Fenster.

5

Ein zerbeulter roter Lastwagen war auf den Gehsteig gefahren und parkte dort. Fünf schwarze Frauen saßen zusammengekauert auf der Ladefläche, zwischen einem Berg von Bündeln und Benzinkanistern. Ihre Kleider und Kopftücher waren mit Staub bedeckt. Der Fahrer war ein stämmiger Mann mit einem Bierbauch und einem fettigen Filzhut, der tief über seinen wirren Haarschopf gezogen war. Er lehnte sich aus der Tür der Fahrerkabine und begann, die Passagiere anzuschreien. Dann stieg ein spindeldürrer alter Mann aus und zeigte auf einen Gegenstand, der zwischen den Bündeln steckte.

Eine der Frauen reichte ihm ein in eine durchsichtige Plastikhülle gewickeltes, röhrenförmiges Ding. Der alte Mann nahm es entgegen, und als er sich umdrehte, erkannte Arkady ihn.

»Das ist mein alter Freund Stan«, sagte er. »Aus Popanji.«

Wir gingen auf die Straße hinaus, und Arkady umarmte Old Stan, und Stan sah aus, als hätte er Angst, entweder er oder das Ding in Plastik könnten zerdrückt werden, und als Arkady ihn losließ, wirkte er geradezu erleichtert.

Ich stand auf der Türschwelle und beobachtete sie.

Der alte Mann hatte trübe, rote Augen und trug ein schmutziges gelbes Hemd, und sein Bart und seine behaarte Brust sahen wie Rauch aus.

»Was hast du denn da, Stan?« fragte Arkady.

»Ein Bild«, sagte Stan mit einem hilflosen Lächeln.

»Was willst du damit machen?«

»Verkaufen.«

Stan war ein Ältester der Pintupi. Der stämmige Mann

war Stans Sohn Albert. Die Familie war in die Stadt gekommen, um eins von Stans Bildern an Mrs. Lacey zu verkaufen, die Inhaberin von Desert Bookstore and Art Gallery.

»Komm her.« Arkady schnippte mit dem Daumen gegen das Paket. »Laß es uns sehen!«

Doch Old Stan zog die Mundwinkel herab, seine Finger umklammerten das Bild, und er murmelte: »Zuerst muß ich es Mrs. Lacey zeigen.«

Der Coffee-Shop schloß. Das Mädchen hatte die Stühle auf die Tische gestellt und saugte den Teppich. Wir bezahlten und gingen nach draußen. Albert lehnte am Lastwagen und sprach mit den Frauen. Wir gingen über den Gehsteig zum Buchladen.

Die Pintupi waren der letzte »wilde Stamm«, der aus der Westlichen Wüste herausgeholt und mit der Zivilisation der Weißen bekannt gemacht wurde. Bis zum Ende der fünfziger Jahre hatten sie nach wie vor vom Jagen und Sammeln nackt in den Sandbergen gelebt, genau so, wie sie mindestens zehntausend Jahre lang gejagt hatten.

Sie waren ein sorgloses, aufgeschlossenes Volk, nicht den strengeren Initiationsriten der seßhaften Stämme unterworfen. Die Männer jagten Känguruhs und Emus. Die Frauen sammelten Samen, Wurzeln und eßbare Maden. Im Winter nahmen sie Zuflucht hinter einem Windschutz aus Spinifex; und noch in der sengenden Hitze hatten sie meistens Wasser. Ein Paar kräftige Beine schätzten sie höher ein als alles andere, und sie lachten unentwegt. Die wenigen Weißen, die mit ihnen wanderten, waren erstaunt, daß ihre Babys so dick und gesund waren.

Die Regierung vertrat jedoch die Ansicht, daß diese Steinzeitmenschen gerettet werden müßten – im Notfall für Christus. Außerdem wurde die Westliche Wüste für Bergbauunternehmungen gebraucht, möglicherweise für Kernwaffenversuche. Es erging der Befehl, die Pintupi in Armeelastwagen zu sammeln und sie auf regierungseigenen Farmen anzusiedeln. Viele wurden nach Popanji gebracht – eine Siedlung westlich von Alice Springs –, wo sie an Seuchen starben, mit den Männern anderer Stämme stritten, zur Flasche griffen und sich gegenseitig erstachen.

Selbst in Gefangenschaft erzählen Pintupi-Mütter wie alle guten Mütter auf der ganzen Welt ihren Kindern Geschichten über die Entstehung der Tiere: *Wie der Ameisenigel seine Stacheln bekam... Warum der Emu nicht fliegen kann... Warum die Krähe so glänzend schwarz ist...* Und so wie Kipling seine *Just-So-Stories* mit eigenen Federzeichnungen illustrierte, so malt die Aborigine-Mutter Zeichnungen in den Sand, um die Wanderungen der Traumzeit-Heroen zu illustrieren.

Sie erzählt ihre Geschichte in schnellen, abgehackten Ausbrüchen und zeichnet gleichzeitig die »Fußspuren« des Ahnen nach, indem sie mit dem ersten und dem zweiten Finger, immer einem nach dem andern, in einer doppelten punktierten Linie über den Boden fährt. Sie wischt jede Szene mit dem Handteller fort und zeichnet schließlich einen Kreis und eine Linie, die durch ihn hindurchführt – ähnlich wie ein großes Q.

Das kennzeichnet die Stelle, wo der Ahne, von den Mühen der Schöpfung ermüdet, »zurück ins Innere« gegangen ist.

Die für Kinder angefertigten Sandzeichnungen sind nur Skizzen oder »offene Versionen« von *wirklichen* Zeichnungen, die die *wirklichen* Ahnen darstellen und die nur bei geheimen Zeremonien gemalt und nur von den Eingeweihten gesehen werden dürfen. Trotzdem lernen die jungen Menschen anhand dieser »Skizzen«, sich in ihrem Land, in seiner Mythologie und seinen Schätzen zurechtzufinden.

Vor einigen Jahren, als die Gewalttätigkeit und die Trunkenheit überhandzunehmen drohten, kam ein weißer Berater auf den Gedanken, den Pintupi Malmaterial zur Verfügung zu stellen und sie zu veranlassen, ihre Träume auf Leinwand zu übertragen.

Als Ergebnis entstand im Handumdrehen eine australische Schule abstrakter Kunst.

Old Stan Tjakamarra malte seit acht Jahren. Sobald er ein Bild fertiggestellt hatte, brachte er es zum Desert Bookstore, und Mrs. Lacey zog die Materialkosten ab und zahlte ihm die ganze Summe sofort und in bar aus.

6

Ich mochte Enid Lacey. Ich hatte schon ein paar Stunden in ihrem Buchladen verbracht. Sie wußte sehr genau, wie man Bücher verkaufte. Sie hatte fast jedes Buch über Zentralaustralien gelesen und war bemüht, jeden lieferbaren Titel vorrätig zu halten. In dem Raum, der als Kunstgalerie diente, standen zwei Sessel für ihre Kunden. »Lesen Sie so lange, wie Sie wollen«, sagte sie. »Kein Zwang!« – wobei sie natürlich nur zu gut wußte, daß man, wenn man erst einmal in dem Sessel saß, nicht ohne zu kaufen fortgehen konnte.

Sie war eine alte »Territorianerin«, Ende Sechzig. Ihre Nase und ihr Kinn waren ausgesprochen spitz; ihr Haar war kastanienbraun, aus der Flasche. Sie trug zwei Brillen an Ketten und ein Paar Opalreifen an ihren sonnenwelken Handgelenken. »Opale«, sagte sie zu mir, »haben *mir* nichts als Glück gebracht.«

Ihr Vater war Manager einer Rinderfarm in der Nähe von Tennant Creek gewesen. Sie hatte ihr Leben lang mit Aborigines gelebt. Sie ließ nicht mit sich spaßen und bewunderte sie insgeheim.

Sie hatte die ganze ältere Generation australischer Anthropologen gekannt und hielt nicht viel von den neuen, den »Jargonkrämern«, wie sie sie nannte. Die Wahrheit war, daß sie, obwohl sie sich anstrengte, mit den neuesten Theorien Schritt zu halten, obwohl sie sich mit den Büchern von Lévi-Strauss plagte, nie große Fortschritte gemacht hatte. Trotzdem schlug sie, wenn Aborigine-Angelegenheiten zur Sprache kamen, einen besonders feierlichen Ton an und änderte die Pronomen von »ich« zu »wir«, wobei sie nicht den Pluralis majestatis meinte, sondern das

»wir«, das die gesamte wissenschaftliche Gemeinde einschloß.

Sie hatte als eine der ersten den Wert der Pintupi-Malerei erkannt.

Da sie eine gerissene Geschäftsfrau war, wußte sie, wann sie einem Maler Kredit geben, wann sie ihm Geld vorenthalten und daß sie die Bezahlung gänzlich verweigern mußte, wenn sich der Künstler in einer Saufphase befand. Wenn also einer ihrer »Boys« auf schwankenden Beinen bei Geschäftsschluß erschien – was der Öffnungszeit vom Frazer-Arms-Pub entsprach –, schnalzte sie mit der Zunge und sagte: »Du meine Güte! Ich kann den Schlüssel für die Kasse nicht finden. Du mußt morgen früh wiederkommen.« Und wenn der Künstler am nächsten Morgen wiederkam, dankbar, seinen Verdienst nicht vertrunken zu haben, drohte sie ihm grimmig mit dem Finger und sagte: »Du gehst doch nach Hause? Jetzt gleich? Nicht wahr?« »Ja, Mam!« sagte er dann, und sie gab ihm eine kleine Extrasumme für die Frau und die Kinder.

Mrs. Lacey zahlte sehr viel weniger für Bilder als Galerien in Sydney oder Melbourne, aber sie verlangte auch weit weniger für die Bilder, und die Bilder wurden immer verkauft.

Manchmal beschuldigte sie ein weißer Sozialarbeiter, die Maler zu »schröpfen« – doch auf irgendeine Weise wurde das Geld aus Sydney oder Melbourne immer für Aborigine-Genossenschaften abgezweigt, während Mrs. Lacey auf der Stelle und in bar zahlte. Ihre »Boys« wußten, was für sie von Vorteil war, und kamen immer wieder in die Buchhandlung zurück.

Wir folgten Stan nach drinnen.

»Du kommst zu spät, Dummkopf!« Mrs. Lacey rückte ihre Brille zurecht.

Er ging zwischen zwei Kunden und dem Bücherregal langsam auf ihren Tisch zu.

»Du solltest am Dienstag kommen«, sagte sie. »Der

Mann aus Adelaide ist gestern bei mir gewesen. Jetzt müssen wir einen ganzen Monat warten.«

Die Kunden waren ein Paar amerikanischer Touristen, die sich überlegten, welchen von zwei Farbbildbänden sie sich kaufen sollten. Der Mann hatte ein gebräuntes, sommersprossiges Gesicht und trug blaue Bermudas und ein gelbes Sporthemd. Die Frau war blond, mit einem hübschen, aber etwas angespannten Gesicht, und sie trug ein mit Aborigine-Motiven bedrucktes rotes Batikkleid. Die Bücher waren *Australian Dreaming* und *Tales of the Dreamtime*.

Old Stan legte das Paket auf Mrs. Laceys Tisch. Sein Kopf schwankte hin und her, während er eine Entschuldigung murmelte. Sein muffiger Geruch erfüllte den Raum.

»Dummkopf!« Mrs. Lacey hob die Stimme. »Ich habe es dir tausendmal gesagt. Der Mann aus Adelaide will nicht Gideons Bilder. Er will deine.«

Arkady und ich blieben in einiger Entfernung im Hintergrund bei dem Bücherregal mit den Aborigine-Titeln stehen. Die Amerikaner waren hellhörig geworden und lauschten.

»Ich weiß, über Geschmack läßt sich nicht streiten«, fuhr Mrs. Lacey fort. »Er sagt, daß du der beste Maler in Popanji bist. Er ist ein großer Sammler. Er muß es ja wissen.«

»Tatsächlich?« fragte der Amerikaner.

»Tatsächlich«, sagte Mrs. Lacey. »Ich kann alles verkaufen, was Mr. Tjakamarra produziert.«

»Könnten wir etwas sehen?« fragte die Amerikanerin. »Bitte?«

»Das kann ich nicht entscheiden«, erwiderte Mrs. Lacey. »Da müssen Sie den Künstler fragen.«

»Können wir?«

»*Können* sie?«

Stan zitterte, zuckte mit den Achseln und bedeckte sein Gesicht mit den Händen.

»Sie können«, sagte Mrs. Lacey süß lächelnd und schnitt mit ihrer Schere die Plastikhülle auf.

Stan nahm die Hände vom Gesicht, ergriff das eine Ende der Leinwand und half Mrs. Lacey, sie zu entrollen.

Das Bild war ungefähr einen Meter zwanzig auf ein Meter groß und hatte einen pointillistischen Hintergrund in verschiedenen Ockertönen. In der Mitte war ein großer blauer Kreis, um den mehrere kleine Kreise verstreut waren. Jeder Kreis hatte einen scharlachroten Rand, und alle waren durch ein Gewirr von flamingorosa Schlangenlinien, die ein bißchen wie Eingeweide aussahen, miteinander verbunden.

Mrs. Lacey setzte ihre zweite Brille auf und sagte: »Was haben wir da, Stan?«

»Honigameise«, flüsterte er mit heiserer Stimme.

»Die Honigameise«, sagte sie, an die Amerikaner gewandt, »ist eines der Totems in Popanji. Dieses Bild ist ein Honigameisen-Traum.«

»Ich finde es wunderschön«, sagte die Amerikanerin gedankenschwer.

»Ist das eine Art normale Ameise?« fragte der Amerikaner. »Eine Art Termite?«

»Nein, nein«, sagte Mrs. Lacey. »Eine Honigameise ist etwas ganz Besonderes. Honigameisen ernähren sich vom Mulgasaft. Der Mulga ist ein Baum, den wir hier in der Wüste haben. Den Ameisen wachsen Honigbeutel auf ihrem Hinterteil. Sie sehen aus wie helle Plastikblasen.«

»Tatsächlich?« sagte der Mann.

»Ich habe sie gegessen«, sagte Mrs. Lacey. »Köstlich!«

»Ja«, seufzte die Amerikanerin. Sie hatte ihre Augen auf das Bild geheftet. »Auf seine Art ist es wirklich wunderschön!«

»Aber ich kann in diesem Bild keine Ameisen sehen«, sagte der Mann. »Wollen Sie etwa sagen, daß es wie... daß es ein Bild von einem Ameisennest ist? Daß diese rosa Röhren so etwas wie Gänge sind?«

»Nein.« Mrs. Lacey blickte leicht entmutigt. »Das Bild stellt die Reise des Honigameisen-Ahnen dar.«

»Dann ist es so was wie eine Straßenkarte?« grinste er. »Ja, ich hab' mir gleich gedacht, daß es wie eine Straßenkarte aussieht.«

»Genau«, sagte Mrs. Lacey.

Die amerikanische Ehefrau öffnete und schloß mittlerweile mehrmals die Augen, um zu sehen, welchen Eindruck das Bild auf sie machen würde, wenn sie sie schließlich offenhielt.

»Wunderschön!« wiederholte sie.

»Nun, Sir!« wandte sich der Mann an Stan. »Essen auch Sie diese Honigameisen?«

Stan nickte.

»Nein! Nein!« kreischte die Ehefrau. »Das habe ich dir heute morgen erzählt. Das eigene Totem ißt man *nicht*! Man kann getötet werden, wenn man seinen eigenen Ahnen ißt!«

»Schatz, dieser Gentleman sagt, daß er Honigameisen ißt. Ist das richtig, Sir?«

Stan nickte erneut.

»Ich bin ganz durcheinander«, sagte die Frau in gereiztem Ton. »Wollen Sie damit sagen, daß die Honigameise nicht Ihr Traum ist?«

Stan schüttelte den Kopf.

»Und was *ist* Ihr Traum?«

Der alte Mann zitterte wie ein Schuljunge, der gezwungen ist, ein Geheimnis preiszugeben, und brachte keuchend das Wort »Emu« hervor.

»Oh, ich bin *so* durcheinander.« Die Frau biß sich enttäuscht auf die Lippen.

Ihr gefiel dieser alte Mann mit dem weichen Mund und dem gelben Hemd. Ihr gefiel der Gedanke, daß die Honigameisen ihren Weg durch die Wüste träumten, während die helle Sonne auf ihre Honigbeutel schien. Sie hatte das Bild gemocht. Sie hatte es besitzen, es von ihm signieren lassen wollen, und jetzt mußte sie alles neu überdenken.

»Vorausgesetzt« – sie sprach die Worte langsam und vorsichtig aus –, »wir hinterlegen das Geld bei Mrs. ...?«

»Lacey«, sagte Mrs. Lacey.

»... glauben Sie, daß Sie uns einen Emu-Traum malen und uns das Bild... und daß Mrs. Lacey uns das Bild in die Vereinigten Staaten schicken könnte?«

»Nein«, fiel Mrs. Lacey ein. »Das kann er nicht. Kein Künstler malt seinen eigenen Traum. Er ist zu mächtig. Er könnte ihn umbringen.«

»Jetzt bin ich *vollkommen* durcheinander.« Die Frau rang die Hände. »Sie meinen, daß er seinen eigenen Traum nicht malen kann, sondern nur den Traum eines anderen?«

»Jetzt hab' ich's«, sagte der Mann, und sein Gesicht leuchtete auf. »Er kann keine Emus essen, aber Honigameisen kann er essen?«

»Sie haben es«, sagte Mrs. Lacey. »Mr. Tjakamarra kann keinen Emu-Traum malen, weil ein Emu sein väterliches Totem ist und es ein Sakrileg wäre, wenn er es täte. Er kann die Honigameise malen, weil sie das Totem vom Sohn des Bruders seiner Mutter ist. Das ist doch richtig, Stan? Gideons Traum ist die Honigameise?«

Stan blinzelte und sagte: »Richtig!«

»Gideon«, fuhr sie fort, »ist Stans Ritualmanager. Sie sagen sich gegenseitig, was sie malen können und was nicht.«

»Ich glaube, ich verstehe«, sagte die Amerikanerin unsicher. Aber sie wirkte noch immer ziemlich verwirrt und brauchte Zeit, um ihren nächsten Gedanken in Worte zu fassen.

»Sie sagten, daß dieser Mr. Gideon ebenfalls Maler ist?«

»Das ist er«, pflichtete Mrs. Lacey ihr bei.

»Und er malt Emu-Träume?«

»Das tut er.«

»Großartig!« Die Frau lachte unerwartet und klatschte in die Hände. »Wir könnten von jedem eins kaufen und sie nebeneinander aufhängen.«

»Aber Schatz«, sagte der Ehemann in dem Bestreben, sie

zu beruhigen. »Erst müssen wir einmal feststellen, ob dieses Honigameisenbild überhaupt zu kaufen ist. Und wenn ja, für wieviel?«

Mrs. Lacey klimperte mit den Wimpern und sagte schalkhaft: »Das kann ich nicht sagen. Da müssen Sie den Künstler fragen.«

Stan rollte die Augen, so daß man bloß noch das Weiße sah, und kräuselte die Lippen. Offensichtlich dachte er an eine Summe – die Summe, die er von Mrs. Lacey bekam – und verdoppelte sie. Offensichtlich war es nicht das erste Mal, daß er und Mrs. Lacey diese Nummer vorführten. Dann senkte er den Kopf und sagte: »Vierhundertfünfzig.«

»Australische Dollar«, fuhr Mrs. Lacey dazwischen. »Natürlich kommt noch meine Kommission dazu. Zehn Prozent! Das ist nur recht und billig. Und ich muß zwanzig für Farbe und Leinwand hinzurechnen.«

»Prozent?«

»Dollar!«

»Nur recht und billig«, sagte der Mann und wirkte geradezu erleichtert.

»Es ist wirklich wunderschön«, sagte die Frau.

»Bist du jetzt glücklich?« fragte er sie in schmeichelndem Ton.

»Und wie«, sagte sie. »Ich bin *so* glücklich.«

»Kann ich mit American Express bezahlen?« fragte er.

»Gewiß«, sagte Mrs. Lacey. »Solange Sie nichts dagegen haben, auch deren Kommission zu zahlen.«

»Nur recht und billig«, sagte der Mann und schluckte. »Aber jetzt will ich wissen, was los ist. Mit dem Bild, meine ich.«

Arkady und ich schlichen uns von hinten an die Amerikaner heran und sahen, wie Old Stan mit seinem knochigen Finger auf den großen blauen Kreis auf der Leinwand zeigte.

Es war, erklärte er, die ewige Heimstatt des Honigameisen-Ahnen in Tátátá. Und plötzlich war es, als könnten wir die Honigameisen sehen, Reihe um Reihe, mit ihren gestreiften, glänzenden Körpern, zum Bersten voll mit Nektar in ihren Zellen unter den Wurzeln des Mulgabaums. Wir sahen den Ring flammendroter Erde um den Eingang zu ihrem Nest und die Routen ihrer Wanderungen, bei denen sie in andere Richtungen aufbrachen.

»Die Kreise«, fügte Mrs. Lacey hilfreich hinzu, »sind die Zeremonienzentren der Honigameisen. Die ›Röhren‹, wie Sie sie nennen, sind Traumpfade.«

Der Amerikaner war in Bann geschlagen. »Und können wir uns diese Traumpfade ansehen? Da draußen, meine ich? In Ayer's Rock, zum Beispiel? Oder an einem ähnlichen Ort?«

»Das können sie«, sagte sie. »*Sie* nicht.«

»Das heißt, sie sind unsichtbar?«

»Für Sie ja. Für sie nicht.«

»Und wo sind sie?«

»Überall«, sagte sie. »Soviel ich weiß, führt ein Traumpfad mitten durch mein Geschäft.«

»Wie unheimlich«, kicherte die Frau.

»Und nur *sie* können sie sehen?«

»Oder singen«, sagte Mrs. Lacey. »Es gibt keinen Pfad ohne ein Lied.«

»Und diese Pfade führen überallhin?« fragte der Mann. »Durch ganz Australien?«

»Ja«, sagte Mrs. Lacey und seufzte befriedigt auf, weil sie einen überzeugenden Satz gefunden hatte. »Das Lied und das Land sind eins.«

»Erstaunlich!« sagte er.

Die Amerikanerin hatte ihr Taschentuch hervorgezogen und tupfte sich die Augenwinkel. Ich glaubte einen Moment, sie würde Old Stan küssen. Sie wußte, daß das Bild für Weiße gemalt worden war, aber er hatte ihr einen flüchtigen Einblick in etwas Seltenes und Seltsames gewährt, und dafür war sie ihm sehr dankbar.

Mrs. Lacey rückte ihre Brille zurecht, um das American-

Express-Formular auszufüllen. Arkady winkte Stan zum Abschied, und wir hörten das triumphierende *Rrumms* der Maschine, als wir auf die Straße hinaustraten.

»Was für eine Frau«, sagte ich.

»Ganz schön unverfroren«, sagte Arkady. »Kommen Sie, wir nehmen einen Drink.«

7

Ich trug Gummisandalen, und da in den privaten Bars von ganz Alice Schilder mit der Aufschrift »Keine Sandalen« angebracht waren – mit der Absicht, Aborigines fernzuhalten –, gingen wir ins Frazer Arms, eine öffentliche Bar.

Alice ist keine besonders freundliche Stadt, weder bei Tag noch bei Nacht. Alteingesessene können sich noch an die Todd Street zu Zeiten der Pferde und Pferdeposten erinnern. Inzwischen ist es ein trostloser, amerikanisierter Ort mit lauter Reiseagenturen, Souvenirgeschäften und Erfrischungskiosken geworden. Ein Laden verkaufte ausgestopfte Koalabär-Puppen und T-Shirts mit dem aus Fliegen zusammengesetzten Aufdruck »Alice Springs«. Beim Zeitungshändler standen Exemplare eines Buches mit dem Titel *Rot über Weiß* zum Verkauf. Der Autor, ein ehemaliger Marxist, vertrat die Ansicht, daß die Landrechte-Bewegung der Aborigines eine Tarnung für sowjetische Expansion in Australien sei.

»Damit bin ich«, sagte Arkady, »einer der Hauptverdächtigen.«

Draußen vor dem Pub war ein Straßenverkauf von Spirituosen, um den die Jugendlichen, die wir vorher gesehen hatten, herumlungerten. In der Mitte der Straße ragte der Stamm eines arg mitgenommenen Eukalyptusbaums aus dem Asphalt hervor.

»Ein heiliger Baum«, sagte er. »Heilig für den Raupen-Traum, und ein gefährliches Verkehrsrisiko.«

Im Innern des öffentlichen Pubs war es laut. Der Raum war mit Schwarzen und Weißen gefüllt. Der zwei Meter große Barmann war angeblich der beste Rausschmeißer der Stadt. Auf dem Linoleumboden waren Bierlachen, an den Fenstern hingen weinrote Vorhänge, und Fiberglasstühle standen in der Gegend herum.

Ein fetter, bärtiger Aborigine saß da und kratzte die Stiche an seinem Bauch. Er hatte seine Hinterbacken auf zwei Barhocker gesetzt. Eine knochige Frau saß neben ihm. In ihrer lila Strickmütze steckte ein Bierdeckel. Ihre Augen waren geschlossen, und sie kicherte hysterisch.

»Die ganze Bande ist hier«, sagte Arkady.

»Wer?«

»Meine Freunde vom Pintupi-Rat. Kommen Sie! Ich werde Sie dem Vorsitzenden vorstellen.«

Wir bezahlten unser Bier und schlängelten uns zwischen den Gästen hindurch nach vorn, wo der Vorsitzende mit dröhnender Stimme vor einem Haufen Bewunderer eine Rede schwang. Er war ein großer, sehr dunkelhäutiger Mann. Er trug Jeans, eine schwarze Lederjacke, einen schwarzen Lederhut und einen nägelbesetzten Schlagring an seinem Handgelenk. Ein Lachen voller Zähne breitete sich auf seinem Gesicht aus, als er meine Hand mit einem brüderlichen Händedruck umschloß und sagte: »Mann!«

Ich sagte ebenfalls »Mann!« und sah meine rosa Daumenspitze aus seiner Faust herausragen.

»Mann!« sagte er.

»Mann!« sagte ich.

»Mann!« sagte er.

Ich sagte nichts. Wenn ich ein drittes Mal »Mann!« sagte, dessen war ich mir sicher, würden wir endlos fortfahren, »Mann!« zu sagen.

Ich sah weg. Der Druck seines Griffs ließ nach, und schließlich bekam ich meine zerquetschte Hand frei.

Der Vorsitzende erzählte die Geschichte weiter, die er meinetwegen unterbrochen hatte: über seine Gewohnheit, die Vorhängeschlösser von den Eingangstoren der Rinderfarmen wegzuschießen. Seine Zuhörer fanden das sehr lustig.

Dann versuchte ich, mit einem städtischen Aktivisten ein Gespräch anzuknüpfen, der aus Sydney zu einem Besuch in den Norden gekommen war. Doch weil er sein Gesicht abwandte, sah ich mich zu der Aborigine-Fahne sprechen, die als Anhänger an seinem linken Ohrläppchen baumelte.

Zunächst erhielt ich keine andere Reaktion als das sonderbare Schlenkern der Fahne. Dann schwenkte das Gesicht herum und begann zu sprechen: »Sind Sie Engländer?«

»Ja.«

»Warum fahren Sie nicht wieder nach Hause?«

Er sprach langsam und verschluckte die Silben.

»Ich bin gerade erst angekommen«, sagte ich.

»Ich meine euch alle.«

»Alle wen?«

»Euch Weiße.«

Die Weißen hätten sein Land gestohlen, sagte er. Ihre Anwesenheit in Australien sei illegal. Sein Volk hätte nie einen Quadratzentimeter Land abgetreten. Sie hätten nie einen Vertrag unterschrieben. Alle Europäer sollten dahin zurückgehen, woher sie gekommen seien.

»Und was ist mit den Libanesen?« fragte ich.

»Sie müssen in den Libanon zurückgehen.«

»Ich verstehe«, sagte ich, aber das Interview war beendet, und das Gesicht schwenkte in seine vorige Position zurück.

Als nächstes zog ich die Aufmerksamkeit einer attraktiven blonden Frau auf mich und zwinkerte. Sie zwinkerte zurück, und wir schlängelten uns beide um den Rand der Gruppe herum.

»Hatten Sie es schwer mit dem Chef?« flüsterte sie.

»Nein«, sagte ich. »Es war lehrreich.«

Sie hieß Marian. Sie war erst vor einer halben Stunde aus dem Warlpiri Country, wo sie für einen Landclaim von Frauen arbeitete, in der Stadt eingetroffen.

Sie hatte stille blaue Augen und sah in ihrem enganliegenden geblümten Kleid sehr unschuldig und glücklich aus. Unter ihren Fingernägeln waren Halbmonde aus roter Erde, und der Staub hatte ihrer Haut einen weichen, bronzefarbenen Schimmer verliehen. Ihre Brüste waren fest und ihre Arme kräftig und zylindrisch. Sie hatte die Ärmel ihres Kleids aufgerollt, damit die Luft unter ihren Achselhöhlen frei zirkulieren konnte.

Sie und Arkady hatten als Lehrer an derselben Schule im Busch gearbeitet. Aus der Art zu schließen, wie sie immer wieder zu seinem blonden Haarschopf hinübersah, der im Scheinwerferlicht schimmerte, mußten sie einmal eine Liebschaft gehabt haben.

Er trug ein himmelblaues Hemd und ausgebeulte Drillichhosen.

»Wie lange kennen Sie Ark schon?« fragte sie.

»Ganze zwei Tage«, sagte ich.

Ich erwähnte den Namen der Frau in Adelaide, die wir beide kannten. Sie senkte die Lider und errötete.

»Er ist so etwas wie ein Heiliger«, sagte sie.

»Ich weiß«, sagte ich. »Ein russischer Heiliger.«

Ich hätte mit Marian weitersprechen können, wäre da nicht die rauhe Stimme an meinem linken Ellbogen gewesen. »Und was führt Sie ins Territory?«

Ich blickte mich um und sah einen drahtigen Weißen mit einem spitzen Mund, Mitte Dreißig. Sein angeschwollener Bizeps und das ärmellose graue Sweatshirt verrieten den Fitneßfan.

»Will mich hier umsehen«, sagte ich.

»Nach was Besonderem?«

»Ich möchte etwas über die Songlines der Aborigines erfahren.«

»Wie lange bleiben Sie?«

»Vielleicht ein paar Monate.«

»Gehören Sie zu irgendeinem Verein?«

»Nur zu meinem eigenen.«

»Und wieso glauben Sie, Sie könnten einfach hier aufkreuzen aus dem guten alten England und heiliges Wissen einheimsen?«

»Ich will kein heiliges Wissen einheimsen. Ich möchte verstehen, wie eine Songline funktioniert.«

»Sind Sie Schriftsteller?«

»Sozusagen.«

»Gedruckt?«

»Ja.«

»Science-fiction?«

»Ich hasse Science-fiction.«

»Glauben Sie mir«, sagte der Fitneßfan, »Sie verschwenden Ihre Zeit, Kumpel. Ich habe zehn Jahre im Territory gelebt. Ich kenne diese Ältesten. *Die* werden *Ihnen* nichts erzählen.«

Sein Glas war leer. Die einzige Möglichkeit, dieses Gespräch zu beenden, war, dem Mann einen Drink auszugeben.

»Nein danke«, er hob das Kinn. »Ich brauche nichts.«

Ich zwinkerte Marian wieder zu, die sich alle Mühe gab, einen Lachanfall zu unterdrücken. Die anderen Gläser waren leer, daher bot ich mich an, eine Runde auszugeben. Ich ging zur Theke und bestellte »schooners« und »middies«. Ich bestellte für den Fitneßfan, ob es ihm gefiel oder nicht.

Arkady kam herüber, um mir mit den Gläsern zu helfen. »Ich muß schon sagen!« grinste er. »Sie amüsieren sich *wirklich*.«

Ich bezahlte, und wir trugen die Gläser hinüber.

»Sagen Sie, wenn Sie gehen wollen«, flüsterte er. »Wir können zu mir gehen.«

»Wann immer Sie wollen.«

Der Fitneßfan zuckte zusammen, als er das Glas entgegennahm, und sagte: »Vielen Dank, Kumpel.«

Der Vorsitzende nahm es wortlos entgegen.

Wir tranken aus. Arkady küßte Marian auf den Mund und sagte: »Wir sehen uns später.« Der Fitneßfan legte seine Hand in meine und sagte: »Wir sehen uns, Kumpel.«

Wir gingen nach draußen.
»Wer war das?« fragte ich.
»Eine Katastrophe!« sagte Arkady.
Die Stadt lag ruhig in der Dämmerung. Ein orangeroter Rand glühte an den Umrissen der MacDonnell-Kette.
»Wie hat Ihnen das Frazer Arms gefallen?« fragte er.
»Es hat mir gefallen«, sagte ich. »Recht nett.«
Es war jedenfalls netter als das Pub in Katherine.

8

In Katherine hatte ich auf dem Weg vom Kimberley-Plateau südwärts nach Alice den Bus wechseln müssen.

Es war Lunchzeit. Das Pub war voller Lastwagenfahrer und Bauarbeiter, die Bier tranken und Fleischpasteten aßen. Die meisten von ihnen trugen die Standarduniform der Männer im Outback: *desert boots*, Marineunterhemden, damit man ihre Tätowierungen sah, gelbe Hüte mit breiten Krempen und »Stümpfe« – grüne engsitzende Shorts ohne Reißverschluß. Und das erste, was man sah, wenn man durch die Milchglastür hineinging, war eine Reihe behaarter rötlicher Beine und flaschengrüner Hintern.

Katherine ist eine Zwischenstation für Touristen, die kommen, um die berühmte Schlucht zu besichtigen. Die Schlucht sollte Nationalpark werden, aber ein paar Anwälte der Landrechtebewegung hatten einen Formfehler in den juristischen Unterlagen gefunden und forderten sie für die Ureinwohner zurück. Es herrschte viel Feindseligkeit in der Stadt.

Ich ging zur Toilette, und im Gang drückte eine schwarze Hure ihre Brustwarzen an mein Hemd und sagte: »Willst du mich, Liebling?«

»Nein.«

In der Zeit, die ich auf der Toilette brauchte, hatte sie sich bereits an einen sehnigen kleinen Mann auf einem Barhocker herangemacht. Er hatte geschwollene Adern an seinen Unterarmen und das Dienstzeichen eines Parkaufsehers an seinem Hemd.

»Nä!« höhnte er. »Du schmutzige Gin! Du kannst mich nicht anmachen. Ich hab' meine Missus. Aber wenn du hier an der Bar sitzen und die Beine breit machen würdest, dann würde ich dir wahrscheinlich eine Flasche reinstekken.«

Ich nahm meinen Drink und ging in den hinteren Teil des Raums. Ich kam mit einem Spanier ins Gespräch. Er war klein, kahl und verschwitzt, und er hatte eine hohe, hysterische Stimme. Er war der Bäcker der Stadt. Ein paar Schritte von uns entfernt begannen zwei Aborigines sehr langsam miteinander zu kämpfen.

Der ältere hatte eine runzlige Stirn und trug ein karminrotes Hemd, das bis zum Nabel offen war. Der andere war ein magerer Jugendlicher in einer hautengen orangefarbenen Hose. Der Mann war betrunkener als der Junge, er konnte kaum stehen. Er hielt sich aufrecht, indem er sich mit den Ellbogen auf seinem Hocker abstützte. Der Junge schrie Zeter und Mordio, und an seinen Mundwinkeln trat Schaum hervor.

Der Bäcker stieß mich in die Rippen. »Ich komme aus Salamanca«, kreischte er. »Ist wie ein Stierkampf, oder?«

Jemand anders rief: »Die Affen kämpfen«, obwohl sie nicht wirklich kämpften – noch nicht. Aber die trinkenden Männer begannen johlend und grölend, durch die Bar auf sie zuzugehen, um einen Blick zu erhaschen.

Sanft, beinahe zärtlich stieß der Aborigine dem Jungen das Glas aus der Hand. Es fiel hinab und zersplitterte auf dem Fußboden. Der Junge bückte sich, hob den abgebrochenen Fuß auf und hielt ihn wie einen Dolch in der Hand.

Der Lastwagenfahrer auf dem nächsten Hocker schüttete den Inhalt seines Glases aus, zerschlug den Rand an der Thekenkante und drückte es dem älteren Mann in die Hand. »Los«, sagte er aufmunternd. »Zeig's ihm.«

Der Junge mit seinem Glas machte einen Satz nach vorn, aber der Mann parierte mit einer schnellen Bewegung seines Handgelenks. Beide bluteten.

»Olé!« rief der spanische Bäcker, dessen Gesicht zu einer Grimasse verzerrt war. »Olé! Olé! Olé!«

Der Rausschmeißer sprang über die Theke und zerrte die beiden Aborigines nach draußen auf den Gehsteig, über den Asphalt zu einer Insel in der Mitte der Straße, wo sie, Seite an Seite, blutend unter den rosa blühenden Oleanderbüschen lagen, während die Fernlastzüge aus Darwin vorbeiratterten.

Ich ging davon, aber der Spanier folgte mir.

»Sie sind die allerbesten Freunde«, sagte er. »Oder?«

9

Ich hatte gehofft, früh zu Bett gehen zu können, aber Arkady hatte mich zu einem Barbecue bei ein paar Freunden am anderen Ende der Stadt eingeladen. Wir mußten eine Stunde oder mehr überbrücken. Wir kauften eine Flasche gekühlten Weißwein bei dem Straßenverkauf.

Arkady wohnte in einer gemieteten Einzimmerwohnung über einer Reihe von abschließbaren Garagen in einem Wohnblock hinter dem Supermarkt. Die Klimaanlage lief, und als er die Tür aufschloß, schlug uns ein kalter Luftzug entgegen. Ein Zettel war unter der Tür hindurch auf die Matte geschoben worden. Er machte Licht und las.

»Wurde auch Zeit«, murmelte er.

»Worum geht's?« fragte ich.

Er erklärte, daß einer der Kaititj-Ältesten, ein alter Mann namens Alan Nakamurra, in den letzten vier Wochen die Landvermessung aufgehalten habe. Er war der letzte männliche Überlebende seines Klans und »traditioneller Besitzer« des Landes nördlich von der Middle Bore Ranch. Die Eisenbahnvermesser hatten es eilig, speziell diese Teilstrecke abzustecken. Arkady hatte sie vertröstet, bis Alan gefunden werden konnte.

»Wo war er?«

»Was glauben Sie?« lachte er. »Er war auf Walkabout.«

»Was ist mit den anderen geschehen?«

»Welchen anderen?«

»Den anderen von seinem Klan.«

»Erschossen«, sagte Arkady. »Von Polizeipatrouillen, in den zwanziger Jahren.«

Das Zimmer war ordentlich und weiß. Auf dem Tisch in der Kochnische standen ein Entsafter und daneben ein

Korb mit Orangen. Indonesische Tücher und Kissen waren auf einer Matratze verstreut. Notenblätter mit Auszügen aus dem *Wohltemperierten Klavier* lagen geöffnet oben auf dem Cembalo.

Arkady entkorkte die Flasche, goß zwei Gläser ein, und während ich mir den Inhalt seines Bücherregals näher betrachtete, führte er ein Telefongespräch mit seinem Chef.

Er sprach ein oder zwei Minuten über dienstliche Angelegenheiten und sagte dann, da sei dieser Engländer in der Stadt, der mit dem Vermessungsteam »in den Busch« gehen wolle... Nein, kein Journalist... Ja, so, für einen Engländer relativ harmlos... Nein, kein Fotograf... Nein, nicht daran interessiert, Rituale zu beobachten... Nein, nicht morgen... am Tag danach...

Es entstand eine Pause. Fast konnte man den Mann am anderen Ende der Leitung nachdenken hören. Dann lächelte Arkady und zeigte mit dem Daumen nach oben.

»Sie sind mit von der Partie«, sagte er und legte den Hörer auf.

Als nächstes rief er den Autoverleih an und bestellte ein Fahrzeug für Mittwoch morgen. »Geben Sie uns einen Landcruiser«, sagte er. »Es könnte regnen.«

Auf dem Bücherregal standen russische Klassiker, Bücher über die Vorsokratiker und etliche Studien über die Aborigines. Unter den letzteren waren zwei meiner Lieblingsbücher: Theodore Strehlows *Aranda Traditions* und *Songs of Central Australia*.

Arkady öffnete eine Dose Cashewnüsse, und wir setzten uns im Schneidersitz auf die Matratze.

»Nasdorowje!« Er hob sein Glas.

»Nasdorowje!« Wir stießen an.

Er stand noch einmal auf, zog ein Fotoalbum aus dem Regal und begann, die Seiten umzublättern.

Die ersten Bilder waren allesamt farbige Schnappschüsse, meistens von ihm, Dokumente, wie sie jeder junge Australier von seiner ersten Reise nach Übersee mitbringt:

Arkady an einem Strand in Bali; Arkady im Kibbuz Hulda; Arkady vor dem Tempel in Sunion; Arkady mit seiner zukünftigen Frau in Venedig, zwischen Tauben; Arkady, wieder in Alice, mit Ehefrau und Baby.

Dann schlug er die hinteren Seiten des Albums auf: ein verblichenes Schwarzweißfoto von einem jüngeren Paar auf einem Schiffsdeck mit einem Rettungsboot im Hintergrund: »Mum und Dad«, sagte er. »Mai siebenundvierzig, als das Schiff im Hafen von Aden anlegte.«

Ich beugte mich vor, um es näher zu betrachten. Der Mann war klein, er hatte einen flachen, kräftigen Körper, dichte schwarze Augenbrauen und schrägstehende Bakkenknochen. Ein dunkles Haardreieck war in seinem Hemdausschnitt sichtbar. Seine ausgebeulten Hosen waren in der Taille gegürtet und sahen so aus, als wären sie mehrere Nummern zu groß.

Die Frau war größer und hatte eine gute Figur. Sie trug ein schlichtes Hängekleid, und ihr farbloses Haar lag in Flechten um ihren Kopf. Ihr runder Arm wölbte sich über die Reling. Sie reckten ihre Gesichter der Sonne entgegen.

Weiter unten auf derselben Seite war ein zweites Foto von dem Mann: mittlerweile abgemagert und grau, stand er an einem Zaun in einem Garten voller Kohl, der nur russischer Kohl sein konnte. Neben ihm, eine Gruppe bildend, standen eine dralle Bäuerin und zwei junge, kräftige Burschen mit Mützen und Stiefeln aus Karakulpelz.

»Das ist meine Tante«, sagte Arkady. »Und das sind meine Kosakenvettern.«

Die Karakulmützen weckten in mir die Erinnerung an einen stickigen Sommernachmittag in Kiew und an eine Schwadron von Kosaken, die auf einer mit Kopfstein gepflasterten Straße exerzierten: glänzende schwarze Pferde, scharlachrote Umhänge, hohe, schrägsitzende Mützen und die verdrießlichen, gereizten Gesichter der Menge.

Das war im August 1968 gewesen, einen Monat vor dem Einmarsch in die Tschechoslowakei. Den ganzen Sommer hindurch hatte es Gerüchte über Unruhen in der Ukraine gegeben.

Arkady füllte die Gläser nach, und wir sprachen weiter über die Kosaken: über »Kasaken« und »Kosaken«; über den Kosaken als Söldner und den Kosaken als Rebellen; über Jermak den Kosaken und die Eroberung Sibiriens; über Pugatschew und Stenka Rasin; über Machno und Budjonnys Reiterarmee. Ich kam zufällig auf von Pannwitzens Kosakenbrigade zu sprechen, die gegen die sowjetische Armee für die Deutschen gekämpft hatte.

»Komisch, daß Sie von Pannwitz erwähnen«, sagte er.

1945 befanden sich seine Eltern in der britischen Besatzungszone in Österreich. Zur damaligen Zeit schickten die Alliierten sowjetische Flüchtlinge, ob sie nun Verräter waren oder nicht, nach Hause zurück und lieferten sie Stalin aus. Sein Vater wurde von einem Major des britischen Nachrichtendienstes verhört, der ihn in fehlerlosem Ukrainisch beschuldigte, für von Pannwitz gekämpft zu haben. Nach einwöchiger, ununterbrochener Befragung konnte er den Mann davon überzeugen, daß die Anklage ungerechtfertigt war.

Dann wurden sie nach Deutschland gebracht, wo man sie in einem ehemaligen Offiziersclub unter dem Adlernest in Berchtesgaden einquartierte. Sie stellten Anträge auf Auswanderung in die USA und nach Kanada. Argentinien, so wurde ihnen mitgeteilt, sei ein besserer Tip für Leute mit fragwürdigem Status. Schließlich kamen nach einem Jahr angstvollen Wartens Meldungen über Arbeitsmöglichkeiten in Australien und Fahrkarten für diejenigen, die unterschrieben.

Sie nahmen die Gelegenheit freudig wahr. Sie wollten nichts anderes als einem mörderischen Europa entkommen – der Kälte, dem Schlamm, dem Hunger und den verschollenen Familien – und ein sonniges Land betreten, in dem jedermann zu essen hatte.

Sie reisten auf einem umgewandelten Lazarettschiff von

Triest ab. Alle Ehepaare wurden während der Reise getrennt und konnten sich nur tagsüber auf Deck treffen. Nach der Landung in Adelaide wurden sie in einem Lager von Nissenhütten interniert, wo Männer in Khaki auf englisch Befehle kläfften. Manchmal glaubten sie, wieder in Europa zu sein.

Mir war schon vorher aufgefallen, daß Arkadys Besessenheit von der australischen Eisenbahn etwas Grimmiges hatte. Jetzt erklärte er es.

Der Job, der Iwan Wolschok zugeteilt wurde, war eine Arbeit als Wartungsmonteur bei der Transcontinental Line, mitten in der Nullarbor-Ebene. Dort, zwischen den Bahnhöfen von Xanthus und Kitchener, ohne Frau und ohne Kinder, von der Sonne und einer Kost aus Pökelfleisch und dünnem Tee in den Wahnsinn getrieben, mühte er sich damit ab, Schwellen auszuwechseln.

Eines Tages brachte man ihn auf einer Bahre nach Adelaide zurück. Die Ärzte sagten: »Hitzschlag«, und die Eisenbahn zahlte keine angemessene Entschädigung. Ein anderer Arzt sagte: »Sie haben ein klappriges Herz.« Er arbeitete nie wieder.

Glücklicherweise war Arkadys Mutter eine patente und entschlossene Frau; sie begann mit einem Straßenstand und baute ein florierendes Obst- und Gemüsegeschäft auf. Sie kaufte ein Haus in einem östlichen Vorort. Sie las sich selbst russische Romane vor, Arkascha und seinen Brüdern russische Volksmärchen, und am Sonntag nahm sie sie in den orthodoxen Gottesdienst mit.

Ihr Ehemann besaß keine einzige ihrer Fähigkeiten. Früher war er nichts als Muskeln und Rebellion gewesen. Mit zunehmendem Alter schlurfte er durch das Geschäft, stand allen im Weg, betrank sich mit seinem selbstgebrannten Fusel und brütete schwermütig über der Vergangenheit.

Er murmelte unzusammenhängendes Zeug von einem Birnbaum im Garten seiner Mutter und von einem Amulett, das er in einer Astgabel versteckt habe. Bäume, sagte er, seien in Australien halb tot. In Rußland gebe es richtige Bäume, die ihr Laub abwarfen und wieder lebendig wurden. Eines Abends traf Arkadys Bruder Petró ihn dabei an, wie er ihre Norfolk-Island-Kiefer abhackte. Da wußten sie, daß es schlimm um ihn stand.

Über die sowjetische Botschaft in Canberra erhielten sie die Genehmigung für ihn und Petró, zurückzukehren und sein Heimatdorf Gornjatskije zu besuchen. Er sah seine Schwester, den alten Samowar, Weizenfelder, Birken und einen träge fließenden Fluß. Der Birnbaum war seit langer Zeit abgesägt und zu Brennholz verarbeitet worden.

Auf dem Friedhof entfernte er die Kletten vom Grab seiner Eltern und saß da und lauschte dem Quietschen der rostigen Wetterfahne. Nach Einbruch der Dunkelheit sangen alle, und seine Neffen spielten abwechselnd die Familien-Bandura. Am Tag vor ihrer Abreise brachte ihn der KGB zum Verhör nach Rostow. Sie gingen immer wieder sein Dossier durch und stellten eine Menge verfänglicher Fragen nach dem Krieg.

»Vater«, sagte Arkady, »war dieses Mal glücklicher, Wien zu sehen, als beim ersten Mal.«

Das war vor sieben Jahren gewesen. Jetzt wünschte er sich wieder sehnlichst, nach Rußland zurückzukehren. Er sprach jetzt von nichts anderem als dem Grab in Gornjatskije. Sie wußten, daß er dort sterben wollte, aber sie wußten nicht, wie sie es bewerkstelligen sollten.

»Selbst als Angehöriger der westlichen Welt«, sagte ich, »verstehe ich, wie ihm zumute sein muß. Sobald ich in Rußland bin, kann ich es nicht abwarten, wieder wegzukommen. Und dann kann ich es nicht abwarten, wieder zurückzukehren.«

»Sie mögen Rußland?«

»Die Russen sind ein wunderbares Volk.«

»Das weiß ich«, sagte er scharf. »Warum?«

»Schwer zu sagen«, sagte ich. »Ich denke gern an Rußland als an ein Land der Wunder. Gerade wenn man das

Schlimmste befürchtet, geschieht immer etwas Wunderbares.«

»Zum Beispiel?«

»Kleine Dinge meistens. Die Bescheidenheit in Rußland ist grenzenlos.«

»Ich glaube Ihnen«, sagte er. »Kommen Sie. Wir machen uns besser auf den Weg.«

10

Es war eine klare, mondhelle Nacht. Nur bei Mondlicht war es gefahrlos, die Abkürzung durch den Todd zu nehmen. Die Aborigines hatten die Angewohnheit, ihren Rausch im Flußbett auszuschlafen. In pechschwarzen Nächten riskierte man, einem von ihnen, der gefährlich betrunken sein mochte oder auch nicht, über den Weg zu laufen.

Die Stämme der Geistereukalyptusbäume schimmerten weiß: mehrere der Bäume waren bei Überschwemmungen in vergangenen Jahren entwurzelt worden. Wir sahen auf der anderen Seite des Flusses das Kasino und die Scheinwerfer von Autos, die dorthin fuhren. Der Sand war locker und körnig, und wir versanken darin bis über die Knöchel. Am anderen Ufer tauchte eine zerzauste Gestalt aus den Büschen auf, murmelte: »Arschlöcher!« und sank zurück. Ein dumpfes Geräusch, Zweige knackten.

»Harmlos betrunken!« sagte Arkady.

Er ging voran, am Kasino vorbei durch eine Straße mit neu erbauten Häusern. An den Dächern klemmten Solarpaneele, und in den Auffahrten parkten Campingwagen. Ganz hinten am Ende der Straße stand quer zu den anderen ein altes, baufälliges Haus aus der Pionierzeit, mit einer großen Veranda und Fliegengittern. Aus dem Garten kam der Geruch von blühendem Jasmin und brutzelndem Fett.

Ein graubärtiger Mann, der Bill hieß, grillte mit nacktem Oberkörper und schweißüberströmt Steaks und Würstchen auf einem Holzkohlenrost.

»Hallo, Ark!« Er schwenkte eine Gabel in der Luft.

»Hallo, Bill«, sagte Arkady. »Das ist Bruce.«

»Freut mich, Sie kennenzulernen, Bruce«, sagte Bill hastig. »Holt euch was zu essen.«

Bills blonde Frau Janet saß hinter einem aufgebockten Tisch und servierte Salat. Sie hatte einen eingegipsten Arm. Auf dem Tisch standen verschiedene Flaschen Wein und eine mit Eis und Dosenbier gefüllte Kunststoffwanne.

Die Nachtfalter schwirrten um ein paar Sturmlampen.

Die Gäste gingen im Garten umher, ihre Pappteller mit dem Essen in der Hand, oder saßen lachend in Gruppen auf der Erde oder, in ernsthafte Gespräche vertieft, auf Campingstühlen. Es waren Krankenschwestern, Lehrerinnen, Linguistinnen, Architektinnen. Ich nahm an, alle arbeiteten auf die eine oder andere Weise mit den Aborigines, oder für sie. Sie waren jung und hatten wunderschöne Beine.

Es war nur ein Aborigine zugegen: ein schlaksiger Mann mit weißen Shorts und einem Bart, der sich wie ein Fächer bis unter seinen Nabel ausbreitete. Ein Halbblutmädchen hing an seinem Arm. Ihr Haar war mit einem lila Kopftuch verhüllt. Er überließ ihr das Reden.

Sie sagte mit klagender Stimme, daß der Stadtrat von Alice vorhabe, das Trinken in der Öffentlichkeit zu verbieten. »Und wo sollen unsere Leute trinken«, fragte sie, »wenn nicht in der Öffentlichkeit?«

Dann sah ich den Fitneßfan, der schnurgerade durch den Garten auf uns zukam. Er hatte sich umgezogen und trug nun ein Landrechte-T-Shirt und giftgrüne Boxershorts. Er sah, das mußte man zugeben, auf eine säuerliche Weise gut aus. Sein Name war Kidder. Der schrille, ansteigende Ton, mit dem er seine Sätze beendete, verlieh seinen Erklärungen, wie dogmatisch sie auch waren, etwas Zaghaftes und Zweifelndes. Er hätte einen ausgezeichneten Polizisten abgegeben.

»Wie ich schon im Pub sagte«, sagte er, »sind die Zeiten für diese Art von Forschungen vorüber.«

»Welche Art von Forschungen?«

»Die Aborigines haben es gründlich satt, wie Tiere im Zoo beschnüffelt zu werden. Sie haben dem ein Ende gemacht.«

»Wer hat dem ein Ende gemacht?«

»Sie selber«, sagte er. »Und ihre Gemeindeberater.«

»Zu denen Sie gehören?«

»Ja«, pflichtete er mir bescheiden bei.

»Heißt das, daß ich mit keinem Aborigine sprechen darf, ohne vorher Ihre Erlaubnis einzuholen?«

Er schob das Kinn vor, senkte die Lider und blickte zur Seite. »Wollen Sie initiiert werden?« fragte er.

Er fügte hinzu, daß ich mich, falls ich wolle, einer Beschneidung unterziehen müsse, falls ich noch nicht beschnitten sei, und danach einer Subinzision, was, wie ich zweifellos wisse, bedeute, daß meine Harnröhre wie eine Bananenschale zurückgepellt und mit einem Steinmesser geschält würde.

»Vielen Dank«, sagte ich. »Ich verzichte.«

»In dem Fall«, sagte Kidder, »haben Sie kein Recht, Ihre Nase in Angelegenheiten zu stecken, die Sie nichts angehen.«

»Sind sie initiiert worden?«

»Ich... hm... ich...«

»Ich fragte, ob *Sie* initiiert worden sind?«

Er fuhr sich mit den Fingern durchs Haar und schlug einen etwas höflicheren Ton an.

»Ich sollte Sie vielleicht über gewisse politische Entscheidungen informieren«, sagte er.

»Tun Sie das.«

Kidder kam wieder auf sein Thema zurück und sagte, das heilige Wissen sei der kulturelle Besitz der Aborigines. Alles Wissen, das den Weißen in die Hände gefallen sei, hätten diese entweder mit List oder mit Gewalt erworben. Es würde jetzt entprogrammiert werden.

»Wissen ist Wissen«, sagte ich. »Es ist nicht so einfach, es loszuwerden.«

Er war anderer Meinung.

Heiliges Wissen zu entprogrammieren, sagte er, bedeute, die Archive nach unveröffentlichtem Material über die Aborigines zu durchsuchen und danach die betreffenden Seiten den rechtmäßigen »Besitzern« zurückzuerstatten. Es bedeute, daß das Copyright des Autors eines Buches auf das von ihm beschriebene Volk übertragen werde; daß die Fotografien an die Fotografierten (oder ihre Nachkommen), die Tonbandaufzeichnungen an die Ausgefragten zurückgegeben würden, und so weiter.

Ich ließ ihn ausreden und holte ungläubig Luft.

»Und wer«, fragte ich, »entscheidet darüber, wer diese ›Besitzer‹ sind?«

»Wir haben Methoden, solche Informationen zu recherchieren.«

»Ihre eigenen Methoden oder *ihre* Methoden?«

Er antwortete nicht. Statt dessen wechselte er das Thema und fragte, ob ich wisse, was ein Tschuringa sei.

»Ja«, sagte ich.

»Was ist ein Tschuringa?«

»Ein heiliges Brett«, sagte ich. »Das ›Allerheiligste‹ eines Aborigine. Oder, wenn Sie so wollen, seine ›Seele‹.«

Ein Tschuringa ist gewöhnlich eine ovale, aus Stein oder Mulgaholz geschnittene Platte, deren Oberfläche mit Zeichen bedeckt ist, die die Wanderungen des Traumzeit-Ahnen ihres Besitzers symbolisieren. Nach dem Gesetz der Aborigines durfte keine nichtinitiierte Person *je* einen Blick darauf werfen.

»Haben Sie einen Tschuringa gesehen?« fragte Kidder.

»Ja.«

»Wo?«

»Im Britischen Museum.«

»War Ihnen klar, daß Sie etwas Illegales taten?«

»So etwas Lächerliches habe ich noch nie gehört.«

Kidder verschränkte die Arme und zerdrückte seine leere Bierdose – *kla... ank*! Seine Brust hob und senkte sich wie die einer Kropftaube. »Manche sind schon wegen weniger mit dem Speer durchbohrt worden.«

Zu meiner Erleichterung sah ich, daß Arkady über den Rasen auf uns zukam. Er hatte einen Berg Kohlsalat auf seinem Teller und einen Tupfen Mayonnaise am Kinn.

»Ich hab' gewußt, daß ihr beiden zusammenkommen mußtet«, grinste er. »Zwei, die sich Löcher in den Bauch reden!«

Kidder verzog den Mund zu einem verkniffenen Lächeln. Er war ein attraktives Objekt für Frauen. Ein ernst blickendes dunkelhaariges Mädchen lungerte seit einer Weile um uns herum. Sie konnte es offensichtlich nicht erwarten, mit ihm zu sprechen. Sie nutzte ihre Chance. Ich nutzte meine: davonzukommen und mir etwas zu essen zu holen.

»Sie schulden mir eine Erklärung«, sagte ich zu Arkady. »*Wer* ist Kidder?«

»Ein reicher Junge aus Sydney.«

»Ich meine, *was* ist er innerhalb der Landrechtebewegung?«

»Nichts und niemand. Er hat ein Flugzeug, das ist alles. Fliegt in der Gegend herum und nimmt Botschaften entgegen. Deshalb hält er sich für wichtig.«

»Luftikus«, sagte ich.

»Er ist ein netter Kerl«, sagte Arkady. »Das habe ich jedenfalls gehört.«

Ich holte mir noch etwas Salat, und wir gingen zu Marian hinüber. Sie saß auf einer Matte und sprach mit einem Anwalt. Sie hatte sich ein Kleid angezogen, noch verblichener und schäbiger als das, in dem ich sie zuletzt gesehen hatte, mit einem Muster aus japanischen Chrysanthemen. Lumpen standen ihr. Lumpen waren ihr Stil. In anderen Sachen als Lumpen hätte sie wahrscheinlich schlampig ausgesehen.

Sie hielt mir beide Wangen zum Küssen hin und sagte, sie freue sich, daß ich mitkäme.

»Wohin?«

»Nach Middle Bore«, sagte sie. »Sie *kommen* doch hoffentlich mit?«

»Sie auch?«

»Ich auch.« Sie warf einen Blick zu Arkady hinüber und kniff die Augen zusammen. »Ich bin die rechte Hand des Großherzogs.«

Sie erzählte mir, Aborigine-Frauen hätten ihre eigenen Liederzyklen und daher andere Stätten, die geschützt werden müßten. Bis vor kurzem habe das kaum jemand gewußt: der Grund dafür sei, daß die Frauen mit ihren Geheimnissen so viel vorsichtiger umgingen als die Männer.

»Es ist jedenfalls nett, daß Sie mitkommen«, sagte sie lächelnd. »Es wird uns Spaß machen.«

Sie machte mich mit dem Anwalt bekannt. »Bruce, das ist Hughie.«

»Sehr erfreut!« sagte ich.

Er nahm meinen Gruß mit einer langsamen Verneigung des Kopfes zur Kenntnis.

Er hatte ein blasses, ovales Gesicht und eine abgehackte und pedantische Art, die Silben zu betonen; mit seinen Sommersprossen, seiner Stahlrandbrille und dem mausgrauen Haarbüschel, das an seinem Hinterkopf aufragte, sah er wirklich genau wie der Klassenprimus aus. Wenn das Lampenlicht auf seine Züge fiel, wirkte er zerfurcht und müde.

Er gähnte. »Vielleicht finden wir irgendwo einen Stuhl, mein Lieber? Ich kann keine Minute länger stehen, und ich *hasse* es, auf dem Boden zu sitzen. Sie etwa nicht?«

Ich fand zwei Stühle, und wir setzten uns. Arkady und Marian waren inzwischen fortgegangen, um die Reisevorbereitungen zu besprechen.

Der Anwalt war den ganzen Tag im Gericht gewesen und hatte einen schwarzen Jugendlichen verteidigt, der unter Mordanklage stand. Er würde auch den ganzen nächsten Tag im Gericht sein. Er war Neuseeländer. Er hatte eine

Public School in England besucht und war in London als Advokat zugelassen worden.

Wir sprachen über den Fall Lawson, der in Alice vor Gericht verhandelt worden war. Lawson war ein Fernfahrer, dem die Besitzerin eines Busch-Motels einen Drink verweigert hatte, weil er offensichtlich schon betrunken war. Er war in das grelle Mittagslicht hinausgegangen, hatte seinen Anhänger losgekoppelt und war zwanzig Minuten später mit dem Laster mit fünfunddreißig Meilen pro Stunde in die Bar gefahren und hatte dabei fünf Gäste getötet und zwanzig verletzt.

Nach dem Vorfall war Lawson im Busch verschollen, und als er gefunden wurde, sagte er, er könne sich an nichts erinnern.

»Glauben Sie das?« fragte ich.

»Ob ich das glaube? Natürlich glaube ich das! Mr. Lawson ist ein netter, ehrlicher Mann, und seine Firma hatte ihn ständig auf Achse geschickt, so daß er schrecklich überlastet war. Das Problem bei seiner Verteidigung war, daß er nicht betrunken, sondern berauscht war.«

»Wovon?«

»Von Amphetaminen, der arme Kerl! Hatte seit fünf Tagen kein Auge zugetan. All diese Fernfahrer *ernähren* sich von Amphetaminen! Stecken sie wie Bonbons in den Mund! Eins, zwei, drei, vier, fünf, und *hurra!* – schon haben sie abgehoben. Kein Wunder, daß er ein bißchen high war!«

»Ist das bei Gericht zur Sprache gekommen?«

»Die fünf Tage – ja; die Amphetamine – nein.«

»Und warum nicht?«

»Das Wort darf nicht in den Mund genommen werden! Amphetamine und das Fernfahrergewerbe? Unaussprechbar! Stellen Sie sich vor, es würde eine Untersuchung geben. Amphetamine sind die Antwort dieses Landes auf Entfernungen. Ohne sie würde sich hier gar nichts mehr tun.«

»Es ist ein unheimliches Land«, sagte ich.
»Das stimmt.«
»Unheimlicher als Amerika.«
»Und ob!« stimmte er mir zu. »Amerika ist *jung*! Jung, unschuldig und grausam. Aber dieses Land ist alt. Alter Felsen! Da liegt der Unterschied! Alt, müde und weise. Und absorbierend! Einerlei, was man über ihm ausschüttet, alles wird absorbiert.«

Er zeigte mit seinem dünnen weißen Arm auf die gesunden, sonnengebräunten Menschen auf dem Rasen. »Sehen Sie sie an!« sagte er. »Sie *glauben*, sie seien jung. Aber sie sind es nicht, bestimmt nicht. Sie sind *alt*. Alt auf die Welt gekommen!«

»Nicht Arkady« widersprach ich. »Arkady kommt mir nicht alt vor.«

»Ark ist die Ausnahme«, sagte er. »Ark muß vom Himmel gefallen sein. Aber alle anderen sind alt«, fuhr er fort. »Sind Ihnen schon einmal die Augenlider von jungen Leuten in diesem Land aufgefallen? Es sind die Augenlider von Alten. Wenn man sie weckt, sehen sie aus wie aufgeschreckte Faune – einen Moment lang! Danach werden sie wieder alt.«

»Vielleicht ist es das Licht?« meinte ich. »Das grelle Licht Australiens, das einen das Dunkel herbeisehnen läßt.«

»Ark hat mir erzählt, Sie hätten alle möglichen interessanten Theorien über dieses und jenes. Irgendwann würde ich sie gern hören, aber heute abend bin ich müde.«

»Ich auch.«

»Es ist natürlich nicht so, daß ich selbst nicht auch ein paar Lieblingstheorien hätte. Ich nehme an, das ist der Grund, warum ich hier bin.«

»Ich habe mich das gefragt.«

»Was?«

»Was Sie hier tun.«

»Das frage ich mich selbst, mein Lieber. Jedesmal, wenn

ich mir die Zähne putze, stelle ich mir diese Frage. Aber was würde ich in London tun? Steife Dinnerpartys? Hübsche kleine Wohnungen? Nein! Nein! Das wäre nichts für mich.«

»Aber warum hier?«

»Ich bin gern hier«, sagte er nachdenklich. »Die Abstraktion, verstehen Sie mich?«

»Ich glaube, ja.«

»Für Beuteltiere geeignet, aber nie für den Menschen gedacht. Das Land, meine ich. Es bringt die Menschen dazu, die sonderbarsten Dinge zu tun. Haben Sie die Geschichte von dem deutschen Mädchen und dem Fahrrad gehört?«

»Nein.«

»*Höchst* interessanter Fall! Nettes, gesundes deutsches Mädchen. Mietet ein Fahrrad in einem Laden in der Todd Street. Kauft ein Schloß in einem Laden in der Court Street. Fährt auf dem Larapinta Drive aus der Stadt hinaus und kommt bis zur Ormiston-Schlucht. Schleppt das Fahrrad durch die Schlucht, was, das wissen Sie, wenn Sie je dort waren, eine übermenschliche Leistung ist. Dann, mitten im absoluten Nichts, kettet sie ihr Bein an den Rahmen, wirft den Schlüssel weg und legt sich zum Bräunen in die Sonne. Der Drang zum Sonnenbaden läßt sie hoffnungslos überschnappen. Ausgerastet ist sie! Total ausgerastet!«

»Schlimm!«

»Nein.« Er schüttelte den Kopf. »Versöhnt! Aufgelöst! Das alles gehört zu meiner kleinen Theorie über Australien. Aber ich will Sie jetzt nicht *noch* länger damit belästigen, denn ich bin wirklich schrecklich müde und sollte längst im Bett sein.«

»Ich auch«, sagte ich und stand auf.

»*Setzen* Sie sich!« sagte er. »Warum müßt ihr Engländer es immer so eilig haben?«

Er trank einen Schluck Wein. Wir saßen ein, zwei Minuten schweigend da, und dann sagte er verträumt: »Ja, es ist ein wunderbares Land, wie geschaffen, um sich darin zu verlieren. In Australien verloren zu sein gibt einem ein wunderbares Gefühl der Sicherheit.«

Er sprang auf. »Und jetzt *muß* ich einfach gehen!« sagte er. »Es war schön, sich mit Ihnen zu unterhalten, und ich bin sicher, daß wir uns wieder unterhalten werden. Gute Nacht!«

Er ging in Richtung Gartentor davon, nickte allen, an denen er vorbeikam, zu und wünschte ihnen gute Nacht.

Ich ging wieder zu Arkady und Marian.

»Was halten Sie von Hughie?« fragte er.

»Ein komischer Vogel!«

»Verdammt guter Anwalt«, sagte er. »Bringt das Gericht zum Lachen.«

»Ich werde jetzt gehen«, sagte ich. »Bleiben Sie sitzen. Ich komme morgen in Ihrem Büro vorbei.«

»Sie gehen noch nicht«, sagte er. »Ich möchte Sie mit jemandem bekannt machen.«

»Mit wem?«

»Dan Flynn.« Er zeigte auf den bärtigen Aborigine.

»*Der* Pater Flynn?«

»Höchstpersönlich«, sagte er. »Kennen Sie die Geschichte?«

»Ja«, sagte ich.

»Woher?«

»Ich habe sie von einem Iren namens Pater Terence gehört.«

»Nie von ihm gehört.«

»Können Sie auch nicht«, sagte ich. »Er ist Eremit. Er hat mir geraten, Flynn zu besuchen.«

Arkady warf den Kopf in den Nacken und lachte.

»Alle wollen Pater Dan besuchen«, sagte er. »Bis sie eine Abfuhr bekommen. Wenn er Sie mag, werden Sie eine Menge lernen. Wenn nicht... werden Sie es merken.«

»Ja«, sagte ich. »Ich habe gehört, er soll schwierig sein.«

11

Selten dürfte die katholische Kirche Australiens bei ihren missionarischen Bemühungen einem so schwierigen Fall begegnet sein wie dem von Pater Flynn.

Er war ein Findelkind, von einer unbekannten Mutter vor dem Geschäft eines Iren in Fitzroy Crossing ausgesetzt. Im Alter von sechs Jahren wurde er zur Benediktiner-Mission in Cygnet Bay geschickt, wo er sich weigerte, mit anderen schwarzen Kindern zu spielen, Meßdiener wurde und die Gewohnheit hatte, in irischem Akzent sanft und ehrfürchtig Fragen zu Dogmen zu stellen. Eines Tages sagte er die Namen aller Päpste von Petrus bis zu Pius XII. wie am Schnürchen her. Die Patres sahen darin einen Beweis für sein Verlangen nach Christus. Sie lehrten ihn Latein und ermunterten ihn, Priester zu werden. Er wurde von dem ältesten Bewohner der Mission, Pater Herzog, in Obhut genommen, einem scheinbar harmlosen Kauz, der als Ethnograph ausgebildet worden war und ihm die Grundlagen der vergleichenden Religionswissenschaften näherbrachte.

Flynn wurde 1969 zum Priester geweiht. Er ging nach Rom. Zusammen mit den anderen Seminaristen wanderte er durch die Albaner Berge. Er hatte eine Audienz beim Heiligen Vater, die ungefähr eine Minute und fünfzehn Sekunden dauerte. Nach seiner Rückkehr nach Australien beschloß der Orden, daß er als erster Aborigine eine eigene Mission übernehmen sollte.

Als Standort wählten sie Roe River auf dem Kimberley-Plateau. Und damit er sich für die Aufgabe rüstete, schickte man Flynn zu zwei Alteingesessenen, Pater Subiros und Pater Villaverde, nach Boongaree, einem weiteren Vorposten der Benediktiner.

Pater Subiros – ich sollte ihm später in einem Kloster begegnen, wo er im Ruhestand lebte – war ein gutmütiger Mann: ein kleiner, dicker, belesener Katalane. Pater Villaverde war ein lediger Mann aus Trujillo in Estremadura. Sie waren seit fünfzig Jahren zusammen und hatten Überschwemmungen, Hungersnöte, Seuchen, Aufstände, einen japanischen Bombenangriff und viele andere Attacken des Teufels erlebt.

Boongaree war einen einstündigen Fußmarsch von der Küste entfernt. Roe River lag dagegen einhundertfünfzig Meilen landeinwärts und war in der Regenzeit oft drei Monate oder länger von der Welt abgeschnitten. Beides waren keine Missionen im herkömmlichen Sinne, sondern Rinderfarmen, die der Orden 1946 spottbillig erworben hatte und die als Zufluchtsstätten für Stämme gedacht waren, denen die weißen Viehzüchter das Land weggenommen hatten. Sie hatten sich als eine ausgesprochen lohnende Investition erwiesen.

Weil er aus dem Geburtsort der Pizarros stammte, fühlte sich Pater Villaverde verpflichtet, die Rolle eines Konquistadoren zu spielen. Er erklärte den Versuch, die Heiden mit Taten der Liebe zu gewinnen, für sinnlos, da sie nur die Sprache der Gewalt verstünden. Er verbot ihnen das Jagen und sogar den Anbau von Gemüse. Ihre einzige Aussicht auf wirtschaftliches Überleben bestand darin, eine Vorliebe für Pferde zu entwickeln.

Er nahm kleine Jungen ihren Müttern weg und setzte sie auf einen bockenden Sattel. Nichts machte ihm mehr Vergnügen, als an der Spitze seiner Truppe junger Draufgänger durch den Busch zu stürmen. Jeden Samstagnachmittag leitete er eine Sportveranstaltung mit Sprinten, Ringen, Speerwerfen und Bumerangwerfen – und an jedem Wettbewerb nahm er selbst teil. Von Natur aus ein Athlet – obwohl bereits über siebzig –, freute er sich über jede Gelegenheit, seine überlegene europäische Konstitution zur Schau zu stellen. Die Schwarzen, die wußten, wie er bei

Laune zu halten war, zügelten ihre Kräfte, ließen ihn gewinnen, krönten ihn mit dem Siegerkranz und trugen ihn auf ihren Schultern zu seiner Behausung.

Er verbannte alle Anthropologen, Journalisten und andere Schnüffler aus der Mission. Er verbot »traditionelle« Zeremonien. Mehr als alles andere verübelte er den jungen Männern mit einem gewissen priesterlichen Neid, daß sie fortgingen, um sich Ehefrauen zu suchen. Kaum waren sie fortgegangen, nach Broome oder nach Fitzroy Crossing, führten sie schlimme Reden, holten sich bösartige Krankheiten und fanden Geschmack am Alkohol. Er hatte alles getan, um sie am Fortgehen zu hindern, und so tat er alles, um sie am Zurückkommen zu hindern.

Die Schwarzen glaubten, daß er absichtlich versuchte, ihre Anzahl zu verringern.

Ich habe diese beiden Missionen nie besucht: als ich nach Australien kam, waren sie bereits seit sieben Jahren geschlossen. Ich weiß von diesen Vorgängen nur von Pater Terence, der, als Flynn in Boongaree eintraf, etwa eine Meile von der Mission entfernt in einer Hütte aus Laub und Zweigen lebte.

Pater Villaverde haßte Flynn auf den ersten Blick und setzte ihn allen möglichen Prüfungen aus. Er ließ ihn bis zum Hals durch Hochwasser waten, ließ ihn junge Bullen kastrieren und Latrinen scheuern. Er warf ihm vor, daß er den spanischen Krankenschwestern während des Gottesdienstes schöne Augen machte – dabei waren es natürlich sie, arme Dorfmädchen, die schubweise aus einem Kloster in der Nähe von Badajoz hergeschickt wurden, die ihm schöne Augen machten.

Eines Tages, als die Spanier einen texanischen Rinderbaron durch die Mission führten, bestand die Frau des Texaners darauf, einen weißbärtigen Ältesten zu fotografieren, der mit gekreuzten Beinen und offenem Hosenlatz im Staub saß. Der alte Mann wurde wütend. Er spuckte einen ordentlichen Schleimklumpen aus, der zu Füßen der

Dame landete. Sie zeigte sich jedoch der Situation gewachsen, entschuldigte sich, riß den Film aus ihrem Fotoapparat, beugte sich mit mildtätiger Miene zu ihm herab und fragte: »Gibt es irgend etwas, das ich Ihnen aus Amerika schicken kann?«

»Ja«, fauchte er. »Vier Toyota-Landcruiser!«

Pater Villaverde war schwer entsetzt. Für diesen authentischen Caballero war der Verbrennungsmotor ein Greuel. Irgend jemand mußte Unruhe gestiftet haben. Sein Verdacht fiel auf Pater Flynn.

Ungefähr einen Monat später fing er einen Brief vom Ministerium für Aborigine-Angelegenheiten in Canberra ab, in welchem dem Boongaree-Rat für sein Ersuchen um einen Landcruiser Dank ausgesprochen wurde: die Sache werde in Erwägung gezogen.

»Und was«, kreischte Pater Villaverde, »ist der Boongaree-Rat?«

Flynn kreuzte die Arme; er wartete, bis sich der Wortschwall legte, dann sagte er: »Wir.«

Von diesem Tag an herrschte offener Krieg.

Während der Sportveranstaltung am Samstag darauf, als Pater Villaverde gerade seinen siegreichen Speer geschleudert hatte, kam Flynn in einer weißen Soutane hinter der Kirche hervorgeschritten, in der Hand einen Speer, der mit rotem Ocker eingerieben war. Er bedeutete den Zuschauern, Platz zu machen, und ließ den Speer mit einer scheinbar mühelosen Bewegung durch die Luft segeln.

Er hatte mehr als doppelt so weit geworfen wie der Spanier – der daraufhin wütend das Bett hüten mußte.

Ich habe die Namen der drei Stämme, die um die Mission herum ihre Lager hatten, vergessen. Pater Terence hatte sie auf einen Zettel gekritzelt, den ich verloren habe. Der springende Punkt war, daß Stamm A Freund und Verbündeter vom Stamm B war und daß beide Stämme mit den Männern vom Stamm C bis aufs Blut verfeindet waren –

die, in die Enge getrieben und ihrer Frauenquelle beraubt, in Gefahr waren auszusterben.

Alle drei Lager befanden sich in gleicher Entfernung von den Missionsgebäuden: jeder Stamm blickte in die Richtung seiner früheren Heimat. Kämpfe brachen erst aus, nachdem man sich eine Zeitlang in Schmähungen ergangen und sich der Zauberei bezichtigt hatte. Aufgrund eines stillschweigenden Übereinkommens rotteten sich die Verbündeten nicht gegen den gemeinsamen Feind zusammen. Alle drei erkannten die Mission selbst als neutralen Boden an.

Pater Villaverde zog es vor, diese periodischen Anwandlungen von Blutvergießen zu dulden: solange die Wilden in ihrer Unkenntnis des Evangeliums verharrten, waren sie dazu verurteilt, weiterzukämpfen. Außerdem schmeichelte die Rolle des Friedensstifters seiner Eitelkeit. Sobald er Schreie hörte, stürzte er zum Schauplatz, schritt an den rasselnden Speeren entlang, machte eine Handbewegung wie Jesus, als er die Wasser besänftigte, und sagte: »Halt!« – und die Krieger trotteten nach Hause.

Der oberste Gesetzeskundige vom Stamm C hatte den unvergeßlichen Namen Cheekybugger Tabagee. In seiner Jugend war er ein erfahrener Fährtenleser gewesen und hatte Schürfexpeditionen durch die Kimberley-Berge geführt. Jetzt haßte er jeden Weißen, und in dreißig Jahren hatte er kein einziges Wort an die Spanier gerichtet.

Cheekybuggers Körper war nach kolossalen Maßstäben gebaut, aber er war alt, arthritisch und mit dem Schorf einer Hautkrankheit bedeckt. Seine Beine waren nicht mehr zu gebrauchen. Er saß im Halbschatten seiner Hütte und und ließ die Hunde seine Schwären lecken.

Er wußte, daß er im Sterben lag, und es machte ihn wütend. Einen nach dem andern hatte er die jungen Männer gehen oder zugrunde gehen sehen. Bald würde niemand mehr dasein: weder um die Lieder zu singen noch um Blut für Zeremonien zu geben.

Die Aborigines glauben, daß ein ungesungenes Land ein totes Land ist: denn wenn die Lieder vergessen sind, wird das Land selbst sterben. Zu dulden, daß so etwas geschah, war das schlimmste aller denkbaren Verbrechen, und dieser bittere Gedanke veranlaßte Cheekybugger, seine Lieder an den Feind weiterzugeben – womit er sein Volk zu immerwährendem Frieden verpflichtete, was natürlich eine weit, weit schwerer wiegende Entscheidung war, als immerwährendem Krieg Vorschub zu leisten.

Er ließ Flynn rufen und bat ihn, als Vermittler zu fungieren.

Flynn ging von einem Lager zum andern, argumentierte, ermahnte und fand schließlich eine Lösung. Der Haken war das Protokoll.

Cheekybugger hatte die Verhandlungen begonnen: nach dem Gesetz war er es, der die Lieder persönlich übergeben mußte. Die Frage war nur, wie. Er konnte nicht gehen. Er wollte nicht getragen werden. Ein Pferd zu besteigen lehnte er höhnisch ab. Schließlich fand Flynn die Lösung: er lieh sich einen Schubkarren aus bei dem malaiischen Koch, der auch im Gemüsegarten arbeitete.

Die Prozession setzte sich an einem glühendheißen blauen Nachmittag zwischen zwei und drei in Bewegung, als die Kakadus verstummt waren und die Spanier sich durch ihre Siesta schnarchten. Cheekybugger fuhr in dem Schubkarren voran, von seinem ältesten Sohn geschoben. Auf seinen Knien, in Zeitungspapier gewickelt, lag sein Tschuringa, den er jetzt dem Feind leihen wollte. Die anderen folgten im Gänsemarsch.

An einer Stelle hinter der Kirche traten zwei Männer – von den Stämmen A und B – hinter den Büschen hervor und geleiteten die Gruppe zum Ort des »Geschäfts«.

Flynn ging hinter ihnen her, die Augen halb geschlossen; er wirkte wie ein Mann in Trance. Er huschte ohne einen Funken des Erkennens an Pater Terence vorbei.

»Ich sah, daß er ›weg‹ war«, erzählte mir Pater Terence.

»Und ich sah, daß uns Scherereien bevorstanden. Aber es war alles sehr bewegend. Zum erstenmal in meinem Leben hatte ich eine Vision vom Frieden auf Erden.«

Bei Sonnenuntergang nahm eine der Krankenschwestern eine Abkürzung durch den Busch und hörte leiernde Stimmen und das *Tak... Tak...* der aufeinanderschlagenden Bumerange. Sie beschleunigte ihre Schritte, um Pater Villaverde zu benachrichtigen.

Er stürzte hinaus, um die Versammlung aufzulösen. Flynn trat hinter einem Baum hervor und warnte ihn, näher zu kommen.

Nach der Auseinandersetzung wurde erzählt, Flynn habe nur die Handgelenke seines Angreifers mit den Händen umklammert und sie festgehalten. Was Pater Villaverde jedoch nicht daran hinderte, einen Brief nach dem anderen an seine Vorgesetzten zu schreiben, wobei er behauptete, ohne jeden Grund tätlich angegriffen worden zu sein, und sie aufforderte, diesen Jünger Satans aus dem Schoß der Kirche auszustoßen.

Pater Subiros riet ihm, die Briefe nicht abzuschicken. Es gab bereits Interessengruppen der Aborigines, die eine Abschaffung der Missionen durchzusetzen suchten. Flynn hatte nicht an einem heidnischen Ritus teilgenommen: er hatte nur als Friedensstifter fungiert. Was, wenn die Presse Wind von der Sache bekäme? Was, wenn bekannt würde, daß zwei alte Spanier Krieg zwischen Stämmen angezettelt hatten?

Pater Villaverde gab widerwillig nach; und im Oktober 1976, zwei Monate vor der Regenzeit, ging Flynn fort, um Roe River zu übernehmen. Sein Amtsvorgänger weigerte sich, ihm zu begegnen, und ging auf Studienurlaub nach Europa. Der Regen kam – und es herrschte Ruhe.

Irgendwann in der Fastenzeit telegrafierte der katholische Bischof der Kimberleys nach Boongaree mit der Bitte um die Bestätigung oder Dementierung eines Gerüchts, demzufolge Flynn sich »zu den Eingeborenen geschlagen«

hätte – worauf Pater Villaverde antwortete: »Er *ist* Eingeborener!«

Am ersten flugsicheren Tag nahm der Bischof den Benediktiner in seiner Cessna mit nach Roe River, wo sie den Schaden besichtigten – »zwei konservative Politiker am Schauplatz eines terroristischen Bombenanschlags«.

Die Kirche war verwahrlost. Gebäude waren als Brennholz verfeuert worden. Die Viehgehege standen leer, und überall lagen verkohlte Rinderknochen. Pater Villaverde sagte: »Unsere Arbeit in Australien ist am Ende.«

Dann überreizte Flynn sein Blatt. Er glaubte, die Landrechtebewegung mache schnellere Fortschritte, als es tatsächlich der Fall war. Er verließ sich auf die Zusagen gewisser Linker, die Missionen im ganzen Land würden den Schwarzen übergeben werden. Er lehnte jeden Kompromiß ab. Pater Villaverde übertrumpfte ihn.

Die Angelegenheit hatte die Kirche an ihrem wundesten Punkt getroffen: bei den Finanzen. Es war nicht allgemein bekannt, daß sowohl Boongaree als auch Roe River mit ursprünglich in Spanien aufgebrachtem Kapital finanziert worden waren. Eine Bank in Madrid hielt die Besitzurkunde als Sicherheit verwahrt. Um einem Versuch der Beschlagnahmung zuvorzukommen, wurden beide Missionen heimlich an einen amerikanischen Geschäftsmann verkauft und in die Aktiva einer multinationalen Gesellschaft eingebracht.

Die Presse startete eine Kampagne zugunsten ihrer Rückgabe. Die Amerikaner drohten mit der Schließung einer unprofitablen Schmelzhütte im Norden von Perth und dem Verlust von fünfhundert Arbeitsplätzen. Die Gewerkschaften intervenierten. Die Kampagne versickerte. Die Aborigines wurden zerstreut, und Dan Flynn – so nannte er sich jetzt – zog zu einer Frau nach Broome.

Ihr Name war Goldie. Zu ihren Vorfahren zählten Malaien, Koipanger, Japaner, Schotten und Aborigines. Ihr Vater war Perlenfischer gewesen, und sie war Zahnärztin. Bevor

Flynn in ihre Wohnung zog, schrieb er, in fehlerlosem Latein, einen Brief, in dem er den Heiligen Vater bat, ihn von seinem Gelübde zu befreien.

Das Paar zog nach Alice Springs, und beide betätigten sich in der Aborigine-Politik.

12

Der Ex-Benediktiner hielt für ein halbes Dutzend Leute in dem dunkleren Teil des Gartens hof. Das Mondlicht beschien seine Jochbögen, sein Gesicht und sein Bart wurden von der Dunkelheit verschluckt. Seine Freundin saß zu seinen Füßen. Von Zeit zu Zeit reckte sie ihren schönen langen Hals über seinen Oberschenkel, und er streckte einen Finger aus und kitzelte sie.

Er war, das ließ sich nicht leugnen, schwierig. Als Arkady sich neben den Stuhl hockte und erklärte, was ich wollte, hörte ich Flynn murmeln: »Herrgott, nicht schon wieder einer!«

Ich mußte volle fünf Minuten warten, bevor er sich herabließ, seinen Kopf in meine Richtung zu drehen. Dann fragte er in klanglosem, ironischem Ton: »Kann ich irgend etwas für Sie tun?«

»Das können Sie«, sagte ich nervös. »Ich interessiere mich für die Songlines.«

»Tatsächlich?«

Seine Gegenwart war derart einschüchternd, daß sich alles, was man sagte, geradezu lächerlich anhörte. Ich versuchte, ihn für verschiedene Theorien über die Evolution von Sprache zu interessieren.

»Es gibt Linguisten«, sagte ich, »die glauben, daß die erste Sprache Gesang war.«

Er blickte weg und strich über seinen Bart.

Dann versuchte ich einen anderen Weg und beschrieb, wie Zigeuner über riesige Entfernungen miteinander kommunizieren, indem sie geheime Strophen durch das Telefon singen.

»Tun sie das?«

Bevor er initiiert wird, fuhr ich fort, muß ein junger Zigeuner die Lieder seines Klans, die Namen seiner Verwandten und mehrere hundert internationale Telefonnummern auswendig lernen.

»Zigeuner«, sagte ich, »sind wahrscheinlich die besten Telefonanzapfer der Welt.«

»Ich verstehe nicht«, sagte Flynn, »was Zigeuner mit unserem Volk zu tun haben.«

»Die Zigeuner betrachten sich ebenfalls als Jäger«, sagte ich. »Die ganze Welt ist ihr Jagdgrund. Seßhafte sind ›unbewegliches Wild‹. Das Wort für ›Seßhafte‹ ist bei den Zigeunern identisch mit dem Wort für ›Fleisch‹.«

Flynn drehte sich um und sah mich an.

»Wissen Sie, wie unser Volk den weißen Mann nennt?« fragte er.

»Fleisch«, vermutete ich.

»Und wissen Sie, wie sie einen Scheck von der Fürsorge nennen?«

»Ebenfalls Fleisch.«

»Holen Sie sich einen Stuhl«, sagte er. »Ich möchte mit Ihnen sprechen.«

Ich brachte den Stuhl, auf dem ich gesessen hatte, und stellte ihn neben ihn.

»Tut mir leid, daß ich ein bißchen scharf war«, sagte er. »Sie sollten die Nullen sehen, mit denen ich zu tun habe. Was möchten Sie trinken?«

»Bier«, sagte ich.

»Noch vier Bier«, rief Flynn einem Jungen in einem orangeroten Hemd zu.

Der Junge zog eifrig los, um sie zu holen.

Flynn beugte sich vor und flüsterte Goldie etwas ins Ohr. Sie lächelte, und er sprach.

Die Weißen, begann er, gingen von der allgemein verbreiteten, irrtümlichen Annahme aus, daß die Aborigines, weil sie Wanderer waren, keine Landbesitzordnung hätten. Das sei Unsinn. Aborigines, das stimmte, konnten sich ein Territorium nicht als ein von Grenzen umschlossenes Stück Land vorstellen, sondern sahen es eher als ein verschachteltes Netz von »Linien« oder »Durch-Gängen«.

»Alle unsere Wörter für ›Land‹ sind identisch mit den Wörtern für ›Linie‹«, sagte er.

Dafür gab es eine einfache Erklärung. Der größte Teil des australischen Buschlandes bestand aus dürrem Gestrüpp oder Wüste, wo die Regenfälle immer unregelmäßig kamen und wo auf ein fettes Jahr sieben magere Jahre folgen konnten. In einer solchen Landschaft herumzuziehen bedeutete Überleben, am selben Ort zu bleiben war Selbstmord. Die Definition vom »eigenen Land« eines Menschen war »der Ort, an dem ich nicht fragen muß«. Doch um sich in diesem Land »zu Hause« zu fühlen, mußte man imstande sein, es zu verlassen. Jeder hoffte, wenigstens vier »Aus-Wege« zu haben, auf denen er in Krisenzeiten reisen konnte. Jeder Stamm – ob es ihm gefiel oder nicht – mußte Beziehungen mit seinen Nachbarn pflegen.

»Wenn A also Obst hatte«, sagte Flynn, »und B hatte Enten und C eine Ockergrube, dann gab es offizielle Regelungen für den Austausch dieser Waren und offizielle Routen, entlang denen gehandelt wurde.«

Was die Weißen »Buschwanderung« zu nennen pflegten, war in der Praxis eine Art Buschtelegraf plus Börse, bei der Botschaften zwischen Völkern ausgetauscht wurden, die einander nie sahen, die von der Existenz des anderen keine Ahnung haben mochten.

»Dieser Handel«, sagte er, »war kein Handel, wie ihr Europäer ihn versteht. Kein Geschäft, bei dem mit Profit gekauft und verkauft wurde! Der Handel unseres Volkes war immer symmetrisch.«

Aborigines waren allgemein der Ansicht, daß alle »Güter« potentiell schädlich waren und sich gegen ihre Besitzer richteten, sofern diese nicht ständig in Bewegung waren. Diese »Güter« mußten nicht unbedingt eßbar oder nützlich sein. Die Menschen taten nichts lieber, als unnütze Dinge tauschen – oder Dinge, die sie sich selbst beschaffen konnten: Federn, heilige Gegenstände, Schnüre aus Menschenhaar.

»Ich weiß«, unterbrach ich ihn. »Manche Völker handelten mit ihren Nabelschnüren.«

»Ich sehe, daß Sie die einschlägigen Bücher gelesen haben.«

»Tauschgüter«, fuhr er fort, »sollten eher als Spielsteine eines gigantischen Spiels angesehen werden, bei dem der ganze Kontinent das Spielbrett war und alle seine Bewohner Spieler. ›Güter‹ waren Absichtserklärungen: um wieder zu handeln, sich wieder zu treffen, die Grenzen festzusetzen, untereinander zu heiraten, zu singen und zu tanzen, um Schätze zu teilen und Gedanken auszutauschen.«

Eine Muschel konnte von einer Hand zur andern gehen, von der Timorsee bis zur Großen Bucht, über »Straßen«, die seit Anbeginn der Zeit überliefert worden waren. Diese »Straßen« folgten der Linie unversiegbarer Wasserlöcher. Die Wasserlöcher selbst waren Zeremonienzentren, wo sich Männer verschiedener Stämme versammelten.

»Zu Corroborees, wie Sie es nennen?«

»*Sie* nennen es Corroborees«, sagte er. »Wir nicht.«

»Stimmt«, nickte ich. »Wollen Sie sagen, daß eine Handelsstraße immer an einer Songline entlangführt?«

»Die Handelsstraße *ist* die Songline«, sagte Flynn. »Denn Lieder und nicht Dinge sind Hauptgegenstand des Tauschens. Der Handel mit ›Dingen‹ ist eine Begleiterscheinung des Handels mit Liedern.«

Bevor die Weißen kamen, fuhr er fort, war niemand in Australien ohne Land, denn jeder erbte als seinen oder ihren privaten Besitz ein Stück vom Lied des Ahnen und ein Stück von dem Land, über das das Lied führte. Die Strophen eines Menschen waren seine Besitzurkunde für sein Territorium. Er konnte sie an andere ausleihen. Er konnte sich seinerseits Strophen borgen. Nur verkaufen oder loswerden konnte er sie nicht.

Wenn zum Beispiel die Ältesten vom Klan der Rautenschlange beschlossen, daß es Zeit war, ihren Liederzyklus von Anfang bis Ende zu singen, wurden den Weg hinauf und hinunter Botschaften ausgesandt, um die Besitzer des Lieds zu einer Versammlung am Zeremonienplatz herbeizurufen. Dann sang jeder Besitzer, einer nach dem andern, sein Stück von den Fußspuren des Ahnen. Immer in der richtigen Reihenfolge!

»Eine Strophe außerhalb der Reihe zu singen«, sagte Flynn düster, »war ein Verbrechen. Gewöhnlich bedeutete es die Todesstrafe.«

»Ich verstehe«, sagte ich. »Es war wohl die musikalische Entsprechung eines Erdbebens.«

»Schlimmer«, sagte er und blickte finster. »Es bedeutete, die Schöpfung ungeschehen zu machen.«

Wo immer sich ein Zeremonienplatz befand, fuhr er fort, bestand die Möglichkeit, daß sich an ihm die anderen Träume überschnitten. So konnten bei einem dieser Corroborees vier verschiedene totemistische Klans von beliebig vielen verschiedenen Stämmen versammelt sein, die allesamt untereinander Lieder, Tänze, Söhne und Töchter austauschten und sich gegenseitig »Wegerechte« garantierten.

»Wenn Sie ein bißchen länger hiergewesen sind«, sagte er, mir zugewandt, »werden Sie den Ausdruck ›rituelles Wissen erwerben‹ kennenlernen.«

Dies bedeutete, daß der Mensch seine Lied-Karte vergrößerte. Er erweiterte seine Möglichkeiten und erforschte die Welt mit Hilfe des Lieds.

»Stellen Sie sich zwei Schwarze vor«, sagte er, »die sich zum erstenmal in einem Pub in Alice begegnen. Der eine wird es mit einem Traum versuchen. Der andere mit einem anderen. Dann wird mit Sicherheit etwas klicken...«

»Und das«, fuhr Arkady dazwischen, »ist der Anfang einer schönen Trinker-Freundschaft.«

Alle lachten darüber, bis auf Flynn, der weitersprach.

Als nächstes müsse man verstehen, sagte er, daß jeder Liederzyklus alle Sprachbarrieren überspringe, ohne Rücksicht auf Stämme oder Grenzen. Ein Traumpfad konnte im Nordwesten in der Nähe von Broome beginnen, sich durch zwanzig oder mehr Sprachen schlängeln und schließlich bei Adelaide ans Meer gelangen.

»Und doch ist es immer dasselbe Lied«, sagte ich.

»Die Menschen unseres Volkes glauben«, sagte Flynn, »daß sie ein Lied an seinem ›Geschmack‹ oder ›Geruch‹ erkennen können... Womit sie natürlich die ›Melodie‹ meinen. Die Melodie bleibt *immer* dieselbe, von den ersten Takten bis zum Finale.«

»Die Wörter können sich ändern«, unterbrach Arkady wieder, »aber die Melodie lebt fort.«

»Heißt das«, fragte ich, »daß ein junger Mann auf ›Buschwanderung‹ seinen Weg quer durch Australien singen könnte, vorausgesetzt, er kann die richtige Melodie summen?«

»Theoretisch ja«, bestätigte Flynn.

Um 1900 hatte es den Fall eines Mannes aus Arnhemland gegeben, der auf der Suche nach einer Ehefrau quer über den Kontinent gewandert war. Er heiratete an der Südküste und wanderte mit seiner Frau und seinem neuerworbenen Schwager zurück nach Hause. Dann heiratete der Schwager ein Mädchen aus Arnhemland und wanderte mit ihr in den Süden zurück.

»Arme Frauen«, sagte ich.

»Praktische Anwendung des Inzesttabus«, sagte Arkady. »Wenn man frisches Blut will, muß man ein Stück laufen, um es zu bekommen.«

»Aber in der Praxis«, fuhr Flynn fort, »rieten die Ältesten dem jungen Mann, nicht weiter als zwei oder drei ›Etappen‹ entlang der Linie zu wandern.«

»Was verstehen Sie unter ›Etappe‹?« fragte ich.

Eine Etappe, sagte er, sei die »Übergabestelle«, wo das

Lied in den Besitz eines anderen übergehe, wo man sich nicht mehr um ihn kümmern mußte und ihn nicht mehr ausleihen konnte. Man sang seine Strophen zu Ende, und dort lag die Grenze.

»Ich verstehe«, sagte ich. »Wie eine internationale Grenze. Die Straßenschilder wechseln die Sprache, aber die Straße ist nach wie vor dieselbe.«

»Mehr oder weniger«, sagte Flynn. »Aber das sagt nichts über die Schönheit des Ganzen aus. Hier gibt es keine Grenzen, nur Straßen und ›Etappen‹.«

Da war zum Beispiel das Stammesgebiet der Aranda in Zentralaustralien. Wenn man davon ausging, daß es sechshundert Träume gab, die sich in das Gebiet hinein- und aus ihm herauswoben, bedeutete das zwölfhundert an seinem Perimeter verstreute »Übergabestellen«. Jeder »Halt« war von einem Ahnen in der Traumzeit in seine Position gesungen worden: sein Platz auf der Lied-Karte war daher unveränderlich. Aber da jeder einzelne das Werk eines *anderen* Ahnen war, gab es keine Möglichkeit, sie seitlich miteinander zu verbinden und so eine moderne politische Grenze zu schaffen.

In einer Aborigine-Familie, sagte er, konnte es vorkommen, daß es fünf leibliche Brüder gab, von denen jeder einem anderen totemistischen Klan angehörte, jeder mit unterschiedlichen Bündnissen innerhalb und außerhalb des Stammes. Gewiß, bei den Aborigines gab es Kämpfe und Vendetten und Blutfehden – aber immer nur, um ein Ungleichgewicht oder ein Sakrileg abzuschaffen. Der Gedanke, das Land ihrer Nachbarn zu überfallen, wäre ihnen nie gekommen.

»Letzten Endes«, sagte ich zögernd, »läuft es auf etwas hinaus, das dem Vogelgesang ziemlich ähnlich ist. Auch Vögel singen ihre territorialen Grenzen.«

Arkady, der mit der Stirn auf den Knien zugehört hatte, sah hoch und warf mir einen Blick zu: Ich habe mich schon gefragt, wann du damit ankommen würdest.

Flynn führte dann das Gespräch weiter, indem er ausführte, was so viele Anthropologen in Verzweiflung gestürzt hatte: die Frage der doppelten Vaterschaft.

Frühe Australienreisende berichteten, daß die Aborigines keinen Zusammenhang zwischen Geschlechtsverkehr und Empfängnis herstellten: ein Beweis, falls es an Beweisen mangelte, für ihre hoffnungslos »primitive« Mentalität.

Das war natürlich Unsinn. Jeder wußte sehr genau, wer sein Vater war. Doch es gab zusätzlich eine Art paralleler Vaterschaft, welche die Seele mit einer bestimmten Stelle in der Landschaft verband.

Jeder Ahne hatte, so glaubte man, während er seinen Weg durch das Land sang, eine Spur von »Lebenszellen« oder »Geisterkindern« an der Linie seiner Fußspuren hinterlassen.

»Eine Art musikalisches Sperma«, sagte Arkady und brachte wieder alle zum Lachen – diesmal auch Flynn.

Das Lied lag somit in einer ununterbrochenen Kette von Strophen auf der Erdoberfläche: eine Strophe für jedes Paar Schritte des Ahnen, jede Strophe aus den Namen gebildet, die er beim Wandern »auswarf«.

»Ein Name nach rechts und ein Name nach links?«

»Ja«, sagte Flynn.

Man mußte sich eine *bereits* schwangere Frau bei der täglichen Nahrungssuche vorstellen. Plötzlich tritt sie auf eine Strophe, und das »Geister-Kind« springt auf – durch ihren Fußnagel bis hinauf in ihre Vagina oder durch eine offene Schwiele an ihrem Fuß –, arbeitet sich bis in ihren Bauch vor und schwängert den Fötus mit Gesang.

»Die erste Regung des Babys«, sagte er, »entspricht dem Augenblick der ›geistigen Empfängnis‹.«

Dann kennzeichnet die zukünftige Mutter die Stelle und eilt davon, um die Ältesten zu holen. Diese interpretieren dann die Position und bestimmen, welcher Ahne diesen Weg gegangen ist und welche Strophen in den Besitz des

Kindes übergehen werden. Sie reservieren ihm eine »Empfängnisstätte«, die der nächsten Landmarke an der Songline entspricht. Sie kennzeichnen seinen Tschuringa in der Tschuringa-Lagerstätte.

Flynns Stimme wurde vom Lärm eines tief über unseren Köpfen einfliegenden Jets übertönt.

»Amerikaner«, sagte Marian bitter. »Sie fliegen nur nachts ein.«

Die Amerikaner haben eine Weltraumbeobachtungsstation in Pine Gap in den MacDonnell-Bergen. Wenn man in Alice landet, sieht man eine riesige weiße Kugel und eine Ansammlung anderer Installationen. Niemand in Australien, nicht einmal der Premierminister, scheint zu wissen, was dort wirklich vorgeht. Niemand weiß, wozu Pine Gap dient.

»Mein Gott, es ist unheimlich«, sagte Marian schaudernd. »Ich wünschte, sie würden gehen.«

Der Pilot betätigte die Luftbremsen, und das Transportflugzeug verlangsamte seine Geschwindigkeit auf der Landebahn.

»Sie werden gehen«, sagte Flynn. »Eines Tages werden sie gehen müssen.«

Unser Gastgeber und seine Frau hatten die Reste weggeräumt und waren zu Bett gegangen. Ich sah Kidder durch den Garten auf uns zukommen.

»Ich werde jetzt besser gehen«, wandte er sich an die Gruppe. »Ich muß noch meinen Flugplan machen.«

Er flog am Morgen nach Ayer's Rock, in irgendeiner Angelegenheit der Landclaimbewegung von Ayer's Rock.

»Liebe Grüße«, sagte Flynn spöttisch.

»Bis bald, Kumpel«, wandte sich Kidder an mich.

»Bis bald«, sagte ich.

Sein glänzender schwarzer Landcruiser parkte in der Auffahrt. Er machte die Scheinwerfer an und beleuchtete alle Menschen im Garten. Er brachte den Motor heulend auf Touren und setzte den Wagen zurück bis zur Straße.

»Großer weißer Chef, weg isser!« sagte Flynn.

»Dummer Sack«, sagte Marian.

»Sei nicht ungerecht«, widersprach ihr Arkady. »Unter der Schale steckt ein guter Kern.«

»So weit bin ich nie vorgedrungen.«

Flynn hatte sich in der Zwischenzeit über seine Freundin gebeugt und küßte sie, bedeckte ihr Gesicht und ihren Hals mit den schwarzen Flügeln seines Barts.

Es war Zeit zu gehen. Ich bedankte mich bei ihm. Er schüttelte meine Hand. Ich übermittelte ihm die Grüße von Pater Terence.

»Wie geht es ihm?«

»Gut«, sagte ich.

»Immer noch in seiner kleinen Hütte?«

»Ja. Aber er sagte, er wird sie bald verlassen.«

»Pater Terence«, sagte Flynn, »ist ein guter Mensch.«

13

Ich war im Motel schon halb eingeschlafen, als es an meine Tür klopfte.
»Bru?«
»Ja.«
»Hier ist Bru.«
»Ich weiß.«
»Oh!«
Dieser andere Bruce hatte auf der Fahrt von Katherine im Bus neben mir gesessen. Er war von Darwin hergekommen, wo er sich kurz zuvor von seiner Frau getrennt hatte. Er suchte einen Job bei einem Straßenbautrupp. Er vermißte seine Frau schrecklich. Er hatte einen großen Bierbauch und war nicht sehr gescheit.

In Tennant Creek hatte er gesagt: »Du und ich, wir könnten Freunde sein, Bru. Ich könnte dir zeigen, wie man einen Dozer fährt.« Ein andermal sagte er mit noch größerer Herzlichkeit: »Du bist kein mieser Engländer, Bru.« Jetzt, lange nach Mitternacht, stand er draußen vor meiner Tür und rief: »Bru?«
»Was ist denn?«
»Willst du nicht rauskommen und dich besaufen?«
»Nein.«
»Oh!«
»Wir könnten uns ein paar Weiber anlachen«, sagte er.
»Tatsächlich?« sagte ich. »Mitten in der Nacht?«
»Du hast recht, Bru.«
»Geh ins Bett«, sagte ich.
»Na dann, gute Nacht, Bru.«
»Gute Nacht!«
»Bru?«

»Was willst du denn noch?«

»Nichts«, sagte er und schlurfte mit seinen Gummisandalen *schlip... schlip* durch den Flur davon.

Auf der Straße draußen vor meinem Zimmer war ein silberweißes Licht, und ein Betrunkener brummelte auf dem Gehsteig. Ich drehte mich zur Wand und versuchte zu schlafen, aber ich mußte dauernd an Flynn und seine Freundin denken.

Ich erinnerte mich, wie ich mit Pater Terence an seinem verlassenen Strand gesessen hatte, und hörte ihn sagen: »Ich hoffe, sie ist sanft.«

Flynn, sagte er, sei ein ungeheuer leidenschaftlicher Mann. »Wenn sie sanft ist, wird ihm nichts passieren. Eine harte Frau könnte ihn in Schwierigkeiten bringen.«

»Was für Schwierigkeiten?« fragte ich.

»Revolutionäre Schwierigkeiten oder dergleichen. Flynn hat ein ausgesprochen unchristliches Verhalten hinnehmen müssen, und das allein könnte ihn aufbringen. Aber nicht, wenn die Freundin sanft ist...«

Pater Terence hatte sein Theben an den Ufern der Timorsee gefunden.

Er lebte in einer aus Wellblech zusammengebauten, weißgetünchten Klause, die zwischen Schraubenpalmengruppen auf einer Düne aus mehligem weißen Sand stand. Er hatte die Wände mit Tauen gesichert, damit die Blechstücke bei einem Tornado nicht davonflogen. Auf dem Dach war ein Kreuz, dessen Arme aus zwei Teilen eines zerbrochenen Ruders zusammengebunden waren. Er lebte seit sieben Jahren hier, seit der Schließung von Boongaree.

Ich näherte mich vom Lande her. Ich konnte aus weiter Entfernung zwischen den Bäumen hindurch die Hütte sehen, die sich auf der Düne vor der Sonne abhob. Auf einer Koppel darunter graste ein Brahma-Bulle. Ich kam an einem Altar aus Korallenplatten vorbei und an einem Kruzifix, das an einem Zweig baumelte.

Die vom Wind aufgehäufte Düne war höher als die Baumkronen, und als ich die Böschung hinaufstieg, sah ich landeinwärts zurück über einen ebenen, bewaldeten Landstrich. Der See zugewandt waren die Dünen hügelig und mit Seegras gesprenkelt, und an der Nordseite der Bucht zog sich eine schmale Reihe von Mangroven hin.

Pater Terence hackte auf einer Schreibmaschine herum. Ich rief seinen Namen. Er kam heraus, in Shorts, ging wieder hinein und kam erneut heraus, in einer schmutzigen weißen Soutane. Er fragte, was denn in mich gefahren sei, den langen Weg in der Hitze zu Fuß zurückzulegen.

»Hier!« sagte er. »Kommen Sie und setzen Sie sich in den Schatten, und ich mache einen Kessel Wasser heiß, für Tee.«

Wir setzten uns auf eine Bank in den Schatten hinter der Hütte. Auf dem Boden lagen ein paar schwarze Gummiflossen, ein Schnorchel und eine Taucherbrille. Er brach ein paar dürre Zweige, zündete sie an, und die Flammen flackerten unter dem Dreifuß auf.

Er war von kleinem Wuchs, hatte rötliches Haar, soweit ihm noch Haare blieben, und nur noch wenige rissige, bräunliche Zähne. Er hüllte die Zähne in ein zögerndes Lächeln. Bald würde er nach Broome gehen müssen, sagte er, um sich vom Arzt seine Hautkarzinome vereisen zu lassen.

Als Junge, erzählte er, hatte er in der irischen Botschaft in Berlin gelebt, wo sein Vater, ein Patriot, heimlich für die Vernichtung des britischen Weltreichs arbeitete. Das Temperament dieses Mannes hatte den Sohn in ein von Gebeten erfülltes Leben getrieben. In den sechziger Jahren war er nach Australien gekommen, um sich einem neuen Ordenshaus der Zisterzienser in Victoria anzuschließen.

Er schrieb jeden Abend zu dieser Stunde auf der Maschine: hauptsächlich Briefe, an Freunde überall in der Welt. Er hatte eine langjährige Korrespondenz mit einem zenbuddhistischen Mönch in Japan. Danach las er gewöhnlich, dann machte er die Lampe an und las weiter bis spät in die Nacht. Er hatte Durkheims *Elementare Formen des religiösen Lebens* gelesen, die ein anderer Freund ihm aus England geschickt hatte.

»Wahnsinn«, stieß er keuchend hervor. »Elementare Formen, nein so was! Wie kann Religion eine elementare Form haben? War dieser Typ Marxist oder so etwas Ähnliches?«

Er arbeitete an einem eigenen Buch. Es sollte ein »Handbuch der Armut« werden. Er hatte sich noch nicht für einen Titel entschieden.

Heute, sagte er, müßten die Menschen mehr denn je lernen, ohne Dinge zu leben. Dinge erfüllten die Menschen mit Furcht: je mehr Dinge sie besaßen, um so mehr hatten sie zu fürchten. Dinge neigten dazu, sich an die Seele zu heften und der Seele dann zu befehlen, was sie tun solle.

Er goß den Tee in zwei rote Emaillebecher. Er war dunkel und kochendheiß. Wir saßen ein oder zwei Minuten da, bis er plötzlich das Schweigen brach: »Ist es nicht wunderbar? In diesem wunderbaren zwanzigsten Jahrhundert zu leben? Zum erstenmal in der Geschichte braucht man nichts mehr zu besitzen.«

Er hatte zwar ein paar Dinge in seiner Hütte, aber er würde sie bald zurücklassen. Er würde fortgehen. Er hatte seine kleine Hütte zu sehr ins Herz geschlossen, und das schmerzte ihn.

»Es gibt eine Zeit für die Stille«, sagte er, »und eine Zeit für Lärm. Jetzt würde ich etwas Lärm begrüßen.«

Sieben Jahre lang hatte er sich von den Wüstenvätern geistig lenken lassen: in der Wüste verloren zu sein bedeutete, den Weg zu Gott zu finden. Aber jetzt sorgte er sich weniger um seine eigene Rettung als um die Bedürfnisse von Menschen. Er wollte für die Notleidenden in Sydney tätig sein.

»Ich denke ähnlich von der Wüste«, sagte ich. Der Mensch war in der Wüste geboren, in Afrika. Indem er in die Wüste zurückkehrte, entdeckte er sich selbst.

Pater Terence schnalzte mit der Zunge und seufzte: »Du lieber Himmel! Ich sehe, Sie sind ein Evolutionist.«

Als ich ihm von meinem Besuch bei Pater Subiros und Pater Villaverde berichtete, seufzte er wieder und sagte mit einem sehr starken irischen Akzent: »Die beiden! Ein *schönes* Paar!« Ich fragte ihn nach Flynn. Er hielt inne, bevor er eine wohlüberlegte Antwort gab.

»Flynn muß eine Art Genie sein«, sagte er. »Er hat, was man einen jungfräulichen Verstand nennen könnte. Er kann alles lernen. Er hat ein ausgezeichnetes theologisches Verständnis, aber ich glaube nicht, daß er je gläubig gewesen ist. Den Sprung in den Glauben hat er nie geschafft. Dafür mangelte es ihm an Phantasie, und das machte ihn in gewisser Hinsicht gefährlich. Er hat sich ein oder zwei gefährliche Theorien zu eigen gemacht.«

»Zum Beispiel?«

»Synkretismus«, sagte Pater Terence. »Die Reise nach Rom war ein Fehler.«

In Rom hatte Flynn begonnen, die Bevormundung durch seine weißen Vorgesetzten zu hassen und es den Christen zu verübeln, daß die Religionen seines Volkes nicht ernst genommen wurden. Als er in Boongaree eintraf, dachte er schon selbständig.

Die Kirche, sagte er immer wieder zu Pater Terence, irrte in ihrer Vorstellung, die Aborigines seien in irgendeiner furchtbaren Vorhölle gestrandet: ihr Zustand ähnele vielmehr dem Adams vor dem Sündenfall. Er verglich die »Fußspuren des Ahnen« gern mit dem Ausspruch unseres Herrn: »Ich bin der Weg.«

»Was sollte ich tun?« fragte mich Pater Terence. »Den Mund halten? Oder ihm sagen, was ich dachte? Nein. Ich mußte ihm sagen, daß meiner Meinung nach die Gedankenwelt der Aborigines zu verwirrt, zu herzlos und zu grausam war. Wodurch konnte ihr Leiden verringert werden, wenn nicht durch die christliche Botschaft? Wie anders sollte dem Töten Einhalt geboten werden? Der Name eines ihrer Zentren in den Kimberleys bedeutet ›*Tötet sie alle!*‹, und ›*Tötet sie alle!*‹ ist eine der heiligen Stätten, von denen sie heutzutage so viel halten! Nein! Nein! Nein! Diese armen schwarzen Kinder haben nur die Wahl zwischen zwei Möglichkeiten: das Wort Gottes oder die Polizei!«

Niemand könne leugnen, fuhr er fort, daß die Aborigines in ihrer Vorstellung von der Traumzeit eine erste dunkle Ahnung vom ewigen Leben gehabt hätten – was bedeute, daß der Mensch von Natur aus religiös sei. Ihre »primitive« Magie jedoch mit dem Wort Gottes zu verwechseln sei allerdings eine Verirrung.

Die Schwarzen hätten keine Schuld. Jahrtausendelang seien sie von der geschichtlichen Entwicklung der Menschheit abgeschnitten gewesen. Wie hätten sie das große Erwachen erleben können, das in den Jahrhunderten vor Christus die Alte Welt überschwemmte? Was wußten sie vom Tao? Oder von Buddha? Von den Lehren der Upanischaden? Oder vom Logos des Heraklit? Nichts! Wie sollten sie auch? Aber was sie tun konnten, auch heute, das war der Sprung in den Glauben. Sie konnten den Weg der drei Weisen gehen und das hilflose Kind von Bethlehem anbeten.

»Und an diesem Punkt«, sagte Pater Terence, »habe ich Flynn, glaube ich, verloren. Er hat die Geschichte vom Stall nie verstanden.«

Es war inzwischen kühler geworden, und wir setzten uns vor die Hütte. Gewitterwolken standen nebeneinander wie eine Prozession luftiger Eisberge hoch über dem See. Die milchigblauen Brecher klatschten ans Ufer, Schwärme von Seeschwalben glitten tief über das Wasser der Bucht, und ihre dünnen, metallischen Schreie drangen durch das Tosen der Brandung. Es ging kein Wind.

Pater Terence sprach über Computer und genetische Manipulation. Ich fragte ihn, ob er sich je nach Irland sehne.

»Nie!« Er hob beide Arme dem Horizont entgegen. »Hier könnte ich es nie verlieren.«

Über die Tür der Hütte war eine Treibholzplanke genagelt, in die er zwei Zeilen in »gälischen« Buchstaben geschnitzt hatte:

> Die Füchse haben Gruben,
> die Vögel unter dem Himmel haben Nester,
> aber des Menschen Sohn hat nichts,
> da er sein Haupt hinlege.

Der Herr, sagte er, habe vierzig Tage und vierzig Nächte in der Wildnis verbracht und weder ein Haus noch eine Zelle gebaut, sondern in der Nische eines Brunnens Zuflucht gesucht.

»Kommen Sie.« Er bedeutete mir, ihm zu folgen. »Ich möchte Ihnen etwas zeigen.«

Er ging über zermahlene rötliche Muscheln voran – Überreste des Stammes, der früher hier gelebt hatte. Nach etwa zweihundert Metern blieb er vor einem cremefarbenen Felsen stehen, unter dem eine klare Wasserquelle sprudelte. Er hob seine Soutane hoch und watete wie ein kleiner planschender Junge im Wasser herum.

»Ist Wasser in der Wüste nicht etwas Köstliches?« rief er. »Ich habe diese Stelle Meribah genannt.«

Als wir zur Hütte zurückgingen, streckte ein Wallaby seinen Kopf hinter einer Palme hervor und hüpfte auf ihn zu.

»Mein Bruder, das Wallaby«, sagte er lächelnd.

Er ging hinein, um ein paar Krusten zu holen. Das Wallaby fraß sie ihm aus der Hand und rieb den Kopf an seiner Hüfte. Er streichelte es hinter den Ohren.

Ich sagte, daß ich gehen müsse. Er erbot sich, mich den Strand entlang zu begleiten.

Ich zog meine Stiefel aus und hängte sie an den Schnürsenkeln um meinen Hals, und der warme Sand quoll zwischen meinen Zehen hervor. Krabben huschten zur Seite, wenn wir näher kamen, und Scharen von Stelzvögeln flatterten auf und ließen sich weiter vorn nieder.

Am meisten würde er das Schwimmen vermissen, sagte

er. An windstillen Tagen schnorchelte er am liebsten stundenlang um das Riff herum. Die Männer vom Zollschiff hatten ihn einmal gesichtet – und irrtümlich für eine treibende Leiche gehalten. »Und ich muß leider sagen, ich war im Adamskostüm.«

Die Fische hier, sagte er, seien so zahm, daß man durch einen Schwarm hindurchschwimmen und sie berühren könne. Er kannte alle ihre Farben und alle ihre Namen: die Rochen, Lippfische, die Korallenfische, die Chirurgen, die Seeteufel, die Engelbarsche. Jeder war ein »Charakter« mit seinen besonderen, persönlichen Eigenschaften: sie erinnerten ihn an die Gesichter in einer Menschenmenge in Dublin.

Draußen in der See, wo das Korallenriff endete, war ein tiefes, dunkles Kliff, wo einmal ein Tigerhai aus dem Dunkel herausgeschwommen war und ihn umkreist hatte. Er sah die Augen, das Maul, die fünf Kiemenhöhlen, aber das Biest schwenkte ab und entschwand. Er war ans Ufer geschwommen, hatte sich in den Sand gelegt, bebend – es war der verzögerte Schock. Am nächsten Morgen war ihm, als wäre eine Last von ihm genommen, und er wußte, daß er den Tod nicht mehr fürchtete. Wieder schwamm er an derselben Stelle des Kliffs entlang, und wieder umkreiste ihn der Hai und entschwand.

»Fürchten Sie sich nicht!« Er ergriff meine Hand.

Die Gewitterwolken wälzten sich näher. Ein warmer Wind begann von den Wellen herüberzuwehen.

»Fürchten Sie sich nicht!« rief er wieder.

Ich drehte mich um und winkte den zwei undeutlichen Gestalten zu: einem Mann in einem wehenden weißen Gewand und einem Wallaby mit einem Schwanz in Form eines Fragezeichens.

»Fürchten Sie sich nicht!« Er mußte dieselben Worte in meinem Schlaf gesagt haben, denn als ich am Morgen aufwachte, war es das erste, was mir einfiel.

14

Der Himmel war grau und bedeckt, als ich zum Frühstück nach unten ging. Die Sonne war wie eine weiße Blase, und es roch nach Verbranntem. Die Morgenzeitungen waren voll von Meldungen über die Buschbrände im Norden von Adelaide. Die Wolken, stellte ich jetzt fest, waren Rauch. Ich rief bei Freunden an, die sich, soweit ich beurteilen konnte, entweder innerhalb oder ganz in der Nähe des Brandgebietes befanden.

»Nein, alles in Ordnung!« tönte Nins fröhliche, rauhe Stimme durch die Leitung. »Der Wind hat gerade noch rechtzeitig gedreht. Aber wir haben eine haarsträubende Nacht hinter uns.«

Sie hatten den Horizont brennen sehen. Das Feuer war mit einer Geschwindigkeit von achtzig Stundenkilometern dahergerast, und zwischen den Flammen und ihnen hatte nur noch staatlicher Wald gelegen. Die Spitzen der Eukalyptusbäume waren wie Feuerbälle explodiert und von dem sturmähnlichen Wind fortgetragen worden.

»Wirklich haarsträubend«, sagte ich.

»Das ist Australien«, rief sie zurück, und dann war die Leitung tot.

Draußen war es so heiß und schwül, daß ich in mein Zimmer zurückging, die Klimaanlage anstellte und den größten Teil des Tages mit der Lektüre von Strehlows *Songs of Central Australia* verbrachte.

Es war ein umständliches, weitschweifiges und unglaublich langes Buch, und Strehlow selbst muß allen Berichten zufolge ein umständlicher Mensch gewesen sein. Sein Vater, Karl Strehlow, war Pastor gewesen und hatte die Lutherische Mission in Hermannsburg westlich von Alice Springs geleitet. Er gehörte zu der Handvoll »guter Deutscher«, die den Aborigines Zentralaustraliens eine sichere Landbasis zur Verfügung stellten und so mehr als alle anderen taten, um sie vor der Ausrottung durch Menschen britischer Herkunft zu retten. Dadurch machten sie sich nicht beliebt. Im Ersten Weltkrieg wurde eine Pressekampagne gegen dieses »teutonische Spionennest« und die »bösen Folgen der Germanisierung von Eingeborenen« gestartet.

Als Säugling hatte Ted Strehlow eine Aranda-Amme, und er sprach bereits als Kind fließend Aranda. Später, nach Abschluß seines Universitätsstudiums, ging er zu »seinem Volk« zurück, und über dreißig Jahre lang hielt er in Notizbüchern, auf Tonbändern und Filmen die Lieder und die Übergabezeremonien fest. Seine schwarzen Freunde hatten ihn darum gebeten, damit ihre Lieder nicht ganz mit ihnen aussterben.

Angesichts dessen war es nicht weiter überraschend, daß Strehlow eine zerrissene Persönlichkeit war: ein Autodidakt, der sowohl Einsamkeit als auch Anerkennung brauchte, ein deutscher »Idealist«, der mit den Idealen Australiens auf Kriegsfuß stand.

Aranda Traditions, sein früheres Buch, war mit seiner These, daß der Geist des »Primitiven« dem des modernen Menschen keineswegs unterlegen sei, seiner Zeit um Jahre voraus. Diese Botschaft, die bei angelsächsischen Lesern weitgehend auf taube Ohren stieß, wurde von Claude Lévi-Strauss übernommen, der Strehlows Erkenntnisse in *Das wilde Denken* aufnahm.

Und dann, im fortgeschrittenen Alter, setzte Strehlow alles für eine grandiose Idee aufs Spiel.

Er wollte den Beweis erbringen, daß jeder Aspekt des Aborigine-Songs seine Entsprechung im Hebräischen, Altgriechischen, Altnorwegischen oder Altenglischen hatte: in den Literaturen, die wir als unsere eigenen ansehen. Er hatte den Zusammenhang zwischen Lied und Land erkannt und wollte das Lied jetzt an seiner Wurzel selbst fassen – im Lied einen Schlüssel finden, um das Geheimnis der menschlichen Existenz zu ergründen. Es war ein unmögliches Unterfangen. Er erhielt keinen Dank für seine Mühen.

Als die *Songs* 1971 erschienen, deutete eine nörgelige Besprechung im *Times Literary Supplement* an, daß der Autor sich der Verbreitung seiner »großen poetischen Idee« besser enthalten hätte. Über diese Kritik war Strehlow sehr aufgebracht. Noch aufgebrachter war er über die Angriffe von »Aktivisten«, die ihm vorwarfen, unschuldigen und arglosen Ältesten die Lieder zum Zwecke der Veröffentlichung gestohlen zu haben.

Strehlow starb 1978 an seinem Schreibtisch, ein gebrochener Mann. Seinem Andenken wurde mit einer in abfälligem Ton gehaltenen Biographie gehuldigt, die mir, als ich im Desert Bookstore einen Blick hineinwarf, den Eindruck vermittelte, als sei sie nicht einmal der Verachtung wert. Er war, davon bin ich überzeugt, ein höchst origineller Denker. Seine Bücher sind große, einsame Bücher.

Gegen fünf Uhr nachmittags stattete ich Arkady in seinem Büro einen Besuch ab.

»Ich habe gute Nachrichten für Sie«, sagte er.

Aus Cullen, einem Aborigine-Außenposten rund 550 Kilometer entfernt am Rand Westaustraliens, war eine Funkmeldung gekommen. Zwei Klans waren wegen Bergbautantiemen zerstritten. Sie wollten Arkady als Vermittler hinzuziehen.

»Wollen Sie mitkommen?« fragte er.

»Natürlich.«

»Wir können die Sache mit der Eisenbahn in ein paar Tagen hinter uns bringen. Anschließend nehmen wir Kurs nach Westen, quer durchs Land.«

Er hatte bereits eine Genehmigung für mich erhalten, ein Aborigine-Reservat zu besuchen. Für den Abend hatte er seit langem eine Verabredung, daher rief ich Marian an und fragte, ob sie Lust auf eine gemeinsame Mahlzeit hätte.

»Keine Zeit!« rief sie atemlos zurück.

Sie war dabei gewesen, die Haustür abzuschließen, als das Telefon klingelte. Sie war im Begriff, nach Tennant Creek aufzubrechen, um die Frauen zum Vermessen der heiligen Stätten abzuholen.

»Wir sehen uns morgen«, sagte ich.

»Bis morgen.«

Ich aß im Colonel Sanders in der Todd Street zu Abend. Im grellen Neonlicht hielt ein Mann in einem geschniegelten blauen Anzug eine Rede vor künftigen Hühnerbratern im Teenageralter, als wäre das Braten von Kentucky-Hühnchen eine religiöse Zeremonie.

Ich ging in mein Zimmer zurück und verbrachte den Abend mit Strehlow und einer Flasche »Burgunder«.

Strehlow hatte das Studium von Aborigine-Mythen einmal mit dem Betreten eines »Labyrinths aus zahllosen Gängen und Passagen« verglichen, die alle auf rätselhafte und verwirrend komplizierte Weise miteinander verbunden seien. Beim Lesen von *Songs of Central Australia* gewann ich den Eindruck, daß der Mann diese geheimnisvolle Welt durch die Hintertür betreten hatte, daß er die Vision einer geistigen Konstruktion gehabt hatte, die phantastischer und ausgeklügelter war als alles auf der Erde, eine Konstruktion, die die materiellen Errungenschaften des Menschen überflüssig erscheinen ließ – und die sich dennoch auf irgendeine Weise einer näheren Beschreibung entzog.

Es ist die endlose Anhäufung von Einzelheiten, die einem das Verständnis von Aborigine-Songs erschwert. Doch auch ein oberflächlicher Leser bekommt einen flüchtigen Einblick in ein moralisches Universum – moralisch wie das Neue Testament –, in dem sich Verwandtschaftsbeziehungen auf alle lebenden Menschen ausdehnen, auf alle anderen Lebewesen und auf die Flüsse, die Felsen und die Bäume.

Ich las weiter. Strehlows Transliterationen aus dem Aranda waren dazu angetan, jeden zum Schielen zu bringen. Als ich nicht mehr weiterlesen konnte, schloß ich das Buch. Meine Lider fühlten sich an wie Glaspapier. Ich trank die Flasche Wein aus und ging auf einen Brandy zur Bar hinunter.

Ein dicker Mann und seine Frau saßen am Schwimmbecken.

»Einen wunderschönen guten Abend, Sir!« sagte er.

»Guten Abend«, sagte ich.

Ich bestellte Kaffee und einen doppelten Brandy an der Bar und nahm einen zweiten Brandy mit ins Zimmer. Die Lektüre Strehlows hatte in mir den Wunsch geweckt, etwas zu schreiben. Ich war nicht betrunken – noch nicht –, aber ich war seit Ewigkeiten nicht so kurz davor gewesen, betrunken zu sein. Ich holte einen gelben Block hervor und begann zu schreiben.

Am Anfang

Am Anfang war die Erde eine unendliche, finstere Ebene, getrennt vom Himmel und vom grauen Salzmeer und in schattenhaftes Zwielicht getaucht. Es gab weder Sonne noch Mond, noch Sterne. Doch in weiter Ferne lebten die Himmelsbewohner: jugendlich unbekümmerte Wesen, mit menschlicher Gestalt, aber den Füßen von Emus, und ihr goldenes Haar glitzerte wie Spinnweben im Sonnenuntergang; zeitlos und ohne zu altern lebten sie seit eh und je in ihrem grünen, wasserreichen Paradies jenseits der westlichen Wolken.

Auf der Oberfläche der Erde waren die einzigen Merkmale einige Höhlungen, die eines Tages Wasserlöcher sein würden. Es gab keine Tiere und keine Pflanzen, doch um die Wasserlöcher ballte sich eine breiige Fülle von Materie: Klumpen von Ursuppe – lautlos, blind, nicht atmend, nicht wach und nicht schlafend –, und jeder einzelne trug die Substanz des Lebens oder die Möglichkeit der Menschwerdung in sich.

Unter der Erdkruste jedoch glitzerten die Konstellationen, die Sonne schien, der Mond nahm zu und nahm ab, und alle Formen des Lebens lagen schlafend da: das Scharlachrot einer Wüstenwicke, das irisierende Licht auf einem Schmetterlingsflügel, der zuckende weiße Schnurrbart des Alten Känguruhmannes – sie ruhten wie Samen in der Wüste, die auf einen vorbeiziehenden Regenschauer warten müssen.

Am Morgen des ersten Tages hatte die Sonne das Verlangen, geboren zu werden. (Am selben Abend sollten Sterne und Mond folgen.) Die Sonne brach durch die Oberfläche, überflutete das Land mit goldenem Licht, wärmte die Höhlungen, unter denen jeder Ahne schlief.

Anders als die Himmelsbewohner waren diese Alten nie jung gewesen. Es waren lahme, erschöpfte Graubärte mit steifen Gliedern, und sie hatten in Abgeschiedenheit ewige Zeiten durchschlafen.

So kam es, daß an diesem ersten Morgen jeder schlummernde Ahne die Wärme der Sonne auf seinen Augenlidern lasten spürte und spürte, wie sein Körper Kinder gebar. Der Schlangenmann spürte, wie Schlangen aus seinem Nabel glitschten. Der Kakadumann spürte Federn. Der Witchettymann spürte ein Schlängeln, die Honigameise ein Kitzeln, das Geißblatt spürte, wie seine Blätter und Blüten sich öffneten. Der Bandikutmann spürte, wie junge Bandikuts unter seinen Armhöhlen hervorquollen. Alle »lebenden Geschöpfe«, ein jedes an seiner eigenen, gesonderten Geburtsstätte, streckten sich dem Licht des Tages entgegen.

Auf dem Grund ihrer Höhlungen (die sich jetzt mit Wasser füllten) bewegten die Alten ein Bein, dann das andere Bein. Sie schüttelten ihre Schultern und reckten ihre Arme. Sie richteten ihre Körper aus dem Schlamm empor. Ihre Augenlider platzten auf. Sie sahen ihre Kinder im Sonnenschein spielen.

Der Schlamm fiel von ihren Schenkeln, wie Plazenta von einem Neugeborenen. Dann, dem ersten Schrei eines Neugeborenen ähnlich, öffnete jeder Ahne den Mund und rief: »ICH BIN!« »Ich bin Schlange... Kakadu... Honigameise... Geißblatt!« Und dieses erste »Ich bin!«, diese uranfängliche Namensgebung, galt – in diesem Augenblick und für alle nachfolgende Zeit – als die geheimste und heiligste Strophe des Ahnen-Lieds.

Jeder der Alten (die sich jetzt im Sonnenlicht wärmten) setzte seinen linken Fuß voran und rief einen zweiten Namen. Er setzte seinen rechten Fuß voran und rief einen dritten Namen. Er benannte das Wasserloch, die Riedbeete, die Gummibäume – er rief nach rechts und nach links, er rief alle Dinge ins Dasein und verwob ihre Namen zu Versen.

Die Alten sangen ihren Weg durch die ganze Welt. Sie sangen die Flüsse und Bergketten, die Salzpfannen und Sanddünen. Sie jagten, aßen, liebten, tanzten, töteten: wo immer ihre Pfade hinführten, hinterließen sie eine musikalische Spur.

Sie hüllten die ganze Welt in ein Liednetz ein, und als die Erde schließlich gesungen war, fühlten sie sich müde. Wieder spürten sie in ihren Gliedern die eisige Bewegungslosigkeit ewiger Zeiten. Einige versanken in der Erde, auf der sie standen. Einige verkrochen sich in Höhlen. Einige schleppten sich zu ihrer »ewigen Heimstatt«, zu den uralten Wasserlöchern, die sie geboren hatten.

Alle kehrten sie »zurück ins Innere«.

15

Am nächsten Morgen war die Wolke verschwunden, und da das Frühstück im Motel nicht vor acht serviert wurde, rannte ich zur Schlucht. Die Hitze breitete sich schon aus. Im frühen Licht waren die Berge braun und voller Furchen.

Auf dem Weg nach draußen kam ich an dem dicken Mann vorbei, der auf dem Rücken im Wasser des Schwimmbeckens trieb. Auf seinem Bauch war eine Narbe, die wie der Abdruck einer Fischgräte aussah.

»Einen wunderschönen guten Morgen, Sir!«

»Guten Morgen«, sagte ich.

Auf der anderen Straßenseite hatten sich mehrere Aborigine-Familien auf den städtischen Parkanlagen niedergelassen und erfrischten sich unter dem Rasensprenger. Sie saßen nahe genug, um besprengt zu werden, aber nicht so nahe, daß ihre Zigaretten erloschen wären. Ein paar Kinder mit Rotznasen und glänzend-nassen Körpern tobten herum.

Ich grüßte einen bärtigen Mann, der sagte: »Gut, gut, Mann.« Ich nickte seiner Frau zu, die sagte: »Zieh Leine, du Blutsauger!« und lachend den Blick senkte.

Ich kam an verdrehten jungen Körpern vorbei, die im »Freizeit- und Fitneß-Center« Gewichte hoben; dann bog ich nach rechts zum Ufer ab und blieb stehen, um ein Schild zu lesen, das in der Nähe einiger Geistereukalyptusbäume hing.

Registrierte heilige Stätte des Injalka-(Raupen-)Traums
Für alle Fahrzeuge verboten
Bei Beschädigung $ 2000 Strafe

Es gab nicht viel zu sehen, jedenfalls nicht für einen Weißen: ein kaputter Stacheldrahtzaun, ein paar bröcklige Steine hier und dort und ein Haufen Flaschenscherben im stacheligen Gras.

Ich rannte weiter und kam zur Schlucht, aber es war zu heiß, um weiterzurennen, deshalb ging ich langsam zurück. Der dicke Mann trieb noch immer im Wasser, und seine dicke Frau trieb neben ihm. Ihr Haar war auf Lockenwickler gerollt und mit einer gekrausten rosa Haube bedeckt.

Ich duschte und packte dann meine Tasche. Ich packte einen Stapel meiner alten schwarzen Notizbücher hinein. Es waren die Notizbücher für das Buch über die »Nomaden«, die ich aufbewahrt hatte, als ich das Manuskript verbrannte. Einige hatte ich seit mindestens zehn Jahren nicht mehr aufgeschlagen. Sie enthielten einen Mischmasch von nahezu unleserlichen Notizen, »Gedanken«, Zitaten, Skizzen über flüchtige Begegnungen, Reiseaufzeichnungen, Aufzeichnungen für Geschichten... Ich hatte sie nach Australien mitgenommen, weil ich vorhatte, mich irgendwo in der Wüste zu vergraben, weit weg von Bibliotheken und den Werken anderer, und einen neuen Blick auf ihren Inhalt zu werfen.

Draußen vor meinem Zimmer wurde ich von einem Jugendlichen mit blondem Wuschelhaar und geflickten, verblichenen Jeans angehalten. Er war rot im Gesicht und wirkte sehr aufgeregt. Er fragte mich, ob ich einen jungen Aborigine gesehen hätte: »Einen Jungen mit einer Rastafrisur?«

»Nein«, sagte ich.

»Nun, wenn Sie ihn sehen, sagen Sie ihm, daß Graham beim Bus wartet.«

»Wird gemacht«, sagte ich und ging hinein, um zu frühstücken.

Ich hatte meine zweite Tasse abscheulichen Kaffees ausgetrunken, als der andere Bruce hereinkam und seinen

Schutzhelm auf meinen Tisch knallte. Ich sagte, daß ich die Stadt verlassen würde.

»Dann seh' ich dich also nie wieder, Bru«, sagte er verdrossen.

»Möglicherweise nicht, Bru«, sagte ich.

»Na dann, auf Wiedersehen, Bru!«

»Auf Wiedersehen!« Ich schüttelte ihm die Hand, und er ging davon, um seinen Porridge zu holen.

Arkady kam um neun in einem braunen Toyota-Landcruiser vorgefahren. Auf dem Dachgepäckträger waren vier Ersatzreifen und eine Reihe Wasserkanister. Er trug ein frisch gewaschenes Khakihemd, von dem die Uniformabzeichen entfernt worden waren. Er roch nach Seife.

»Schick sehen Sie aus«, sagte ich.

»Das wird sich ändern«, antwortete er. »Glauben Sie mir, das wird sich ändern.«

Ich warf mein Gepäck auf den Rücksitz. Der hintere Teil des Fahrzeugs war voll mit Kisten alkoholfreier Getränke und mit »Eskis«. Ein »Eski«, für »Eskimo«, ist eine Kühltasche aus Polystyrol, ohne die eine Reise in die Wüste undenkbar ist.

Wir hatten die Todd Street zur Hälfte zurückgelegt, als Arkady bremste, in den Desert Bookstore flitzte und mit einer Penguin-Klassikerausgabe von Ovids *Metamorphosen* herauskam. »Geschenk für Sie«, sagte er. »Lesestoff für die Reise.«

Wir kamen zum Stadtrand, vorbei am »Bett-Schuppen« und am »Territory-Abschleppdienst«, und hielten bei einem libanesischen Schlachter an, um Fleisch abzuholen. Der Sohn des Schlachters blickte auf, als wir hereinkamen, und fuhr dann fort, seine Klinge zu wetzen. In den nächsten zehn Minuten füllten wir die »Eskis« bis an den Rand mit Würstchen und Steaks.

»Futter für meine alten Männer«, sagte Arkady.

»Kommt mir unheimlich viel vor.«

»Warten Sie nur ab«, sagte er. »Die könnten eine ganze Kuh zum Abendessen verzehren.«

Wir kauften außerdem ein paar Steaks für einen alten »Buschie« namens Hanlon, der ganz allein in der Nähe vom Glen Armond Pub lebte.

Wir fuhren weiter, vorbei am Schild, das den Weg zur Old-Alice-Telegrafenstation bezeichnete, und dann waren wir draußen in dem kargen, gestrüppreichen Land der Burt-Ebene.

Die Straße war ein gerades Band aus Teer, zu beiden Seiten von roten Sandstreifen begleitet, auf denen Paddymelonen wuchsen. Die Melonen hatten die Größe von Kricketbällen. Sie waren von den Afghanen als Futter für ihre Kamele nach Australien mitgebracht worden. Manchmal schwenkte Arkady seitwärts auf die Melonen ab, um einem nach Süden fahrenden Lastzug auszuweichen. Die Lastzüge hatten drei Anhänger. Sie verlangsamten ihre Geschwindigkeit nicht, sondern kamen aus der Luftspiegelung der Hitze unaufhaltsam näher und fuhren rücksichtslos in der Mitte der Straße.

Alle paar Meilen kamen wir an den Toren einer Rinderfarm oder an einer Windpumpe vorbei, um die sich Vieh drängte. Es gab eine Menge toter Tiere, die mit ausgestreckten Beinen und aufgeblähten Bäuchen dalagen und auf denen Krähen hockten. Der Regen ließ seit zwei Monaten auf sich warten.

»Marginales Land«, sagte Arkady.

Fast alles gute Weideland war von Ausländern aufgekauft worden: von den englischen Vesteys, von dem Texaner Bunker Hunt und anderen mehr. Kein Wunder, daß sich die Territorianer betrogen fühlten!

»Das Land ist gegen sie«, sagte er. »Die Politiker sind gegen sie. Die internationalen Konzerne sind gegen sie. Die Abos sind gegen sie. Aber dieses Land ist natürlich nur für Abos gut genug!«

Er erzählte, daß einmal, als sie in der Nähe von Mount

Wedge einer Songline nachgingen, der Besitzer angefahren kam, eine Schrotflinte schwenkte und brüllte: »Runter von meinem Land! Schafft die Nigger von meinem Land!« Arkady, der dem Mann bereits fünf Briefe geschrieben hatte, ohne je eine Antwort zu erhalten, erklärte ihm daher die Verordnungen der Landrechtegesetzgebung, wonach »traditionellen Besitzern« der Besuch ihrer Stätten gestattet war.

Da wurde der Viehzüchter fuchsteufelswild: »Es gibt keine heiligen Stätten auf meinem Land.«

»O doch, und ob es sie gibt«, sagte einer der anwesenden Aborigines.

»O nein, bestimmt nicht.«

»Sie stehen gerade auf einer, Mann.«

Die Straße machte eine Kurve und führte durch ein Flußbett, und auf der anderen Seite zeigte Arkady nach Osten auf eine Zickzacklinie hellbrauner Berge, die sich wie Pappkulissen aus der Ebene erhoben.

»Sehen Sie den kleinen Berg dort?« fragte er.

»Ja.«

Es war ein kleinerer, kegelförmiger Berg, der mit den anderen durch einen niedrigen Gebirgsausläufer verbunden war.

»An dieser Stelle«, sagte er, »wollten die Leute von der Eisenbahn einen Einschnitt machen. Auf diese Weise wäre die Strecke um mindestens zwei Meilen verkürzt worden.«

Die Berge lagen am nördlichen Rand des Aranda-Landes; doch als Arkady über die üblichen Kanäle die Nachricht verbreiten ließ, wollte keiner Anspruch auf sie erheben. Er hatte schon angenommen, daß es keine »Besitzer« gebe, als eine Aranda-Sippe in seinem Büro erschien... und sich als Besitzer bezeichnete. Er fuhr mit fünf Männern in die Berge, wo sie Trübsal bliesen und mit schreckgeweiteten Augen herumsaßen. Immer wieder fragte er: »Wie lauten die Lieder für diese Stelle?«

oder: »Welche Traumzeitgeschichte gibt es hier?« Sie machten den Mund nicht auf und sagten kein einziges Wort.

»Ich hatte keine Ahnung, was los war«, sagte er. »Also erzählte ich ihnen von dem Einschnitt, und dann legten sie los. Sie begannen alle zu jammern: ›Schwarzer Mann stirbt! Weißer Mann stirbt! Alle Menschen sterben! Aus mit Australien! Aus mit der Welt! Vorbei!‹«

»Nun, ganz offensichtlich«, sagte Arkady, »mußte *das* etwas Schlimmes bedeuten. Deshalb fragte ich den Ältesten, der am ganzen Körper zitterte: ›Was *habt* ihr denn dort hinten?‹ Und er hält seine eine Hand an mein Ohr und flüstert: ›LARVEN-MACHT!‹«

Das Lied, das längs der Bergkette verlief, erzählte von einem Ahnen der Traumzeit, dem es nicht gelungen war, das richtige Ritual zu vollziehen, um den Brutzyklus einer Buschfliege unter Kontrolle zu bekommen. Schwärme von Larven fielen über die Burt-Ebene her und fraßen sie vollkommen kahl – so, wie sie heute ist. Der Ahne trieb die Larven zusammen und stopfte sie wieder unter den Gebirgsausläufer, wo sie seither unter der Erde unaufhörlich brüten. Die alten Männer sagten, ein Einschnitt in den Berg würde zu einer riesigen Explosion führen. Eine Wolke von Fliegen würde herausplatzen und die ganze Welt einhüllen und alle Menschen und alle Tiere vergiften.

»Die Bombe!« sagte ich zögernd.

»Die Bombe«, sagte Arkady grimmig. »Einige meiner Freunde wußten eine Menge über die Bombe. *Nachdem* sie explodiert war.«

Vor dem Wasserstoffbombenversuch der Briten in Maralinga hatte die Armee für die Aborigines Schilder in englischer Sprache mit der Aufschrift »Betreten verboten« aufgestellt. Nicht alle hatten sie gesehen, und nicht alle konnten Englisch lesen.

»Sie sind durchgegangen«, sagte er.

»Durch die Wolke?«
»Durch die Wolke.«
»Wie viele sind gestorben?«

»Das weiß niemand«, sagte er. »Die ganze Angelegenheit wurde vertuscht. Versuchen Sie, Jim Hanlon zu fragen.«

16

Etwa eine Stunde später fuhren wir am Glen Armond Pub vorbei, bogen von der geteerten Straße nach links ab, holperten über eine Sandpiste und hielten bei einem verlassenen Viehstall an.

In der Nähe, abgeschirmt von einer Tamariskengruppe, war ein alter Blechbungalow ohne Anstrich, dessen graue Farbe in Rost überging und in dessen Mitte ein Schornstein aus Ziegelsteinen emporragte. Es war Hanlons Haus.

Auf dem Platz davor lagen ein Haufen leerer Ölkanister und ein weiterer Haufen ausgedienter Armeesachen. An der hinteren Seite stand unter einer quietschenden Windpumpe ein kaputter Chevrolet, aus dem Silbergras herauswuchs. Auf einem verblichenen Poster, das an der Haustür klebte, war zu lesen: »Proletarier aller Länder, vereinigt euch!«

Mit einem Knarren öffnete sich die Tür zehn Zentimeter weit. Dahinter stand Hanlon.

»Was is'n los mit euch?« polterte er. »Noch nie 'n nackten Mann gesehen? Kommt rein, Jungs!«

Für einen Mann von siebzig Jahren war Hanlon in guter Verfassung. Er war mager, hatte straffe Muskeln und einen kleinen flachen Kopf und hielt den Hals vorgereckt. Sein weißes Haar war kurz geschnitten, und er strich die Borsten mit der Hand flach. Seine Nase war gebrochen, er trug eine Brille mit Stahlrand und sprach mit einer lauten, nasalen Stimme.

Wir saßen, und er stand. Er starrte versonnen auf seine Geschlechtsteile, kratzte sich zwischen den Beinen und prahlte damit, in Tennant Creek mit einer Apothekerin geschlafen zu haben.

»Nicht schlecht für dreiundsiebzig!« Er sah an sich herunter. »Brauchbare Eier! Anständiges Gebiß! Was braucht ein alter Mann mehr?«

»Nichts«, sagte Arkady.

»Du hast recht«, sagte Hanlon grinsend.

Er band sich ein Handtuch um den Bauch und holte drei Flaschen Bier. Mir fiel auf, daß seine rechte Hand schlaff herabhing.

Im Haus war es drückend heiß. Die Hitze lastete schwer auf dem Dach, und unsere Hemden waren schweißnaß. Der Vorderraum war ein L-förmiger Korridor, an dessen einem Ende eine alte Emaillewanne stand. Dann kam eine Küche, dann eine Ecke mit Tisch und Stühlen.

Er zeigte uns die Zeitungsausschnitte an der Wand: ein Streik in Kalgoorlie, Lenins Schädel, Onkel Joes Schnurrbart und einige Pin-ups aus dem *Playboy*. Er hatte sich hier vor dreißig Jahren mit einer Frau angesiedelt, die ihn verlassen hatte. Er hatte das Land verkauft und lebte jetzt von der Fürsorge.

Auf dem Tisch war ein scharlachrotes Wachstuch. Eine getigerte Katze leckte einen Teller ab.

»Verschwinde, du Bastard!« Er schwang die Faust, und die Katze sprang davon. »Und was habt ihr Jungs vor?«

»Wir fahren rauf ins Kaititj-Land«, antwortete Arkady. »Mit Alan Nakamurras Sippe.«

»Zur Vermessung, was?«

»Ja.«

»Heilige Stätten, was?«

»Ja.«

»Dieser verdammte heilige Unsinn! Was diese Jungs brauchen, ist Organisation!«

Er entkorkte die Bierflaschen, dann schneuzte er sich die Nase in die Hand und schmierte den Rotz ordentlich unter seinen Stuhlsitz. Er ertappte mich dabei, wie ich ihm zusah. Er sah mich an.

Er schwelgte in Erinnerungen an seine Zeit in Kalgoorlie, als vollwertiges Parteimitglied, vor dem Zweiten Weltkrieg.

»Fragen Sie ihn!« Er zeigte auf Arkady. »Fragen Sie den Jungen nach meinem Lebenslauf!«

Er schlenderte in den hinteren Raum, wo sein Bett stand, und wühlte zwischen alten Zeitungen herum, bis er ein Buch mit einem dunkelroten Leineneinband fand. Er setzte sich wieder, rückte seine Brille zurecht und drückte seinen Rücken an der Stuhllehne platt.

»Und jetzt«, verkündete er und tat, als öffne er das Buch an irgendeiner beliebigen Stelle, »jetzt werden wir das Evangelium nach unserem Vater Marx lesen. Verzeiht einem alten Mann die Blasphemien! Für heute – was zum Teufel für ein Tag ist heute? Donnerstag... hab' ich mir doch gedacht! Das Datum ist unwichtig... Seite 256... Und was haben wir da –?

>Worin besteht nun die Entäußerung der Arbeit? Erstens, daß die Arbeit dem Arbeiter *äußerlich* ist, d. h. nicht zu seinem Wesen gehört, daß er sich daher in seiner Arbeit nicht bejaht, sondern verneint, nicht wohl, sondern unglücklich fühlt, keine freie physische und geistige Energie entwickelt, sondern seine Physis abkasteit und seinen Geist ruiniert.<

Es gibt nichts Besseres als ein paar Zeilen Marx vor dem Essen«, erklärte er strahlend. »Zur Stärkung des Geistes und zur Förderung der Verdauung! Habt ihr Jungs gegessen?«

»Haben wir«, sagte Arkady.

»Egal, ihr eßt jetzt mit mir.«

»Nein, ehrlich, Jim. Wir können nicht.«

»Und ob ihr könnt!«

»Wir kommen zu spät.«

»Zu spät? Was ist spät, und was ist früh? Eine wichtige philosophische Frage!«

»Wir werden zu spät kommen und eine junge Dame namens Marian nicht mehr antreffen.«

»*Keine* philosophische Frage!« sagte er. »Wer zum Teufel ist Marian?«

»Eine alte Freundin von mir«, sagte Arkady. »Sie arbeitet für den Landrechte-Rat. Sie hat die Kaititj-Frauen abgeholt. Wir treffen sie in Middle Bore.«

»Marian! Die Jungfrau Marian!« Hanlon schmatzte mit den Lippen. »Fährt runter nach Middle Bore mit ihrem Gefolge schöner Edelfräulein. Ich sage euch, die können warten. Geh und hol die Steaks, Junge!«

»Nur wenn es schnell geht, Jim«, gab Arkady nach. »Wir haben eine Stunde, nicht mehr.«

»*Gib mir... gib mir... eine Stunde... eine Stunde... mit dir...*«

Man hörte, daß Hanlon früher eine annehmbare Baritonstimme gehabt hatte. Er sah mich an. »Sehen Sie mich nicht so an!« fauchte er. »Ich habe in Chören gesungen.«

Arkady ging hinaus, um die Steaks aus dem Wagen zu holen.

»Sie sind also Schriftsteller, was?« sagte Hanlon zu mir.

»Gewissermaßen.«

»Haben Sie je in Ihrem Leben einen Tag lang richtig gearbeitet?«

Seine blauen Augen tränten. Seine Augäpfel hingen in Netzen aus roten Fäden.

»Ich versuche es«, sagte ich.

Die schlaffe Hand schoß nach vorn. Sie war violett und wächsern. Der kleine Finger fehlte. Er hielt mir die Hand wie eine Klaue vor das Gesicht.

»Wissen Sie, was das ist?« höhnte er.

»Eine Hand.«

»Eine Arbeiterhand.«

»Ich habe auf einer Farm gearbeitet«, sagte ich. »Und als Holzfäller.«

»Holzfäller? Wo?«

»Schottland.«

»Was für Holz?«

»Fichten... Lärchen...«
»Sehr überzeugend! Was für eine Säge?«
»Motorsäge.«
»Welche Marke, Sie Idiot?«
»Kann mich nicht erinnern.«
»Nicht sehr überzeugend«, sagte er. »Hört sich irgendwie komisch an.«

Arkady kam mit den Steaks durch die Tür. An der weißen Plastiktüte waren Blutstropfen. Hanlon nahm die Tüte, öffnete sie und atmete tief ein.

»Aha! Schon besser!« sagte er grinsend. »Zur Abwechslung schönes rotes Fleisch.«

Er stand auf, zündete das Gas an, goß Öl aus einer alten Farbbüchse in eine Pfanne und legte die drei Steaks hinein.

»Sie da!« rief er mir zu. »Kommen Sie her und reden Sie mit dem Koch.«

Das Öl begann zu spritzen, und er nahm einen Spachtel, um zu verhindern, daß das Fleisch anbrannte.

»Sie schreiben also ein Buch?«
»Ich versuche es«, sagte ich.
»Warum schreiben Sie Ihr Buch nicht hier? Sie und ich könnten erbauliche Gespräche führen.«
»Das könnten wir«, sagte ich zögernd.
»Ark!« rief Hanlon. »Paß eine Minute auf die Steaks auf, einverstanden, Junge? Ich werde dem Schreiber sein Quartier zeigen. Hier! Sie kommen mit mir!«

Er ließ das Handtuch auf den Boden fallen, zog ein Paar Shorts an und schlüpfte in Sandalen. Ich folgte ihm ins Sonnenlicht. Der Wind hatte aufgefrischt und wirbelte rote Staubwolken über den Weg. Wir gingen zwischen den Tamarisken hindurch zu einem knarrenden Gummibaum, unter dem ein Wohnwagen stand.

Er öffnete die Tür. Es roch nach etwas Verwestem. Die Fenster waren mit Spinnweben verhangen. Das Bettzeug war fleckig und zerrissen. Jemand hatte Tomatensauce auf der Tischplatte verschüttet, und die Stelle wimmelte von Ameisen.

»Hübsches kleines Schlupfloch!« zwitscherte Hanlon. »Preisgünstige Miete! Und Sie können den Baum ölen, wenn Ihnen das Knarren auf die Nerven geht.«

»Sehr hübsch«, sagte ich.

»Aber nicht hübsch genug, was?«

»Das habe ich nicht gesagt.«

»Aber gemeint«, zischte er. »Natürlich, wir *könnten* den Raum ausräuchern. Und Sie gleich mit!«

Er knallte die Tür zu und stolzierte zum Haus zurück.

Ich blieb eine Weile draußen, und als ich hineinging, waren die Steaks fertig. Hanlon hatte sechs Eier gebraten und war dabei, das Essen aufzutragen.

»Bediene Seine Lordschaft zuerst!« sagte er zu Arkady.

Er schnitt drei große Scheiben Brot ab und stellte eine Flasche Sauce auf den Tisch. Ich wartete, daß er sich setzte. Es war unerträglich heiß. Ich sah auf das Steak und die Eidotter.

Hanlon sah mich eine ganze Minute lang an, zumindest kam es mir so vor, dann sagte er: »Graben Sie doch Ihre verdammten Zähne ins Fleisch!«

Wir aßen schweigend.

Hanlon hielt sein Steak mit der schlaffen Hand fest und schnitt es mit der gesunden Hand in Würfel. Sein Messer hatte einen Wellenschliff und zwei gekrümmte Zacken am Griff.

»Für wen zum Teufel hält er sich eigentlich?« wandte er sich an Arkady. »Wer hat ihn gebeten, seine Oberschicht-Rotznase bei mir hereinzustecken?«

»Du selbst«, sagte Arkady.

»Tatsächlich? Nun, das war ein Fehler.«

»Ich bin nicht Oberschicht.«

»Aber einen Hauch zu schick für meine kleine Lunchparty! Lunch! So nennen sie es in Pongleterre! Lunch mit der Queen! Was?«

»Hör auf damit, Jim«, sagte Arkady. Es war ihm sehr peinlich.

»Das ist alles nicht persönlich gemeint«, sagte Hanlon.

»Immerhin etwas«, sagte ich.

»Nicht wahr?« pflichtete er mir bei.

»Erzähl ihm von Maralinga«, sagte Arkady, bemüht, das Thema zu wechseln. »Erzähl ihm von der Wolke.«

Hanlon hob seine gesunde Hand und schnalzte mit den Fingern, als wären es Kastagnetten.

»Die Wolke! Aye, aye, Sir! Die Wolke! Die Wolke Ihrer Majestät. Sir Anthony-in-seiner-Eden-Wolke! Armer Sir Anthony! Hatte sich seine Wolke so sehr gewünscht! Damit er dem Russki in Genf sagen konnte: ›Sieh her, alter Junge, auch wir haben unsere Wolke!‹ Er hatte natürlich vergessen, daß es beim Wetter doch tatsächlich so etwas wie Veränderungen gibt...! *Sogar* in Australien! Er hatte vergessen, daß der Wind in die *falsche* Richtung wehen könnte! Also ruft er Bob Menzies an und sagt: ›Bob, ich will meine Wolke sofort! Heute!‹ ›Aber der Wind...‹ sagt Sir Bob. ›Laß mich mit dem Wind in Ruhe‹, sagt Sir Anthony. ›Ich habe *sofort* gesagt!‹ Also haben sie die Vorrichtung hochgehen lassen – wie ich das Wort ›Vorrichtung‹ liebe! –, und die Wolke, statt aufs Meer hinauszusegeln und die Fische zu vergiften, ist landeinwärts gesegelt, um *uns* zu vergiften! Und dann haben sie sie verloren! Haben das Ding über Queensland verloren! Nur damit Sir Anthony ein nettes gemütliches Wolken-Gespräch mit Genosse Nikita führen konnte. ›Ja, Genosse, es stimmt. Auch *wir* haben die Wolke. Allerdings haben meine Leute dort drüben sie für eine Weile verloren! Haben auf diese Art ein paar Abos verdunsten lassen...‹«

»Das reicht«, sagte Arkady mit fester Stimme.

Hanlon senkte den Kopf.

»Ach, Scheiße!« sagte er, und dann spießte er einen anderen Fleischwürfel auf und steckte ihn in den Mund.

Niemand sagte etwas, bis Hanlon rülpste und sagte: »Bitte um Entschuldigung!«

Er schob seinen Teller weg.

»Krieg' das Zeug nicht runter«, sagte er.

Sein Gesicht hatte sich grau verfärbt. Seine Hand zitterte.

»Irgendwas nicht in Ordnung?« fragte Arkady.

»Ich hab' einen Leistenbruch, Ark.«

»Du solltest zu einem Arzt gehen.«

»Ich war bei einem Arzt. Sie wollen mich aufschneiden, Ark.«

»Das tut mir leid«, sagte ich.

»Ich lass' mich von denen nicht aufschneiden. Ist doch richtig, oder?«

»Nein«, sagte Arkady. »Vielleicht solltest du doch hingehen.«

»Na ja, vielleicht gehe ich hin.« Er schniefte kläglich.

Nachdem weitere fünf Minuten vergangen waren, stand Arkady auf und legte seinen Arm schützend um die Schultern des alten Mannes.

»Jim«, sagte er mit sanfter Stimme, »es tut mir leid, aber wir müssen jetzt leider gehen. Können wir dich irgendwo hinbringen?«

»Nein«, sagte er. »Ich bleibe hier.«

Wir schickten uns an zu gehen.

»Bleibt noch ein bißchen«, sagte Hanlon.

»Nein, wir müssen wirklich gehen.«

»Ich wünschte, ihr Jungs würdet noch ein bißchen bleiben. Wir könnten uns prima amüsieren.«

»Wir kommen wieder«, sagte ich.

»Wirklich?« Hanlon hielt den Atem an. »Wann?«

»In ein paar Tagen«, sagte Arkady. »Bis dann sind wir fertig. Dann machen wir uns auf den Weg nach Cullen.«

»Tut mir leid, daß ich auf Sie losgegangen bin«, sagte er zu mir. Seine Lippen bebten. »Ich geh' immer auf Engländer los!«

»Macht gar nichts«, sagte ich.

Draußen war es heißer denn je, und der Wind legte sich. Auf der Koppel vor dem Haus hüpfte ein Adler mit einem Keilschwanz von einem Zaunpfahl zum anderen. Es war ein wunderschöner Vogel mit glänzenden bronzefarbenen Federn. Er flog davon, als er uns sah.

Ich versuchte, Hanlons Hand zu schütteln. Er hatte sie auf seinen Unterleib gelegt. Wir stiegen in den Landcruiser.

»Ihr hättet euch für die Steaks bedanken können«, rief er hinter uns her.

Er bemühte sich, seinen rauhen Ton wiederzufinden, aber er sah verstört aus. Seine Wangen waren tränennaß. Er kehrte uns den Rücken zu. Er brachte es nicht über sich, uns wegfahren zu sehen.

17

Am Tor zum Skull-Creek-Lager hing ein Schild, auf dem jedem, der Alkohol in eine Aborigine-Siedlung mitbrachte, eine Strafe von zweitausend Dollar angedroht wurde. Jemand hatte mit weißer Kreide darübergekritzelt: »Schwachsinn!« Wir waren gekommen, um einen Kaititj-Ältesten, der Timmy hieß, abzuholen. Er war ein Verwandter mütterlicherseits von Alan Nakamurra und kannte die Träume in der Gegend um die Middle-Bore-Ranch.

Ich machte die Kette vom Tor los, und wir fuhren auf verstreut liegende Blechdächer zu, die durch das verblichene Gras hervorschimmerten. In einer Ecke der Siedlung hüpften ein paar Jungen auf einem Trampolin herum, und daneben erhob sich ein großer, brauner, fensterloser Metallkasten – die Klinik, wie Arkady sagte.

»Irgendeiner hat sie früher die ›Todesmaschine‹ genannt«, sagte er. »Heute wagt sich niemand mehr in ihre Nähe.«

Wir parkten unter zwei Geistereukalyptusbäumen an einem kleinen, weißgetünchten Haus. Singvögel zwitscherten in den Zweigen. Zwei vollbusige Frauen, eine in einem weiten grünen Kittel, lagen auf der Veranda und schliefen.

»Mavis!« rief Arkady.

Keines der beiden schnarchenden dicken Wesen regte sich.

Hinter den Gummibäumen, kreisförmig um eine Fläche von rotem Sand angelegt, standen rund zwanzig Hütten: Halbzylinder aus Wellblech, an beiden Enden offen wie Schweineställe, wo Menschen im Schatten lagen oder hockten.

Pappkartons und Fetzen von Plastiktüten flogen im

Wind, und über der ganzen Siedlung lag ein gläsernes Glitzern. Glänzende schwarze Krähen hüpften herum, blinzelten mit ihren gelblichen Augen und pickten in alten Rindfleischdosen, bis die Hunde sie verscheuchten.

Ein kleiner Junge, der Arkady erkannt hatte, rief: »Ark! Ark!«, und binnen Sekunden waren wir von einem Knäuel nackter Kinder umringt, die »Ark! Ark! Ark!« schrien. Ihr helles Haar sah aus wie Stoppeln auf einem Feld schwarzer Erde. Fliegen klebten in ihren Augenwinkeln.

Arkady nahm zwei in seine Arme. Ein drittes ritt Huckepack, und die anderen grapschten nach seinen Beinen. Er strich ihnen über die Köpfe, drückte ihre ausgestreckten Hände; dann öffnete er die hintere Tür des Landcruisers und begann, Getränke und Lutscher zu verteilen.

Die eine der dicken Frauen setzte sich auf, schob das wirre Haar aus dem Gesicht, gähnte, rieb sich die Augen und sagte: »Bist du's, Ark?«

»Hallo, Mavis!« sagte er. »Wie geht's dir heute?«

»Ganz gut.« Sie gähnte wieder und schüttelte sich.

»Wo ist Timmy?«

»Schläft.«

»Ich will ihn in den Busch mitnehmen.«

»Heute?«

»Sofort, Mavis. Sofort!«

Mavis hievte sich hoch und ging schwerfällig davon, um ihren Mann zu wecken. Sie hätte sich nicht zu bemühen brauchen. Timmy hatte das Getöse draußen gehört und stand im Eingang.

Er war ein bleicher, magerer, verschmitzt aussehender alter Mann mit einem strähnigen Bart. Das eine Auge war getrübt von einem Trachom. Er trug einen braunen Filzhut schräg auf dem Kopf und hatte sich ein rotes Taschentuch um den Hals geknotet. Er war so mager, daß er seine Hose immer wieder hochziehen mußte. Er drohte Arkady mit dem Zeigefinger und kicherte.

Arkady schüttelte die Kinder ab und holte aus dem Auto

ein Fotoalbum mit Schnappschüssen von einer früheren Exkursion. Dann setzte er sich mit Timmy auf die Stufen der Veranda, und Timmy wendete die Seiten mit der vehementen Konzentration eines Kindes, das in ein Märchenbuch vertieft ist.

Ich saß hinter ihnen und schaute mit. Eine weiße Hündin mit Mastitis steckte ihre Schnauze immer wieder hartnäckig zwischen meine Schenkel.

Arkady legte einen Arm um den alten Mann und sagte: »Du kommst heute also mit uns?«

»Hast du das Futter?« fragte Timmy.

»Ich habe das Futter.«

»Gut.«

Mavis saß zusammengesunken neben uns. Sie hatte ihr Haar wieder vors Gesicht gezogen, und alles, was man von ihr sah, war ihre rissige, aufgeworfene Unterlippe.

Arkady beugte sich vor und sagte: »Kommst du mit, Mavis? Topsy und Gladys aus Curtis Spring sind auch dabei.«

»Nä!« brummte sie bitter. »Ich geh' nie mehr nirgendwohin. Sitz die ganze Zeit hier rum.«

»Keine Ferien oder so?«

Sie schniefte. »Manchmal gehen wir nach Tennant Creek. Ich hab' dort Verwandte. Meine Mutter kommt aus der Gegend. Sie kommt aus dem großen Loch bei dem Bach. Kennst du die Stelle?«

»Ich glaube, ja«, sagte Arkady unsicher.

»Das Land von Billy Boys Sippe«, sagte Mavis und raffte sich mit erschöpfter Würde auf, als müßte sie ihre Existenzberechtigung nachweisen. »Ganz in der Nähe von der McCluhan-Ranch.«

»Und willst du nicht mit uns nach Middle Bore kommen?«

»Geht nicht«, schnaubte sie.

»Was hält dich davon ab?«

»Keine Sandalen.« Sie streckte ihren Fuß vor und forderte Arkady auf, sich ihre aufgerissene, schwielige Sohle anzusehen. »Kann nirgendwo hingehen ohne Sandalen. Muß mir ein paar Sandalen besorgen.«

»Nehmen Sie meine«, bot ich an. »Ich habe noch ein zweites Paar.«

Ich ging zum Wagen, öffnete meinen Rucksack und zog mein einziges Paar grüner Gummisandalen heraus. Mavis riß sie mir aus den Händen, als wäre *ich* es, der sie ihr gestohlen hätte. Sie zog sie an, warf den Kopf in den Nacken und schlurfte davon, um Timmys Teekessel und Decke zu holen. »Gut gemacht, Sir Walter!« sagte Arkady und grinste.

Timmy sog in der Zwischenzeit an seiner Pappschachtel mit Apfelsaft. Er stellte sie ab, setzte seinen Hut wieder gerade auf den Kopf, sog ein weiteres Mal und sagte dann gedankenvoll: »Und was ist mit Big Tom?«

»Ist er da?«

»Klar ist er da.«

»Kommt er mit?«

»Klar kommt er mit.«

Wir gingen zu einer Hütte mit einem Spaliervorbau, an dem sich Paddymelonen hochzogen und unter dem Big Tom schlief. Er trug kein Hemd. Sein Wanst, der sich hob und senkte, war mit Haarkringeln bedeckt. Sein Hund begann zu japsen, und er wachte auf.

»Tom«, sagte Arkady. »Wir fahren nach Middle Bore. Kommst du mit?«

»Klar komme ich mit«, sagte er lächelnd.

Er kam hervorgekrochen, griff nach einem braunen Hemd und einem Hut und erklärte, er sei soweit. Seine Frau Ruby, eine spindeldürre Frau mit einem verwirrten Lächeln, kam unter ihrer Seite des Vorbaus hervorgekrochen, bedeckte ihren Kopf mit einem grüngetupften Tuch und sagte, auch sie sei soweit.

Nie habe ich ein Ehepaar so schnell seine Sachen packen und aufbrechen sehen.

Wir waren jetzt eine sechsköpfige Gruppe, und der Geruch im Landcruiser war kräftig und fremd.

Beim Hinausfahren kamen wir an einem jungen Mann mit langen Armen und Beinen vorbei, der blonde Rattenschwänze und einen rötlichen Bart hatte. Er lag ausgestreckt mitten im Dreck. Er trug ein orangefarbenes T-Shirt, verwaschene Jeans und um seinen Hals einen Rajneesh-Rosenkranz. Vier oder fünf schwarze Frauen hockten um ihn herum. Sie schienen ihm die Beine zu massieren.

Arkady drückte auf die Hupe und winkte. Der Mann brachte tatsächlich eine Art Nicken zustande.

»Wer ist denn das?« fragte ich.

»Das ist Craig«, sagte er. »Er ist mit einer der Frauen verheiratet.«

18

Vor dem Burnt-Flat-Hotel, wo wir anhielten, um zu tanken, nahm ein Streifenpolizist eidesstattliche Aussagen über einen Mann entgegen, der auf der Straße tot aufgefunden worden war.

Das Opfer, erzählte er uns, sei ein Weißer Mitte Zwanzig gewesen, ein Landstreicher. Er war von Autofahrern in den vergangenen drei Tagen immer wieder an der Landstraße gesehen worden. »Und jetzt ist er in einem scheußlichen Zustand. Wir mußten ihn mit einer Schaufel vom Asphalt kratzen. Ein Lastwagenfahrer hat ihn für ein totes Känguruh gehalten.«

Der »Unfall« hatte sich um fünf Uhr morgens ereignet, aber die Leiche – oder das, was der Lastzug von ihr übriggelassen hatte – war seit sechs Stunden kalt.

»Sieht aus, als hätte ihn jemand aus dem Fahrzeug geworfen«, sagte der Polizist.

Er war auf eine übertrieben dienstfertige Weise höflich. Sein Adamsapfel bewegte sich im Ausschnitt seines Khakihemds auf und ab. Es sei seine Pflicht, das würden wir sicher verstehen, ein paar Fragen zu stellen. Würde ein Schwarzer in Alice Springs überfahren, verlöre niemand auch nur einen Gedanken daran. Aber ein *Weißer*...!

»Wo wart ihr Jungs also gestern abend um elf?«

»In Alice«, sagte Arkady mit klangloser Stimme.

»Recht herzlichen Dank!« Der Polizist legte eine Hand an den Hut. »Brauche euch nicht länger aufzuhalten.«

All das sagte er, indem er in unser Auto sah, ohne seinen Blick von unseren Passagieren abzuwenden. Die Passagiere ihrerseits taten so, als wäre er Luft, und starrten mit reglosen Gesichtern in die Landschaft.

Der Polizist ging zu seinem klimatisierten Fahrzeug. Arkady drückte auf die Klingel, um die Bedienung zu rufen. Er klingelte wieder. Er klingelte ein drittes Mal. Niemand kam.

»Sieht so aus, als hätten wir einen längeren Aufenthalt vor uns«, sagte er achselzuckend.

»Sieht ganz so aus«, stimmte ich zu.

Es war drei Uhr nachmittags, und die Gebäude schwammen in der Hitze. Das Hotel hatte einen toffeebraunen Anstrich, und auf dem Wellblechdach standen in großen weißen Buchstaben, von denen die Farbe abblätterte, die Wörter BURNT FLAT. Auf der Veranda stand eine Voliere mit Wellensittichen und Rosellapapageien. Die Schlafräume waren mit Brettern vernagelt, und auf einem Schild stand: »Das Geschäft ist zu verkaufen«.

Der Name des Besitzers war Bruce.

»Macht keinen Gewinn mehr«, sagte Arkady, »seit sie ihm die Ausschankgenehmigung entzogen haben.«

Bruce hatte, bis das Gesetz geändert wurde, eine Menge Geld gemacht, indem er den Aborigines mit reinem Alkohol angereicherten Wein verkaufte.

Wir warteten.

Ein älteres Paar kam in einem Camper angefahren, und als der Ehemann auf die Klingel drückte, öffnete sich die Bartür, und ein Mann in Shorts kam mit einem an seiner Leine keuchenden Bullterrier nach draußen.

Bruce hatte X-Beine, rotes Haar, einen schlaffen Hintern und ein ovales Kinn. Seine Arme waren mit Meerjungfrauen tätowiert. Er band den Hund fest, der unsere Passagiere ankläffte. Er glotzte Arkady an und ging, um das Paar mit dem Camper zu bedienen.

Nachdem der Mann bezahlt hatte, fragte Arkady Bruce ausgenommen höflich: »Würden Sie uns bitte den Tank füllen?«

Bruce band den Hund los und watschelte davon, wie er gekommen war.

»Schwein!« sagte Arkady.
Wir warteten.
Der Polizist beobachtete uns aus seinem Fahrzeug.
»Früher oder später müssen sie uns bedienen«, sagte Arkady. »So will es das Gesetz.«
Zehn Minuten später öffnete sich die Tür wieder, und eine Frau in einem blauen Rock kam die Stufen herab. Sie hatte kurzes, vorzeitig ergrautes Haar. Sie hatte Kuchen gebacken, und der Teig klebte noch an ihren Fingernägeln.
»Nehmen Sie's Bruce nicht übel«, seufzte sie. »Er spielt heute verrückt.«
»Ist das so ungewöhnlich?« Arkady lächelte, und sie zuckte die Achseln und atmete tief aus.
»Gehen Sie rein«, sagte er zu mir, »wenn Sie etwas vom Lokalkolorit mitbekommen wollen.«
»Gehen Sie nur«, drängte die Frau, als sie den Zapfhahn einhängte.
»Haben wir noch Zeit?«
»Zeit können wir machen«, sagte er. »Damit Sie sich bilden können.«
Die Frau schob die Lippe vor und ließ ein verlegenes Lachen hören.
»Ich sollte den anderen vielleicht etwas zu trinken holen«, schlug ich vor.
»Tun Sie das«, sagte Arkady. »Ich hätte gern ein Bier.«
Ich steckte den Kopf durch das Wagenfenster und fragte die anderen, was sie trinken wollten. Mavis sagte: »Orangensaft«, änderte jedoch die Meinung und wollte Orangen- und Mangosaft. Ruby wollte Apfelsaft. Big Tom wollte Pampelmusensaft, und Timmy wollte eine Cola.
»Und ein Violet Crumble«, fügte er hinzu. Ein Violet Crumble ist ein mit Schokolade überzogener Riegel aus Zucker und Nüssen.
Arkady zahlte bei der Frau, und ich folgte ihr in die Bar.
»Und wenn Sie wieder rauskommen«, rief er hinter mir her, »sehen Sie nach rechts neben den Lichtschalter.«

Drinnen warfen ein paar Männer von einem Straßenbautrupp Wurfpfeile, und ein Farmarbeiter, im Westernlook ausstaffiert, fütterte Münzen in einen Musikautomaten. Eine Menge Polaroidfotos waren an den Wänden befestigt: dicke nackte Menschen und eine Menge länglicher Ballons. Auf einem Schild stand: »Kredit ist wie Sex. Einige kriegen ihn. Andere nicht.« Eine »mittelalterliche« Schriftrolle zeigte die Karikatur von einem Muskelprotz sowie ein paar Zeilen in »altenglischer« Schrift:

> Und ob ich schon wanderte
> im finstern Tal, fürchtete ich kein Unglück,
> denn ich, Bruce, bin
> der schlimmste Hurensohn im Tal.

Neben Flaschen mit Southern Comfort stand eine alte, bis oben mit einer gelben Flüssigkeit gefüllte Flasche mit der Aufschrift: »Echte N. T. Gin-Pisse«.

Ich wartete.

Ich hörte, wie Bruce einem der Gäste erzählte, er habe sich ein Haus in Queensland gekauft, wo man »einen Nigger noch einen Nigger nennen« könne.

Ein Telegrafeningenieur kam schweißdurchnäßt herein und bestellte zwei Bier.

»Hab' gehört, bei euch hat es einen Fall von Fahrerflucht gegeben?« sagte er.

»Ja!« Bruce entblößte seine Zähne. »Mehr Fleisch!«

»Was soll das heißen?«

»Ich sagte, mehr eßbares Fleisch.«

»Eßbar?«

»Es war ein Weißer.« Bruce ließ seine Zunge aus dem Mund hängen und wieherte. Ich war froh, daß der Ingenieur die Stirn runzelte und schwieg.

Dann kam der Kollege des Ingenieurs durch die Tür und setzte sich auf einen Barhocker. Er war ein schlaksiger junger Aborigine-Mischling mit einem fröhlichen, selbstironischen Lächeln.

»Keine Nigger hier drinnen.« Bruces Stimme übertönte den Lärm der Pfeilwerfer. »Hast du mich verstanden? Ich hab' gesagt: Keine Nigger hier drinnen!«

»Ich bin kein Nigger«, antwortete der Mischling. »Ich habe nur Hautprobleme.«

Bruce lachte. Der Straßenbautrupp lachte, und der Mischling preßte die Zähne aufeinander und lächelte immer noch. Ich beobachtete, wie seine Hand sich fester um die Bierdose schloß.

Dann sagte Bruce in gezwungen höflichem Ton zu mir: »Sie sind weit von zu Hause weg. Was soll's sein?«

Ich gab die Bestellung auf.

»Und ein Violet Crumble«, sagte ich.

»Und ein Violet Crumble für den englischen Gentleman.«

Ich sagte nichts und bezahlte.

Auf dem Weg nach draußen blickte ich nach rechts neben den Lichtschalter und sah ein Einschußloch in der Tapete, um das ein vergoldeter Rahmen mit einem kleinen Messingschild hing – von der Art, wie man sie unter Geweihen oder ausgestopften Fischen an die Wand genagelt findet –, auf dem stand: »Mike – 1982«.

Ich verteilte die Getränke, und die anderen nahmen sie wortlos entgegen.

»Und wer war Mike?« fragte ich, als wir weiterfuhren.

»*Ist* Mike«, sagte Arkady. »Er *war* Barmann bei Bruce.«

Es war ein ähnlich glühendheißer Sommernachmittag gewesen, als vier junge Pintupi auf dem Rückweg von der Balgo-Mission angehalten hatten, um zu tanken und etwas zu trinken. Sie waren sehr müde und reizbar, und als der älteste der Jungen die Flasche mit der »Gin-Pisse« sah, machte er eine ziemlich grobe Bemerkung. Mike weigerte sich, sie zu bedienen. Der Junge warf mit einem Bierglas nach der Flasche, verfehlte sie jedoch. Mike nahm Bruces Gewehr – das griffbereit unter der Theke lag – und schoß über ihre Köpfe hinweg.

»Das hat Mike jedenfalls bei der Verhandlung behauptet«, sagte Arkady.

Der erste Schuß durchschlug die Schädeldecke des Jungen. Der zweite traf in die Wand rechts neben dem Lichtschalter. Ein dritter ging zum guten Schluß in die Decke.

»Natürlich«, fuhr Arkady mit unverändert leidenschaftsloser Stimme fort, »wollten die Nachbarn zu den Gerichtskosten des unglücklichen Barmanns etwas beitragen. Sie veranstalteten einen Galaabend mit einer Oben-ohne-Nummer aus Adelaide.«

»Und Mike wurde freigesprochen?«

»Notwehr.«

»Und was war mit den Zeugen?«

»Aborigine-Zeugen«, sagte er, »sind nicht immer sehr umgänglich. Sie wollen zum Beispiel nicht hören, wenn der Tote bei seinem Namen genannt wird.«

»Heißt das, daß sie nicht aussagen wollten?«

»Das macht den Fall für die Anklage nicht leichter.«

19

Bei dem Schild nach Middle Bore zweigten wir nach rechts ab und fuhren über eine staubige Straße, die parallel zu einer Felswand verlief, in Richtung Osten. Die Straße stieg an und führte wieder abwärts durch dichtes graublättriges Gestrüpp, und fahle Falken hockten auf den Zaunpfählen. Arkady riß das Steuer hin und her, um den tieferen Furchen auszuweichen.

Wir fuhren an einem nicht weit zu unserer Rechten gelegenen, aus der Erde herausgewachsenen, verwitterten Sandstein vorbei, um den mehrere einzelne, etwa sechs Meter hohe Zacken standen. Ich wußte, dies mußte eine Traumstätte sein. Ich stieß Big Tom in die Rippen.

»Was ist das für ein Traum?« fragte ich.

»Ein kleiner.« Er krümmte den Zeigefinger, um einen Ringelwurm zu imitieren.

»Witchetty?«

Er schüttelte energisch den Kopf und sagte, indem er eine Bewegung machte, als ob er sich einen Wurm in den Mund steckte: »Kleiner.«

»Raupe?«

»Ja!« sagte er strahlend und stieß mich nun seinerseits in die Rippen.

Die Straße führte zu einem weißen Haus. Es stand inmitten einer Baumgruppe, hinter der sich ein paar Gebäude erstreckten. Das war die Middle-Bore-Ranch. Kastanienbraune Pferde grasten auf einem von knochenweißem Gras bedeckten Feld.

Wir bogen links in einen kleineren Weg ein, überquerten einen Wasserlauf und hielten am Tor meines zweiten Aborigine-Lagers. Es machte keinen so verwahrlosten Eindruck wie Skull Creek. Es lagen weniger Flaschenscherben herum, es gab weniger eiternde Hunde, und die Kinder sahen viel gesünder aus.

Obwohl es spät am Nachmittag war, schlief noch fast alles. Eine Frau saß unter einem Baum und sortierte Buschnahrung, und als Arkady sie begrüßte, blickte sie zu Boden und starrte auf ihre Zehen.

Wir bahnten uns einen Weg zwischen den Hütten hindurch und fuhren im Zickzack zwischen Spinifexbüschen auf den Rumpf eines Volkswagenbusses zu. Über der Tür war eine grüne Plane ausgebreitet, und aus einem Stück Plastikschlauch fielen Tropfen auf ein Beet mit Wassermelonen. An den Bus angekettet war der übliche bissige Hund.

»Alan?« Arkady hob die Stimme und übertönte das Gekläff.

Keine Antwort.

»Alan, bist du da? ... Mein Gott«, sagte er mit flüsternder Stimme, »hoffentlich ist er nicht schon wieder unterwegs.«

Wir warteten noch eine Weile, dann tauchte eine lange schwarze Hand am Rand der Plane auf. Ihr folgte gleich darauf ein sehniger Mann mit silbrigem Bart, der einen hellgrauen Stetson, schmutzige weiße Hosen und ein mit Gitarren bedrucktes purpurrotes Hemd trug. Er war barfuß. Er trat ins Sonnenlicht, sah geradewegs durch Arkady hindurch und senkte majestätisch den Kopf.

Der Hund bellte weiter, und er gab ihm einen Tritt.

Arkady sprach Warlpiri mit ihm. Der alte Mann hörte sich an, was er zu sagen hatte, senkte wieder den Kopf und zog sich hinter die Plane zurück.

»Er erinnert mich an Haile Selassie«, sagte ich, als wir davongingen.

»Aber grandioser.«

»Viel grandioser«, stimmte ich ihm zu. »Er kommt doch mit, oder?«

»Ich glaube, ja.«

»Kann er englisch sprechen?«

»Kann er schon, tut er aber nicht. Englisch ist nicht seine Lieblingssprache.«

Die Kaititj, erzählte mir Arkady, hatten das Pech gehabt, in der Nähe der Überland-Telegrafenlinie zu leben, und waren daher früh in Berührung mit den Weißen gekommen. Sie lernten auch, Messer und Speerspitzen aus den Glaskonduktoren anzufertigen, und um dieser Praxis ein Ende zu machen, wurde es für notwendig erachtet, ihnen eine Lehre zu erteilen. Die Kaititj nahmen an ihren Mördern Rache.

Früher am Nachmittag waren wir am Grab eines Telegrafisten, das an der Straße lag, vorbeigekommen. Er war 1874 von einem Speer tödlich verwundet worden und hatte eben noch Zeit gehabt, seiner Frau in Adelaide einen Abschiedsgruß durchzugeben. Die Repressalien der Polizei dauerten bis nach 1920 an.

Alan hatte als junger Mann mit angesehen, wie sein Vater und seine Brüder niedergeschossen wurden.

»Und Sie sagen, daß er als einziger übriggeblieben ist?«

»Von seinem Klan«, sagte er. »In diesem Teil des Landes.«

Wir saßen, mit dem Rücken zueinander, an den Stamm eines Gummibaums gelehnt, und beobachteten, wie das Lager lebendig wurde. Mavis und Ruby waren fortgegangen, um ihre Freundinnen zu besuchen. Big Tom war eingenickt, und Timmy saß mit gekreuzten Beinen da und lächelte. Die Erde war ausgedörrt und rissig, und ein dichter Strom von Ameisen zog zielstrebig wenige Zentimeter von meinen Stiefeln entfernt vorbei.

»Wo zum Teufel bleibt Marian?« sagte Arkady plötzlich. »Sie hätte schon vor Stunden hier sein sollen. Nun ja, trinken wir Tee.«

Ich holte etwas Reisig aus dem Dickicht und machte ein Feuer, während Arkady die Sachen für den Tee auspackte. Er gab Timmy ein Schinkenbrötchen. Timmy verschlang es gierig, verlangte noch eins und reichte mir mit der Gebärde eines Mannes, der es gewohnt ist, bedient zu werden, seinen Teekessel zum Füllen.

Das Wasser war am Kochen, als plötzlich ein schrecklicher Tumult im Lager ausbrach. Frauen kreischten, Kinder und Hunde gingen eilig in Deckung, und wir sahen eine rotbraune Staubsäule auf uns zurasen.

Der Wirbelwind kam tosend und krachend näher; er sog Blätter, Zweige, Plastiktüten, Papier und Blechreste auf, schleuderte sie in einer Spirale in den Himmel, fegte dann über das Lagergelände und weiter zur Straße.

Ein oder zwei Augenblicke Panik – und alles war wieder normal.

Nach einer Weile gesellte sich ein Mann mittleren Alters in einem himmelblauen Hemd zu uns. Er trug keinen Hut. Die steifen grauen Borsten auf seinem Kopf waren so lang wie die Borsten an seinem Kinn. Sein offenes, lächelndes Gesicht erinnerte mich an das meines Vaters. Er hockte sich auf sein Gesäß und schaufelte löffelweise Zucker in seinen Becher. Arkady redete. Der Mann wartete, bis er geendet hatte, und antwortete mit einem kaum hörbaren Flüstern, wobei er mit dem Finger Diagramme in den Sand zeichnete.

Dann entfernte er sich und ging zu Alans Wohnbus.

»Wer war das?« fragte ich.

»Der Neffe des alten Mannes«, sagte er. »Und gleichzeitig sein ›Ritualmanager‹.«

»Was wollte er?«

»Uns prüfen.«

»Haben wir bestanden?«

»Ich glaube, wir können mit einem Besuch rechnen.«

»Wann?«

»Bald.«

»Ich wünschte, ich würde diese Sache mit dem ›Ritualmanager‹ verstehen.«

»Es ist nicht einfach.«

Der Rauch vom Feuer blies in unsere Gesichter, aber wenigstens hielt er die Fliegen fern.

Ich holte mein Notizbuch hervor und legte es auf mein Knie.

Der erste Schritt, sagte Arkady, bestehe darin, zwei weitere Aborigine-Ausdrücke zu verstehen: *kirda* und *kutungurlu*.

Der alte Alan war kirda: das heißt, er war der »Besitzer« oder »Boß« des Landes, das wir besichtigen wollten. Er war für dessen Erhaltung verantwortlich und mußte sicherstellen, daß seine Lieder gesungen und die Rituale zur rechten Zeit vollzogen wurden.

Der Mann in Blau hingegen war Alans kutungurlu, sein »Manager« oder »Helfer«. Er gehörte einem anderen totemistischen Klan an und war ein Neffe – ob ein echter oder ein »gewählter«, spielte keine Rolle – aus Alans Familie von der mütterlichen Seite. Das Wort kutungurlu selbst bedeutete »Verwandter mütterlicherseits«.

»Der ›Manager‹«, sagte ich, »hat also immer einen anderen Traum als der Boß?«

»Ja.«

Beide erfreuten sich der Riten des anderen in beider Länder, und sie arbeiteten im Team zusammen, um sie zu erhalten. Die Tatsache, daß »Boß« und »Manager« selten Männer gleichen Alters waren, hatte zur Folge, daß das Ritualwissen über Generationen nach unten weitergegeben wurde.

In früheren Zeiten glaubten die Europäer, daß der »Boß« tatsächlich der Boß und der »Manager« eine Art Helfershelfer sei. Das stellte sich als Wunschdenken heraus. Aborigines selbst übersetzten kutungurlu manchmal mit »Polizist« – was eine viel genauere Vorstellung von ihrer Beziehung vermittelte.

»Der ›Boß‹«, sagte Arkady, »kann ohne Erlaubnis seines ›Polizisten‹ kaum einen Schritt tun. Nehmen Sie den Fall von Alan hier. Der Neffe sagt mir, sie seien beide in großer

Sorge, daß die Eisenbahn eine wichtige Traumstätte zerstören werde – die ewige Ruhestätte des Eidechsen-Ahnen. Aber er, nicht Alan, entscheidet, ob sie mit uns kommen werden oder nicht.«

Das Magische an dem System sei, fügte er hinzu, daß die Verantwortung für das Land letztlich nicht bei dem »Besitzer« liege, sondern bei einem Angehörigen des benachbarten Klans.

»Und umgekehrt?« fragte ich.

»Natürlich.«

»Und das würde einen Krieg zwischen Nachbarn ziemlich problematisch machen?«

»Schach und matt«, sagte er.

»Es wäre so, als ob Amerika und die Sowjetunion sich darauf einigen würden, ihre jeweilige Innenpolitik auszutauschen –«

»Pst!« flüsterte Arkady. »Sie kommen.«

20

Der Mann in Blau kam mit gemessenen Schritten durch das Spinifexgestrüpp auf uns zu. Alan ging ein paar Schritte hinter ihm. Er hatte seinen Stetson tief in die Stirn gezogen. Sein Gesicht war eine Maske aus Zorn und Selbstbeherrschung. Er setzte sich neben Arkady, kreuzte die Beine und legte sein Gewehr auf seine Knie.

Arkady rollte die Vermessungskarte auf und beschwerte sie an den Rändern mit Steinen, damit sie nicht von den Windstößen hochgewirbelt wurde. Er zeigte auf verschiedene Berge, Straßen, Bohrlöcher, Zäune – und die mögliche Eisenbahnstrecke.

Alan sah mit der Gelassenheit eines Generals bei einer Stabsbesprechung zu. Hin und wieder wies er mit einem fragenden Finger auf ein Detail auf der Karte und zog ihn dann wieder zurück.

Ich hielt diese Vorstellung für Augenwischerei: ich wäre nie auf den Gedanken gekommen, daß der alte Mann Karten lesen könnte. Aber dann spreizte er den Zeigefinger und den Mittelfinger zu einem V und fuhr mit ihnen das Blatt hinauf und herunter, wie mit einem Stechzirkel, wobei er schnell und lautlos die Lippen bewegte. Wie Arkady mir später erklärte, maß er eine Songline aus.

Alan nahm eine Zigarette von Big Tom entgegen und rauchte wortlos.

Nach ein paar Minuten kam ein klappriger Lastwagen angefahren, mit zwei weißen Männern in der Fahrerkabine und einem schwarzen Farmarbeiter, der an der Ladeklappe kauerte. Der Fahrer, ein dünner Mann mit einem vom Wetter zerfurchten Gesicht, Koteletten und einem fettigen braunen Hut, stieg aus und gab Arkady die Hand. Es war Frank Olson, der Besitzer der Middle-Bore-Ranch.

»Und das hier«, sagte er und zeigte auf seinen jüngeren Begleiter, »ist mein Partner Jack.«

Beide Männer trugen Shorts und schmierige Sweatshirts und bis zu den Knöcheln reichende Stiefel ohne Schnürsenkel und ohne Socken. Ihre Beine waren schorfig und von Dornen und Insekten zerstochen. Weil sie so grimmig und entschlossen aussahen, ging Arkady in die Defensive. Seine Sorge war unbegründet. Olson wollte nur wissen, wo die Eisenbahnstrecke verlaufen sollte.

Er hockte sich vor die Karte. »Laß mal sehen, was die Kerle vorhaben«, sagte er wütend.

In den letzten beiden Wochen, erzählte er uns, hätten die Bulldozer eine breite Lichtung durch den Busch gezogen, direkt bis an seinen südlichen Grenzzaun. Wenn sie weiter an der Wasserscheide entlangführen, würden sie sein Auffangsystem kaputtmachen.

Auf der Karte bog die geplante Strecke jedoch nach Osten ab.

»Puuh!« sagte Olson, schob seinen Hut in den Nacken und wischte sich den Schweiß mit der Hand ab. »Natürlich ist keiner auf die Idee gekommen, mich zu informieren.«

Er sprach von fallenden Rindfleischpreisen, von der Dürre und den toten Tieren überall. In einem guten Jahr hatten sie dreißig Kubikzentimeter Regen. In diesem Jahr hatten sie bisher zwanzig gehabt. Würde es auf achtzehn runtergehen, könne er seinen Laden dichtmachen.

Arkady bat Olson um die Erlaubnis, neben einem seiner Dämme das Lager aufschlagen zu dürfen.

»Mir ist es recht!« sagte er, verdrehte die Augen und zwinkerte Alan zu. »Fragen Sie lieber den Boß.«

Der alte Mann verzog keine Miene, aber ein schwaches Lächeln sickerte durch die Wellen seines Barts.

Olson stand auf. »Bis bald«, sagte er. »Kommen Sie morgen auf einen Schluck Tee herein.«

»Machen wir«, sagte Arkady. »Danke.«

Der Abend lag in goldene Stille getaucht, als wir einen Staubstreifen an der Straße erblickten. Es war Marian.

Sie kam angefahren, am Steuer ihres alten grauen Landrover, zwischen den Hütten hindurch, und hielt knapp fünfzig Meter vor unserer Feuerstelle. Zwei stämmige Frauen, Topsy und Gladys, quetschten sich aus der Kabine heraus, vier dünnere Frauen saßen hinten. Sie sprangen herunter, wischten sich den Staub ab und dehnten und streckten sich.

»Du kommst spät«, schalt Arkady sie scherzhaft.

Ihre Wangen waren vor Müdigkeit eingefallen.

»Du wärst auch spät gekommen«, sagte sie lachend.

Seit sie Alice Springs verlassen hatte, war sie dreihundert Meilen gefahren, hatte einen Jungen behandelt, der von einem Skorpion gestochen worden war, hatte ein Baby mit Durchfall mit Arznei versorgt, hatte einem Ältesten einen vereiterten Zahn gezogen, hatte eine Frau genäht, die von ihrem Mann geschlagen worden war, hatte den Mann genäht, der von seinem Schwager geschlagen worden war.

»Und jetzt«, sagte sie, »sterbe ich vor Hunger.«

Arkady holte ihr ein Brötchen und einen Becher Tee. Er hatte Angst, sie könnte zu müde sein, um weiterzufahren. »Wir können die Nacht über bleiben, wo wir sind«, sagte er.

»Nein, *danke*!« sagte sie. »Bloß weg von hier.«

Sie trug wieder das schäbige geblümte Kleid. Sie setzte sich auf die vordere Stoßstange, pflanzte ihre Beine weit gespreizt auf den Boden und stopfte sich das Brötchen zwischen die Zähne. Ich wollte sie ansprechen, aber sie sah direkt durch mich hindurch und lächelte das Lächeln einer Frau, die mit Frauenangelegenheiten beschäftigt ist.

Sie trank ihren Tee aus und gab den Becher Arkady zurück. »Ich brauche zehn Minuten«, sagte sie. »Dann können wir fahren.«

Sie schlenderte davon und bespritzte sich mit Wasser aus

dem Hydranten in der Frauenabteilung des Lagers. Dann kam sie zurückgeschlendert, ein Schattenriß vor dem Sonnenlicht, ihr ganzer Körper glitzerte vor Nässe, das nasse Kleid klebte an ihren Brüsten und Hüften, und ihr Haar hing offen in goldenen Schlangen herab. Es wäre nicht übertrieben gewesen, zu sagen, daß sie wie eine Madonna von Piero aussah. Die leichte Unbeholfenheit ihrer Bewegungen machte sie nur noch anziehender.

Eine Gruppe junger Mütter bildete einen Kreis um sie. Sie nahm die Babys in die Arme, wischte ihnen den Rotz von der Nase und den Schmutz vom Hintern, tätschelte sie, schwang sie durch die Luft und übergab sie wieder ihren Müttern.

Was war es, fragte ich mich, was diese australischen Frauen an sich hatten? Warum waren sie so stark und zufrieden, während so viele Männer derart ausgehöhlt waren? Ich versuchte noch einmal, Marian anzusprechen, aber wieder wies sie mich mit ihrem ausdruckslosen Lächeln ab.

»Was ist los mit Marian?« fragte ich Arkady, als wir das Geschirr einpackten. »Ich glaube, ich habe etwas falsch gemacht.«

»Machen Sie sich keine Sorgen«, sagte er. »So ist sie immer, wenn sie mit den Frauen zusammen ist.«

Wenn die Frauen sie mit einem Fremden plaudern sähen, würden sie glauben, sie wäre ein Klatschmaul, und ihr nichts erzählen.

»Ja«, sagte ich. »Das wäre eine Erklärung.«

»Kommt, Leute«, rief er den Männern zu, die um das Feuer standen. »Es geht los.«

21

Der Landcruiser rumpelte und schwankte über eine Sandpiste, in die sich zwei Furchen eingegraben hatten; das Gestrüpp streifte die Unterseite des Fahrgestells. Alan saß mit Timmy vorn, das Gewehr zwischen den Knien aufgestellt. Marian mit den Frauen fuhr dicht dahinter. Wir durchquerten einen versandeten Wasserlauf und mußten auf Vierradantrieb übergehen. Ein schwarzes Pferd bäumte sich wiehernd auf und galoppierte davon.

Das Land vor uns war offenes, bewaldetes Gelände. Die Bäume warfen dunkle Schattenstreifen über das Gras, und die Geistereukalyptusbäume schienen in dieser orangeroten Abendstunde über dem Boden zu schweben wie Ballons, die Anker geworfen hatten.

Alan hob die Hand, damit Arkady anhielt, stieß den Gewehrlauf durch das offene Fenster und feuerte in einen Busch. Ein weibliches Känguruh und ihr Junges brachen aus ihrem Lager hervor und sprangen in großen, unbeholfenen Sätzen davon – weiße Schenkel vor dem Grau des Gestrüpps.

Alan schoß wieder, dann ein drittes Mal. Dann sprangen er und der Mann in Blau aus dem Wagen und rannten hinter ihnen her.

»Giant Red«, sagte Arkady. »Sie kommen nach Sonnenuntergang zum Trinken hervor.«

»Hat er sie getroffen?«

»Glaube nicht«, sagte er. »Nein. Sehen Sie, sie kommen zurück.«

Alans Hut tauchte als erstes über den Grasspitzen auf. Das Hemd des Mannes in Blau war an der Schulter zerrissen, und er blutete an einer Stelle, wo ihn ein Dorn geritzt hatte.

»Pech gehabt, alter Mann«, sagte Arkady zu Alan.

Alan spannte erneut das Gewehr und starrte aus dem Fenster.

Die Sonne berührte die Baumkronen, als wir zu einer Windpumpe und ein paar verlassenen Viehgehegen kamen. Früher war hier eine Siedlung gewesen. Man sah Haufen verrotteter grauer Balken und die Überreste vom Haus eines Viehzüchters. Die Windpumpe ließ einen stetigen Wasserstrahl in zwei verzinkte, runde Zisternen fließen.

Ein Schwarm von Galahs hockte auf dem Rand der Zisternen. Es waren mehrere hundert – Kakadus mit rosa Kämmen, die aufflogen, als wir näher kamen, und über unseren Köpfen kreisten: die Unterseiten ihrer Flügel hatten die Farbe wilder Rosen.

Alle von der Gruppe stellten sich um einen Trinktrog, spülten sich den Staub vom Gesicht und füllten ihre Wasserkanister.

Ich ging Marian absichtlich aus dem Weg, aber sie trat von hinten an mich heran und kniff mich in den Hintern.

»Ich sehe, Sie sind dabei, die Spielregeln zu lernen«, sagte sie grinsend.

»Verrücktes Weib!«

Nach Osten hin war das Land eine flache, baumlose Öde ohne jedes schützende Gebüsch. Alan zeigte immer wieder mit dem Zeigefinger auf einen einsamen Höcker am Horizont. Es war fast dunkel, als wir einen kleinen, felsigen Berg erreichten, aus dessen Gestein die weißen Federn des blühenden Spinifex und der schwarze Flaum des blattlosen Mullabusches hervorbrachen.

Der Berg, sagte Arkady, sei die Ruhestätte des Eidechsen-Ahnen.

Die Gruppe teilte sich in zwei Lager auf, jedes in Hörweite des andern. Die Männer ließen sich mit ihren Bündeln in einem Kreis nieder und begannen, mit gedämpften Stimmen zu sprechen. Während Arkady auspackte, ging ich etwas Brennholz hacken.

Ich hatte das Feuer angemacht und dabei Rinde und Gras zum Anzünden benutzt, als vom Lagerplatz der Frauen ein Höllenlärm herüberdrang. Alle schrien und brüllten, und vor dem Licht ihrer Feuerstellen konnte ich Mavis erkennen, der hin und her sprang und mit wilden Bewegungen auf etwas am Boden zeigte.

»Was ist los?« rief Arkady zu Marian hinüber.

»Eine Schlange!« rief sie fröhlich zurück.

Es war nur eine Schlangenspur im Sand, aber das war Schlange genug, um die Frauen hysterisch zu machen.

Auch die Männer wurden nervös. Sie folgten Big Toms Beispiel und sprangen auf. Alan spannte erneut das Gewehr. Die beiden anderen bewaffneten sich mit Stöcken, durchsuchten den Sand, flüsterten mit heiseren, aufgeregten Stimmen und schwenkten ihre Arme wie Laienschauspieler in einem Shakespeare-Stück.

»Beachten Sie sie nicht«, sagte Arkady. »Sie spielen sich nur auf. Wie auch immer, ich glaube, ich werde auf dem Dach des Landcruisers schlafen.«

»Angsthase!« sagte ich.

Ich selbst rollte eine »schlangensichere« Zeltbahn aus, um darauf zu schlafen, und band jeden Zipfel an einem Busch fest, so daß ihre Ränder ein Stück über dem Boden hingen. Dann bereitete ich das Abendessen zu.

Das Feuer war viel zu heiß, um Steaks zu grillen, ohne daß sie verbrannten: ich hätte mich beinahe selbst verbrannt. Alan sah mit meisterhafter Gleichgültigkeit zu. Keiner der anderen bedankte sich auch nur mit einem Wort für das Essen, aber sie hielten mir immer wieder ihre Teller hin, um einen Nachschlag zu bekommen. Als sie schließlich gesättigt waren, nahmen sie ihre Beratung wieder auf.

»Wissen Sie, woran sie mich erinnern?« sagte ich zu Arkady. »An eine Runde von Bankdirektoren.«

»Das sind sie ja auch«, sagte er. »Sie entscheiden darüber, wie wenig sie uns geben wollen.«

Das Steak war verbrannt und zäh, und nach dem Lunch

bei Hanlon hatten wir kaum Appetit. Wir räumten auf und gesellten uns zu dem Kreis der alten Männer. Der Feuerschein erhellte ihre Gesichter. Der Mond ging auf. Wir konnten nur eben die Silhouette des Berges erkennen.

Wir saßen schweigend da, bis Arkady den Moment für gekommen hielt und, an Alan gewandt, mit leiser Stimme auf englisch fragte: »Und wie geht die Geschichte von diesem Platz, alter Mann?«

Alan starrte mit reglosem Gesicht ins Feuer. Die glänzende Haut spannte sich straff über seinen Wangenknochen. Dann neigte er den Kopf fast unmerklich zu dem Mann in Blau, der aufstand und die Reisen des Eidechsen-Ahnen mimisch darzustellen begann (wobei er hin und wieder Pidgin-Wörter einwarf).

Das Lied erzählte davon, wie der Eidechsenmann und seine liebliche junge Frau aus dem Norden Australiens bis zum südlichen Meer gewandert waren und wie ein Bewohner des Südens die Frau verführt und ihn mit einem Ersatz nach Hause geschickt hatte.

Ich weiß nicht, was für eine Art Echse er gewesen sein soll: ob er eine »Judenechse« war oder ein »Erdkuckuck« oder eine von den runzligen Echsen mit dem bösen Blick und der Halskrause. Ich weiß nur, daß der Mann in Blau die Eidechse so lebensecht nachmachte, wie man sie sich besser nicht vorstellen konnte.

Er war Männchen und Weibchen, Verführer und Verführte. Er war ein Vielfraß, ein Hahnrei, ein müder Wanderer. Er krallte seine Echsenfüße seitlich in die Erde, erstarrte und reckte den Kopf. Er schob das untere Lid über die Iris und ließ seine Eidechsenzunge hervorschnellen. Er ließ seinen Hals zornig zu einem Kropf anschwellen, und schließlich, als es für ihn Zeit zum Sterben war, zuckte er und wand sich, bis seine Bewegungen immer kraftloser wurden, wie die des Sterbenden Schwans.

Dann klappte sein Kiefer zusammen, und das war das Ende.

Der Mann in Blau winkte in Richtung des Berges, und mit dem triumphierenden Tonfall dessen, der die beste aller Geschichten erzählt hat, rief er: »Da... da ist er!«

Die Vorführung hatte nicht länger als drei Minuten gedauert.

Der Tod der Eidechse berührte uns und machte uns traurig. Aber Big Tom und Timmy waren seit der Episode mit dem Frauentausch völlig aus dem Häuschen und johlten und kicherten noch lange, nachdem der Mann in Blau sich gesetzt hatte. Sogar das resignierte, schöne Gesicht des alten Alan verzog sich zu seinem Lächeln. Dann gähnten sie einer nach dem anderen, breiteten ihre Bündel aus, rollten sich zusammen und schliefen ein.

»Sie müssen etwas für Sie übrig haben«, sagte Arkady. »Das war ihre Art, sich für das Essen zu bedanken.«

Wir zündeten eine Sturmlampe an und setzten uns auf ein paar Campingstühle in einiger Entfernung vom Feuer. Was wir gesehen hatten, sagte er, sei natürlich nicht der *wirkliche* Eidechsensong, sondern eine »falsche Fassade«, ein für Fremde aufgeführter Sketch. Der wirkliche Song hätte jedes Wasserloch benannt, aus dem der Eidechsenmann trank, jeden Baum, aus dem er einen Speer schnitzte, jede Höhle, in der er schlief, und hätte die ganze lange Wegstrecke umfaßt.

Er hatte das Pidgin viel besser verstanden als ich. Dies ist die Version, die ich damals notierte:

Der Eidechsenmann und seine Frau brachen auf, um an die südliche See zu wandern. Die Frau war jung und schön und hatte eine viel hellere Haut als ihr Mann. Sie überquerten Sümpfe und Flüsse, bis sie bei einem Berg haltmachten – dem Berg bei Middle Bore –, und dort verbrachten sie die Nacht. Am nächsten Morgen kamen sie am Lager von ein paar Dingos vorbei, wo eine Mutter einen Wurf von jungen Hunden säugte. »Ha!« sagte der Eidechsenmann. »Ich werde mich an diese Hündchen erinnern und sie später essen.«

Das Paar wanderte weiter, an Oodnadatta vorbei, am Eyre-See vorbei, und gelangte bei Port Augusta ans Meer. Ein scharfer Wind wehte vom Meer herüber, und der Eidechsenmann fror und begann zu zittern. Er sah auf einer Landspitze in der Nähe das Lagerfeuer von ein paar Bewohnern des Südens brennen und sagte zu seiner Frau: »Geh hinüber zu diesen Leuten und borge dir einen Feuerstock.«

Sie ging, doch einer der Männer aus dem Süden, den es nach ihrer helleren Haut gelüstete, verführte sie – und sie willigte ein, bei ihm zu bleiben. Er machte seine eigene Frau heller, indem er sie von Kopf bis Fuß mit gelbem Ocker einschmierte, und schickte sie mit dem Feuerstock zu dem einsamen Wanderer. Erst als die Ockerfarbe abgegangen war, entdeckte der Eidechsenmann seinen Verlust. Er stampfte mit den Füßen auf. Er schwoll vor Zorn an, aber da er ein Fremder in einem fernen Land war, war er machtlos und konnte keine Rache nehmen. Unglücklich machte er sich mit seiner häßlicheren Ersatzfrau auf den Heimweg. Unterwegs hielt er an, um die Dingohündchen zu töten und zu verspeisen, aber sie verursachten ihm Verdauungsstörungen und machten ihn krank. Als sie den Berg bei Middle Bore erreichten, legte er sich hin und starb...

Und das war, wie uns der Mann in Blau erzählt hatte, der Platz, wo er war.

Arkady und ich saßen da und sannen nach über diese Geschichte einer australischen Helena. Die Entfernung von hier nach Port Augusta betrug in der Luftlinie rund elfhundert Meilen. Das war ungefähr doppelt so weit, rechneten wir aus, wie die Entfernung von Troja nach Ithaka. Wir versuchten uns eine Odyssee vorzustellen mit einem eigenen Vers für jede Abweichung und jeden Irrweg auf der zehnjährigen Reise des Helden.

Ich blickte zur Milchstraße hinauf und sagte: »Man könnte ebensogut die Sterne zählen.«

Die meisten Stämme, fuhr Arkady fort, sprachen die

Sprache ihrer unmittelbaren Nachbarn, daher gab es keine Verständigungsschwierigkeiten über eine Grenze hinweg. Es sei jedoch ein Geheimnis, wie ein Mann vom Stamm A, der an einem Ende einer Songline lebte, den Stamm Q ein paar Takte singen hören konnte und, ohne ein Wort von Qs Sprache zu kennen, genau wußte, welcher Landstrich gesungen wurde.

»Mein Gott!« sagte ich. »Wollen Sie mir erzählen, daß der alte Alan die Lieder eines tausend Meilen entfernten Landes kennt?«

»Höchstwahrscheinlich.«

»Ohne je dortgewesen zu sein?«

»Ja.«

Ein paar Ethnomusikologen, sagte er, hätten sich mit dem Problem beschäftigt. Vorerst wäre es jedoch das beste, wenn wir uns selber ein kleines Experiment ausdächten.

Angenommen, wir fänden in der Nähe von Port Augusta einen Songmann, der den Eidechsensong kannte? Angenommen, wir könnten ihn dazu bringen, seine Verse auf ein Tonband zu singen, und dann spielten wir das Band Alan im Kaititj-Land vor? Es sei durchaus möglich, daß er die Melodie sofort erkennen würde – so, wie wir die Mondschein-Sonate wiedererkannten –, daß ihm der Sinn der Wörter jedoch entgehe. Auf jeden Fall würde er sehr aufmerksam die melodische Struktur verfolgen. Vielleicht würde er uns sogar bitten, ihm ein paar Takte noch einmal vorzuspielen. Und dann würde er sich plötzlich im Einklang fühlen und imstande sein, den »Un-Sinn« mit seinen eigenen Wörtern zu übersingen.

»Seine eigenen Wörter für das Land von Port Augusta?«

»Ja«, sagte Arkady.

»Und das geschieht tatsächlich?«

»Ja.«

»Und wie zum Teufel funktioniert es?«

Niemand, sagte er, wisse es genau. Manche Leute meinten, es sei Telepathie. Aborigines selbst erzählten Geschichten von ihren Songmännern, die im Trancezustand die Linie auf- und abrasten. Aber es gab eine andere, erstaunlichere Möglichkeit.

Ungeachtet der Wörter scheine die melodische Kontur des Lieds die Natur der Landschaft zu beschreiben, durch die das Lied führe. Wenn also der Eidechsenmann sich über die Salzpfanne des Eyre-Sees schleppe, könne man eine Folge langgezogener Halbtöne erwarten wie in Chopins Trauermarsch. Wenn er die Hänge der MacDonnell-Kette hinauf- und hinabkröche, seien es eine Reihe von Arpeggios und Glissandos wie in Liszts Ungarischen Rhapsodien.

Bestimmte Tonfolgen, bestimmte Kombinationen musikalischer Noten beschrieben offensichtlich die Taten der *Füße* des Ahnen. Eine Tonfolge bedeute »Salzpfanne«, eine andere »Flußbett«, »Spinifex«, »Sandhügel«, »Mulgabusch«, »Felsoberfläche« und so weiter. Ein erfahrener Songmann, der sie in ihrer Reihenfolge höre, könne zählen, wie oft sein Held einen Fluß überquert oder einen Bergkamm erklettert habe – und ausrechnen, an welcher Stelle und wie weit auf einer Songline er sich befinde.

»Er könnte ein paar Takte hören«, sagte Arkady, »und sagen: ›Das ist Middle Bore‹ oder ›Das ist Oodnadatta‹ – wo der Ahne dies oder das oder jenes tat.«

»Eine musikalische Tonfolge«, sagte ich, »ist demnach ein kartographischer Hinweis?«

»Musik«, sagte Arkady, »ist eine Datenbank, die einem hilft, seinen Weg durch die Welt zu finden.«

»Ich werde etwas Zeit brauchen, um das zu verdauen.«

»Sie haben die ganze Nacht«, sagte er lächelnd. »Mit den Schlangen!«

Das Feuer auf dem anderen Lagerplatz loderte noch, und wir hörten das gutturale Lachen der Frauen.

»Schlafen Sie gut«, sagte er.

»Sie auch.«

»Ich habe mich noch nie so amüsiert«, sagte er, »wie mit meinen alten Männern.«

Ich versuchte zu schlafen, aber es gelang mir nicht. Der Boden unter meinem Schlafsack war hart und höckrig. Ich versuchte, die Sterne um das Kreuz des Südens zu zählen, aber meine Gedanken kehrten immer wieder zu dem Mann in Blau zurück. Er erinnerte mich an jemanden. Mir fiel ein Mann ein, der eine nahezu identische Geschichte mimisch vorgeführt hatte, mit den gleichen Tierbewegungen. Einmal, es war in der Sahelzone, hatte ich ein paar Tänzer dabei beobachtet, wie sie die Sprünge von Antilopen und den Stelzgang von Störchen nachahmten. Aber das war nicht die Erinnerung, nach der ich suchte.

Dann fiel es mir ein.

»Lorenz!«

22

An dem Nachmittag, als ich Konrad Lorenz begegnete, arbeitete er in seinem Garten in Altenberg, einer Kleinstadt an der Donau nicht weit von Wien. Ein heißer Ostwind blies von der Steppe herüber. Ich war gekommen, um ihn für eine Zeitung zu interviewen.

Der »Vater der Ethologie« war ein knorpeliger Mann mit einem silbernen Spatenbart, eisblauen Augen und einem von der Sonne rosig gebrannten Gesicht. Sein Buch *Das sogenannte Böse* hatte die liberale Öffentlichkeit auf beiden Seiten des Atlantiks schockiert – und war ein »Geschenk« für die Konservativen. Seine Feinde hatten damals einen halbvergessenen Aufsatz ausgegraben, der 1942, im Jahr der »Endlösung«, veröffentlicht worden war. Lorenz hatte darin seine Instinkttheorie in den Dienst der Rassenbiologie gestellt. 1973 hatte er den Nobelpreis bekommen.

Er machte mich mit seiner Frau bekannt, die ihren Korb mit Unkraut absetzte und kühl unter dem Rand ihres Strohhuts hervorlächelte. Wir machten höflich Konversation – über die Schwierigkeit, Veilchen zu vermehren.

»Meine Frau und ich«, sagte er, »kennen uns seit der Kindheit. Wir haben in den Büschen Iguanodons gespielt.«

Er ging den Weg zum Haus voran – eine prächtige neobarocke Villa, die sein Vater, ein Chirurg, in der guten alten Zeit von Kaiser Franz Joseph erbaut hatte. Als er die Haustür öffnete, stürzte eine Meute feingliedriger Bastarde mit braunem Fell heraus, die ihre Pfoten auf meine Schultern legten und mir das Gesicht ableckten.

»Was sind denn das für Hunde?« fragte ich.

»Pariahunde!« murmelte er grimmig. »*Aach*! Ich hätte den ganzen Wurf getötet! Sehen Sie den Chow-Chow da drüben? Ein sehr schönes Tier. Hat einen Wolf als Großvater! Meine Frau hat sie zu den besten Chow-Chow-Hunden in Bayern gebracht, um sie decken zu lassen. Sie hat alle abgewiesen... und sich dann mit einem Schnauzer gepaart!«

Wir saßen in seinem Arbeitszimmer, wo ein weißer Kachelofen war, ein Aquarium, eine Spielzeugeisenbahn und ein Hirtenstar, der in seinem Käfig Radau machte. Wir begannen mit einem Rückblick auf seinen Werdegang.

Im Alter von sechs Jahren hatte Lorenz Bücher über Evolution gelesen und war ein überzeugter Darwinist geworden. Später, als Student der Zoologie in Wien, spezialisierte er sich auf »vergleichende Anatomie« von Enten und Gänsen, um bald festzustellen, daß in ihren Genen wie bei allen anderen Tieren auch Blöcke oder Paradigmen instinktiven Verhaltens programmiert waren. Das Balzritual der Wildente war eine sorgfältig geplante Operation. Der Vogel wedelte mit dem Schwanz, schüttelte den Kopf, hüpfte vorwärts und reckte den Hals – er vollführte eine Reihe von Bewegungen, die, einmal in Gang gesetzt, ihren vorhersehbaren Lauf nahmen und von seiner Natur genausowenig zu trennen waren wie seine Schwimmfüße oder sein glänzender grüner Kopf.

Lorenz stellte ebenfalls fest, daß diese angeborenen motorischen Verhaltensmuster durch den Vorgang der natürlichen Selektion verändert worden waren und beim Überleben der Arten eine wichtige Rolle gespielt haben mußten. Sie konnten wissenschaftlich gemessen werden, so, wie anatomische Veränderungen zwischen einer Art und der nächsten gemessen werden konnten.

»Und auf diese Weise habe ich die Ethologie entdeckt«, sagte er. »Niemand hat sie mir beigebracht. Ich glaube, sie wäre etwas Selbstverständliches für alle Psychologen, denn ich war ein Kind und hatte großen Respekt vor anderen Menschen. Ich hatte nicht begriffen, daß ich einer der Pioniere war.«

»Aggression«, wie Lorenz sie definierte, war der Instinkt

bei Tieren und Menschen, einen Rivalen der eigenen Art zu suchen und zu bekämpfen – wenn auch nicht unbedingt zu töten. Sie hatte die Funktion, die ausgeglichene Verbreitung einer Spezies in ihrem Habitat sowie die Weitergabe der Gene des »Fähigsten« an die nächste Generation sicherzustellen. Das Kampfverhalten war keine Reaktion, sondern ein »Trieb« oder »Appetenzverhalten«, das sich – wie der Hungertrieb oder der Sexualtrieb – steigerte und entweder an einem »natürlichen« Objekt oder, war dieses nicht vorhanden, an einem Sündenbock abreagiert werden mußte.

Anders als der Mensch kämpften wilde Tiere selten bis auf den Tod. Vielmehr »ritualisierten« sie ihre Streitigkeiten, indem sie Zähne, Gefieder, Kratzspuren vorführten oder bestimmte Laute erzeugten. Der Eindringling – vorausgesetzt natürlich, daß er der *schwächere* Eindringling war – erkannte diese Signale als »Betreten verboten« – und zog sich, ohne eine Szene zu machen, zurück.

Ein besiegter Wolf zum Beispiel brauchte nur seinen Nacken zu zeigen, und der Sieger *konnte* von seiner Überlegenheit keinen Gebrauch machen.

Lorenz präsentierte *Das sogenannte Böse* als die Erkenntnisse eines erfahrenen Naturwissenschaftlers, der eine Menge über das Kampfverhalten von Tieren wußte und einer Menge Kämpfe zwischen Menschen beigewohnt hatte. Er hatte als Ordonnanzoffizier an der russischen Front gedient. Er hatte Jahre in einem sowjetischen Kriegsgefangenenlager verbracht und war zu dem Schluß gekommen, daß der Mensch ein »gefährlich aggressiver Artgenosse« sei. Krieg als solcher sei der kollektive Ausbruch seines frustrierten Kampftriebes: ein Verhalten, das ihm geholfen habe, die schlimmen Zeiten im Urwald zu überleben, das im Zeitalter der Wasserstoffbombe jedoch tödlich sei.

Unser fataler Irrtum – oder Sündenfall – betonte er, bestehe darin, »künstliche Waffen« statt natürliche Waffen entwickelt zu haben. Als Spezies mangele es uns daher an instinktiven Hemmungen, die die »professionellen Karnivoren« daran hinderten, ihre Artgenossen zu töten.

Ich hatte erwartet, in Lorenz einen Menschen von altmodischer Höflichkeit vorzufinden, der in engstirnigen Überzeugungen befangen war, der die Ordnung und Vielfältigkeit des Tierreichs bewunderte und beschlossen hatte, die schmerzhafte, chaotische Welt menschlicher Kontakte zu meiden. Ich hätte mich nicht gründlicher irren können. Hier war ein Mensch, verwirrt wie jeder andere, der ungeachtet seiner bisherigen Überzeugungen dem nahezu kindlichen Zwang unterlag, die Begeisterung über seine Entdeckungen mit anderen zu teilen und faktische oder Interpretationsfehler zu berichtigen.

Er war ein ausgezeichneter Schauspieler. Er konnte sich in die Haut von jedem Vogel, Raubtier oder Fisch versetzen. Als er die Dohle am unteren Ende der »Hackordnung« nachmachte, *war* er der unglückliche Vogel. Er *war* das Paar Graugränse, die bei der Aufführung des »Triumphgeschreis« ihre Hälse ineinander verflochten. Und als er das sexuelle Hin und Her von Buntbarschen in seinem Aquarium demonstrierte – bei dem eine »Brunhilde von einem Fisch« die schüchternen Annäherungsversuche ihres Partners zurückwies, sich jedoch in eine affektierte, allzu unterwürfige Jungfrau verwandelte, sobald ein echtes Männchen im Aquarium auftauchte –, war Lorenz nacheinander »Brunhilde«, der Schwächling und der Tyrann.

Er beklagte sich, von Leuten falsch verstanden zu werden, die eine Apologie für endlosen Krieg in die Aggressionstheorie hineinläsen. »Das«, sagte er, »ist schlichtweg Verleumdung. Aggressivität bedeutet nicht unbedingt, seinem Nachbarn zu schaden. Es kann sein, daß es nur ein Abdrängungsverhalten ist. Man kann dieselben Ergebnisse erzielen, indem man seinen Nachbarn ganz einfach nicht mag. Man kann *Wautsch!* sagen und davongehen, wenn er zurückquakt. So machen es die Frösche.«

Singfrösche, fuhr er fort, entfernten sich so weit wie möglich voneinander, ausgenommen in der Laichzeit. Das gleiche galt für Eisbären, deren Population zu ihrem Glück gering war.

»Ein Eisbär«, sagte er, »kann es sich leisten, seinen Artgenossen stehenzulassen.«

Ähnlich verhielten sich Indianer am Orinoco, die Kriege zwischen Stämmen mit dem »rituellen« Austausch von Geschenken unterdrückten.

»Aber sicher«, warf ich ein, »ist dieser Austausch von Geschenken kein Ritual, um Aggression zu *unterdrücken*. Er *ist* ritualisierte Aggression. Gewalt wird nur angewendet, wenn die Gleichwertigkeit des Austauschs nicht mehr gewährleistet ist.«

»Ja, ja«, antwortete er begeistert. »Natürlich, natürlich.«

Er nahm einen Bleistift von seinem Schreibtisch und deutete damit auf mich. »Wenn ich Ihnen dieses Geschenk gebe«, sagte er, »bedeutet das: ›Dies ist mein Territorium.‹ Aber es bedeutet ebenfalls: ›Ich *habe* ein Territorium und bin keine Bedrohung für Ihr Territorium.‹ Wir tun nichts anderes als Grenzen festsetzen. Ich sage Ihnen: ›Ich lege mein Geschenk hierhin. Ich gehe nicht weiter.‹ Es wäre eine Beleidigung, wenn ich mein Geschenk zu weit weg legen würde.

Das Territorium«, fügte er hinzu, »ist nicht unbedingt der Platz, an dem man ißt. Es ist der Ort, an dem man *lebt*... wo einem jeder Winkel vertraut ist, wo man jedes Versteck auf Anhieb findet... wo man für seinen Verfolger unschlagbar ist. Ich habe das sogar mit Stichlingen erprobt.«

Dann gab er mir eine unvergeßliche Darstellung von zwei wütenden männlichen Stichlingen. Beide waren im Zentrum ihres jeweiligen Territoriums unschlagbar. Beide wurden zusehends ängstlicher und angreifbarer, sobald sie sich davon entfernten. Sie führten harmlose Scharmützel auf, bis sie ein Gleichgewicht hergestellt hatten, und danach blieben sie auf Distanz. Während er die Geschichte erzählte, schlug Lorenz die Hände unter seinem Kinn zusammen und spreizte die Finger, um die Stacheln der Stichlinge anzudeuten. Er verfärbte sich rot an den Kiemen. Er erblaßte. Er schwoll an und er schwoll ab, er machte einen Satz nach vorn und floh.

Diese Imitation des schwachen, fliehenden Stichlings ließ mich jetzt, hier in Middle Bore, an den zum Hahnrei gemachten Eidechsenmann denken, der sich aus seinem Heimatland entfernte und seine liebliche Frau an einen Fremden verlor.

23

Als ich am nächsten Morgen aufwachte, lag ich in der Mitte der hellblauen Zeltplane, und die Sonne stand am Himmel. Die alten Männer wollten zum Frühstück wieder Fleisch. Das Eis im »Eski« war in der Nacht geschmolzen, und die Steaks schwammen in blutrotem Wasser. Wir beschlossen, sie zu braten, bevor sie verdarben.

Ich fachte die Glut wieder an, während Arkady sich mit Alan und dem Mann in Blau beriet. Er zeigte ihnen auf der Vermessungskarte, daß die Eisenbahn den Eidechsenfelsen in einer Entfernung von mindestens zwei Meilen umgehen würde, und brachte sie schließlich dazu, dem widerwillig zuzustimmen. Als nächstes zeigte er auf den fünfundzwanzig Meilen langen Landstrich, durch den er fahren wollte.

Den größten Teil des Morgens bewegten sich die Fahrzeuge langsam über verkrusteten Boden nordwärts. Die Sonne blendete, und die Vegetation war versengt und verdorrt. Nach Osten hin fiel das Land ab und stieg dann wieder zu einem Kamm fahler Sandhügel an. Das Tal dazwischen war mit einem endlosen Dickicht von Mulgabüschen bedeckt, blattlos in dieser Jahreszeit und silbriggrau wie eine tiefliegende Wolkendecke.

Nichts bewegte sich bis auf die flimmernden Hitzewellen.

Wir kreuzten immer wieder abgebrannte Flächen. An manchen Stellen war von den Büschen nichts geblieben als aufrecht stehende, vom Feuer gehärtete Dornen, die in unsere Reifen piksten, wenn wir darüberfuhren. Wir hatten drei Reifenpannen, und Marian mit ihrem Landrover hatte zwei. Wann immer wir anhielten, um ein Rad zu wechseln, bliesen uns Staub und Asche in die Augen. Die Frauen sprangen fröhlich vom Wagen und gingen davon, um nach Buschnahrung zu suchen.

Mavis war in ausgelassener Stimmung und wollte mich für die Sandalen entschädigen. Sie ergriff meine Hand und zog mich zu einem verkrümmten grünen Busch.

»He! Wo wollte ihr beiden hin?« rief Arkady.

»Ihm ein paar Buschbananen holen«, rief sie zurück. »Er weiß nicht, was Buschbananen sind.« Doch die Bananen, die wir fanden, waren zu einem Nichts zusammengeschrumpft.

Ein andermal versuchten sie und Topsy, einen Goanna zu jagen, aber das Reptil war viel zu schnell für sie. Schließlich fand sie eine Pflanze mit reifen Solanumbeeren, die sie mit vollen Händen über mich schüttete. Sie sahen aus und schmeckten wie unreife Cocktailtomaten. Ihr zuliebe aß ich ein paar, und sie sagte: »Gut so«, streckte ihre Patschhand aus und streichelte meine Wange.

Sobald etwas in der Landschaft auch nur annähernd etwas »Charakteristisches« hatte, bremste Arkady und fragte Old Alan: »Was ist das da?« Oder: »Ist diese Gegend frei?«

Alan starrte aus dem Fenster auf seine »Domäne«.

Gegen Mittag näherten wir uns einer Gruppe von Eukalyptusbäumen; es war der einzige grüne Flecken weit und breit. In der Nähe ragte ein Sandsteinhöcker aus der Erde, etwa sechs Meter lang und an der Erdoberfläche kaum zu sehen. Er war auf einer Luftaufnahme sichtbar geworden, und er war einer von drei identischen Höckern, die nebeneinander auf dem Bergkamm lagen.

Arkady erzählte Alan, der Ingenieur werde diesen Felsen möglicherweise abbrechen wollen, um Schotter zu gewinnen. Er werde ihn vielleicht mit Dynamit sprengen wollen.

»Was meinst du dazu, alter Mann?« fragte er.

Alan sagte nichts.

»Keine Geschichte hier? Gar nichts?«

Er sagte nichts.

»Das Land ist also frei?«
»Nein.« Alan holte tief Luft. »Die Babys.«
»Wessen Babys?«
»Babys«, sagte er – und mit derselben müden Stimme begann er die Geschichte von den Babys zu erzählen.

In der Traumzeit jagten der Bandikutmann Akuka und sein Bruder auf diesem Bergkamm. Weil Trockenzeit war, waren sie beide schrecklich hungrig und durstig. Jeder Vogel und jedes Tier war geflohen. Die Bäume hatten keine Blätter mehr, und Buschbrände fegten durchs Land.

Die Jäger suchten überall nach einem Tier, das sie töten konnten, bis Akuka, der schon fast in den letzten Zügen lag, einen Bandikut sah, der auf seinen Bau zuschoß. Sein Bruder warnte ihn davor, ihn zu töten, denn die eigene Art zu töten war tabu. Akuka beachtete die Warnung nicht.

Er grub den Bandikut aus dem Bau, tötete ihn mit dem Speer, häutete ihn und aß ihn, und gleich darauf bekam er Magenkrämpfe. Sein Bauch schwoll immer mehr an, und dann platzte er, und eine Menge Babys kamen daraus hervor, die allesamt nach Wasser schrien.

Fast verdurstet wanderten die Babys nach Norden bis nach Singleton und wieder südwärts bis nach Taylor Creek, wo sich heute der Damm befindet. Sie fanden ein Schlammloch, aber bald hatten sie alles Wasser getrunken und kehrten zu den drei Felshöckern zurück. Die Felsen waren die Babys, die sich dort eng zusammengedrängt zum Sterben hingelegt hatten – obwohl sie, wie es sich dann ergab, noch nicht sterben sollten.

Ihr Onkel, Akukas Bruder, hörte ihre Schreie und bat seine Nachbarn im Westen, Regen zu machen. Der Regen blies vom Westen heran (die graue, mit Mulgabäumen bestandene Ebene war der in Bäume verwandelte Gewitterregen). Die Babys kehrten auf ihre Pfade zurück und wanderten wieder nach Süden. Als sie einen Bach nicht weit vom Eidechsenfelsen überquerten, fielen sie in das Hochwasser und »schmolzen«.

Der Name der Stelle, an der die Babys »zurückgingen«, lautete *Akwerkepentye*, was »weit reisende Kinder« bedeutet.

Als Alan seine Geschichte beendet hatte, sagte Arkady mit sanfter Stimme: »Mach dir keine Sorgen, alter Mann. Es wird alles gut werden. Keiner wird die Babys anrühren.«

Alan schüttelte verzweifelt den Kopf.

»Bist du jetzt glücklich?« fragte Arkady.

Nein, er war nicht glücklich. Nichts, was mit dieser verruchten Eisenbahn zu tun hatte, würde ihn je glücklich machen: aber wenigstens würden die Babys in Sicherheit sein.

Wir fuhren weiter.

»Australien«, sagte Arkady langsam, »ist das Land verlorener Kinder.«

Nach einer weiteren Stunde erreichten wir die nördliche Grenze der Middle-Bore-Ranch. Wir hatten jetzt nur noch einen Ersatzreifen für den Landcruiser, und statt das Risiko einzugehen, denselben Weg wieder zurückzufahren, beschlossen wir, einen Umweg zu machen. Es gab eine alte Piste, die nach Osten und dann nach Süden verlief und hinter Alans Siedlung herauskam. Im letzten Abschnitt trafen wir auf die Leute von der Eisenbahn.

Sie rodeten das Land an der geplanten Strecke. Ihre Bulldozer hatten eine Schneise durch das Mulgagestrüpp geschlagen, und ein etwa hundert Meter breiter Streifen umgegrabener Erde erstreckte sich jetzt bis in weite Ferne.

Die alten Männer blickten unglücklich auf die Berge umgestürzter Bäume.

Wir hielten an, um mit einem schwarzbärtigen Titanen zu sprechen. Er war über zwei Meter groß und hätte aus Bronze sein können. Nackt bis zur Taille, mit einem Strohhut und einem Stoppelbart, schlug er Markierpfosten mit einem Hammer in die Erde. In ein oder zwei Stunden würde er auf Urlaub nach Adelaide gehen. »O Mann«, sagte er, »bin ich froh, wenn ich von hier wegkomme!«

Die Straße war verschwunden. Unsere Fahrzeuge krochen und schwankten durch den losen roten Sand. Dreimal mußten wir aussteigen und schieben. Arkady war völlig erledigt. Ich schlug vor, eine Pause zu machen. Wir fuhren seitwärts in den kargen Schatten einiger Bäume. Überall waren mit Vogeldreck bekleckste Ameisenhügel. Er packte etwas zu essen und zu trinken aus und befestigte die Zeltplane als Sonnensegel.

Wir hatten erwartet, daß die alten Männer wie üblich hungrig seien. Aber sie saßen alle dichtgedrängt beieinander, brüteten vor sich hin und weigerten sich, zu essen und zu sprechen: nach ihren Gesichtern zu urteilen, litten sie Schmerzen.

Marian und die Frauen hatten unter einem anderen Baum geparkt, und auch sie waren still und trübsinnig.

Ein gelber Bulldozer fuhr in einer Staubwolke vorbei.

Arkady legte sich hin, zog sich ein Handtuch über den Kopf und begann zu schnarchen. Ich benutzte meinen Lederrucksack als Kopfkissen, lehnte mich an einen Baumstamm und blätterte in Ovids *Metamorphosen*.

Die Geschichte von Lykaons Verwandlung in einen Wolf versetzte mich zurück in einen stürmischen Frühlingstag in Arkadien, als ich in dem Kalksteingipfel vom Berg Lykaon ein Abbild des zusammengekauerten Tier-Königs gesehen hatte. Ich las von Hyazinth und Adonis, von Deukalion und der Flut und wie die »lebenden Dinge« aus dem warmen Nilschlamm erschaffen worden waren. Und nach allem, was ich inzwischen von den Songlines wußte, kam mir der Gedanke, daß die ganze klassische Mythologie die Überreste einer gigantischen »Lied-Karte« darstellen könnte: daß all das Kommen und Gehen von Göttern und Göttinnen, die Höhlen und heiligen Quellen, die Sphinxe und Chimären und all die Männer und Frauen, die zu Nachtigallen oder Raben, Echos oder Narzissen, Steinen oder Sternen geworden waren, daß all das mit den Begriffen einer totemistischen Geographie interpretiert werden konnte.

Ich mußte selber eingeschlummert sein, denn als ich wach wurde, war mein Gesicht mit Fliegen bedeckt, und Arkady rief: »Kommen Sie. Es geht weiter.«

Wir kamen eine Stunde vor Sonnenuntergang in Middle Bore an. Der Landcruiser war kaum stehengeblieben, als Alan und der Mann in Blau ihre Türen öffneten und grußlos davongingen. Big Tom murmelte etwas von der »bösen« Eisenbahn.

Arkady sah bedrückt aus. »Zum Teufel!« sagte er. »Wozu das alles?«

Er gab sich die Schuld daran, daß sie die Bulldozer gesehen hatten.

»Das sollten Sie nicht«, sagte ich.

»Aber ich tue es trotzdem.«

»Einmal mußten sie sie ja sehen.«

»Ohne mich wäre mir lieber gewesen.«

Wir erfrischten uns unter einem Wasserschlauch, und ich belebte unsere Feuerstelle vom Vortag. Marian gesellte sich zu uns, sie setzte sich auf einen abgesägten Baumstumpf und entwirrte ihr verfilztes Haar. Dann verglichen sie und Arkady ihre Notizen. Die Frauen hatten ihr von einer Songline erzählt, die »Zwei tanzende Frauen« hieß, aber sie kam nie in Berührung mit der Eisenbahnstrecke.

Wir blickten auf und sahen eine Schar von Frauen und Kindern, die vom Sammeln zurückkamen. Die Babys schwangen in den Falten der Kleider ihrer Mütter friedlich hin und her.

»Man hört sie nie schreien«, sagte Marian, »solange die Mutter in Bewegung ist.«

Sie hatte, ohne es zu wissen, eines meiner Lieblingsthemen angeschnitten. »Und wenn Babys es nicht ertragen, still zu liegen«, sagte ich, »wie sollen wir dann später seßhaft werden?«

Sie sprang auf. »Was mich daran erinnert, daß ich gehen muß.«

»Sofort?«

»Sofort. Ich habe Gladys und Topsy versprochen, daß sie heute abend wieder zu Hause sind.«

»Können sie nicht hierbleiben?« fragte ich. »Können wir nicht alle zusammen die Nacht hier verbringen?«

»Ihr könnt«, sagte sie und streckte im Spaß die Zunge heraus. »Ich nicht.«

Ich sah Arkady an, der die Achseln zuckte, als wollte er sagen: »Wenn sie sich etwas in den Kopf gesetzt hat, kann keine Macht der Welt sie davon abhalten.« Fünf Minuten später hatte sie die Frauen versammelt und war mit einem fröhlichen Winken verschwunden.

»Diese Frau«, sagte ich, »ist der Rattenfänger in Person.«

»Allerdings!« sagte Arkady.

Er erinnerte mich an unser Versprechen, bei Frank Olson vorbeizuschauen.

Im Farmhaus kam eine dicke Frau mit einem von der Hitze mitgenommenen Gesicht zur Eingangstür geschlurft, spähte durch das Fliegengitter und öffnete.

»Frank ist nach Glen Armond gefahren«, sagte sie. »Ein dringender Fall! Jim Hanlon ist krank geworden!«

»Wann war das?« fragte Arkady.

»Gestern abend«, sagte die Frau. »Ist im Pub zusammengeklappt.«

»Wir sollten die Kerle holen und fahren«, sagte er.

»Ja«, stimmte ich zu. »Wir machen uns wohl besser auf den Weg.«

24

Der Barmann von dem Motel in Glen Armond sagte, Hanlon sei am Abend zuvor gegen neun vorbeigekommen und habe damit geprahlt, daß er seinen Wohnwagen an einen »literarischen Gentleman« aus England vermieten werde. Im Vertrauen auf dieses Geschäft kippte er fünf doppelte Scotch, fiel hin und schlug mit dem Kopf auf dem Boden auf. Sie rechneten damit, daß er am Morgen wieder nüchtern sein würde, und trugen ihn in ein Hinterzimmer. Dort hörte ihn in den frühen Morgenstunden ein Lastwagenfahrer stöhnen, und sie fanden ihn, wieder am Boden liegend, die Hände auf den Unterleib gepreßt, das Hemd zerfetzt.

Sie riefen seinen Freund Frank Olson, der ihn nach Alice fuhr. Um elf lag er auf dem Operationstisch.

»Hab' was von einer Darmlähmung gehört«, sagte der Barmann gewichtig. »Gewöhnlich bedeutet das nur eins.«

An der Bar war ein Münztelefon. Arkady rief im Krankenhaus an. Die diensthabende Krankenschwester sagte, Hanlon gehe es gut und er schlafe.

»Was ist mit ihm?« fragte ich.

»Sie wollte es nicht sagen.«

Die Bartheke war aus alten Eisenbahnschwellen zusammengebaut, und darüber hing ein Schild: ALLER ALKOHOL MUSS IM LOKAL GETRUNKEN WERDEN.

Ich betrachtete ein Bild an der Wand. Es war das Aquarell eines Künstlers, das das geplante *Dingo-Denkmal von Glen Armond* darstellen sollte. Das Denkmal bezog sich auf den Dingo, der den Säugling Azaria Chamberlain gefressen oder auch nicht gefressen hatte. Die Pläne s[ahen einen] zwanzig Meter hohen Dingo aus Fiberglas vor[...]

Wendeltreppe in den Vorderbeinen und einem dunkelroten Restaurant im Innern des Bauches.

»Unglaublich«, sagte ich.

»Nein«, sagte Arkady. »Komisch.«

Der Nachtbus nach Darwin fuhr draußen vor, und die Bar füllte sich mit Passagieren. Es waren Deutsche, Japaner, ein Engländer mit rosigen Knien und die übliche Schar von Territorianern. Sie aßen Pie und Eis, tranken, gingen zum Pinkeln nach draußen und kamen zum Trinken wieder herein. Der Aufenthalt dauerte fünfzehn Minuten. Dann rief der Fahrer zum Aufbruch, und alle strömten hinaus und überließen die Bar ihrem Kern von Stammkunden.

Am hinteren Ende der Bar spielte ein dicker Libanese Billard mit einem hageren, hellhaarigen jungen Mann, der ein Glasauge hatte und stotternd zu erklären versuchte, daß die Verwandtschaftsbeziehungen der Aborigines »so... so... ver... ver... ver... dammt kom... kom... pliziert« seien. An der Theke spülte ein kräftiger Mann mit einem violetten Muttermal im Nacken systematisch einen Scotch nach dem anderen zwischen seinen verfaulten Zähnen hinunter und sprach mit dem Polizisten, dem wir am Vortag in Burnt Flat begegnet waren.

Er hatte sich umgezogen und trug jetzt Jeans, eine goldene Halskette und ein sauberes weißes Unterhemd. Ohne seine Uniform sah er aus, als wäre er geschrumpft. Von dem Rand an, bis zu dem sonst die Manschetten reichten, waren seine Arme dünn und weiß. Sein deutscher Schäferhund lag reglos da, an einen Barhocker gebunden, und faßte mit gespitzten Ohren und lechzender Zunge ein paar Aborigines scharf ins Auge.

Der Polizist wandte sich mir zu: »Und was soll's sein?«

Ich zögerte.

»Was trinken Sie?«

»Scotch mit Soda«, sagte ich. »Vielen Dank.«

»Eis?«

»Eis.«

»Sie sind also Schriftsteller?«
»Hat sich schnell rumgesprochen.«
»Was schreiben Sie denn?«
»Bücher«, sagte ich.
»Veröffentlicht?«
»Ja.«
»Science-fiction?«
»NEIN!«
»Je einen Bestseller geschrieben?«
»Nie.«
»Ich habe vor, selber einen Bestseller zu schreiben.«
»Viel Glück.«
»Sie würden nicht glauben, was für Geschichten mir zu Ohren kommen.«
»Würde ich bestimmt.«
»Unglaubliche Geschichten«, sagte er mit seiner dünnen, verdrießlichen Stimme. »Es ist alles hier.«
»Wo?«
»In meinem Kopf.«
»Das Problem ist, es zu Papier zu bringen.«
»Ich habe einen tollen Titel.«
»Gut.«
»Soll ich ihn Ihnen verraten?«
»Wenn Sie mögen.«

Sein Kinn fiel herab, und er glotzte mich an: »Das soll wohl ein Scherz sein, Kumpel! Sie glauben, ich würde meinen Titel preisgeben? Sie könnten ihn benutzen! Der Titel ist Gold wert.«

»Dann sollten Sie daran festhalten.«

»Ein Titel«, sagte er emphatisch, »kann einem Buch zum Erfolg verhelfen oder es vernichten.«

Man denke nur an Ed McBain! *Lohn der Killer*! Man denke nur an *Haifisch-City*! Oder an *Eden brennt*! Man denke an *Hundetag*! Tolle Titel. Er schätze den Geldwert seines Titels auf 50 000 US-Dollar. Mit so einem Titel könnte man einen tollen Film drehen. Auch ohne das Buch!

»Auch ohne die Geschichte?« schlug ich vor.

»Schon möglich«, nickte er.

In den Vereinigten Staaten wechselten Titel für Millionen den Besitzer. Nicht, daß *er* seinen Titel an eine Filmgesellschaft verkaufen würde. Der Titel und die Geschichte gehörten zusammen.

»Nein«, sagte er und schüttelte nachdenklich den Kopf. »Ich würde sie nicht trennen wollen.«

»Das sollten Sie auch nicht.«

»Vielleicht sollten wir zusammenarbeiten?« sagte er.

Er stellte sich eine künstlerische und ökonomische Partnerschaft vor. Er würde den Titel und die Story liefern. Ich würde das Buch schreiben, weil er als Polizist nicht die Muße zum Schreiben hätte.

»Schreiben kostet viel Zeit«, pflichtete ich ihm bei.

»Wären Sie interessiert?«

»Nein.«

Er machte ein enttäuschtes Gesicht. Er war noch nicht soweit, mir den Titel zu verraten, aber um meine Neugier anzustacheln, schlug er vor, mich in die Handlung einzuweihen. Die Handlung dieser unglaublichen Geschichte begann damit, daß ein Aborigine von einem Lastzug plattgefahren wurde.

»Und?«

»Ich sage es Ihnen lieber«, sagte er. Er befeuchtete seine Lippen. Er hatte eine schwere Entscheidung getroffen.

»*Leichenhülle*«, sagte er.

»*Leichenhülle?*«

Er schloß die Augen und lächelte.

»Das habe ich noch nie jemand erzählt«, sagte er.

»Wieso *Leichenhülle?*«

»Die Hülle, in die man die Leiche legt. Ich habe Ihnen doch gesagt, daß die Geschichte mit einem toten Nigger auf der Landstraße beginnt.«

»Stimmt.«

»Gefällt er Ihnen?« fragte er besorgt.

»Nein.«

»Ich meine den Titel.«

»Ich weiß, daß Sie den Titel meinen.«

Ich wandte mich dem Mann mit dem violetten Muttermal zu, der links von mir saß. Er war während des Krieges in England stationiert gewesen, in der Nähe von Leicester. Er hatte in Frankreich gekämpft und dann ein Mädchen aus Leicester geheiratet. Die Ehefrau war mit nach Australien gekommen, aber dann ging sie mit ihrer beider Kind wieder nach Leicester.

Er hatte gehört, daß wir die heiligen Stätten kartographisch verzeichneten.

»Wissen Sie, was man am besten mit den heiligen Stätten macht?« fragte er mit schleppender Stimme.

»Was?«

»In die Luft sprengen!«

Er grinste und hob sein Glas den Aborigines entgegen. Das Muttermal vibrierte, als er trank.

Einer der Aborigines, ein sehr dünner Hillbilly-Typ mit einem Wust zerzauster Haare, stützte sich mit den Ellbogen auf die Theke und hörte zu.

»Heilige Stätten!« sagte der kräftige Mann mit einem gehässigen Seitenblick. »Wenn das alles heilige Stätten sind, wie die sagen, dann gäbe es dreihundert Milliarden verdammter heiliger Stätten in Australien.«

»Gar nicht so daneben, Mann!« rief der dünne Aborigine.

Rechts hinter mir hörte ich Arkady mit dem Polizisten sprechen. Sie hatten beide in Adelaide im Vorort St. Peters gelebt. Sie hatten dieselbe Schule besucht. Sie hatten denselben Mathematiklehrer gehabt, aber der Polizist war fünf Jahre älter.

»Die Welt ist klein«, sagte er.

»Das stimmt«, sagte Arkady.

»Und warum geben Sie sich mit denen ab?« Der Polizist zeigte mit seinem Daumen auf die Aborigines.

»Weil ich sie mag.«

»Auch *ich* mag sie«, sagte er. »Ich *mag* sie! Ich möchte ihnen nichts Falsches nachsagen. Aber sie sind anders.«

»Inwiefern anders?«

Der Polizist befeuchtete wieder seine Lippen und sog die Luft zwischen den Zähnen hindurch ein.

»Sie sind anders gebaut«, sagte er schließlich. »Sie haben andere Harnwege als die Weißen. Andere Wasserwerke! Deshalb können sie keinen Alkohol vertragen!«

»Woher wissen Sie das?«

»Das ist bewiesen«, sagte der Polizist. »Wissenschaftlich.«

»Von wem?«

»Hab' ich vergessen.«

»Eigentlich«, fuhr er fort, »sollte es zwei verschiedene Gesetze fürs Trinken geben: eins für Weiße und eins für Schwarze.«

»Finden Sie?« sagte Arkady.

»Einen Mann dafür bestrafen, daß er bessere Wasserwerke hat?« sagte der Polizist, und seine Stimme schwoll vor Empörung an. »Das ist ungerecht. Das ist verfassungswidrig.«

Der Schäferhund winselte, und er tätschelte ihm den Kopf.

Es war nur ein kleiner Schritt von den »anderen Wasserwerken« zu den »anderen grauen Zellen«. Ein Aborigine-Gehirn, sagte er, sei anders als das von Weißen. Die Stirnlappen seien flacher.

Arkadys Augen verengten sich zu einem Paar Tatarenschlitzen. Er war jetzt ziemlich gereizt.

»Ich mag sie«, wiederholte der Polizist. »Ich habe nie gesagt, daß ich sie nicht mag. Aber sie sind wie Kinder. Sie haben die Mentalität von Kindern.«

»Wie kommen Sie auf den Gedanken?«

»Sie taugen nicht zum Fortschritt«, sagte er. »Und das ist der Grund, warum mit euch Landrechteleuten was nicht stimmt. Ihr steht dem Fortschritt im Weg. Ihr helft ihnen, das weiße Australien zu zerstören.«

»Darf ich Sie zu einem Drink einladen?« unterbrach ich ihn.

»Nein, danke«, fauchte der Polizist. Seine Gesichtsmuskeln zuckten grimmig. Mir fiel auf, daß seine Fingernägel bis aufs Fleisch abgebissen waren.

Arkady wartete einen Augenblick, bis er seinen Ärger bezwungen hatte, und dann begann er langsam und verständlich zu erklären, daß man die Intelligenz eines Menschen am besten anhand seiner Fähigkeit, mit Sprache umzugehen, beurteilen könne.

Viele Aborigines, sagte er, seien nach unseren Maßstäben Sprachgenies. Der Unterschied sei eine Sache der Anschauung. Die Weißen veränderten ständig die Welt, um sie ihrer zweifelhaften Zukunftsvision anzupassen. Die Aborigines verwendeten alle ihre geistigen Kräfte darauf, die Welt so zu erhalten, wie sie war. Inwiefern könne das minderwertig sein?

Der Polizist verzog die Mundwinkel.

»Sie sind kein Australier«, sagte er zu Arkady.

»Ich bin verdammt noch mal Australier.«

»Nein, sind Sie nicht. Ich sehe Ihnen an, daß Sie kein Australier sind.«

»Ich bin in Australien geboren.«

»Das macht aus Ihnen noch lange keinen Australier«, höhnte er. »Meine Familie lebt seit fünf Generationen in Australien. Und wo ist Ihr Vater geboren?«

Arkady wartete, und dann antwortete er mit würdevoller Gelassenheit: »Mein Vater ist in Rußland geboren.«

»Ha!« sagte der Polizist, zog die Oberlippe kraus und wandte sich dem kräftigen Mann zu. »Was habe ich dir gesagt, Bert? Ein Engländer und ein Roter!«

25

Wolken waren in der Nacht aufgezogen, und am Morgen war es bedeckt und schwül. Zum Frühstück bekamen wir Eier und Schinkenspeck in der Bar des Motels. Die Frau des Besitzers machte uns Sandwiches für ein Picknick und gab uns Eis für die »Eskis«. Arkady rief noch einmal im Krankenhaus an.

»Sie wollen immer noch nicht sagen, was los ist«, sagte er, als er den Hörer auflegte. »Ich glaube, es sieht schlecht aus.«

Wir überlegten, ob wir nach Alice zurückfahren sollten, aber da wir nichts tun konnten, beschlossen wir, unseren Weg nach Cullen fortzusetzen. Arkady breitete die Karte auf dem Tisch aus. Die Fahrt würde nach seinen Berechnungen zwei Tage dauern. Wir würden quer über Land fahren und die Nacht in Popanji verbringen und dann nach Cullen weiterfahren.

Die Frau, die am Nachbartisch Kaffee trank, hörte uns zu und fragte mit einem entschuldigenden Unterton in der Stimme, ob wir zufällig an den Lombardy Downs vorbeikommen würden.

Arkady warf einen Blick auf die Karte.

»Es liegt am Weg«, sagte er. »Können wir Sie mitnehmen?«

»O nein!« Die Frau zuckte zusammen. »Nein, nein! Ich will nicht mitfahren. Ich habe nur überlegt, ob Sie vielleicht etwas für mich mitnehmen könnten. Einen Brief.«

Sie war eine linkische, verbraucht aussehende junge Frau mit glanzlosem Haar und starren bernsteinfarbenen Augen. Sie betonte die Silben auf damenhafte Art und trug ein rehfarbenes Kleid mit langen Ärmeln.

»Ich hab' ihn schon geschrieben«, sagte sie. »Sie haben doch nichts dagegen, oder? Ich gehe und hole ihn, wenn Sie –«

»Natürlich nehmen wir ihn mit«, sagte Arkady.

Sie lief davon und kam atemlos mit dem Brief zurückgelaufen. Sie schob ihn ungestüm über den Tisch. Dann begann sie, mit einem kleinen goldenen Kreuz an ihrem Hals zu spielen.

»Er ist für Bill Muldoon«, sagte sie und starrte mit leerem Blick auf den Namen auf dem Umschlag. »Er ist Farmmanager in Lombardy. Er ist mein Mann. Bitten Sie irgend jemand, ihn ihm zu geben. Aber falls Sie ihn sehen... falls er Sie fragt, ob Sie mich gesehen haben... sagen Sie ihm, daß es mir gutgeht.«

Sie sah zerbrechlich und elend und krank aus.

»Machen Sie sich keine Sorgen«, sagte ich. »Wir werden es tun.«

»Danke«, sagte sie in gepreßtem Ton und setzte sich, um ihren Kaffee auszutrinken.

Wir fuhren drei Stunden lang durch eine eintönige Ebene. Nach den nächtlichen Regenschauern hatte sich der Staub auf der Straße gesetzt. Wir sahen einige Emus in weiter Ferne. Wind kam auf. Wir sahen etwas von einem einsamen Baum herabhängen. Es war ein riesiger gestrickter Teddybär mit königsblauen Hosen und einer scharlachroten Mütze. Jemand hatte ihn am Hals aufgeschlitzt, und die Kapokfüllung war herausgequollen. Auf der Erde lag ein Kreuz aus Zweigen, das mit Ocker eingerieben war; die Arme waren mit einem Haarband zusammengebunden.

Ich hob das Kreuz auf und hielt es Arkady hin.

»Aborigine-Angelegenheiten«, sagte er. »Wenn ich Sie wäre, würde ich die Hände davon lassen.«

Ich ließ es fallen und setzte mich wieder auf meinen Sitz. Vor uns begann der Himmel zu dunkeln.

»Es kann sein«, sagte Arkady, »daß uns ein Sturm bevorsteht.«

Wir bogen bei dem Schild ab, auf dem Lombardy Downs stand. Nach etwa einer Meile führte der Weg am Ende einer Rollbahn entlang. Ein orangefarbener Luftsack wehte horizontal in dem Wirbelwind, und in der Ferne stand ein kleines Flugzeug.

Dem Mann, dem die Ranch gehörte, gehörte eine Fluggesellschaft.

Das Farmgebäude war ein langgestrecktes weißes Haus, das in einiger Entfernung zwischen ein paar verkrüppelten Bäumen stand, aber näher an der Rollbahn befand sich ein kleineres Backsteinhaus neben einem offenen Hangar. In dem Hangar war die Flugzeug- und Autoveteranensammlung des Besitzers untergebracht. Neben einem Tiger Moth parkten ein Ford-T-Modell und ein Rolls-Royce-Farmwagen mit braungestrichenen hölzernen Seitenwänden, die schwarze Ränder hatten.

Ich erzählte Arkady die Geschichte meines Vaters von dem Rolls-Royce und dem Schafmillionär.

»Letzten Endes gar nicht so aus der Luft gegriffen«, sagte ich.

Eine schlampig wirkende Frau in einem grüngepunkteten Hauskittel kam an die Tür. Ihr blondes Haar war auf Lockenwickler gedreht.

»Sucht ihr Jungs jemand?« rief sie.

»Bill Muldoon«, rief ich gegen den Wind zurück. »Wir haben einen Brief für ihn.«

»Muldoon ist nicht zu Hause«, sagte sie. »Kommt rein, ich mache euch Kaffee.«

Wir betraten eine unordentliche Küche. Arkady legte den Brief auf den Tisch, auf das rotkarierte Wachstuch neben ein paar Frauenzeitschriften. Wir setzten uns. Ein Ölbild von Ayer's Rock hing schief an der Wand. Die Frau warf einen Blick auf die Handschrift auf dem Umschlag und zuckte die Achseln. Sie war die andere Frau.

Während das Wasser im Kessel heiß wurde, wickelte sie einen zur Hälfte gegessenen Schokoladenriegel aus, nagte etwa einen Zentimeter ab, wickelte ihn wieder ein und leckte sich die Schokolade von den Lippen.

»Gott, wie ich mich langweile!« sagte sie.

Der Besitzer der Farm, erzählte sie uns, war für das Wochenende von Sydney hergeflogen, und deshalb hatte Muldoon Dienst. Sie goß uns den Kaffee ein und sagte wieder, daß sie sich langweile.

Wir wollten gerade gehen, als Muldoon hereinkam – ein athletischer, rotgesichtiger Mann, von Kopf bis Fuß in Schwarz gekleidet: schwarzer Hut, schwarze Stiefel und Jeans und ein schwarzes Hemd, das bis zum Nabel offenstand. Er glaubte, wir kämen in geschäftlichen Angelegenheiten, und schüttelte uns die Hand. Sobald er den Brief sah, wurde er bleich und preßte die Zähne zusammen.

»Machen Sie, daß Sie rauskommen«, sagte er.

Wir gingen.

»Unfreundlich«, sagte ich.

»Pastorale Ethik«, sagte Arkady. »Auf der ganzen Welt die gleiche.«

Eine halbe Stunde später kamen wir an einen Viehzaun, der das Ende von Lombardy Downs bezeichnete. Wir waren um Haaresbreite einem Wolkenbruch entgangen und beobachteten, wie die Regenmassen sich schräg seitwärts auf eine Bergkette zubewegten. Dann fuhren wir wieder auf die Straße von Alice nach Popanji.

Am Straßenrand standen verlassene Autos herum, meistens auf dem Kopf, inmitten von Glasscherbenhaufen. Wir hielten bei einem verrosteten blauen Ford, neben dem eine schwarze Frau hockte. Die Motorhaube war aufgeklappt, und ein kleiner nackter Junge hielt auf dem Dach Wache.

»Was ist los?« Arkady lehnte sich aus dem Fenster.

»Zündkerzen«, sagte die Frau. »Losgegangen, um Zündkerzen zu holen.«

»Wer?«

»Er.«

»Wohin?«

»Nach Alice.«
»Wie lange ist er weg?«
»Drei Tage.«
»Fehlt euch nichts?«
»Nein«, sagte die Frau schniefend.
»Habt ihr Wasser und sonst alles?«
»Ja.«
»Wollt ihr ein Sandwich?«
»Ja.«
Wir gaben der Frau und dem Jungen drei Sandwiches. Sie ergriffen sie hastig und schlangen sie gierig hinunter.
»Bist du sicher, daß euch nichts fehlt?« wiederholte Arkady hartnäckig.
»Ja«, nickte die Frau.
»Wir können euch zurück nach Popanji mitnehmen.«
Sie schüttelte verdrossen den Kopf und schickte uns mit einer Handbewegung fort.

Gegen Mittag überquerten wir einen Fluß, in dessen Bett rote Flußeukalyptusbäume wuchsen. Es war ein guter Platz für ein Picknick. Wir bahnten uns einen Weg über Steine, die vom Wasser abgeschliffen waren, und durch Lachen stagnierenden gelben Wassers, auf dessen Oberfläche Blätter schwammen. Das Land nach Westen war grau und kahl, und Wolkenschatten zogen darüber hinweg. Es gab kein Vieh, keine Zäune, keine Windpumpe: dieses Land war als Weideland zu unfruchtbar. Wir hatten die Kuhfladen hinter uns gelassen: es gab keine Fliegen mehr.

Als wir auf einen der Gummibäume zugingen, flog ein Schwarm schwarzer Kakadus auf; sie kreischten wie rostige Scharniere und ließen sich auf einem abgestorbenen Baum weiter weg nieder. Ich holte mein Fernglas hervor und sah das scharlachrot funkelnde Gefieder unter ihren Flügeln aufblitzen.

Wir breiteten das Picknick im Schatten aus. Die Sandwiches waren ungenießbar, so daß wir sie den Krähen zuwarfen. Aber wir hatten Zwieback und Käse, Oliven und eine Dose Ölsardinen und fünf kalte Dosen Bier für uns beide.

Wir sprachen über Politik, Bücher und russische Bücher. Arkady sagte, wie seltsam es sei, sich in einem Land voll angelsächsischer Vorurteile als Russe zu fühlen. Verbrachte man einen Abend in einem mit »Intellektuellen« aus Sydney gefüllten Raum, konnte man sicher sein, daß sie am Ende alle irgendein obskures Ereignis aus der Zeit der ersten Strafkolonie analysierten.

Er blickte in die unendliche Weite des Landes.

»Schade, daß wir nicht als erste hier angekommen sind«, sagte er.

»Wir Russen?«

»Nicht nur Russen«, sagte er und schüttelte den Kopf. »Slawen, Ungarn, sogar Deutsche. Jedes Volk, das es mit weiten Horizonten aufnehmen konnte. Zuviel von diesem Land ist an Inselbewohner gegangen. Sie haben es nie begriffen. Sie haben Angst vor der Weite.

Wir«, fügte er hinzu, »hätten stolz darauf sein können. Hätten es um seiner selbst willen geliebt. Ich glaube nicht, daß wir es so leicht ausverkauft hätten.«

»Ja«, sagte ich. »Warum werden die unermeßlichen Ressourcen in diesem Land von den Australiern weiterhin an Ausländer verkauft?«

»Sie würden schlichtweg alles verkaufen«, sagte er achselzuckend.

Dann wechselte er das Thema und fragte mich, ob ich auf meinen Reisen je mit einem Volk von Jägern zusammengekommen sei.

»Einmal«, sagte ich. »In Mauretanien.«

»Wo ist das?«

»In der westlichen Sahara. Sie waren weniger ein Stamm als eine Kaste von Jägern. Es waren die Nemadi.«

»Und was jagten sie?«

»Oryx- und Addaxantilopen«, sagte ich. »Mit Hunden.«

In der Stadt Oualata, früher Hauptstadt des Almorawiden-Reichs und jetzt ein Wirrwarr aus blutroten Innenhöfen, lag ich dem Gouverneur ganze drei Tage damit in den Ohren, mir die Genehmigung für einen Besuch bei den Nemadi zu erteilen.

Der Gouverneur, ein griesgrämiger Hypochonder, hatte sich nach jemandem gesehnt, mit dem er seine Erinnerungen an seine Studentenzeit in Paris teilen oder Dogmen der *pensée maotsétungienne* erörtern konnte. Seine Lieblingswörter waren *tactique* und *technique*, aber sobald ich die Nemadi zur Sprache brachte, entwich ihm ein sprödes Lachen, und er murmelte: »Es ist verboten.«

Wenn wir unser Kuskus aßen, brachte uns ein Lautenspieler mit rosigen Fingern ein Ständchen, während der Gouverneur unter meiner Mitwirkung eine Karte von den Straßen im Quartier latin anfertigte. Von seinem Palast aus – wenn vier Räume aus Lehmziegeln ein Palast waren – konnte ich ein kleines weißes Zelt der Nemadi sehen, das mich auf die andere Seite des Hügels lockte.

»Warum wollen Sie diese Leute bloß sehen?« schrie mich der Gouverneur an. »Oualata, ja! Oualata ist ein historischer Ort. Aber diese Nemadi sind nichts. Sie sind ein schmutziges Volk.«

Sie waren nicht nur schmutzig, sie waren eine nationale Schande. Sie waren Ungläubige, Idioten, Diebe, Parasiten, Lügner. Sie aßen verbotene Nahrung.

»Und ihre Frauen«, fügte er hinzu, »sind Prostituierte!«

»Aber schön?« unterstellte ich, und sei es nur, um ihn zu ärgern.

Seine Hand schoß aus den Falten seines blauen Gewandes hervor.

»Ha!« drohte er mir mit dem Finger. »Jetzt weiß ich es! Jetzt habe ich verstanden! Lassen Sie sich von mir sagen, junger Engländer, daß diese Frauen schreckliche Krankheiten haben. Unheilbare Krankheiten!«

»Da habe ich was anderes gehört«, sagte ich.

An unserem dritten gemeinsamen Abend, nachdem ich ihn mit dem Namen des Innenministers eingeschüchtert hatte, gab es Anzeichen dafür, daß er nachgiebiger wurde. Beim Lunch am Tag darauf sagte er, es stehe mir frei, zu ihnen zu gehen, vorausgesetzt, daß ich von einem Polizisten begleitet würde, und vorausgesetzt, daß ich nichts täte, was sie zum Jagen anspornen könne.

»Sie dürfen *nicht* jagen«, brüllte er. »Haben Sie mich verstanden?«

»Ich habe Sie verstanden«, sagte ich. »Aber sie *sind* Jäger. Sie haben schon vor dem Zeitalter des Propheten gejagt. Was können sie tun außer jagen?«

»Jagen«, sagte er und faltete theatralisch seine Finger, »ist laut Gesetz unserer Republik verboten.«

Ein paar Wochen vorher, in die Literatur über die Nomaden der Sahara vertieft, war ich auf einen Bericht über die Nemadi gestoßen, der auf den Entdeckungen eines Schweizer Ethnologen basierte und in dem sie als »eines der notleidendsten Völker der Erde« eingestuft wurden.

Ihre Zahl wurde auf etwa dreihundert geschätzt, und sie wanderten in Gruppen von rund dreißig am Rand des El Djouf entlang, der »Leeren Region der Sahara«. Dem Bericht zufolge hatten sie helle Haut und blaue Augen und gehörten dem achten und untersten Rang der maurischen Gesellschaft an, »Ausgestoßene der Wildnis« – niedriger als die Harratin, die als schwarze Sklaven im Ackerbau arbeiteten.

Die Nemadi kannten weder Nahrungstabus noch Ehrfurcht vor dem Islam. Sie aßen Heuschrecken und wilden Honig und Wildschweine, wenn sich die Gelegenheit bot. Manchmal erhielten sie von den Nomaden einen Hungerlohn dafür, daß sie ihnen *tichtar* verkauften, getrocknetes Antilopenfleisch, das, als Krümel zum Kuskus gegeben, diesem den Geschmack von Wild verleiht.

Die Männer verdienten ein bißchen Geld dazu, indem sie Sattelrahmen und Milchschalen aus Akazienholz schnitzten. Sie behaupteten, die rechtmäßigen Besitzer des Landes zu sein, das die Mauren ihnen weggenommen hätten. Weil die Mauren sie als Parias behandelten, waren sie gezwungen, weit von der Stadt entfernt ihre Zelte aufzuschlagen.

Was ihre Herkunft angeht, so waren sie wahrscheinlich Überlebende einer jagenden Population der mittleren Steinzeit. Fast sicher ist, daß sie die »Messufiten« waren, von denen einer – blind auf einem Auge und halb blind auf dem andern – Ibn Battuta 1357 durch die Sandwüste führte. »Die Wüste hier«, schrieb der Weltreisende, »ist schön und strahlend, und die Seele findet ihren Frieden. Antilopen sind reichlich vorhanden. Oft zieht eine Herde so nah an unserer Karawane vorbei, daß die Messufiten sie mit Speeren und mit Hunden jagen.«

In den siebziger Jahren hatten Jagdgesellschaften in Landrovern und mit Zielfernrohrgewehren dann glücklich dafür gesorgt, daß Oryx und Addax, die alles andere als reichlich vorhanden waren, ausstarben. Die Regierung erließ ein generelles Jagdverbot, das auch für die Nemadi galt.

Da sie sich ebenso sanft wußten, wie die Mauren gewalttätig und rachsüchtig waren, da sie ebenfalls wußten, daß es der Viehbesitz war, der zu Gewalttätigkeiten führte, wollten die Nemadi nichts davon wissen. Ihre Lieblingslieder erzählten von der Flucht in die Wüste, wo sie auf bessere Zeiten warteten.

Der Gouverneur erzählte mir, wie er und seine Kollegen den Nemadi insgesamt tausend Ziegen gekauft hatten. »Eintausend Ziegen!« rief er. »Wissen Sie, was das heißt? *Viele* Ziegen! Und was haben sie mit den Ziegen gemacht? Sie gemolken? Nein! Sie gegessen! Den ganzen Haufen gegessen! *Ils sont im-bé-ciles!*«

Der Polizist, kann ich zu meiner Freude sagen, mochte die Nemadi. Er sagte, sie seien *braves gens*, und dann, verstohlen, der Gouverneur sei nicht ganz richtig im Kopf.

Als wir auf das weiße Zelt zugingen, hörten wir als erstes ein Lachen, und dann stießen wir auf eine Gruppe von zwölf Nemadi, Erwachsene und Kinder, die im Schatten einer Akazie ruhten. Keiner von ihnen war krank oder schmutzig. Sie alle waren makellos sauber.

Der Häuptling stand auf, um uns willkommen zu heißen.

»Mahfould«, sagte ich und schüttelte seine Hand.

Ich kannte sein Gesicht von den Fotos des Schweizer Ethnographen: ein flaches, strahlendes Gesicht, um das ein kornblumenblauer Turban gewickelt war. Er war in zwanzig Jahren kaum gealtert.

Unter den Anwesenden waren mehrere Frauen in indigofarbenen Baumwollstoffen und ein Neger mit einem Klumpfuß. Da war ein uralter blauäugiger Krüppel, der sich auf den Händen fortbewegte. Der Anführer der Jäger war ein Mann mit breiten Schultern, dessen Gesichtsausdruck Strenge und Unbekümmertheit verriet. Er war dabei, aus einem Block Holz einen Sattelrahmen zu schnitzen, während sein Lieblingshund, ein glänzender gescheckter Terrier, einem Jack Russell nicht unähnlich, die Schnauze an seinem Knie rieb.

Nemadi bedeutet »Herr der Hunde«. Es heißt, daß die Hunde sogar dann essen, wenn ihre Herren Hunger leiden; ihre Dressur würde jedem Zirkus Ehre machen. Eine Meute besteht aus fünf Hunden: dem »König« und vier Gefolgsleuten.

Der Jäger, der eine Antilopenherde bis zu ihrem Weidegrund verfolgt hat, legt sich mit seinen Hunden an den Abhang einer Düne und weist sie an, welches Tier sie jagen sollen. Auf ein Zeichen stürzt der »König« die Böschung hinunter, umklammert das Maul der Antilope mit den Zähnen, und die anderen schnappen jeweils nach einem Bein. Ein einziger Messerstoß, ein schnelles Gebet, um die Antilope um Verzeihung zu bitten – und die Jagd ist vorbei.

Die Nemadi verschmähen den Gebrauch von Feuerwaffen – ein Sakrileg. Und da sie glauben, daß die Seele des toten Tieres in seinen Knochen wohnt, werden diese ehrfurchtsvoll vergraben, damit die Hunde sie nicht entweihen.

»Die Antilopen waren unsere Freunde«, sagte eine der Frauen mit einem strahlenden weißen Lächeln. »Jetzt sind sie weit weggegangen. Jetzt haben wir nichts, gar nichts mehr zu tun als zu lachen.«

Sie brüllten alle vor Lachen, als ich sie nach den Ziegen des Gouverneurs fragte.

»Und wenn Sie uns eine Ziege kaufen«, sagte der Anführer der Jäger, »werden wir auch sie töten und essen.«

»Recht so«, sagte ich zu dem Polizisten. »Lassen Sie uns gehen und ihnen eine Ziege kaufen.«

Wir gingen durch das Wadi, wo ein Viehhirte seine Herde tränkte. Ich zahlte etwas mehr, als er für ein einjähriges Tier verlangte, und der Jäger lockte es mit schmeichelnden Lauten zum Lager zurück. Ein Gurgeln hinter einem Busch kündigte an, daß sein Leben beendet war und daß es Fleisch zum Abendessen geben würde.

Die Frauen lachten, schlugen auf ein paar alten Blechschüsseln ein Tamtam und sangen ein sanftes, murmelndes Lied, um dem Fremden für das Geschenk des Fleisches zu danken.

Es gibt eine Geschichte von einem maurischen Emir, der, vom Lächeln einer Nemadi-Frau bezirzt, sie entführte, sie in Seide kleidete und sie nie wieder lächeln sah bis zu dem Tag, als sie durch das Gitterfenster ihres Gefängnisses einen Nemadi-Mann über den Markt schlendern sah. Es ist dem Emir hoch anzurechnen, daß er sie gehen ließ.

Was, fragte ich die Frauen, war das Geheimnis ihres berühmten Lächelns?

»Fleisch!« riefen sie fröhlich und knirschten gemeinsam mit den Zähnen. »Fleisch gibt uns unser schönes Lächeln. Wir kauen das Fleisch und können nicht anders als lächeln.«

In dem kleinen weißen Zelt, das aus Streifen von Sudanbaumwolle zusammengenäht war, lebte eine alte Frau mit zwei Hunden und einer Katze. Sie hieß Lemina. Sie war sehr alt, als der Schweizer ungefähr zwanzig Jahre zuvor zu ihnen gekommen war. Der Polizist sagte, sie sei über hundert.

Groß und ungebeugt, in Blau, kam sie durch die Dornenbäume auf die Ursache der Aufregung zu.

Mahfould erhob sich, um sie zu begrüßen. Sie war taubstumm. Sie standen vor dem dunkelnden Himmel und gestikulierten mit den Fingern in Zeichensprache. Ihre Haut war weiß, wie ein Blatt Seidenpapier. Ihre Augen waren verschattet und trüb. Sie lächelte, streckte mir ihre welken Arme entgegen und stieß eine Reihe zwitschernder Töne aus.

Sie lächelte volle drei Minuten. Dann machte sie auf dem Absatz kehrt, brach einen Zweig von einer Akazie und ging zu ihrem Zelt zurück.

Unter diesen hellhäutigen Menschen war der Neger der Außenseiter. Ich fragte, wie es dazu gekommen war, daß er sich ihnen angeschlossen hatte.

»Er war allein«, sagte Mahfould. »Deshalb ist er zu uns gekommen.«

Dann erfuhr ich von dem Polizisten, daß ein Mann sich den Nemadi anschließen konnte, eine Frau nicht. Doch da ihre Zahl so gering war und kein Außenstehender mit Selbstachtung sich herablassen würde, eine Mesalliance einzugehen, hatte diese Frauen immer ein wachsames Auge auf »frisches weißes Blut«.

Eine der jungen Mütter, ein ernstes, schönes Mädchen mit einer blauen Baumwollkapuze auf dem Kopf, stillte einen Säugling. Sie war mit dem Jäger verheiratet. Man hätte sie für fünfundzwanzig halten können; doch als ich den Namen des Schweizer Ethnologen erwähnte, grinste der Ehemann, zeigte auf seine Frau und sagte: »Wir haben eins von ihm.«

Er legte seine Schnitzarbeit nieder und pfiff zum zweiten Lager hinüber. Kurz darauf kam ein geschmeidiger junger Mann mit bronzener Haut und glitzernden grünen Augen mit zwei Hunden und einem Jagdspeer durch die Büsche. Er trug einen kurzen ledernen Lendenschurz. Sein Haar war rotblond und geschnitten wie ein Hahnenkamm. Kaum hatte er den Europäer gesehen, senkte er den Blick.

Er setzte sich wortlos zwischen seine Mutter und seinen Stiefvater. Man hätte sie für die Heilige Familie halten können.

Als ich die Geschichte zu Ende erzählt hatte, erhob sich Arkady ohne Kommentar und sagte: »Wir machen uns besser auf den Weg.« Wir vergruben die Abfälle und gingen zum Wagen zurück.

»Sie mögen es lächerlich finden«, sagte ich, um eine Reaktion von ihm zu bekommen. »Aber ich lebe mit dem Lächeln jener alten Frau.«

Das Lächeln, sagte ich, sei wie eine Botschaft aus dem Goldenen Zeitalter. Es habe mich gelehrt, alle Argumente, die für die Schlechtigkeit der menschlichen Natur sprächen, unverzüglich zurückzuweisen. Der Gedanke, zu einer »ursprünglichen Einfachheit« zurückzukehren, sei nicht naiv oder unwissenschaftlich oder realitätsfremd.

»Verzicht«, sagte ich, »selbst zu einem so späten Zeitpunkt, ist eine Möglichkeit.«

»Da stimme ich zu«, sagte Arkady. »Wenn die Welt noch eine Zukunft hat, dann ist es eine asketische Zukunft.«

26

Im Polizeirevier in Popanji standen zwei Aborigine-Mädchen in schmutzigen geblümten Kleidern am Tresen und legten vor dem diensthabenden Polizeibeamten einen Eid ab. Sie brauchten seinen Dienststempel, um Fürsorge beantragen zu können. Sie hatten ihn beim Gewichtheben unterbrochen.

Er nahm die Hand des größeren Mädchens und legte sie auf die Bibel.

»Recht so«, sagte er. »Und jetzt sprich mir nach, was ich sage. Ich, Rosie...«

»Ich, Rosie...«

»Schwöre beim allmächtigen Gott...«

»Schwöre beim allmächtigen Gott...«

»Das reicht«, sagte er. »Jetzt bist du an der Reihe, Myrtle.«

Der Polizist griff nach der Hand des anderen Mädchens, aber sie krümmte sich und entzog sie seinem Griff.

»Komm schon, Herzchen«, sagte er mit honigsüßer Stimme. »Kein Grund, verrückt zu spielen.«

»Los, mach schon, Myrtle«, sagte ihre Schwester.

Aber Myrtle schüttelte heftig den Kopf und verschränkte die Hände hinter ihrem Rücken. Jetzt löste Rosie sanft den Zeigefinger ihrer Schwester und legte ihn auf den Einband.

»Ich, Myrtle...« sagte der Polizist.

»Ich, Myrtle...« wiederholte sie, als müßte sie an den Wörtern ersticken.

»Okay«, sagte er. »Das reicht für dich.«

Er drückte einen Stempel auf ihre Antragsformulare und kritzelte auf jedes eine Unterschrift. An der Wand hinter ihm hingen Bilder von der Königin und dem Herzog von Edinburgh. Myrtle lutschte am Daumen und starrte mit hervorquellenden Augen auf die Diamanten der Königin.

»Und was willst du sonst noch?« fragte er.

»Nichts«, antwortete Rosie für ihre Schwester.

Die Mädchen rannten davon, vorbei an der Fahnenstange und über die vom Regen aufgeweichte Wiese. Es hatte den ganzen Tag geregnet. Sie platschten durch die Pfützen zu einer Gruppe von Jungen, die einen Fußball kickten.

Der Polizist war gedrungen, scharlachrot im Gesicht, mit stämmigen Beinen und geradezu unglaublichen Muskeln. Er triefte von Schweiß, und seine karottenroten Locken klebten ihm auf der Stirn. Er trug ein kurzes, ärmelloses, eisblaues Trikot, das seidig schimmerte. Seine Brustmuskulatur war so stark entwickelt, daß die Träger in den Mulden versanken und seine Brustwarzen zu sehen waren.

»Hallo, Ark«, sagte er.

»Red«, sagte Arkady, »ich möchte dich mit meinem Freund Bruce bekannt machen.«

»Sehr erfreut, Sie kennenzulernen, Bruce«, sagte Red.

Wir standen hinter dem Spiegelglasfenster und sahen nach draußen auf den leeren Horizont. Wasserlachen bedeckten den Boden und überschwemmten mehrere Aborigine-Hütten bis über einen Fuß hoch. Die Bewohner hatten ihren Hausrat auf dem Dach angehäuft. In dem Wasser trieb Abfall.

Etwas weiter nach Westen hin erhob sich das zweistökkige ehemalige Haus des Administrators, das inzwischen der Gemeinde übergeben worden war. Das Dach war noch vorhanden, und drinnen gab es Fußböden und Kamine. Aber die Wände, die Fensterrahmen und die Treppe waren als Brennholz verfeuert worden.

Wir sahen durch dieses Röntgen-Haus hindurch in den gelben Sonnenuntergang. In beiden Stockwerken saßen dunkle Gestalten im Kreis und wärmten sich über einem zugigen Feuer.

»Die Wände sind ihnen scheißegal«, sagte Red, »aber ein Dach gegen den Regen, da haben sie nichts dagegen.«

Arkady sagte ihm, daß wir nach Cullen unterwegs seien. »Kleiner Streit zwischen Titus und der Amadeus-Sippe.«

»Ja«, nickte Red. »Ich habe davon gehört.«

»Wer ist Titus?« fragte ich.

»Das werden Sie sehen«, sagte Arkady. »Das werden Sie schon sehen.«

»Ich werde mich nächste Woche selber auf den Weg dorthin machen«, sagte Red. »Muß mich nach der Planierraupe umsehen.«

Clarence Japaljarrayi, der Älteste von Cullen, hatte die Planierraupe von Popanji ausgeliehen, um eine Straße von der Siedlung zu einer Wasserstelle zu bauen.

»Das war vor neun Monaten«, sagte Red. »Und jetzt sagt der Scheißkerl, er hätte sie verloren.«

»Eine Planierraupe verloren?« Arkady lachte. »Du lieber Himmel, man kann doch nicht eine Planierraupe verlieren.«

»Na ja, wenn einer eine Planierraupe verlieren kann«, sagte Red, »dann ist es Clarence.«

Arkady fragte, wie die Straße weiter vorn aussehe. Red spielte mit der Schnalle seines Koppels.

»Kein Problem für euch«, sagte er. »Stumpy Jones wäre bei dem schweren Sturm am Donnerstag beinahe steckengeblieben. Aber Rolf und Wendy sind gestern durchgefahren, und heute morgen haben sie per Funk durchgegeben, daß sie angekommen sind.«

Er trat unruhig von einem Fuß auf den andern. Man sah ihm an, daß er darauf brannte, zu seinen Gewichten zurückzukehren.

»Nur noch eines«, sagte Arkady. »Hast du vielleicht den alten Stan Tjakamarra gesehen? Ich habe mir gedacht, daß wir ihn mitnehmen sollten. Er versteht sich ziemlich gut mit Titus.«

»Ich glaube, Stan ist auf Buschwanderung«, sagte Red.

»Sie haben die ganze Woche lang initiiert. Es war ein schönes Durcheinander, das kann ich dir sagen. Ihr könnt Lydia fragen.«

Lydia war eine von zwei Lehrern, die hierher entsandt worden waren. Wir hatten sie über Funk benachrichtigt, daß sie mit uns rechnen könne.

»Wir sehen uns später«, sagte Red. »Sie kocht heute abend.«

Der Polizeiposten von Popanji war ein flaches, in drei gleich große Räume aufgeteiltes Betongebäude: ein Dienstraum, die Privatwohnung des Polizisten und der Raum, den Red zum Gewichtheben benutzte. Im Hinterhof war ein Gefängnis.

Der Gewichtheberaum hatte ein Fenster, das von einer Wand zur anderen reichte, und die Gewichte selbst waren so stahlblau wie Reds Trikot. Wir beobachteten, wie er hineinging. Er legte sich auf die Bank und griff nach der Stange. Ein kleiner Junge pfiff seine Freunde herbei, die ihren Fußball fallen ließen und nackt, wie sie waren, zum Fenster rannten, schrien und Grimassen zogen und ihre Nasen an die Scheibe drückten.

»Eine der Sehenswürdigkeiten des Territoriums«, sagte Arkady.

»Das kann man wohl sagen«, sagte ich.

»Kein schlechter Kerl, dieser Red«, sagte er. »Ein bißchen zu sehr in Disziplin vernarrt. Spricht Aranda und Pintupi wie ein Eingeborener. Allerdings ist bei ihm 'ne kleine Schraube locker. Was glauben Sie, was sein Lieblingsbuch ist? Einmal dürfen Sie raten.«

»Das möchte ich lieber gar nicht wissen.«

»Raten Sie!«

»*Fäuste aus Stahl*«, sagte ich.

»Weit gefehlt.«

»Sagen Sie's mir.«

»Die *Ethik* von Spinoza.«

27

Wir fanden Lydia im Schulzimmer, wo sie versuchte, einen Anschein von Ordnung in Papiere, Farbdosen, Plastikbuchstaben und Bilderbücher zu bringen, die auf den Tischen verstreut oder von schlammigen Füßen zertrampelt am Boden lagen. Sie kam an die Tür.

»O Gott!« rief sie. »Was *soll* ich bloß machen?«

Sie war eine kompetente, intelligente Frau Anfang Vierzig: geschieden, mit zwei kleinen Söhnen. Ihr Haar war grau und zu einem Pony geschnitten, über einem Paar ruhiger brauner Augen. Sie war so kompetent und augenscheinlich so sehr daran gewöhnt, jede Krise zu meistern, daß sie sich weigerte, sich selbst oder anderen einzugestehen, daß ihre Nerven zum Zerreißen gespannt waren.

Im Laufe des Morgens hatte sie eine Funkmeldung von ihrer Mutter erhalten, die in Melbourne erkrankt war. Als sie zurückkam, hatten die Kinder ihre Hände in eine Dose mit grüner Farbe getaucht und alle Wände damit beschmiert.

»Na ja, wenigstens haben sie nicht auf die Tische geschissen«, sagte sie. »Dieses Mal!«

Ihre Söhne, Nicky und David, spielten mit ihren schwarzen Freunden in Unterhosen auf dem Schulhof, von Kopf bis Fuß mit Schlamm bedeckt, und schaukelten wie Affen an den Luftwurzeln eines Feigenbaums. Nicky, völlig überdreht, rief seiner Mutter Obszönitäten zu und streckte ihr die Zunge heraus.

»Ich werde dich *ertränken*«, rief sie zurück.

Sie hielt die Arme vor die Tür, als wollte sie uns am Eintreten hindern, doch dann sagte sie: »Kommt rein. Kommt ruhig rein. Ich bin einfach nur albern.«

Sie stand mitten im Zimmer, gelähmt von dem Chaos.

»Machen wir ein Feuer«, sagte sie. »Es bleibt nichts anderes übrig, als im Garten ein Feuer zu machen und alles zu verbrennen. Zu verbrennen und wieder von vorn anzufangen.«

Arkady tröstete sie mit der volltönenden russischen Stimme, die er gewöhnlich Frauen vorbehielt, die er beruhigen wollte. Lydia führte uns dann zu einer Holzfaserplatte, an der die Arbeiten aus dem Kunstunterricht befestigt waren.

»Die Jungen malen Pferde und Hubschrauber«, sagte sie. »Aber kann ich sie dazu bringen, ein Haus zu malen? Nie im Leben! Nur Mädchen malen Häuser... und Blumen.«

»Interessant«, sagte Arkady.

»Seht euch die hier an«, sagte sie lächelnd. »Die sind lustig.«

Es waren zwei Bleistiftzeichnungen, eine von einem Emu-Ungeheuer mit abscheulichen Klauen und einem gräßlichen Schnabel. Die andere stellte einen behaarten »Affenmenschen« dar, mit einem Maul voller Reißzähne und gelben Augen, die wie Scheinwerfer blitzten.

»Wo ist Graham?« fragte Arkady plötzlich.

Graham war Lydias Assistent. Er war der Junge, den ich in Alice gesehen hatte, als ich das Motel verließ.

»Kommt mir *bloß* nicht mit Graham«, sagte sie schaudernd. »Ich will von Graham nichts hören. Wenn jemand noch einmal das Wort ›Graham‹ ausspricht, werde ich womöglich gewalttätig.«

Sie machte einen weiteren halbherzigen Versuch, einen der Tische aufzuräumen, hielt jedoch inne und holte tief Luft.

»Nein«, sagte sie. »Es hat keinen Sinn. Ich werde es lieber morgen früh in Angriff nehmen.«

Sie schloß ab, rief ihre beiden Buben und überredete sie, ihre Space-Invader-T-Shirts anzuziehen. Sie waren barfuß.

Sie folgten uns widerwillig über das Grundstück, aber da so viele Dornen und Glasscherben herumlagen, beschlossen wir, sie huckepack zu nehmen.

Wir kamen an der Lutherischen Kapelle vorbei, die seit nunmehr drei Jahren mit Brettern vernagelt war. Dann kamen wir am Gemeinde-Zentrum vorbei: ein Schuppen aus bläulichem Metall, mit einer Karikatur von einer Prozession von Honigameisen bemalt. Aus seinem Innern drang Country- und Westernmusik nach draußen. Eine Gebetsstunde war im Gang. Ich setzte David ab und steckte den Kopf durch die Tür.

Auf dem Podium stand ein hellhäutiger Aborigine-Mischling in engen, ausgestellten Hosen und einem schimmernden scharlachroten Hemd. Seine behaarte Brust war mit Goldketten geschmückt. Sein Schmerbauch sah aus, als wäre er nachträglich aufgesetzt worden. Er wirbelte auf seinen hohen Absätzen herum und gab sein Bestes, um eine eher mißmutige Gemeinde in Schwung zu bringen.

»Okay«, sang er mit schmachtender Stimme. »Nun macht schon. Erhebt eure Stimme. Erhebt eure Stimme zu Je-e-e-sus!«

Die Verse, auf Dias projiziert, erschienen nacheinander auf einer Leinwand.

> Jesus, süßester Name, den ich kenne
> Süß wie sein Name ist auch Er
> Darum liebe ich Ihn so sehr...

»Da können Sie sehen«, sagte Arkady, »womit sich einige von uns herumschlagen müssen.«

»Rührend«, sagte ich.

Lydia und die Jungen lebten in einem schäbigen Dreizimmer-Fertighaus, das im Schatten eines Eisenbaums aufgestellt worden war. Sie warf ihre Aktentasche auf einen Sessel.

»Und jetzt«, sagte sie, »muß ich das Geschirr in Angriff nehmen.«

»*Wir* nehmen es in Angriff«, sagte Arkady. »*Du* legst die Beine hoch.«

Er entfernte allerlei Spielzeug vom Sofa und führte Lydia entschlossen darauf zu. In der Küche stand schmutziges Geschirr von drei Tagen, und überall waren Ameisen. Wir kratzten das Fett aus Aluminiumtöpfen und stellten einen Kessel mit Wasser auf. Ich schnitt etwas Fleisch und Zwiebeln für einen Eintopf. Bei der zweiten Tasse Tee begann Lydia sich zu entspannen und ganz vernünftig von Graham zu erzählen.

Graham war von einem Lehrercollege in Canberra direkt nach Popanji gekommen. Er war zweiundzwanzig. Er war unschuldig und intolerant und hatte ein unwiderstehliches Lächeln. Er konnte ziemlich böse werden, wenn jemand ihn »Engel« nannte.

Er lebte für die Musik – und Pintupi-Jungen sind geborene Musiker. Eine seiner ersten Handlungen nach seiner Ankunft war die Gründung der Popanji-Band. Die Tonanlage schnorrte er von einem moribunden Rundfunksender in Alice. Sie übten im ehemaligen ärztlichen Behandlungszimmer, in dem die elektrischen Leitungen noch intakt waren.

Graham übernahm das Schlagzeug. Es gab zwei Gitarristen, Söhne von Albert Tjakamarra. Der Keyboard-Spieler war ein dicker Junge, der sich den Namen »Danny Roo« zugelegt hatte. Der Sänger und Star war ein zaundürrer Sechzehnjähriger, Mick »Langfinger«.

Mick hatte Rastazöpfchen und war ein faszinierender Imitator. Wenn er sich fünf Minuten lang ein Video angesehen hatte, konnte er Bob Marley, Hendrix oder Zappa nachmachen. Aber seine beste Nummer war, wenn er seine schmachtenden Augen verdrehte und seinen riesigen Schmollmund zu einem Grinsen verzog – und zu seinem Namensvetter, Jagger persönlich, »wurde«.

Die Band reiste und schlief in Grahams altem Volkswagenbus und besuchte auf ihren Tourneen die Siedlungen von Yuendumu bis Ernabella, und sie kam sogar bis ins entlegene Balgo.

Sie sangen ein Trauerlied, in dem es um ein Massaker ging, das die Polizei angerichtet hatte: »Die Ballade von Barrow Creek«. Sie hatten einen Aufheizer mit dem Titel »Abo Rasta« und einen anderen, moralisch erhebenderen Song, gegen Benzinschnüffeln. Sie machten eine Bandaufnahme und dann eine 45er-Schallplatte, und dann landeten sie einen Hit.

»Grandfather's Country« wurde der Song der Out-Station-Bewegung. Er hatte das ewige Thema: »Geh nach Westen, Junge! Geh nach Westen!« Fort von Städten und Regierungslagern. Fort von Alkohol, Klebstoff, Haschisch, Heroin und Knast. Raus! Zurück in die Wüste, aus der Großvater verjagt worden war. Der Refrain: »Sippen des Volkes... Sippen des Volkes...« hatte leicht liturgische Anklänge, wie »Brot des Himmels... Brot des Himmels...« – und versetzte die Zuhörer in Ekstase. Beim Rockfestival in Alice, wo sie das Lied spielten, sah man uralte Aborigine-Graubärte zusammen mit jungen Leuten hüpfen und hopsen.

Ein Agent aus Sydney nahm Graham beiseite und verdrehte ihm den Kopf mit Geschwätz vom Showbusineß.

Graham kehrte zu seiner Arbeit nach Popanji zurück, aber in Gedanken war er woanders. Er stellte sich vor, wie seine Musik über Australien und die übrige Welt hinwegbrauste. Er malte sich aus, daß er in einem *road movie* spielen würde. Bald hielt er Lydia Vorträge über Agentenhonorare, Aufnahmerechte und Filmrechte. Sie schwieg und ließ ihn ausreden, mit schlimmen Ahnungen.

Sie war eifersüchtig – und zu ehrlich, um es nicht zuzugeben. Sie hatte Graham bemuttert, bekocht, ihm Flicken auf die Jeans genäht, seine Wohnung aufgeräumt und sich seine idealistischen, flammenden Reden angehört.

Was sie am meisten an ihm mochte, war seine Ernsthaftigkeit. Er war ein Macher: das Gegenteil von ihrem früheren Ehemann, dessen Idee es gewesen war, »für die Aborigines zu arbeiten«, und der sich dann nach Bondai abgesetzt hatte. Was sie vor allem fürchtete, war, daß Graham weggehen könnte.

Allein zu sein, ohne Heim und ohne Geld, mit zwei Söhnen, die sie aufziehen mußte, und der quälenden Sorge, daß die Regierung die Gelder kürzen könnte und sie überflüssig werden würde: all das spielte keine Rolle, solange Graham in der Nähe war.

Sie hatte auch Angst um Graham. Er und seine schwarzen Freunde verschwanden tagelang im Busch. Nie fragte sie ihn nach Einzelheiten, doch sie hatte den Verdacht – genauso wie sie ihren Mann in dem Verdacht gehabt hatte, Heroin einzunehmen –, daß Graham in Aborigine-Angelegenheiten verwickelt war.

Schließlich konnte er der Versuchung nicht widerstehen, ihr alles zu erzählen. Er beschrieb das Tanzen und Singen, das Aderlassen und die heiligen Darstellungen; und er erzählte ihr, daß er am ganzen Körper mit weißen und ockerfarbenen Streifen bemalt worden war.

Sie warnte ihn, daß die Freundschaft von Aborigines nie »unschuldig« sei. Sie betrachteten die Weißen immer als eine »Hilfsquelle«. Wäre er erst »einer von ihnen«, würde er alles mit ihnen teilen müssen.

»Sie werden dir den Volkswagen wegnehmen«, sagte sie.

Er sah sie mit einem amüsiert-verächtlichen Lächeln an und sagte: »Glaubst du vielleicht, daß mir das was ausmachen würde?«

Ihre zweite Sorte von Ängsten behielt sie für sich. Sie fürchtete, daß man, war man einmal dabei, auch dabei blieb: ob es eine Geheimgesellschaft war oder ein Spionagering, das Leben war von dem Moment an gezeichnet. An ihrem früheren Arbeitsplatz in Groote Eylandt war ein junger Anthropologe in rituelle Geheimnisse eingeweiht worden, aber als er sie in seiner Doktorarbeit veröffentlichte, bekam er Migräne und Depressionen – und konnte jetzt nur noch außerhalb Australiens leben.

Lydia zwang sich, den Geschichten von »Knochenzeigen« und vom Zauberern, die Menschen ins Verderben »singen« konnten, keinen Glauben zu schenken. Und doch konnte sie sich des Gedankens nicht erwehren, daß die Aborigines mit ihrer erschreckenden Unbeweglichkeit Australien irgendwie an der Gurgel gepackt hielten. Es lag eine furchteinflößende Macht in diesen scheinbar passiven Menschen, die dasaßen, beobachteten und abwarteten und die Schuld des weißen Mannes manipulierten.

Eines Tages, nachdem Graham eine Woche verschwunden gewesen war, fragte sie ihn geradeheraus: »Willst du unterrichten oder nicht?«

Er verschränkte die Arme. »Ich will unterrichten, ja«, antwortete er mit unvorstellbarer Frechheit. »Aber nicht in einer Schule, die von Rassisten geleitet wird.«

Sie rang nach Luft, wollte sich die Ohren verstopfen, aber er sprach unbarmherzig weiter. Das Erziehungsprogramm, sagte er, versuche systematisch, die Kultur der Aborigines zu zerstören und sie in das kapitalistische System einzubinden. Aborigines brauchten Land, Land und noch mal Land – auf das kein nicht eigens dazu befugter Europäer je seinen Fuß setzen würde.

Er tobte weiter. Sie fühlte, wie ihre Antwort in ihrer Kehle aufstieg. Sie wußte, daß sie die Worte nicht aussprechen sollte, aber die Worte brachen aus ihr hervor: »In Südafrika haben sie einen Namen dafür! Apartheid!«

Graham verließ das Haus. Von da an war der Bruch total. Abends erschien ihr das Bam-Bam-Bam der Band als etwas Böses und Bedrohliches.

Sie hätte der Schulbehörde einen Bericht über ihn erstatten können. Sie hätte ihn rausschmeißen lassen können. Statt dessen übernahm sie seine ganze Arbeit und unterrichtete beide Klassen selbst. Manchmal war, wenn sie das Schulzimmer betrat, »Lydia liebt Graham« an die Tafel gekritzelt.

Eines frühen Morgens beobachtete sie, wie sich das Sonnenlicht auf dem Bettlaken ausbreitete, als sie Grahams Stimme im vorderen Zimmer hörte. Er lachte mit Nicky und David. Sie schloß die Augen, lächelte und schlief wieder ein.

Später hörte sie ihn in der Küche hantieren. Er kam mit einer Tasse Tee in ihr Zimmer, setzte sich auf den Bettrand und teilte ihr die Nachricht mit.

»Wir haben es geschafft«, sagte er.

»Grandfather's Country« war auf Platz drei der nationalen Hitparade. Die Band sollte das Hauptprogramm in The Place in Sydney bestreiten. Kosten für Flug und Hotelübernachtung wurden übernommen.

»Oh!« sagte sie und ließ ihren Kopf auf das Kissen zurückfallen. »Ich bin froh. Du hast es verdient. Wirklich, glaub mir. In jeder Hinsicht.«

Graham hatte sich darauf eingelassen, das erste Konzert in Sydney am 15. Februar zu geben – und hatte in seiner Eile, den Vertrag zu unterschreiben, alle anderen Überlegungen beiseite geschoben.

Er vergaß – oder tat, als hätte er vergessen –, daß die Regenfälle im Februar einsetzten und daß der Februar der Monat der Initiationsriten war. Er vergaß, daß sein Freund Mick in den Bandikut-Klan aufgenommen werden sollte. Und er hatte die Tatsache verdrängt, daß er, Graham, in einem Augenblick des Überschwangs eingewilligt hatte, mit ihm zusammen initiiert zu werden.

Initiationszeremonien werden überall auf der Welt als symbolische Kämpfe inszeniert, bei denen der junge Mann – um seine Virilität und »Ehefähigkeit« zu beweisen – seine Sexualorgane vor den Fängen eines blutdürstigen Ungeheuers entblößen muß. Das Messer des Beschneiders ist ein Ersatz für die Reißzähne des Raubtiers. Bei den australischen Aborigines schließen die Pubertätsriten auch »Kopfbeißen« ein – wobei die Ältesten an den Schädeln der jungen Männer nagen oder sie mit geschärften Speerspitzen bearbeiten. Manchmal reißen sich die jungen Männer ihre Fingernägel selbst ab und kleben sie mit ihrem Blut wieder an.

Die Zeremonie findet im geheimen statt, an einer Traumstätte, fern von den Blicken Fremder. Anschließend, in einer durch Schmerzen unvergeßlich gemachten Sitzung, werden den Initiierten, die währenddessen über schwelendem Sandelholzfeuer hocken müssen, heilige Verse eingehämmert. Dem Rauch werden anästhetische Eigenschaften nachgesagt, die zum Ausheilen der Wunden beitragen sollen.

Wenn ein junger Mann seine Initiation hinausschiebt, riskiert er, in einem leblosen, asexuellen Limbus zu stranden – sich ihr gänzlich zu entziehen war noch bis vor kurzem undenkbar. Die Zeremonie kann sich über Wochen, wenn nicht Monate hinziehen.

Lydia äußerte sich etwas vage über das, was vorgefallen war. Graham war, so schien es, in rasender Sorge, daß sie ihr erstes Konzert verpassen würden: Mick machte eine fürchterliche Szene und beschuldigte Graham, ihn im Stich zu lassen.

Schließlich einigten sich alle auf einen Kompromiß: Graham würde nur zum Schein »beschnitten« werden, und Mick sollte erlaubt werden, seine Isolationszeit zu verkürzen. Er durfte nach Popanji zurückgehen, um mit der Band zu üben, aber er mußte mehrere Stunden am Tag mit den Ältesten an Sitzungen teilnehmen. Auch versprach er, nicht eher als zwei Tage vor dem Konzert wegzugehen.

Zunächst verlief alles ohne Hindernis, und am 7. Februar, kaum daß Mick wieder gehen konnte, kehrten er und Graham in die Siedlung zurück. Das Wetter war feucht und drückend, und Mick bestand darauf, in hautengen blauen Jeans zu proben. In der Nacht zum 9. Februar wachte er aus einem Alptraum auf und stellte fest, daß die Wunde schrecklich vereitert war.

Daraufhin brach Graham in Panik aus. Er packte die

ganze Tonanlage und die Musiker in den Volkswagen und brach noch vor Morgengrauen nach Alice auf.

Als Lydia am Morgen aufstand, fand sie ihr Haus von einer wütenden Sippe umzingelt. Einige schwangen Speere und beschuldigten sie, die Ausreißer versteckt oder ihnen zur Flucht verholfen zu haben. Zwei Wagenladungen Männer gingen auf Verfolgungsjagd, um Mick zurückzuholen.

Ich erzählte Lydia, daß ich Graham, der mehr oder weniger übergeschnappt wirkte, draußen vor dem Motel gesehen hatte.

»Es bleibt einem wohl nichts anderes übrig«, sagte sie, »als die Angelegenheit von ihrer komischen Seite zu betrachten.«

28

Gegen acht waren wir unterwegs, unter einer tiefhängenden Wolkendecke. Die Straße erstreckte sich vor uns in zwei parallelen, mit rötlichem Wasser gefüllten Furchen. An einigen Stellen mußten wir überschwemmte Senken durchqueren, aus deren Oberfläche niedrige Büsche auftauchten. Ein Kormoran flog vor uns auf und peitschte das Wasser mit seinen Flügeln. Wir fuhren durch eine Gruppe von Wüsteneichen, die zu den Kasuarinengewächsen gehören und nicht so sehr wie Eichen, sondern eher wie Kakteen aussehen. Auch sie standen im Wasser. Arkady sagte, es sei Wahnsinn, weiterzufahren, aber wir fuhren weiter. Das schmutzige Wasser spritzte bis in die Fahrerkabine hoch. Ich knirschte mit den Zähnen, sobald die Räder sich im Leerlauf drehten, aber dann schlingerten wir wieder weiter.

»Am nächsten bin ich dem Tod durch Ertrinken bei einer plötzlichen Überschwemmung in der Sahara gekommen«, sagte ich.

Gegen Mittag erblickten wir den Lastwagen von Stumpy Jones. Er kam aus Cullen zurück, wo er die wöchentlichen Vorräte abgeliefert hatte.

Er bremste und lehnte sich aus dem Fenster.

»Hallo, Ark«, sagte er. »Willst du einen Schluck Scotch?«

»Da kann ich nicht nein sagen.«

Er reichte die Flasche herüber. Wir nahmen jeder ein paar Schluck und gaben sie ihm zurück.

»Hab' gehört, du hast eine Verabredung mit Titus?« sagte Stumpy.

»Ja.«

»Na dann viel Glück.«

»Er ist doch hoffentlich *da*?«

»O ja, darauf kannst du dich verlassen.«

Stumpy Jones war ein grauhaariger Mann mit grünen Augen und enormem Bizeps, und er hatte »ein bißchen Schwarz abgekriegt«. Er trug ein rotkariertes Hemd. Seine linke Gesichtshälfte war gelbliches, vernarbtes Gewebe. Auf dem Anhänger transportierte er einen Wohnwagen, der zur Modernisierung nach Alice geschickt wurde. Er stieg aus, um die Vertäuung zu überprüfen. Seine Beine waren so kurz, daß er sich mit einer Hand am Türrahmen festhalten mußte, um sich vorsichtig auf die Erde herunterzulassen.

»Glückliche Landung«, winkte er uns zu. »Ihr habt das Schlimmste hinter euch.«

Wir fuhren weiter durch einen, wie es schien, endlosen See.

»Was ist mit seinem Gesicht passiert?« fragte ich.

»Von einer Schlange gebissen«, sagte Arkady. »Vor etwa vier Jahren. Er stieg aus, um einen Reifen zu wechseln, und das Mistvieh hatte sich um die Achse geschlängelt. Er hat es überstanden, aber dann vereiterte die Wunde.«

»Mein Gott!« sagte ich.

»Stumpy ist unverwüstlich.«

Einige Stunden später sahen wir eine Herde vom Platzregen triefender Kamele, und dann konnten wir durch den feuchten Dunst den runden Höcker von Mount Cullen erkennen, der aus der Ebene aufragte. Als wir näher kamen, wechselte die Farbe des Berges von Grau zu Purpurrot: die Farbe von nassem roten Sandstein. Ein paar Meilen weiter war ein Abhang von glatten, facettierten Klippen, die sich an dem einen Ende zu einem Gipfel emporhoben und dann nach Norden hin allmählich abfielen.

Das, sagte Arkady, sei der Mount Liebler.

Auf einem Sattel zwischen diesen beiden Bergen lag die Siedlung Cullen.

Wir fuhren die Rollbahn entlang, vorbei an den Wohnwagen der weißen Berater, zu einem Wellblechhaus, vor dem eine Tanksäule stand. Die Sonne war hervorgekommen, und es war heiß und stickig. Ein Rudel Hunde zankte sich um ein paar Abfälle. Es war kein Mensch zu sehen.

Zwischen den Büschen verstreut lagen eine Anzahl Hütten, aber die meisten Pintupi zogen es vor, im Windschatten von Dornengestrüpp zu leben. Ein paar Wäschestücke waren zum Trocknen aufgehängt.

»Wer würde auf den Gedanken kommen«, sagte Arkady, »daß dies eine blühende Gemeinde von vierhundert Seelen ist?«

»Ich nicht«, sagte ich.

Der Laden war geschlossen.

»Wir gehen besser und holen Rolf aus dem Bett.«

»Wer ist dieser Rolf?«

»Rolf Niehart«, sagte er. »Sie werden schon sehen.«

Er steuerte den Landcruiser zu einem Wohnwagen, der zwischen ein paar Bäumen stand. In einem Schuppen daneben summte ein Generator. Arkady ging um die Pfützen herum und klopfte an die Tür.

»Rolf?« rief er.

»Wer ist da?« antwortete jemand mit verschlafener Stimme.

»Ark!«

»Ha! Der große Humanitätsapostel in Person!«

»Das reicht für heute.«

»Ihr ergebenster Diener.«

»Mach auf.«

»Bekleidet oder unbekleidet?«

»Bekleidet, du kleines Monster!«

Nachdem er einige Augenblicke herumgekramt hatte, erschien Rolf in der Tür des Wohnwagens, frisch gewaschen und wie aus dem Ei gepellt, wie jemand am Strand von Saint-Tropez, in abgeschnittenen Jeans und einem gestreiften französischen Matrosenhemd. Er war winzig –

kaum größer als ein Meter fünfundzwanzig. Er hatte einen beachtlichen Zinken, aber am eindrucksvollsten war die Farbgebung: einheitlich bernsteinfarben – goldener, sandgelber Bernstein: die ruhig und spöttisch blickenden Augen, das Haar *en brosse*, sehr französisch, die gebräunte, eingefettete und faltenlose Haut, ohne jeden Pickel, ohne jeden Makel. Und als er den Mund öffnete, zeigte er eine Reihe blitzender, dreieckiger Zähne – wie die eines jungen Hais.

Er war der Verkaufsleiter des Ladens.

»Kommen Sie herein«, sagte er förmlich.

In dem Wohnwagen konnte man sich vor lauter Büchern kaum bewegen: vor allem Romane, in Regalen und Stapeln, gebundene Bücher und Taschenbücher, englische und amerikanische Romane, Romane in Französisch und Deutsch, aus dem Tschechischen, Spanischen, Russischen, ungeöffnete Päckchen vom Gotham Book Mart, Haufen von Ausgaben der *Nouvelle Revue Française* und der *New York Review*, Literaturzeitschriften, Zeitschriften für Literatur in Übersetzungen, Akten, Ordner, Karteien...

»Setzen Sie sich«, sagte er, als hätte es Platz zum Sitzen gegeben, bevor wir etwas Raum geschaffen hatten.

Bis wir damit fertig waren, hatte Rolf drei Tassen mit Kaffee aus der Espressomaschine gefüllt, sich eine Gauloise angezündet und angefangen, in ratterndem Stakkato über die gesamte zeitgenössische Literatur herzuziehen. Einer nach dem andern wurden die großen Namen auf den Richtblock dieses literarischen Henkers gelegt, verhöhnt und mit einer einzigen Silbe abgetan: »Mist!«

Die Amerikaner waren »Langweiler«. Die Australier waren »infantil«. Die Südamerikaner waren »passé«. London war eine Jauchegrube, und Paris war auch nicht besser. Die einzige halbwegs annehmbare Arbeit wurde in Osteuropa geleistet.

»Vorausgesetzt«, fauchte er, »daß die Schriftsteller dort bleiben!«

Als nächstes verspritzte er sein Gift gegen Verleger und Agenten, bis Arkady es nicht länger aushielt.

»Hör zu, kleines Monster. Wir sind *müde*.«

»Ihr seht müde aus«, sagte er. »Und ihr seht schmutzig aus.«

»Wo werden wir schlafen?«

»In einem wunderschönen Wohnwagen mit Klimaanlage.«

»Wessen Wohnwagen?«

»Von der Cullen-Gemeinde eigens für euch zur Verfügung gestellt. Mit sauberen Bettlaken, kühlen Getränken im Eisschrank...«

»Ich hab' gefragt: Wessen Wohnwagen?«

»Glens«, sagte er. »Er ist noch nicht eingezogen.«

Glen war ein Berater der Aborigines.

»Und wo ist Glen?«

»In Canberra«, sagte Rolf. »Bei einer Konferenz. Blöder Angeber!«

Er flitzte nach draußen, sprang in den Landcruiser und fuhr uns zu einem nagelneuen, schön gestrichenen Wohnwagen, ein paar hundert Meter entfernt von seinem. Vom Ast eines Geistereukalyptusbaums hing – als Dusche – ein Eimer aus Segeltuch herab, mit zwei Wasserkanistern darunter.

Rolf hob einen der Deckel hoch und tauchte einen Finger hinein.

»Lauwarm«, sagte er. »Wir haben euch früher erwartet.«

Er gab Arkady den Schlüssel. Im Wohnwagen waren Seife, Handtücher und Laken.

»So, und jetzt lass' ich euch allein«, sagte er. »Kommt etwas später in den Laden. Wir schließen um fünf.«

»Was macht Wendy?« fragte Arkady.

»Liebt mich«, sagte Rolf grinsend.

»Affe!«

Arkady hob die Faust, als wollte er ihn schlagen, aber Rolf sprang die Stufen hinab und ging lässig durch die Büsche davon.

»Zu diesem Mann sind ein paar Erklärungen erforderlich.«

»Das sage ich den Leuten ja immer«, sagte Arkady. »Australien ist ein Land voller Wunder.«

»Erst mal: Wie alt ist er?«

»Zwischen neun und neunzig.«

Wir duschten, zogen uns um, legten die Füße hoch, und dann erzählte Arkady in groben Zügen, was er von Rolfs bisherigem Leben wußte.

Väterlicherseits stammte er von einem Geschlecht von Deutschen aus dem Barossa Valley ab – acht Generationen von Preußen, solide Lutheraner mit solidem Geld, die am stärksten verwurzelte Gemeinde Australiens. Seine Mutter war eine Französin, die während des Kriegs in Adelaide gestrandet war. Rolf war dreisprachig: Englisch, Deutsch und Französisch. Er hatte ein Stipendium für die Sorbonne bekommen. Er schrieb eine Doktorarbeit über »strukturale Linguistik« und bekam später einen Job als »Kulturkorrespondent« für eine Zeitung in Sydney.

Diese Erfahrung erfüllte ihn mit einem so erbitterten Haß auf die Presse, Pressemagnaten und die Medien im allgemeinen, daß er dem Vorschlag seiner Freundin Wendy, sich mit ihr in Cullen von der Außenwelt zurückzuziehen, unter einer Bedingung zustimmte: er müsse so viel lesen können, wie er wolle.

»Und Wendy?« fragte ich.

»Oh, sie ist eine ernst zu nehmende Linguistin. Sie sammelt Material für ein Pintupi-Wörterbuch.«

Am Ende des ersten Jahres, fuhr er fort, war Rolf mit dem Lesen an einem toten Punkt angekommen. Damals wurde die Stelle des Verkaufsleiters des Ladens frei.

Der bisherige Verkaufsleiter, ein anderer Irrsinniger namens Bruce, hielt sich für einen besseren Aborigine als die Aborigines selbst und beging den Fehler, mit einem verschrobenen Alten namens Wally Tjangapati Streit anzufangen, was zur Folge hatte, daß sein Schädel von Wallys Bumerang aufgeschlitzt wurde.

Unglücklicherweise wurde ein Mulgaholzsplitter, dünn wie eine Nadel oder noch dünner, von dem Röntgenologen in Alice Springs übersehen und durchwanderte Bruces Gehirn.

»Wodurch«, sagte Arkady, »nicht nur seine Sprache, sondern auch seine Unterleibsfunktionen in Mitleidenschaft gezogen wurden.«

»Warum hat Rolf den Job übernommen?«

»Aus Perversität«, sagte er.

»Und was treibt er?« fragte ich. »Schreibt er?«

Arkady runzelte die Stirn.

»Das würde ich lieber nicht erwähnen«, sagte er. »Ich glaube, es ist sein wunder Punkt. Ich glaube, sein Roman ist abgelehnt worden.«

Wir hielten eine einstündige Siesta und gingen dann zur Ambulanz hinüber, wo das Funktelefon war. Estrella, die spanische Krankenschwester, legte einer Frau, die von einem Hund ins Bein gebissen worden war, einen Verband an. Auf dem Dach der Ambulanz hatten sich mehrere Wellbleche gelöst und klapperten jetzt im Wind.

Arkady fragte, ob sie Nachrichten für uns habe.

»Nein«, schrie Estrella über das Getöse hinweg. »Ich verstehe nichts.«

»Irgendwelche Nachrichten?« brüllte Arkady und zeigte auf das Funktelefon.

»Nein, nein! Keine Nachrichten!«

»Als erstes werde ich morgen früh das Dach reparieren«, sagte ich, als wir davongingen.

Wir gingen zum Laden.

Stumpy Jones hatte eine Ladung Melonen gebracht – Warzenmelonen und Wassermelonen –, und so hockten oder saßen jetzt etwa fünfzig Menschen um die Zapfsäule und aßen Melonen.

Die Hunde konnten Melonenschalen nicht ausstehen.

Wir gingen hinein.

Die Sicherungen im Laden waren durchgebrannt, und die Kunden tasteten sich durch das Halbdunkel. Einige wühlten in der Tiefkühltruhe. Jemand hatte eine Tüte Mehl auf dem Boden verschüttet. Ein Kind brüllte nach einem verlorenen Lutscher und eine junge Mutter, deren Baby in ihrem scharlachroten Trägerrock festgebunden war, trank in kräftigen Zügen Tomatensaft aus einer Flasche.

Der »verrückte Bumeranger«, ein hagerer, haarloser Mann mit Fettwülsten im Nacken, stand vor der Ladenkasse und forderte wütend Bargeld für seinen Fürsorgescheck.

Es gab zwei Kassen. Eine wurde mit der Hand bedient, die andere war elektrisch und deshalb außer Funktion. An der ersten saß ein Aborigine-Mädchen und zählte mit geschickten, flinken Fingern die Geldscheine. An der zweiten saß Rolf mit gesenktem Kopf, ohne den Lärm und den Gestank wahrzunehmen.

Er las.

Er blickte auf und sagte: »Oh, da seid ihr ja!« Er las Proust.

»Ich schließe gleich«, sagte er. »Braucht ihr etwas? Wir haben ein fabelhaftes Kokosnußshampoo.«

»Nein«, sagte ich.

Er näherte sich, um genau zu sein, dem Ende der nicht enden wollenden Abendgesellschaft der Duchesse de Guermantes. Sein Kopf ging hin und her, während seine Augen über die Seiten glitten. Dann stieß er mit der Befriedigung dessen, der einen Proustschen Absatz hinter sich gebracht hat, unwillkürlich ein »Ah!« aus, legte das Lesezeichen ein und schloß die Pléiade-Ausgabe.

Er sprang auf.

»Raus!« fuhr er die Kunden an. »Raus! Raus! Verschwindet!«

Die Frauen, die bereits in der Schlange standen, durften

ihre Einkäufe beenden. Alle anderen Kunden, auch den »Bumeranger«, setzte er vor die Tür. Mit einem gequälten Stöhnen versuchte die junge Mutter, ihren Korb vor ihm zu schützen. Er ließ sich nicht erweichen.

»Raus!« rief er wieder. »Ihr habt den ganzen Tag Zeit gehabt. Kommt morgen um neun wieder.«

Er griff nach dem Korb und stellte ihre Dosen mit Schinken und Ananas in die Regale zurück. Als er schließlich die letzten Kunden durch die Tür geschoben hatte, zeigte er auf einen »Eski«, der hinter seiner Kasse verborgen war.

»Ration für den Härtefall« sagte er. »Eine kleine Aufmerksamkeit von Stumpy Jones. Kommt, ihr beiden Halunken. Legt Hand an.«

Er gestattete Arkady und mir, den Behälter zu seinem Wohnwagen zu tragen. Wendy war noch nicht zurück.

»Wir sehen uns später«, nickte er. »Punkt acht.«

Wir lasen ein paar Stunden, und Punkt acht gingen wir hinüber. Rolf und Wendy grillten Hühnchen auf einem Holzkohlenfeuer. Süßkartoffeln backten in Alufolie. Es gab grünes Gemüse und Salat. Und allen Vorschriften zuwider gab es vier Flaschen eisgekühlten »Chablis« aus dem Barossa Valley.

Kaum hatte ich einen Blick auf Wendy geworfen, hörte ich mich sagen: »Nicht noch eine!« Nicht noch eine von diesen erstaunlichen Frauen! Sie war groß, ernst, jedoch belustigt, mit goldenem Haar, das in Flechten um ihren Kopf lag. Sie schien nicht so überschwenglich wie Marian, dafür aber auch nicht so überempfindlich, glücklicher mit ihrer Arbeit, nicht so »verloren«.

»Ich bin froh, daß ihr gekommen seid«, sagte sie. »Rolf braucht dringend jemanden, mit dem er reden kann.«

29

Titus Tjilkamata, der Mann, den Arkady aufsuchen wollte, lebte ungefähr fünfundzwanzig Meilen südwestlich von der Cullen-Siedlung in einer Hütte, die an einem Schlammloch lag.

Offenbar war er so übler Laune, daß Arkady, der für diese schwere Prüfung seinen ganzen Mut zusammennahm, mir empfahl, ich solle lieber zurückbleiben, bis er »die Temperatur gemessen« habe. Er zog Titus' Manager als Beistand heran, einen Mann mit einer leisen Stimme, der hinkte und auf den Spitznamen »Hinkebein« hörte. Die beiden brachen am Morgen gegen neun mit dem Landcruiser auf.

Der Tag war sehr heiß und windig, und zerzauste Federwolken trieben über den Himmel. Ich ging zur Ambulanz hinüber. Das Scheppern auf dem Dach war ohrenbetäubend.

»Sie haben es schon mal repariert«, schrie Estrella. »Kostete zweitausend Dollar! Stellen Sie sich das vor!« Sie war eine winzige junge Frau mit einem lustigen Gesicht.

Ich kletterte hinauf, um den Schaden zu untersuchen. Ein hoffnungsloses Pfuschwerk: alle Dachsparren waren schief. In nicht unvorhersehbarer Zukunft würde das ganze Gebäude einstürzen.

Estrella schickte mich zu Don, dem Werkstattleiter. Ich bat ihn um einen Hammer und Sparrennägel. »Das ist nicht Ihre Angelegenheit«, sagte er. »Und meine auch nicht.«

Die Arbeiten hatte irgendein »Scheißkünstler« aus Alice verrichtet.

»Das macht«, sagte ich im Spaß, »das Risiko für eine

selbstmörderische spanische Nonne nicht geringer. Auch nicht für ein Kind, das von einem davonfliegenden Blech in zwei Hälften geteilt wird.«

Don ließ sich widerwillig erweichen und gab mir alle Nägel, die er hatte. Ich hämmerte ein paar Stunden Bleche fest, und als ich damit fertig war, lächelte Estrella anerkennend.

»Wenigstens kann ich mich jetzt denken hören«, sagte sie.

Nachdem ich den Hammer zurückgebracht hatte, sah ich im Vorbeiweg bei Rolfs Laden vorbei.

In der Nähe, windgeschützt hinter einem Kreis aus leeren Tonnen, spielten Männer und Frauen mit sehr hohen Einsätzen Poker. Ein Mann hatte 1400 Dollar verloren und sich damit abgefunden, noch mehr zu verlieren. Die Gewinnerin, eine Riesin in einem gelben Trägerrock, warf ihre Karten mit herunterhängenden Mundwinkeln und dem hungrigen Ausdruck von Frauen in Spielkasinos auf die Zeltbahn am Boden.

Rolf las noch immer Proust. Er hatte die Abendgesellschaft der Duchesse de Guermantes verlassen und folgte Baron de Charlus durch die Straßen zu seiner Wohnung. Er hatte eine Thermosflasche mit schwarzem Kaffee, den er mit mir teilte.

»Ich habe hier jemanden, den Sie kennenlernen sollten«, sagte er.

Er gab einem kleinen Jungen ein Toffee und sagte ihm, er solle gehen und Joshua holen. Nach ungefähr zehn Minuten erschien ein Mann in mittlerem Alter im Türrahmen, nur Beine und kaum Körper, mit sehr dunkler Haut und mit einem schwarzen Cowboyhut auf dem Kopf.

»Ha!« sagte Rolf. »Mr. Wayne persönlich.«

»Boß!« sagte der Aborigine mit einem kieseligen amerikanischen Akzent.

»Hör zu, alter Spitzbube. Dies ist ein Freund von mir aus

England. Ich möchte, daß du ihm von den Träumen erzählst.«

»Boß!« wiederholte er.

Joshua war ein berühmter Pintupi-»Darsteller«, von dem man immer eine gute Show erwarten konnte. Er war in Europa und den Vereinigten Staaten aufgetreten. Bei seinem ersten Flug nach Sydney verwechselte er die Lichter am Boden mit den Sternen – und wollte wissen, warum das Flugzeug verkehrt herum flog.

Ich folgte ihm auf einem Weg, der sich durch die Spinifex-Büsche schlängelte, zu seinem Haus. Er hatte so gut wie keine Hüften, und seine Hose rutschte immer wieder herunter und ließ zwei stramme, schwielige Hinterbacken sehen.

Sein »Haus« befand sich auf der höchsten Stelle des Sattels zwischen Mount Cullen und Mount Liebler. Es bestand aus einem ausgeweideten Kombiwagen, den Joshua umgedreht hatte, damit er unter der Motorhaube im Schatten liegen konnte.

Die Fahrerkabine war in schwarze Plastikfolie gehüllt. Aus einem der Fenster ragte ein Bündel Speere heraus.

Wir setzten uns mit gekreuzten Beinen in den Sand. Ich fragte ihn, ob er mir ein paar Träume aus der Umgebung zeigen könne.

»Ho! Ho!« Er brach in gackerndes Lachen aus. »Viele Träume! *Viele!*«

»Also, wer –« fragte ich und deutete auf den Mount Liebler, »wer ist das?«

»Ho! Ho!« sagte er. »Das ist ein Großer. Ein Wanderer. Ein Perenty.«

Der Perenty, ein Waran, ist die größte Echse Australiens. Er wird über zwei Meter lang und kann eine solche Geschwindigkeit entwickeln, daß er ein Pferd überholen kann.

Joshua schob wie eine Eidechse seine Zunge vor und zurück, krallte seine Finger zu Klauen und grub sie wie eine

Krabbe in den Sand, um den Gang des Perenty nachzuahmen.

Ich sah wieder zu den Klippen des Mount Liebler hinüber und stellte fest, daß ich den flachen, dreieckigen Kopf der Echse in das Gestein »hineinlesen« konnte, ihre Schulter, ihre Vorder- und Hinterfüße und den Schwanz, der nach Norden hin schmaler wurde.

»Ja«, sagte ich. »Ich sehe ihn. Und von wo kommt dieser Perenty-Mann?«

»Von weit her«, sagte Joshua. »Von weit, weit her. Von irgendwo oben in den Kimberley-Bergen.«

»Und wohin geht er?«

Er streckte seine Hand nach Süden aus. »Zum Volk in dem Land dort.«

Nachdem ich festgestellt hatte, daß die Perenty-Songline einer Nord-Süd-Achse folgte, drehte ich mich um und zeigte auf den Mount Cullen.

»Okay«, sagte ich. »Und wer ist das?«

»Frauen«, flüsterte Joshua. »Zwei Frauen.«

Er erzählte die Geschichte von den zwei Frauen, die den Perenty auf und ab durch das Land gejagt und ihn schließlich hier in die Enge getrieben und mit Grabstöcken auf seinen Kopf eingeschlagen hatten. Perenty hatte sich jedoch in die Erde verkrochen und war entkommen. Ein Loch auf dem Gipfel des Mount Liebler, das wie ein Meteoritenkrater aussah, war alles, was von der Kopfwunde übriggeblieben war.

Südlich von Cullen war das Land nach den Unwettern grün. Einzelne Felsen ragten wie Inseln aus der Ebene empor.

»Sag mir, Joshua«, fragte ich, »wer sind die Felsen dort drüben?«

Joshua zählte auf: Feuer, Spinne, Wind, Gras, Stachelschwein, Schlange, Alter Mann, Zwei Männer und ein nicht zu identifizierendes Tier, »wie ein Hund, aber ein weißer«. Sein eigener Traum, das Stachelschwein (oder der

Ameisenigel), kam aus dem Arnhemland herunter, führte mitten durch Cullen und weiter nach Kalgoorlie.

Ich blickte zurück auf die Siedlung, auf die Blechdächer und die wirbelnden Flügel des Windrads.

»Das Stachelschwein kommt also hier vorbei?« sagte ich.

»Genau, Boß«, lächelte Joshua. »Hast du gut gesehen.«

Er zeichnete die Linie des Stachelschweinwegs über die Rollbahn, vorbei an der Schule und an der Zapfsäule und weiter am Fuß des Perenty-Felsens entlang, bevor sie in die Ebene hinuntersauste.

»Kannst du sie für mich singen?« fragte ich. »Kannst du singen, wie er hierherkommt?«

Er blickte sich um, um sich zu vergewissern, daß niemand in Hörweite war, und dann sang er mit Bruststimme eine Anzahl von Stachelschweinstrophen, und er blieb im Takt, indem er mit dem Fingernagel gegen ein Stück Pappe schnippte.

»Danke«, sagte ich.

»Boß.«

»Erzähl mir noch eine Geschichte«, sagte ich.

»Du magst diese Geschichten?«

»Ich mag sie.«

»Okay, Boß!« Er schwenkte seinen Kopf hin und her. »Geschichte von der Großen Fliege.«

»Libelle?« fragte ich.

»Größer.«

»Vogel?«

»Größer.«

Wenn Aborigines eine Songline in den Sand malen, zeichnen sie eine Anzahl von Linien mit Kreisen dazwischen. Die Linie stellt eine Etappe auf der Reise des Ahnen dar (gewöhnlich eine Tageswanderung). Jeder Kreis ist ein »Halt«, ein »Wasserloch« oder einer der Lagerplätze des Ahnen. Aber die Geschichte von der Großen Fliege ging über meinen Horizont.

Sie begann mit ein paar geraden Strecken, dann bog sie

in einen rechteckigen Irrgarten ab und endete schließlich in einer Anzahl von Schlangenlinien. Während er jeden einzelnen Abschnitt zeichnete, rief Joshua immer wieder, auf englisch, einen Refrain: »Ho! Ho! Die da drüben haben das Geld.«

Ich muß an diesem Morgen ziemlich schwer von Begriff gewesen sein: es dauerte Ewigkeiten, bis mir klarwurde, daß dies ein Qantas-Traum war. Joshua war einmal nach London geflogen. Der »Irrgarten« war der Londoner Flughafen: die Ankunftshalle, die Gesundheits-, Einwanderungs- und Zollbehörden und dann die Fahrt mit der Untergrundbahn in die Stadt. Die »Schlangenlinien« waren die Drehungen und Wendungen des Taxis von der U-Bahn-Station bis zum Hotel.

In London hatte Joshua die üblichen Sehenswürdigkeiten besichtigt – den Tower, die Wachablösung und so weiter –, aber sein eigentliches Ziel war Amsterdam gewesen.

Das Ideogramm für Amsterdam war noch verwirrender. Da war ein Kreis. Da waren vier kleinere Kreise darum herum, und da waren Drähte, die von jedem dieser Kreise zu einer rechteckigen Schachtel führten.

Schließlich ging mir auf, daß dies eine Art Podiumsdiskussion war, bei der er, Joshua, einer von vier Teilnehmern gewesen war. Die anderen waren, im Uhrzeigersinn, »ein Weißer, ein Vater«, »ein Dünner, ein Roter«, »ein Schwarzer, ein Dicker« gewesen.

Ich fragte, ob die »Drähte« Mikrofonkabel seien. Joshua schüttelte lebhaft den Kopf. Er wußte alles über Mikrofone. Schließlich hatten sie Mikrofone gehabt, auf dem Tisch.

»Nein! Nein!« rief er und legte seine Finger an die Schläfen.

»Waren es Elektroden oder so was Ähnliches?«
»He!« gackerte er. »Du hast es.«
Das Bild, das ich mir zusammensetzte – ob richtig oder falsch, kann ich noch längst nicht sagen –, ergab ein »wis-

senschaftliches« Experiment: ein Aborigine hatte seinen Traum gesungen, ein katholischer Mönch hatte gregorianische Gesänge gesungen, ein tibetanischer Lama hatte seine Mantras gesungen, und ein Afrikaner hatte Gott weiß was gesungen. Alle vier hatten sich das Herz aus dem Leib gesungen, damit die Wirkung verschiedener Gesangsstile auf die rhythmische Struktur des Gehirns getestet werden konnte.

Die Episode kam Joshua im nachhinein so unglaublich komisch vor, daß er sich vor Lachen den Bauch halten mußte.

Das mußte ich auch.

Wir hatten beide einen hysterischen Lachkrampf und lagen nach Atem ringend im Sand.

Vom Lachen geschwächt, stand ich auf. Ich bedankte mich bei ihm und verabschiedete mich.

Er grinste.

»Kannst du nicht einem Mann einen Drink spendieren?« brummte er mit seinem John-Wayne-Akzent.

»Nicht in Cullen«, sagte ich.

30

Arkady kam am späten Nachmittag zurück, müde und besorgt. Er duschte, machte sich ein paar Notizen und legte sich auf seine Bettstelle. Der Besuch bei Titus war nicht sehr gut verlaufen. Nein, das stimmt nicht. Er und Titus waren sehr gut miteinander ausgekommen, aber was Titus ihm berichten mußte, war eine deprimierende Geschichte.

Titus' Vater war ein Pintupi, seine Mutter eine Loritja, und er war siebenundvierzig oder achtundvierzig Jahre alt. Er war nicht weit von seiner Hütte geboren worden, aber um 1942 zogen seine Eltern, von der Marmelade, dem Tee und dem Mehl des weißen Mannes angezogen, aus der Wüste fort und suchten Zuflucht in der Lutherischen Mission am Horn River. Die Pastoren erkannten in Titus ein Kind von herausragender Intelligenz und nahmen sich seiner Erziehung an.

Noch in den fünfziger Jahren leiteten die Lutheraner ihre Schulen nach den Richtlinien einer preußischen Akademie – und Titus war ein Modellschüler. Es gibt Bilder, die ihn an seinem Pult zeigen, das Haar ordentlich gescheitelt, in grauer Flanellhose und blitzblank geputzten Schuhen. Er lernte fließend Englisch und Deutsch sprechen. Er lernte Infinitesimalrechnen. Er beherrschte alle möglichen handwerklichen Fähigkeiten. Als junger Laienprediger versetzte er einmal seine Lehrer in Erstaunen, als er in deutsch eine Predigt über die theologischen Folgen des Wormser Edikts hielt.

Zweimal im Jahr, im Juni und dann im November, holte er seinen zweireihigen Anzug hervor, bestieg einen Zug nach Adelaide und verbrachte mehrere Wochen damit,

Anschluß an das moderne Leben zu finden. In der Volksbücherei las er alte Nummern des *Scientific American*. In einem Jahr belegte er einen Kurs in petrochemischer Technologie.

Der »andere« Titus war der ultrakonservative Song-Mann, der halbnackt mit seinen Abhängigen und seinen Hunden lebte; der mit einem Speer und nie mit einem Gewehr auf die Jagd ging; der sechs oder sieben Aborigine-Sprachen beherrschte und in allen Ecken und Winkeln des Western Desert für seine Urteile über Stammesgesetze berühmt war.

Daß er beide Systeme in Gang zu halten vermochte, war ein Beweis – hätte es an Beweisen gemangelt – für seine unglaubliche Vitalität.

Titus hatte die Landrechte-Gesetzgebung als eine Chance für seine Leute begrüßt, in ihr Land zurückzugehen – und als ihre einzige Hoffnung, sich vom Alkoholismus zu befreien. Er haßte die Unternehmungen der Bergbaugesellschaften.

Laut Gesetz behielt sich die Regierung das Recht auf alle unterirdischen Mineralien sowie auf die Vergabe von Schürflizenzen vor. Doch mußten die Gesellschaften, wenn sie in Aborigine-Land Sondierungen durchführen wollten, die »traditionellen Besitzer« zumindest zu Rate ziehen und, wenn der Abbau begann, ihnen Tantiemen zahlen.

Titus erwog das Für und Wider und kam dann zu dem Schluß, daß das Geld, das aus dem Abbau von Mineralien stammte, schlechtes Geld war – schlecht für Weiße und schlecht für Schwarze. Es hatte Australien korrumpiert und ihm falsche Wertvorstellungen und einen falschen Lebensstandard gegeben. Wenn eine Gesellschaft die Genehmigung bekam, seismische Drähte durch sein Land zu legen, strafte er sie mit Verachtung und passiver Verweigerung der Zusammenarbeit.

Diese Haltung war nicht dazu angetan, ihm Freunde zu gewinnen, weder unter den weißen Geschäftsleuten noch unter den ehrgeizigen Schwarzen in Alice. Sie war auch der Grund für den gegenwärtigen Streit.

Um 1910 hatte Titus' Großvater bei Verhandlungen mit einem Loritja-Klan, der jetzt in der Amadeus-Mission lebte und sich Amadeus-Sippe nannte, zwei Sätze Tschuringas ausgetauscht. Der Austausch hatte ihnen das Recht verliehen, die gegenseitigen Jagdgründe zu betreten. Da die Tschuringas nie zurückgegeben wurden, war das Abkommen noch gültig.

Eines Tages, zu einem Zeitpunkt, als die Bergbaugesellschaft alle Hoffnungen auf eine Einigung mit Titus aufgegeben hatte, tauchte eine Delegation aus Amadeus in Alice auf und erklärte, sie und nicht er seien die »Besitzer« des Landes und seiner Lieder – und sie hätten deshalb einen Anspruch auf die Bergbautantiemen. Sie hatten in betrügerischer Absicht an den Tschuringas herumgepfuscht und ihre eigenen totemistischen Zeichen eingraviert. Mit anderen Worten, sie hatten Titus' Besitzurkunde gefälscht.

Titus, der Arkady nur vom Hörensagen kannte, hatte ihm eine Nachricht mit der Bitte um Hilfe geschickt.

Arkady war, als er in Alice mit dem Fall bekannt gemacht wurde, versichert worden, daß es sich nur um einen Geldstreit handle. Aber wie sich herausstellte, war Titus das Geld völlig gleichgültig. Die Situation war viel gefährlicher, weil die Amadeus-Sippe durch die Veränderung der Tschuringas versucht hatte, die Schöpfung neu zu schreiben.

Titus erzählte Arkady, daß er nachts das Rachegeschrei seiner Ahnen hörte – und daß er sich gezwungen fühle, ihnen zu gehorchen.

Arkady seinerseits sah die dringende Notwendigkeit ein, die Übeltäter zu veranlassen, ihr Sakrileg »rückgängig« zu machen, mußte aber erst einmal Zeit gewinnen. Er schlug Titus vor, ein paar Tage Urlaub in Alice zu machen. »Nein«, sagte Titus grimmig, »ich bleibe hier.«

»Dann mußt du mir eins versprechen«, sagte Arkady. »Unternimm nichts, bevor ich zurückkomme.«

»Versprochen.«

Arkady war überzeugt, daß er das Versprechen halten würde; aber was ihn schockierte, war der Gedanke, daß die Aborigines von nun an ihre eigenen Gesetze verdrehen würden, um an Geld zu kommen.

»Und wenn das die Zukunft ist«, sagte er, »dann kann ich ebensogut aufstecken.«

Am selben Abend bestand Estrella darauf, »für den Dachdecker einen *estofado*« zu machen, und während wir in ihrem Wohnwagen warteten, hörten wir ein paar Regentropfen auf das Dach klatschen. Ich blickte nach draußen und sah über dem Mount Liebler eine geballte Wolkenmasse hängen, an deren Rändern blitzende Pfeile sprühten.

Ein paar Minuten später schlug der Sturm in strömenden Regen um.

»Mein Gott«, sagte Arkady, »wir werden wochenlang hier festsitzen.«

»Mir würde das gefallen«, sagte ich.

»Tatsächlich?« zischte er. »Mir nicht.«

Einmal mußte er die Sache mit Titus erledigen. Dann war da Hanlon. Und dann wurde Arkady in vier Tagen in Darwin erwartet, wo er eine Verabredung mit dem Ingenieur der Eisenbahngesellschaft hatte.

»Das haben Sie mir nicht gesagt«, sagte ich.

»Sie haben mich nie danach gefragt.«

Dann brannte der automatische Schalter des Generators durch, und wir saßen im Halbdunkel. Der Regen prasselte etwa eine halbe Stunde lang und hörte ebenso plötzlich auf, wie er angefangen hatte.

Ich ging nach draußen. »Ark«, rief ich, »Sie müssen rauskommen.«

Zwei Regenbögen hingen zwischen den beiden Bergen über dem Tal. Der steile Felsabhang, der brandig rot gewesen war, hatte sich jetzt purpurschwarz gefärbt und war wie ein Zebra mit vertikalen weißen Wasserfällen gestreift. Die Wolke schien noch dichter zu sein als die Erde, und an ihrem unteren Rand brach das letzte Sonnenlicht hervor und überflutete den Spinifex mit blaßgrünen Strahlen.

»Ich weiß«, sagte Arkady. »Wie nirgendwo sonst auf der Welt.«

In der Nacht goß es wieder in Strömen. Am nächsten Morgen, es war noch nicht hell, rüttelte er mich wach.

»Wir müssen losfahren«, sagte er. »Schnell.«

Er hatte die Wettervorhersage gehört. Es war schlimmeres Wetter im Anzug.

»Müssen wir?« fragte ich schlaftrunken.

»Ich muß«, sagte er. »Sie können bleiben, wenn Sie wollen.«

»Nein«, sagte ich. »Ich komme mit.«

Wir tranken Tee und machten den Wohnwagen sauber. Wir wischten die Schlammspuren vom Boden und schrieben Wendy und Rolf eine kurze Nachricht.

Wir fuhren los, durch die Pfützen auf der Landebahn und weiter auf die Straße, die vom Mackay-See herunterkommt. Die Morgendämmerung war trüb und sonnenlos. Wir kamen auf dem Kamm eines Hügels an – und die Straße verschwand in einem See.

»Nun«, sagte Arkady, »das war's.«

Es goß in Strömen, als wir nach Cullen zurückkamen. Rolf stand draußen vor dem Laden, in einem wasserdichten Poncho.

»Ha!« Er warf mir einen drohenden Seitenblick zu. »Sie haben geglaubt, Sie könnten sich davonmachen, ohne sich zu verabschieden? Ich bin mit Ihnen noch nicht fertig. Noch nicht!«

Arkady verbrachte den Rest des Morgens am Funktelefon. Der Empfang war schrecklich gestört. Alle Straßen nach Alice waren gesperrt und würden es mindestens zehn Tage bleiben. Im Postflugzeug gab es zwei Plätze – falls der Pilot bereit war, einen Umweg zu machen.

Gegen Mittag kam die Nachricht, daß das Flugzeug eine Landung versuchen wollte.

»Kommen Sie mit?« sagte Arkady.

»Nein«, sagte ich. »Ich bleibe.«

»Um so besser für Sie!« sagte er. »Passen Sie auf, daß die Kinder nicht an dem Landcruiser herumspielen.« Er stellte das Fahrzeug unter den Bäumen in der Nähe unseres Wohnwagens ab und gab mir den Schlüssel.

In der Ambulanz bei Estrella war eine Frau mit einem Abszeß, die schreckliche Schmerzen hatte. Sie mußte ins Krankenhaus von Alice gebracht werden und brauchte meinen Platz im Flugzeug.

Ein weiteres Unwetter schien hinter dem Mount Liebler heraufzuziehen, als die Menge einem schwarzen Fleck zuwinkte, der sich von Süden her näherte. Die Cessna setzte platschend auf der Landebahn auf, so daß der Rumpf mit schmutzigem Wasser bespritzt wurde, und rollte auf den Laden zu.

»Nun macht schon!« brüllte der Pilot aus dem Cockpit.

Arkady drückte mir die Hand. »Bis bald, Kamerad!« sagte er. »In ungefähr zehn Tagen, wenn alles gutgeht.«

»Bis bald«, sagte ich.

»Wiedersehen, kleines Monster«, sagte er zu Rolf. Dann geleitete er die stöhnende Frau zum Flugzeug.

Sie hoben ab und verließen unmittelbar vor dem aufziehenden Unwetter das Tal.

»Was ist es für ein Gefühl«, fragte Rolf, »hier bei mir festzusitzen?«

»Ich werde es überleben.«

Zum Mittagessen gab es Bier und ein Salamisandwich. Das Bier machte mich müde, daher schlief ich bis vier. Als ich wach wurde, machte ich mich daran, den Wohnwagen in ein Arbeitszimmer zu verwandeln.

Es gab eine Sperrholzplatte, die über der zweiten Bettstelle zu einem Tisch heruntergeklappt werden konnte. Es gab sogar einen Drehstuhl. Ich stellte meine Schreibstifte in ein Wasserglas und legte mein Schweizer Armeemesser daneben. Ich packte ein paar Schreibhefte aus, und mit der zwanghaften Ordnungsliebe, die den Anfang eines Projektes begleitet, machte ich drei ordentliche Stapel aus meinen »Pariser« Notizbüchern.

In Frankreich sind diese Notizbücher als *carnets moleskines* bekannt: »Moleskin« war in diesem Fall ihr schwarzer Wachstucheinband. Sobald ich nach Paris kam, kaufte ich Nachschub in einer *papeterie* in der Rue de l'Ancienne Comédie. Die Seiten waren kariert, und die Vorsatzblätter wurden mit einem Gummiband festgehalten. Ich hatte sie in Serien numeriert. Ich schrieb meinen Namen und meine Adresse auf die erste Seite und bot dem Finder eine Belohnung an. Einen Paß zu verlieren war das geringste aller Übel – ein Notizbuch zu verlieren war eine Katastrophe.

In den rund zwanzig Jahren, in denen ich gereist bin, verlor ich nur zwei. Eins verschwand in einem afghanischen Bus. Das andere wurde von der brasilianischen Geheimpolizei entwendet, die nicht ohne einen gewissen Scharfsinn in ein paar Zeilen, die ich über die Wunden eines barocken Christus geschrieben hatte, eine verschlüsselte Beschreibung ihrer eigenen Untaten gegenüber politischen Gefangenen zu erkennen glaubte.

Einige Monate vor meiner Abreise nach Australien sagte die Besitzerin der *papeterie, le vrai moleskine* sei immer schwerer zu bekommen. Es gebe nur einen Lieferanten: ein kleines Familienunternehmen in Tours. Sie ließen sich viel Zeit, wenn es darum gehe, Briefe zu beantworten.

»Ich würde gern hundert bestellen«, sagte ich zu Madame. »Hundert werden mir ein Leben lang reichen.«

Sie versprach, noch am selben Nachmittag in Tours anzurufen.

Mittags machte ich eine ernüchternde Erfahrung. Der Oberkellner der Brasserie Lipp erkannte mich nicht wieder. »Non, Monsieur, il n'y a pas de place.« Um fünf ging ich zu meiner Verabredung mit Madame. Der Hersteller war gestorben. Seine Erben hatten das Unternehmen verkauft. Sie setzte ihre Brille ab und sagte, fast mit einer Trauermiene: »Le vrai moleskine n'est plus.«

Ich hatte eine Ahnung, daß die »Reisephase« meines Lebens bald vorbei sein könnte. Ich hatte das Gefühl, daß ich, bevor mich das Unbehagen an der Seßhaftigkeit beschlich, diese Notizbücher noch einmal öffnen sollte. Daß ich eine Zusammenfassung der Gedanken, Zitate und Begegnungen zu Papier bringen sollte, die mich amüsiert und verfolgt hatten und die, das hoffte ich, Licht werfen würden auf etwas, was für mich die Frage aller Fragen ist: die Natur der menschlichen Ruhelosigkeit.

Pascal vertrat in einer seiner etwas düsteren *pensées* die Ansicht, daß unser ganzes Elend von einer einzigen Ursache herrühre: unserer Unfähigkeit, ruhig in einem Zimmer zu bleiben.

Warum, fragte er, fühlte ein Mensch, der genug zum Leben besaß, sich dazu hingezogen, sich auf langen Seereisen zu zerstreuen? In einer anderen Stadt zu verweilen? Sich auf die Suche nach dem Pfefferkorn zu begeben? Oder in den Krieg zu ziehen und Köpfe einzuschlagen?

Später, nach weiterer Überlegung, als er die Ursache unseres Mißgeschicks entdeckt hatte, wollte er den Grund dafür verstehen, und er fand einen sehr guten Grund: nämlich das naturbedingte Unglück unseres schwachen, vergänglichen Lebens; so groß sei dieses Unglück, daß nichts uns trösten könne, wenn wir ihm unsere ganze Aufmerksamkeit schenkten.

Nur eins könne unsere Verzweiflung mindern, und das sei die »Zerstreuung« (*divertissement*): sie jedoch sei das größte unserer Mißgeschicke, denn die Zerstreuung hindere uns daran, über uns selbst nachzudenken, und stürze uns nach und nach ins Verderben.

Konnte es sein, fragte ich mich, daß unser Bedürfnis nach Zerstreuung, unsere Sucht nach dem Neuen ihrem

Wesen nach ein instinktiver Wandertrieb waren, dem Zugtrieb der Vögel im Herbst vergleichbar?

Alle großen Lehrmeister haben verkündet, der Mensch sei ursprünglich ein »Wanderer in der ausgebrannten und unfruchtbaren Wildnis dieser Welt« gewesen – diese Worte sagt Dostojewskis Großinquisitor – und daß er, um seine Menschlichkeit wiederzufinden, sich aller Bindungen entledigen und sich auf den Weg machen müsse.

Meine beiden letzten Notizbücher waren gefüllt mit Aufzeichnungen, die ich in Südafrika gemacht hatte, wo ich aus nächster Nähe bestimmte Zeugnisse über die Entstehung unserer Art untersucht hatte. Was ich dort lernte – zusammen mit dem, was ich heute über die Songlines weiß –, scheint eine Theorie zu untermauern, die mich seit langer Zeit beschäftigt: daß die natürliche Auslese uns – von der Struktur unserer Hirnzellen bis zur Struktur unseres großen Zehs – zu einem Leben periodischer *Fuß*reisen durch brennend heißes Dornen- oder Wüstenland bestimmt habe.

Wenn das der Fall war, wenn die Wüste das »Zuhause« war, wenn unsere Instinkte in der Wüste geformt wurden, geformt, damit wir die strengen Bedingungen der Wüste überlebten – dann ist es leichter zu verstehen, warum grüne Wiesen uns langweilen, warum Besitz uns ermüdet und warum Pascals imaginärer Mensch seine angenehme Wohnstätte als Gefängnis empfand.

Aus den Notizbüchern

Unsere Natur ist in der Bewegung, völlige Ruhe ist der Tod.
Pascal, Pensées

*

Eine Untersuchung der Großen Krankheit: der Abscheu vor dem Haus.
Baudelaire, Intime Tagebücher

*

Die überzeugendsten Analytiker der Ruhelosigkeit waren oft Männer, die aus dem einen oder anderen Grund in ihrer Bewegungsfreiheit gehindert waren: Pascal durch Magenleiden und Migränen, Baudelaire durch Drogen , der heilige Johannes vom Kreuz durch die Gitter seiner Zelle. Es gibt französische Kritiker, die behaupten, daß Proust, der Eremit in seinem mit Kork ausgeschlagenen Zimmer, der größte der literarischen Reisenden war.

*

Die Erfinder von Ordensregeln dachten sich immer neue Methoden aus, um die Wanderlust ihrer Novizen zu ersticken. »Ein Mönch außerhalb seiner Zelle«, sagte der heilige Antonius, »ist wie ein Fisch außerhalb des Wassers.« Und doch wanderten Jesus und seine Jünger auf ihren Reisen durch die Berge Palästinas.

*

Was bedeutet dieser seltsame Wahn, fragte Petrarca seinen jungen Schreiber, diese Sucht, jede Nacht in einem anderen Bett schlafen zu wollen?

*

Was soll ich hier?
Rimbaud in einem Brief aus Äthiopien an die Seinen

*

Picós, Piauí, Brasilien
Schlaflose Nacht im Charm Hotel. Der Erreger der Schlafkrankheit beherrscht dieses Gebiet, das eine der höchsten Säuglingssterblichkeitsraten der Welt hat. Beim Frühstück klatschte der Besitzer, statt mir meine Eier zu servieren, seine Fliegenklappe auf meinen Teller und zog ein geflecktes braunes Insekt an einem Bein fort.
»Mata gente«, sagte er düster. »Es tötet Menschen.«
Die Stuckfassade hat einen hellen, pfefferminzgrünen Anstrich mit der Aufschrift CHARM HOTEL in großen schwarzen Buchstaben. Eine undichte Regenrinne hat den Buchstaben C weggewaschen, und jetzt liest es sich...

*

Djang, Kamerun
Es gibt zwei Hotels in Djang: das Hotel Windsor und, auf der gegenüberliegenden Straßenseite, das Hotel Anti-Windsor.

*

Britische Botschaft, Kabul, Afghanistan
Der dritte Sekretär ist zugleich Kulturattaché. In seinem Büro stapeln sich Exemplare von Orwells Farm der Tiere: *der Beitrag der britischen Regierung zum Englischunterricht in afghanischen Schulen und eine grundlegende Lektion über die Übel des Marxismus, erteilt von einem Schwein.*
»Aber Schweine?« sagte ich. »In einem islamischen Land? Glauben Sie nicht, daß diese Art von Propaganda fehlschlagen könnte?«
Der Kulturattaché zuckte die Achseln. Der Botschafter hielt es für eine gute Idee. Er konnte nichts daran ändern.

*

Wer nicht reist, kennt den Wert der Menschen nicht.
                                           Maurisches Sprichwort

                    *

                                              Miami, Florida
*Im Bus von der Innenstadt zum Strand war eine Dame in
Rosa. Sie muß um die Achtzig gewesen sein, wenn nicht älter.
Sie hatte hellrosa Haar mit rosa Blumen darin, ein dazu passendes rosa Kleid, rosa Lippen, rosa Fingernägel, eine rosa
Handtasche, rosa Ohrringe, und in ihrem Einkaufskorb waren rosa Kleenexschachteln.*

In ihren durchsichtigen Kunststoffkeilabsätzen schwammen zwei Goldfische träge in Formaldehyd.

Ich war zu sehr mit den Goldfischen beschäftigt, um den Zwerg mit der Hornbrille zu sehen, der auf dem Sitz neben mir stand.

»Darf ich Ihnen eine Frage stellen«, fragte er mit quiekender Stimme. »Welche menschliche Eigenschaft schätzen Sie am höchsten ein?«

»Darüber habe ich noch nie nachgedacht«, sagte ich.

»Ich habe bisher an Einfühlungsvermögen geglaubt«, sagte er, »aber vor kurzem bin ich zu Mitleid übergegangen.«

»Das freut mich zu hören.«

»Darf ich Ihnen eine Frage stellen, Sir? Welchen Beruf üben Sie derzeit aus?«

»Ich studiere Archäologie.«

»Sie überraschen mich, Sir. Ich bin in derselben Branche tätig.«

Er war eine Kanalratte. Seine Freunde ließen ihn mit einem Metalldetektor in den größten Abwasserkanal unter den Hotels von Miami Beach hinab. Dort hielt er nach Schmuck Ausschau, der versehentlich die Toilette hinuntergespült wurde.

»Ich kann Ihnen versichern, Sir«, sagte er, »daß es eine lohnende Beschäftigung ist.«

                    *

Im Nachtexpreß von Moskau nach Kiew lese ich Donnes dritte »Elegie«:

In einem Lande leben, ist Gefangenschaft
Durch alle Länder ziehen, wilde Schurkerei

*

Dieses Leben ist ein Spital, wo jeder Kranke von dem Wunsch besessen ist, das Bett zu wechseln. Der eine möchte dem Ofen gegenüber leiden, und der andere glaubt, am Fenster würde er genesen.
  Mir scheint immer, dort, wo ich nicht bin, wäre ich glücklich, und wo wir unsereren Aufenthalt nehmen könnten, ist eine der Fragen, über die ich mich unaufhörlich mit meiner Seele unterrede.
                    Baudelaire, Any where out of the world

*

                    Bekom, Kamerun
Namen von Taxis: The Confidence Car. Baby Confidence. Die Rückkehr des Gentleman-Chauffeurs. Der Kamikaze-Chauffeur.

*

                    In der Luft, Paris–Dakar
Gestern in der Rue l'Abbé-de-l'Epée zu Abend gegessen. Malraux war da. Ein Bauchredner! Imitierte auf perfekte Weise die Tür zu Stalins Arbeitszimmer, wie sie Gide vor der Nase zugeschlagen wurde. Er und Gide hatten sich aufgemacht, um sich über die Behandlung Homosexueller in Rußland zu beschweren, und Stalin hatte Wind von ihrer Absicht bekommen.

*

Dakar

Das Hotel Coq Hardi ist gleichzeitig ein Bordell. Seine Besitzerin, Madame Martine, besitzt ein Fischerboot, und so haben wir langouste *zum Abendessen. Eine der beiden im Hause wohnenden Huren, meine Freundin Mamzelle Yo-Yo, trägt einen gewaltigen braunrosa Turban und hat Keulen anstelle von Beinen. Die andere, Madame Jacqueline, hat zwei Stammkunden: Herrn Kisch, einen Hydrologen, und den Botschafter von Mali.*

Gestern war es Kischs Abend. Sie erschien mit Armreifen behängt und strahlend auf dem Balkon, die »Mutter von ganz Afrika«, in wehenden indigofarbenen Gewändern. Sie warf ihm einen Handkuß zu, warf einen Bougainvilleazweig hinunter und gurrte: »Herr Kisch, ich komme.«

Heute, als der Mercedes des Botschafters draußen vorfuhr, stürmte sie in einem ihre üppigen Formen betonenden, milchkaffeebraunen Kostüm nach draußen, mit einer wasserstoffblonden Perücke und weißen Schuhen mit hohen Absätzen, und rief mit kreischender Stimme: »Monsieur l'Ambassadeur, je viens!«

*

Gorée, Senegal

Auf der Terrasse eines Restaurants hat sich ein fettes französisches Ehepaar mit fruits de mer *vollgestopft. Ihr Dachshund, an das Bein des Stuhls gebunden, auf dem die Frau sitzt, springt immer wieder hoch in der Hoffnung, gefüttert zu werden.*

Frau zum Dachshund: »Taisez-vous, Roméo! C'est l'entr'acte.«

*

Inneres Brennen... Wanderfieber...

Kalevala

*

In seinem Buch Die Abstammung des Menschen *berichtet Darwin, daß bei einigen Vögeln der Wandertrieb stärker sei als der mütterliche Instinkt. Eine Mutter läßt eher ihre Jungen im Nest zurück, als daß sie ihre Verabredung für die lange Reise nach Süden verpaßt.*

*

Im Hafen von Sydney
Auf dem Fährschiff zurück von Manly war eine kleine alte Dame, die mich sprechen hörte.
»*Sie sind Engländer, nicht wahr?*« *sagte sie mit einem nordenglischen Akzent.* »*Ich höre, daß Sie Engländer sind.*«
»*Ich bin es.*«
»*Ich auch!*«
Sie trug eine Stahlrandbrille mit dicken Gläsern und einen hübschen Filzhut mit einem winzigen blauen Schleier über der Krempe.
»*Besichtigen Sie Sydney?*« *fragte ich sie.*
»*O Gott, nein, mein Guter!*« *sagte sie.* »*Ich lebe seit 1946 hier. Ich bin hergekommen, um bei meinem Sohn hier zu leben, aber dann passierte etwas Seltsames. Als das Schiff hier eintraf, war er gestorben. Stellen Sie sich das mal vor! Ich hatte mein Haus in Doncaster aufgegeben, also dachte ich mir, daß ich genausogut* bleiben *könnte! Also habe ich meinen zweiten Sohn gebeten, herzukommen und bei* mir *zu leben. Also kam er her... wanderte aus... und wissen Sie was?*«
»*Nein.*«
»*Er* starb*. Er hatte einen Herzinfarkt und starb.*«
»*Schrecklich!*« *sagte ich.*
»*Ich hatte einen dritten Sohn*«, *fuhr sie fort.* »*Er war mein Lieblingssohn, aber er starb im Krieg. Dünkirchen, Sie verstehen! Er war sehr mutig. Ich bekam einen Brief von seinem Offizier. Sehr mutig war er! Er war an Deck... mit brennendem Öl übergossen... und er warf sich ins Meer. Oooh! Er brannte wie eine* Fackel *bei lebendigem Leib!*«
»*Das ist wirklich schrecklich!*«

»*Aber heute ist ein schöner Tag*«, lächelte sie. »*Ein schöner Tag, nicht wahr?*«

Es war ein klarer sonniger Tag mit hohen weißen Wolken und einer Brise, die vom Meer in Richtung der Küste wehte. Ein paar Yachten, die nach draußen segelten, hielten auf The Heads zu. Andere Yachten hatten das Spinnakersegel gesetzt. Das alte Fährschiff stampfte vor den weißen Schaumkronen auf das Opernhaus und die Brücke zu.

»*Und es ist so schön draußen in Manly!*« sagte sie. »*Ich bin immer so gern mit meinem Sohn nach Manly gefahren... bevor er starb! Aber ich war seit zwanzig Jahren nicht mehr dort!*«

»*Aber es ist doch so nah*«, sagte ich.

»*Aber ich habe das Haus sechzehn Jahre lang nicht verlassen. Ich war blind, mein Guter! Ich hatte auf beiden Augen den grauen Star und konnte nicht mehr die Hand vor der Nase sehen. Der Augenarzt hatte gesagt, es sei hoffnungslos, und so saß ich da. Stellen Sie sich das mal vor! Sechzehn Jahre im Dunkeln! Und dann kommt dieser nette Sozialarbeiter vor ein paar Wochen und sagt:* ›*Diesen grauen Star lassen wir besser einmal untersuchen.*‹ *Und sehen Sie mich jetzt an!*«

Ich blickte durch die Gläser in ein paar strahlende – strahlend war das richtige Wort – blaue Augen.

»*Sie haben mich ins Krankenhaus gebracht*«, sagte sie. »*Und sie haben den grauen Star herausgeschnitten! Ist das nicht wunderbar? Ich kann sehen!*«

»*Ja*«, sagte ich. »*Es ist wunderbar!*«

»*Ich bin zum erstenmal allein unterwegs*«, vertraute sie mir an. »*Ich habe keiner Seele etwas gesagt. Ich dachte mir beim Frühstück: Es ist ein wunderbarer Tag. Ich nehme den Bus bis zum Circular Quay und fahre mit dem Fährschiff nach Manly... genau wie in der guten alten Zeit. Ich hatte Fisch zum Mittagessen. Oh, es war wunderbar!*«

Sie machte einen Buckel, sah mich verschmitzt an und kicherte.

»Wie alt würden Sie mich schätzen?« fragte sie.
»Ich weiß nicht«, sagte ich. »Ich muß Sie genauer ansehen. Ich würde sagen, Sie sind achtzig.«
»Nein, nein, nein«, lachte sie. »Ich bin dreiundneunzig... und ich kann sehen!«

*

Darwin erwähnt das Beispiel von Audubons Gans, die, ihrer Schwungfedern beraubt, begann, die Reise zu Fuß zu machen. Dann beschreibt er das Leiden eines Vogels, der in der Zeit der Migration eingesperrt war und mit seinen Flügeln gegen die Stäbe des Käfigs schlug und seine Brust an ihnen blutig rieb.

*

Robert Burton – ein seßhafter Büchernarr an der Universität Oxford – brachte eine Menge Zeit und Gelehrsamkeit auf, um zu beweisen, daß Reisen kein Fluch war, sondern ein Heilmittel gegen Melancholie, das heißt gegen die Depressionen, die Seßhaftigkeit mit sich bringt:

> *Die Himmel selbst drehen sich ständig, die Sonne geht auf und unter, der Mond nimmt zu, Sterne und Planeten sind in ständiger Bewegung, die Luft wird noch immer von den Winden geschüttelt, das Wasser steigt und fällt, zweifellos zu seiner Erhaltung, um uns zu lehren, daß wir immer in Bewegung sein sollten.*

Oder:

> *Es gibt gegen diese Krankheit [Melancholie] nichts Besseres als die Luftveränderung, als auf und ab zu wandern, wie die Zalmohenser-Tataren, die in Horden leben und die Gelegenheiten nutzen, die Zeit, Ort und Jahreszeiten bieten.*
>
> Die Anatomie der Melancholie

*

Meine Gesundheit war gefährdet. Angst überkam mich. Ich schlief manchmal ganze Tage lang, und wenn ich aufgestanden war, träumte ich die traurigsten Träume weiter. Ich war reif für den Tod, und auf einer Straße voll von Gefahren führte mich meine Schwäche bis an die Grenze der Welt und des Landes der Kimmerier, der Heimat des Schattens und der Wirbelwinde.

Ich mußte auf Wanderschaft gehen, die Zauberbilder zerstreuen, die sich in meinem Gehirn angesammelt hatten.

Rimbaud, Eine Zeit in der Hölle

*

Er war ein großer Wanderer. Oh! Ein erstaunlicher Wanderer, mit offenem Mantel, einem kleinen Fez auf dem Kopf, ungeachtet der Sonne.

Righas, über Rimbaud in Äthiopien

*

... auf fürchterlichen Straßen, die an den mutmaßlichen Schrecken von Mondlandschaften gemahnen.

Rimbaud, in einem Brief aus Kairo

*

»L'homme aux semelles de vent.« Der Mann mit den Fußsohlen aus Wind.

Verlaine über Rimbaud

*

Omdurman, Sudan
Scheich S. lebt in einem kleinen Haus mit Blick auf das Grabmal seines Großvaters, des Mahdi. Auf Papierbögen, die mit Tesafilm zusammengeklebt sind, damit sie eine Schriftrolle ergeben, hat er ein Poem von fünfhundert Stanzen im Stil und im Versmaß von Greys »Elegie« geschrieben. Es trägt

den Titel »Klage über die Zerstörung der Sudanesischen Republik«. Er hat mir Unterricht in Arabisch gegeben. Er sagt, daß das »Licht des Glaubens« auf meiner Stirn stehe, und hofft, mich zum Islam zu bekehren.

Ich sage ihm, daß ich nur dann zum Islam übertreten werde, wenn er einen Dschinn heraufbeschwört.

»Dschinns«, sagte er, »sind heikel. Aber wir können es versuchen.«

Nachdem wir einen Nachmittag den Suk von Omdurman nach der richtigen Sorte Myrrhe, Gummiharz und Parfum durchgekämmt haben, sind wir jetzt alle für den Dschinn bereit. Die Gläubigen haben gebetet. Die Sonne ist untergegangen, und wir sitzen in ehrfürchtiger Erwartung vor einer Kohlenpfanne unter einem Papayabaum im Garten.

Der Scheich versucht es zuerst mit ein bißchen Myrrhe. Rauch steigt in Ringeln hoch.

Kein Dschinn.

Er versucht es mit dem Gummiharz.

Kein Dschinn.

Er versucht es mit allem, was wir gekauft haben, eins nach dem andern.

Immer noch kein Dschinn!

Dann sagt er: »Versuchen wir es mit Elizabeth Arden.«

*

Nouakchott, Mauretanien

Ein ehemaliger Fremdenlegionär, ein Veteran von Din Biën Phu mit grauem Haar en brosse und einem Pferdegebiß, das er gern zu einem Grinsen entblößt, ist aufgebracht, weil die US-Regierung nicht die Verantwortung für das Massaker von My Lai übernehmen will.

»So etwas wie ein Kriegsverbrechen gibt es nicht«, sagte er. »Der Krieg ist das Verbrechen.«

Er ist noch aufgebrachter über das Gerichtsurteil, das Leutnant Calley des Mordes an »menschlichen Orientalen«

beschuldigte – als müsse das Wort »Orientale« mit »menschlich« genauer charakterisiert werden.

Seine Definition eines Soldaten lautet so: »Ein Mann vom Fach, der dreißig Jahre lang dafür bezahlt wird, daß er andere tötet. Danach beschneidet er seine Rosen.«

*

Verlieren Sie vor allem nicht die Lust dazu, zu gehen: ich laufe mir jeden Tag das tägliche Wohlbefinden an und entlaufe so jeder Krankheit; ich habe mir meine besten Gedanken angelaufen, und ich kenne keinen, der so schwer wäre, daß man ihn nicht beim Gehen loswürde... beim Stillsitzen aber und je mehr man stillsitzt, kommt einem das Übelbefinden nur um so näher... Bleibt man so am Gehen, so geht es schon.

Sören Kierkegard, Brief an Jette (1847)

*

Solvitur ambulando. »Es wird im Gehen gelöst.«

*

Atar, Mauretanien
»Haben Sie die Inder gesehen?« fragte der Sohn des Emirs von Atar.
»Ja.«
»Ist es ein Dorf oder so etwas Ähnliches?«
»Nein«, sagte ich. »Es ist eines der größten Länder der Welt.«
»Tiens! Ich habe es immer für ein Dorf gehalten.«

*

Nouakchott, Mauretanien
Verstreute Betongebäude, auf den Sand gesetzt und jetzt von einem bidonville *umgeben, in dem Nomaden leben, die, wie Jakob und seine Söhne, zur Seßhaftigkeit gezwungen*

wurden, »da die Hungersnot im Land besonders schlimm war«.

Bis zur Dürre im letzten Jahr lebten ungefähr achtzig Prozent der Bevölkerung in diesem Land in Zelten.

Die Mauren haben eine Leidenschaft für die Farbe Blau. Ihre Gewänder sind blau. Ihre Turbane sind blau. Die Zelte im bidonville *sind mit blauer Baumwolle geflickt; und die Hütten, Verschläge aus Bretterkisten, haben unweigerlich irgendwo ein bißchen blaue Farbe.*

Heute nachmittag folgte ich einer verhutzelten alten Frau, die auf dem Müllabladeplatz nach blauen Lumpen herumstocherte. Sie nahm einen Fetzen in die Hand. Sie nahm einen anderen in die Hand. Sie verglich beide. Sie warf den ersten Fetzen wieder weg. Schließlich fand sie ein Stück, das genau den Farbton hatte, den sie suchte – und sie ging singend davon.

Am Stadtrand hörten drei kleine Jungen auf, ihren Fußball zu kicken, und liefen auf mich zu. Aber statt mich um Geld oder meine Adresse zu bitten, begann der kleinste ein sehr ernstes Gespräch. Wie ich über den Biafra-Krieg dächte? Welches die Gründe für den Krieg zwischen Arabern und Israelis seien? Was ich von Hitlers Judenverfolgung hielte? Von den Monumenten der ägyptischen Pharaonen? Vom uralten Reich der Almorawiden?

»Und wer bist du?« fragte ich.

Er verbeugte sich steif.

»Sall' 'Zakaria sall Muhammad«, trillerte er mit hoher Diskantstimme. »Sohn des Innenministers!«

»Und wie alt bist du?«

»Acht.«

Am nächsten Morgen kam ein Jeep, um mich zum Minister zu bringen.

»Ich glaube, cher Monsieur«, sagte er, »daß Sie meinem Sohn begegnet sind. Ein höchst interessantes Gespräch, wie

er mir sagt. Ich für meinen Teil möchte Sie zum Abendessen zu uns einladen und wüßte gern, ob ich Ihnen in irgendeiner Weise behilflich sein kann.«

*

Lange Zeit prahlte ich damit, sämtliche möglichen Landschaften in mir zu tragen.
                                    Rimbaud, Eine Zeit in der Hölle

*

Mauretanien, unterwegs nach Atar
Es waren etwa fünfzig Personen oben auf dem Lastwagen, dicht an Kornsäcke gedrängt. Wir waren auf halbem Weg nach Atar, als ein Sturm ausbrach. Neben mir war ein Senegalese, der einen starken Geruch ausströmte. Er sagte, er sei fünfundzwanzig. Er war stämmig und hatte überentwickelte Muskeln, und seine Zähne waren vom Kauen von Kolanüssen orangerot verfärbt.
»*Gehst du nach Atar?« fragte er.*
»*Du auch?«*
»*Nein. Ich gehe nach Frankreich.«*
»*Warum?«*
»*Um meinen Beruf auszuüben.«*
»*Was für einen Beruf?«*
»*Installation sanitaire.«*
»*Hast du einen Paß?«*
»*Nein«, sagte er grinsend. »Ich habe ein Papier.«*
Er breitete ein durchweichtes Stück Papier aus, auf dem ich las, daß Don Hernando Soundso, Besitzer des Trawlers Soundso, Amadou… Familienname nicht ausgefüllt, beschäftigt hatte… und so weiter.
»*Ich werde nach Villa Cisneros gehen«, sagte er. »Ich werde ein Schiff nach Teneriffa oder Las Palmas auf den Kanarischen Inseln nehmen. Und dort werde ich meinen Beruf ausüben.«*
»*Als Seemann?«*

»Nein, Monsieur. Als Abenteurer. Ich will alle Völker und alle Länder der Welt sehen.«

Unterwegs, zurück von Atar

Wir waren fünfzehn Passagiere, zusammengedrängt unter dem Verdeck der Ladefläche eines Transporters. Alle waren Mauren, ausgenommen ich und eine in einen Sack gehüllte Person. Der Sack bewegte sich, und das müde, schöne Gesicht eines jungen Wolof kam zum Vorschein. Seine Haut und sein Haar waren mit einer weißen Staubschicht überzogen – wie der Flaum auf blauroten Trauben. Er war verängstigt und sehr aufgeregt.

»Was ist los?« fragte ich.

»Es ist aus. Ich bin an der Grenze zurückgeschickt worden.«

»Wohin wolltest du gehen?«

»Nach Frankreich.«

»Warum?«

»Um meinen Beruf auszuüben.«

»Was ist dein Beruf?«

»Das würdest du nicht verstehen.«

»Doch«, sagte ich. »Ich kenne die meisten métiers *in Frankreich.«*

»Nein.« Er schüttelte den Kopf. »Es ist kein Beruf, den du verstehen würdest.«

»Erzähl.«

Schließlich sagte er mit einem Seufzer, der sich gleichzeitig wie ein Stöhnen anhörte: »Ich bin ébéniste. *Ich mache* bureaux-plats Louis-quinze *und* Louis-seize.«

Das machte er tatsächlich. In Abidjan hatte er das Einlegen von Furnierholz gelernt, in einer Möbelfabrik, die dem Geschmack der neuen, schwarzen, frankophilen Bourgeoisie entgegenkam.

Er besaß zwar keinen Paß, aber er hatte in seinem Gepäck ein Buch über französische Möbel des achtzehnten Jahrhunderts. Seine Vorbilder waren Cressent und Reisener. Er hatte gehofft, den Louvre, Versailles und das Musée des Arts Décoratifs besuchen zu können. Er hatte gehofft, wenn möglich bei einem Pariser »Meister« in die Lehre gehen zu können, weil er annahm, daß es einen solchen Menschen gab.

*

London
Mit Bertie bei einem Händler für französische Möbel. Der Händler hatte Paul Getty eine Reisener-Kommode angeboten, und dieser hatte Bertie um eine Expertise gebeten.

Die Kommode war über ihren ursprünglichen Zustand hinaus restauriert worden.

Bertie betrachtete sie und sagte: »Oh!«

»Nun?« fragte der Händler nach einer langen Pause.

»Nun, ich würde sie nicht einmal dem Hausmädchen ins Zimmer stellen. Aber für ihn ist sie gut genug.«

*

Es ist gut, Dinge zu sammeln, aber es ist besser, spazierenzugehen.

Anatole France

*

Mein Besitz fliegt mir davon. Wie Heuschrecken ist er auf Reisen und fliegt...

Klagelied über die Zerstörung von Ur

*

Timbuktu
Der Kellner brachte die Speisekarte:

> Capitaine bamakoise (*gebratener Seewolf*)
> Pintade grillée
> Dessert

»Gut«, sagte ich. »Um welche Zeit kann ich essen?«
»Wir essen um acht.«

»*Gut. Also um acht.*«

»*Nein, Monsieur. Wir essen um acht.* Sie müssen vor sieben essen... oder nach zehn.«

»*Wer ist wir?*«

»*Wir*«, sagte er. »*Das Personal.*«

Er senkte die Stimme und flüsterte:

»*Ich rate Ihnen, um sieben zu essen, Monsieur. Wir essen alles auf.*«

Das Christentum wurde hier vor ungefähr einem Jahrhundert von Kardinal de la Vigerie – wenn auch nicht persönlich – verbreitet. Er war der Erzbischof von Karthago und Primas von ganz Afrika – ein Kenner von Burgunderweinen, der seine Ordenskleidung bei Jacques Worth anfertigen ließ.

Unter seinen Vertretern in Afrika waren drei weiße Pater – Paulmier, Boerlin und Minoret –, denen, kurz nachdem sie in der verbotenen Stadt die Messe gelesen hatten, von den Tuareg die Köpfe abgeschlagen wurden.

Der Kardinal erhielt die Nachricht in seinem Landauer an der Promenade von Biarritz.

»*Te Deum Laudamus!*« rief er aus. »*Doch ich kann es nicht glauben.*«

»*Doch*«, sagte sein Informant. »*Es stimmt.*«

»*Sie sind wirklich tot?*«

»*Ja.*«

»*Welch eine Freude für uns! Und für* sie!«

Der Kardinal unterbrach seine morgendliche Spazierfahrt und schrieb drei identische Kondolenzbriefe an die Mütter: »*Gott hat Sie benutzt, um ihnen das Leben zu schenken, und Gott benutzte mich, um sie als Märtyrer in den Himmel zu schicken. Diese glückliche Gewißheit dürfen Sie haben.*«

*

In einer Taschenbuchausgabe von Tristram Shandy, *die ich im Bücherantiquariat in Alice kaufte, war folgendes auf das Vorsatzpapier gekritzelt:* »Einer der wenigen Augenblicke des Glücks, die ein Mann in Australien erlebt, ist der Moment, in dem er den Augen eines anderen Mannes über dem Rand zweier Biergläser begegnet.«

*

Jünnan, China
Der Schulmeister des Dorfes war ein ritterlicher, energischer Mann mit einem glänzenden blauschwarzen Haarschopf. Zusammen mit seiner Kindfrau in einem Holzhaus lebte er am Jade-Fluß.

Er war als Musikologe ausgebildet und zu entlegenen Bergdörfern hinaufgeklettert, um die Volkslieder des Na-Khi-Stamms aufzunehmen. Er glaubte – wie Vico –, daß die ersten Sprachen der Welt gesungen wurden. Die ersten Menschen, sagte er, hätten sprechen gelernt, indem sie die Rufe von Tieren und Vögeln nachahmten, und hätten mit der übrigen Schöpfung in musikalischer Harmonie gelebt.

Sein Zimmer war mit Kuriosa vollgestopft, die – weiß der Himmel wie – die Katastrophen der Kulturrevolution überstanden hatten. Wir saßen auf roten Lackstühlen und knabberten Melonenkerne, während er in Fingerhüte aus weißem Porzellan einen Bergtee eingoß, der »eine Handvoll Schnee« genannt wurde.

Er spielte uns ein Band mit einem Na-Khi-Lied vor, das im Wechselgesang von Männern und Frauen um eine Totenbahre gesungen wurde: Wooo... Siii!... Wooo... Siii! *Mit dem Lied sollte der »Totenesser« vertrieben werden, ein bösartiger Dämon mit Reißzähnen, von dem man glaubte, daß er sich von Seelen ernährte.*

Wir waren erstaunt, wie gut er sämtliche Mazurkas von Chopin und ein scheinbar unerschöpfliches Beethoven-Repertoire summen konnte. Sein Vater, ein Kaufmann im Karawanenhandel mit Lhasa, hatte ihn in den vierziger Jahren zum Studium der westlichen Musik an die Akademie von Kunming geschickt.

An der Wand im Hintergrund hingen über einer Reproduk-

tion von Claude Lorrains Einschiffung nach Kythera *zwei gerahmte Fotos von ihm: auf dem einen saß er in weißem Frack und mit weißer Fliege an einem Konzertflügel, auf dem anderen dirigierte er ein Orchester in einer Straße voll fahnenschwenkender Menschen – eine flotte, energische Gestalt, auf den Zehenspitzen stehend, die Arme nach oben gereckt und den Stock nach unten gestreckt.*

»1949«, sagte er. »Beim Empfang der Roten Armee in Kunming.«

»Was haben Sie gespielt?«

»Schuberts ›Militärmarsch‹.«

Dafür – oder vielmehr wegen seiner Verehrung der »westlichen Kultur« – verbrachte er einundzwanzig Jahre im Gefängnis.

Er hielt seine Hände in die Höhe und betrachtete sie traurig, als wären sie seit langem verlorene und wiedergefundene Waisen. Seine Finger waren krumm, und an seinen Handgelenken waren Narben: ein Andenken an den Tag, als die Garden ihn am Dachbalken festbanden – in der Haltung eines Christus am Kreuz... oder eines Mannes, der ein Orchester dirigiert.

*

Es ist ein weitverbreiteter Irrglaube, daß Männer die Wanderer und Frauen die Hüterinnen von Heim und Herd seien. Das kann natürlich so sein. Aber Frauen sind vor allem die Hüterinnen der Kontinuität: wenn der Herd sich in Bewegung setzt, setzen auch sie sich in Bewegung.

Bei den Zigeunern sind es die Frauen, die dafür sorgen, daß ihre Männer unterwegs bleiben. Ähnlich waren es die Frauen der Yaghan-Indianer, die im sturmgepeitschten Wasser des Kap-Horn-Archipels die Glut auf dem Boden ihrer Rindenkanus schürten. Der Missionar Pater Martin Gusinde verglich sie mit »Vestalinnen der Antike« oder mit »unruhigen Zugvögeln, die nur glücklich und innerlich ruhig sind, wenn sie unterwegs sind«.

*

In Zentralaustralien sind Frauen die treibende Kraft hinter der Bewegung, die die Rückkehr zu früheren Lebensformen propagiert. Eine Frau sagte zu einem Freund von mir: »Frauen sind fürs Land gemacht.«

*

Mauretanien
Zwei Tage von Chinguetti entfernt mußten wir einen düsteren, grauen Cañon durchqueren, ohne etwas Grünes weit und breit. Auf dem Talboden lagen mehrere tote Kamele, deren vertrocknete Häute rat... tat... tat gegen die Rippen klatschten.

Es war fast dunkel, als wir den gegenüberliegenden Felsen bestiegen. Ein Sandsturm zog auf. Die Kamele waren unruhig. Einer der Führer zeigte dann auf ein paar Zelte: drei aus Ziegenfell und eins aus weißem Baumwollstoff, ungefähr eine halbe Meile entfernt zwischen den Dünen.

Wir näherten uns langsam. Die Führer schnitten Gesichter – sie versuchten herauszufinden, ob die Zelte einem befreundeten Stamm gehörten. Dann lächelte einer von ihnen, sagte: »Lalakhlal!« und ließ seine Kamele in Trab fallen.

Ein großer junger Mann schlug die Zeltklappe zurück und winkte uns heran. Wir stiegen ab. Seine Gewänder waren blau, und er trug gelbe Pantoffeln.

Eine alte Frau brachte uns Datteln und Ziegenmilch, und der Scheich befahl, ein Zicklein zu töten.

»Nichts hat sich seit den Tagen Abrahams und Saras geändert«, sagte ich mir.

Der Scheich, Sidi Ahmed el Beshir Hammadi, sprach fließend Französisch. Nach dem Abendessen, als er den Pfefferminztee eingoß, fragte ich ihn unschuldig, warum das Leben im Zelt trotz all seiner Härten unwiderstehlich sei.

»Bah!« sagte er und zuckte die Achseln. »Ich täte nichts lieber als in einem Haus in der Stadt leben. Hier in der Wüste kann man nicht sauber bleiben. Man kann sich nicht du-

schen! Es sind die Frauen, die uns veranlassen, in der Wüste zu leben. Sie sagen, die Wüste bringe Gesundheit und Glück, ihnen und den Kindern.«

*

Timbuktu
Die Häuser sind aus grauem Lehm gebaut. Viele Mauern sind mit Sgraffiti bedeckt, mit Kreide in säuberlicher Schönschrift geschrieben:

> *Les noms de ceux qui voyagent dans la nuit sont Sidi et Yéyé.*
> *Hélas! Les Anges de l'Enfer.*
> *Beauté... Beau...*
> *La poussière en décembre...*

*

Sinnlos ist es, den Wanderer
um Rat beim Hausbau zu fragen.
Das Haus wird nie fertig werden.

Nachdem ich diesen Text aus dem chinesischen Buch der Oden gelesen hatte, sah ich ein, wie absurd es war, ein Buch über Nomaden zu schreiben.

*

Psychiater, Politiker und Tyrannen versichern uns ohne Unterlaß, daß ein Wanderleben eine anomale Verhaltensweise sei, eine Neurose, eine Form unbefriedigten sexuellen Verlangens, eine Krankheit, die im Interesse der Zivilisation ausgerottet werden müsse.

Die Propagandisten der Nazis behaupteten, daß Zigeuner und Juden – Völker mit dem Wandertrieb in den Genen – keinen Platz in einem stabilen Reich hätten.

Und doch hat der Ferne Osten die einst in der ganzen Welt

gültige Vorstellung beibehalten, daß Wandern die ursprüngliche Harmonie wiederherstelle, die einst zwischen Mensch und Universum bestanden hat.

*

Kein Glück kennt der Mann, der nicht reist. In der Gesellschaft von Menschen wird der beste Mann zum Sünder. Denn Indra ist der Freund des Reisenden. Darum wandert!
                                                    Aitareya Brahmana

*

Du kannst nicht auf dem Pfad gehen, bevor du nicht der Pfad selbst geworden bist.
                                                    Gautama Buddha

*

Geht weiter!
                        Buddhas letzte Worte an seine Schüler

*

Im Islam, und vor allem bei den Sufi-Orden, wurde siyahat *oder das »Irren« – der Vorgang oder Rhythmus des Gehens – als ein Mittel benutzt, die Bindungen an die Welt zu lösen und den Menschen zu erlauben, sich in Gott zu verlieren.*

Das Ziel eines Derwischs war es, ein »wandernder Toter« zu werden: einer, dessen Körper auf der Erde lebendig bleibt, dessen Seele jedoch bereits im Himmel ist. In einem Sufi-Handbuch, dem Kashf-al-Mahjub, *heißt es, daß der Derwisch am Ende seiner Reise der Weg geworden und nicht mehr der Wanderer ist, zum Beispiel eine Stelle, die überquert wird, und nicht ein Reisender, der seinem eigenen freien Willen gehorcht.*

*

Arkady, dem gegenüber ich dies erwähnte, sagte, dies ähnele sehr stark einer Vorstellung der Aborigines: »Viele Menschen werden im nachhinein Land und am Ende Ahnen.«

Indem er sein ganzes Leben damit verbracht habe, die Songline seines Ahnen zu wandern und zu singen, sei ein Mensch schließlich der Weg, der Ahne und das Lied geworden.

*

Der weglose Weg, auf dem sich Gottes Söhne verirren und gleichermaßen finden.

Meister Eckhart

*

Ihn führt Natur
zum Frieden, so vollkommen, daß die Jungen
mit Neid erblicken, was der alte Mann kaum fühlt.

Wordsworth, »Old Man Travelling«

*

Ein sehr kurzer Lebenslauf von Diogenes:
Er lebte in einer Tonne. Er aß rohen Tintenfisch und Lupinen. Er sagte: »Kosmopolites eimi« – »Ich bin ein Weltbürger«. Er verglich seine Wanderungen durch Griechenland mit dem Zug der Störche: nach Norden im Sommer, nach Süden, um die Winterkälte zu vermeiden.

*

Wir Lappen haben dieselbe Veranlagung wie das Rentier: im Frühling sehnen wir uns nach den Bergen; im Winter zieht es uns in die Wälder.

Turis Buch von Lappland

*

Im alten Indien machte der Monsun das Reisen unmöglich. Und da Buddha nicht wollte, daß seine Anhänger bis zum Hals durch Hochwasser wateten, genehmigte er ihnen einen »Regenrückzug«, das Vassa. Während dieser Zeit mußten sich die heimatlosen Pilger in höher gelegenen Gebieten versammeln und in Hütten aus Flechtwerk und Lehm leben.

Aus diesen Stätten sind die großen buddhistischen Klöster hervorgegangen.

*

Im frühen Christentum gab es zwei Arten von Pilgerreisen: »für Gott wandern« (ambulare pro Deo), *nach dem Vorbild Christi oder Vater Abrahams, der die Stadt Ur verließ und von da an in einem Zelt lebte. Die zweite war die »Pilgerreise als Bestrafung«: dabei wurde von den »enormer Verbrechen«* (peccata enormia) *für schuldig befundenen Verbrechern auf der Basis festgesetzter Tarife verlangt, die Rolle des wandernden Bettlers zu übernehmen – mit Hut, Geldbeutel, Stock und Abzeichen – und auf der Straße ihr Heil zu suchen.*

Der Gedanke, daß Gehen Gewaltverbrechen wiedergutmachte, geht auf die Wanderungen zurück, die Kain auferlegt wurden, um den Mord an seinem Bruder zu sühnen.

*

Oualata, Mauretanien
Die Kameltreiber trugen Abhäutemesser statt Rosenkränze um den Hals. Sie hatten als Hilfstruppen bei der Legion gedient. Bei Sonnenuntergang brachten sie mich zu einem Haus am Stadtrand, um den bhagi *zu hören.*

Der bhagi *war ein heiliger Wanderer, der von einer Oase zur nächsten ging, begleitet von seinem zahnlosen alten Vater. Seine Augen waren umwölkte blaue Mandeln. Er war von Geburt an blind, und der Vater mußte ihn überall hinführen.*

Er kannte den ganzen Koran auswendig, und wir fanden ihn, wie er zusammengekauert an die Lehmziegelwand lehnte und selig lächelnd die Suren psalmodierte, während sein Vater die Seiten des Buchs umblätterte. Die Wörter kamen immer schneller, bis sie zum Schluß in einem ununterbrochenen, hämmernden Rhythmus hervorgestoßen wurden, einem Schlagzeugsolo vergleichbar. Der Vater schnippte die Seiten um, und die Menschen in der Menge begannen sich mit »verlorenen« Blicken zu wiegen, als wären sie kurz davor, in Trance zu verfallen.

Plötzlich hielt der bhagi *inne. Einen Augenblick herrschte absolute Stille. Den folgenden Vers begann er sehr, sehr langsam zu sprechen, wobei er seine Zunge um die Kehllaute wickelte und die Wörter hinausschleuderte, eins nach dem andern, den Zuhörern entgegen, die sie als Botschaften von »dort draußen« entgegennahmen.*

Der Vater lehnte seinen Kopf an die Schulter seines Sohnes und stieß einen tiefen Seufzer aus.

*

Das Leben ist eine Brücke. Gehe über sie hinweg, aber baue kein Haus darauf.
Indisches Sprichwort

*

Während der Frühjahrs-Migration, Provinz Fars
Zwischen Firusabad und Schiras ist die Migration der Quashgai in vollem Gang: meilenweit Schafe und Ziegen – wie Heerzüge von Ameisen, wenn man sie von den Bergen aus verfolgt. Kaum ein Grashalm: ein grünes Stäuben in den Bergen, aber an der Straße nur blühender weißer Besenginster und graublättriger Beifuß. Die Tiere dünn und schwach: mit Haut überzogene Knochen, kaum mehr. Hin und wieder fällt eins aus der Reihe, wie ein Soldat, der bei der Parade ohnmächtig wird, es taumelt und fällt, und dann beginnt ein Wettlauf zwischen den Geiern und den Hunden.

Geifernde Doggen! Rotköpfige Geier! Aber sind ihre Köpfe wirklich rot oder rot von Blut? Beides! Sie sind sowohl rot als auch blutverschmiert. Und wenn man zurücksieht, von wo wir gekommen sind: überall Spiralen von kreisenden Geiern.

Die Quashgai-Männer waren mager, zäh, vom Wetter gegerbt. Sie trugen zylinderförmige Mützen aus weißem Filz. Die Frauen waren in ihrem besten Staat: bunte Kattunkleider, die eigens für die Frühlingsreise gekauft worden waren. Einige ritten auf Pferden oder Eseln, andere saßen auf Kamelen, zusammen mit den Zelten und den Zeltstangen. Ihre Körper hoben und senkten sich mit den Sätteln. Ihre Augen waren auf die Straße vor ihnen gerichtet.

Eine Frau in Safrangelb und Grün ritt auf einem schwarzen Pferd vorbei. Hinter ihr, auf dem Sattel festgebunden, spielte ein Kind mit einem mutterlosen Lämmchen. Kupfertöpfe klapperten, und es gab einen Hahn, der mit einer Schnur festgebunden war.

Außerdem stillte sie ein Baby. Ihre Brüste waren mit Halsketten aus goldenen Münzen und Amuletten geschmückt. Wie die meisten Nomadenfrauen trug sie ihren Reichtum am Leib.

Was sind also die ersten Eindrücke eines Nomadenbabys von dieser Welt? Eine schwingende Brustwarze und ein Goldschauer.

*

Die Hunnen brennen vor unersättlicher Lust auf Gold.
Ammianus Marcellinus

*

Denn weil es Ismaeliten waren, hatten sie goldene Stirnbänder.
Buch der Richter 8,24

*

Ein gutes Pferd ist ein Mitglied der Familie.
Redensart der Quashgai

*

Dasht-i-Arjan, nahe Schiras
Der alte Mann hockte sich neben seine sterbende kastanienbraune Stute: bei der Migration fallen die Pferde als erste um. Er hatte einen Flecken grünes Gras gefunden. Er hatte die

Stute mit einschmeichelnden Worten dorthin gelockt und versuchte, ihr eine Handvoll Gras zwischen die Zähne zu stopfen. Es war zu spät. Sie lag auf der Seite, mit heraushängender Zunge und den glasigen Augen, die den nahenden Tod ankündigen.

Der alte Mann biß sich auf die Lippen und weinte unmerklich. Nur zwei, drei Tränen liefen ihm über beide Wangen herab. Dann schulterte er den Sattel, ohne einen Blick zurückzuwerfen, und zusammen gingen wir zur Straße.

Auf der Straße wurden wir von einem der Khans in seinem Landrover mitgenommen.

Es war ein sehr aufrecht sitzender alter Herr mit Monokel, der einiges über Europa wußte. Er besaß ein Haus und Obstgärten in Schiras, doch in jedem Frühjahr stellte er sich zur Verfügung, um seinem Stamm zu helfen.

Er brachte mich zu einem Zelt, wo die anderen Khans sich trafen, um ihr Vorgehen zu erörtern. Einer war ein schicker Typ in einer wattierten Skijacke. Seine Bräune stammte, wie mir schien, vom Skilaufen. Ich argwöhnte, daß er soeben aus St. Moritz zurückgekommen war, und er mißtraute mir auf Anhieb.

Der Khan, dem sich alle beugten, war ein drahtiger Mann mit einer Hakennase und einem Büschel grauer Stoppeln am Kinn. Er saß auf einem Kelim und hörte sich die Argumente der anderen an, ohne eine Miene zu verziehen. Dann griff er nach einem Stück Papier, auf das er mit dem Kugelschreiber ein paar Schlangenlinien zeichnete.

Es war die Reihenfolge, in der die verschiedenen Klans durch den nächsten Landstrich ziehen sollten.

*

Die gleiche Szene ist in der Genesis 13,9 beschrieben, als Abraham, der Beduinenscheich, sich sorgt, daß seine Cowboys mit Lots Cowboys zu kämpfen beginnen: »Steht dir nicht alles Land offen? Scheide dich doch von mir. Willst du zur Linken, so will ich zur Rechten, oder willst du zur Rechten, so will ich zur Linken.«

*

Jede Nomadenwanderung muß mit der Genauigkeit und Flexibilität eines militärischen Feldzugs vorbereitet werden. Hinter uns verdorrt das Gras. Vor uns sind die Pässe vielleicht durch Schneefälle versperrt.

Die meisten Nomaden behaupten, ihren Migrationsweg (arabisch Il-Rah, »Der Weg«) zu »besitzen«, aber in der Praxis melden sie nur den Anspruch auf periodische Weiderechte an. Zeit und Raum verschmelzen so miteinander: ein Monat und eine Wegstrecke sind ein und dasselbe.

Aber die Wanderung eines Nomaden ist – anders als die eines Jägers – nicht seine eigene. Sie ist vielmehr eine Führung von Tieren, deren instinktiver Orientierungssinn durch Domestizierung abgestumpft ist. Sie setzt Geschick und Risikobereitschaft voraus. Ein Mann kann, wie Hiob, in einem einzigen Jahr ruiniert werden: so wie die Nomaden in der Sahelzone oder die großen Viehzuchtgesellschaften Wyomings im langen weißen Winter von 1886 auf 1887.

In einem schlechten Jahr ist die Versuchung für einen Nomaden, von seinem Weg abzuweichen, unwiderstehlich, aber die Armee erwartet ihn mit Maschinengewehren.

»Die Armee«, sagt mein Freund, der alte Khan, »hat heutzutage den Löwen und den Wolf ersetzt.«

Nomos *ist griechisch und bedeutet »Weide«, und der »Nomade« ist ein Häuptling oder Stammesältester, der die Zuweisung von Weidegründen beaufsichtigt.* Nomos *nahm daher die Bedeutung »Gesetz«, »gerechte Verteilung«, »das, was kraft des Brauchtums zugewiesen wird« an – und wurde so die Grundlage für die gesamte westliche Gesetzgebung.*

Das Verb nemein *– »grasen«, »weiden«, »einordnen« oder*

»verbreiten« – hatte schon bei Homer eine zweite Bedeutung: »verhandeln«, »verteilen« oder »austeilen« – insbesondere Land, Ehre, Fleisch und Getränke. Nemesis *ist die* »Verteilung von Gerechtigkeit« und damit von »göttlicher Gerechtigkeit«. Nomisma *bedeutet* »gültige Münze«: von daher »Numismatik«.

Die Homer bekannten Nomaden waren die »Stuten melkenden« *Skythen, die einst mit ihren Wagen durch die Steppe Südrußlands zogen. Sie waren ein Volk, das seine Anführer unter Grabhügeln bestattete, zusammen mit Pferden und Goldschätzen.*

Aber die Ursprünge des Nomadentums sind sehr schwer zu bestimmen.

*

Bandiagara, Mali
Madame Dieterlen, eine alte Afrika-Kennerin, bewirtete mich mit Kaffee in ihrem Wohnwagen am Rand des Dogon-Felsens. Ich fragte sie, welche Spuren die Bororo-Peul – Rinderhirten in der Sahelzone – für einen Archäologen zurückließen, wenn sie von einem Lagerplatz aufbrachen.

Sie dachte einen Augenblick nach und antwortete dann: »Sie verstreuen die Asche ihrer Feuer. Nein! Ihr Archäologen würdet nichts finden. Aber die Frauen flechten kleine Kränze aus Grashalmen, die sie an die Zweige ihres Schattenbaums hängen.«

*

Max Weber führt die Ursprünge des modernen Kapitalismus auf bestimmte Calvinisten zurück, die in Mißachtung der Parabel vom Kamel und dem Nadelöhr die Lehre vom gerechten Lohn der Arbeit predigten. Doch ist die Vorstellung vom Tausch und Vermehren des »Reichtums auf vier Beinen« so alt wie das Viehhüten selbst. Haustiere sind »Kurantgeld«, »Dinge, die rennen«, vom französischen courir. *Tatsächlich stammen fast alle unsere Ausdrücke für Geld und Vermögen – Kapital, Aktien* (stock), *pekuniär, Hab und Gut* (chattel), *Sterling – und vielleicht sogar die Vorstellung von »Wachstum« als solchem aus der Welt der Hirten.*

*

> Und im Triumph durch Persepolis reiten!
> Ist es nicht ansehnlich, ein König zu sein, Techelles?
> Marlowe, Tamerlan, 1. Teil, I, 758

*

Persepolis, Fars

Wir gingen im Regen nach Persepolis. Die Quashgais waren durchnäßt und glücklich, und die Tiere waren durchnäßt; und als der Regen nachließ, schüttelten sie das Wasser von ihren Umhängen und zogen weiter, als tanzten sie. Wir kamen an einem Obstgarten vorbei, der von einer Lehmmauer umgeben war. Es duftete nach Orangenblüten nach dem Regen.

Ein Junge ging an meiner Seite. Er und ein Mädchen tauschten einen glühenden Blick. Sie ritt hinter ihrer Mutter auf einem Kamel, aber das Kamel war schneller als wir.

Etwa drei Meilen vor Persepolis kamen wir zu ein paar riesigen gewölbten Zelten, die gerade aufgebaut wurden und in die der Schah-in-schah drittklassige fürstliche Persönlichkeiten zu seiner Krönung im Juni eingeladen hatte. Die Zelte waren von dem Pariser Dekorationshaus Jansen entworfen worden.

Jemand schrie etwas auf französisch.

Ich versuchte, den Quashgai-Jungen zu einem Kommentar zu bewegen oder auch nur zu einem Blick auf die Zelte. Doch er zuckte nur die Achseln und sah in die andere Richtung – und so gingen wir weiter nach Persepolis.

Als wir durch Persepolis kamen, blickte ich auf die kannelierten Säulen, die Säulengänge, Löwen, Bullen, Greifen, den glatten, metallisch glänzenden Verputz des Steins und die vielen Zeilen einer größenwahnsinnigen Inschrift: »Ich... Ich...

Ich... Der König... Der König... verbrannte... erschlug... gründete...«

Meine Sympathien galten Alexander, weil er die Stadt in Brand gesteckt hatte.

Wieder versuchte ich den Quashgai-Jungen zum Hinsehen zu bewegen. Wieder zuckte er die Achseln. Persepolis hätte, was ihn betraf, aus Streichhölzern erbaut sein können – und so setzten wir unseren Weg in die Berge fort.

*

Pyramiden, Bögen, Obelisken waren nichts als die Vergehen von Prahlerei und wilde Ungeheuerlichkeiten alten Großmuts.

Sir Thomas Browne, Urne Buriall

*

London

Franco S., zum erstenmal seit dem Sturz des Schahs aus dem Iran zurückgekehrt, sagt, eine der Begleiterscheinungen von Khomeinis Revolution sei, daß die Quashgais ihre Kraft und Beweglichkeit wiedergefunden hätten.

*

Die Tradition der Pyramide steht der Tradition des Lagerfeuers gegenüber.

Martin Buber, Moses

*

Bevor er sich bei den Nürnberger Parteitagen an die Massen wandte, ging der »Führer« in einer unterirdischen Kammer, die dem Grab in der Großen Pyramide nachgebildet war, mit sich zu Rate.

*

»Sieh! Ich habe einen Schädel oben auf die Pyramide gemalt.«

»Warum hast du das getan, Sedig?«
»Ich male gern unheimliche Dinge.«
»Was hat der Schädel auf der Pyramide zu suchen?«
»Ein Riese ist darin begraben, und sein Schädel schaut hervor.«
»Was hältst du von dem Riesen?«
»Er ist böse.«
»Warum?«
»Weil er Menschen frißt.«

                Gespräch mit Sedig el Fadil el Mahdi,
                sechs Jahre alt

*

Jahwes Abscheu vor behauenem Stein: »Und so du mir einen steinernen Altar willst machen, sollst du ihn nicht von gehauenen Steinen bauen; denn wo du mit deinem Messer darüber fährst, so wirst du ihn entweihen.«

                                        Exodus 20,25

*

... Und niemand hat sein Grab erfahren bis auf den heutigen Tag.

                                      Deuteronomium 34,6

Im letzten Mondlicht heult ein Hund und verstummt. Der Flammenschein flackert, und der Wächter gähnt. Ein sehr alter Mann geht lautlos hinter den Zelten vorbei, ertastet sich den Weg mit einem Stock, um nicht über die Zeltschnüre zu stolpern. Er geht weiter. Sein Volk zieht in ein grüneres Land. Moses hat eine Verabredung mit Schakalen und Geiern.

*

Pompejus verlangte, nachdem er in Jerusalem den Tempel gestürmt hatte, daß man ihm das Allerheiligste zeige, und war erstaunt, daß er sich in einem leeren Raum befand.

*

Herodot berichtet von dem Besuch einiger Griechen in Ägypten, die, als sie die von Menschenhand errichteten Berge aus Sandstein sahen, sie Pyramiden *nannten, weil ihre Form sie an kleine Weizenkuchen erinnerten, die an Straßenständen verkauft wurden. Er fügt hinzu, daß die Einwohner der Gegend ihren Bau als eine Zeit des Schreckens in Erinnerung hatten und den Namen der Erbauer, Cheops und Chephren, nicht auszusprechen vermochten und es vorzogen, sie »Philitis« zu nennen nach einem Schäfer, der seine Herde einmal in ihrem Schatten hatte weiden lassen.*

*

Mauerwerk, vom Menschen gemacht?... Mich schaudert bei dem Gedanken an die alten Ägypter.
         Herman Melville, Journey up the Straits

*

         Djinguereber-Moschee, Timbuktu
Reihe um Reihe düsterer Bögen aus Lehmziegeln. Fledermausdreck. Wespennester in den Balken. Sonnenlicht fällt auf die Riedgrasmatten, wie die Strahlenbündel eines Brennglases.
Der Marabut unterbrach seine Gebete, um mir einige Fragen zu stellen.
»Gibt es ein Volk, das Merikaner heißt?« fragte er.
»Das gibt es.«
»Man sagt, sie haben den Mond besucht.«
»Das haben sie.«
»Sie sind Gotteslästerer.«

*

Eine sehr kurze Geschichte des Wolkenkratzers:
Es ist jedermann bekannt, daß der Turm von Babel als ein Anschlag auf den Himmel gedacht war. Die für den Bau verantwortlichen Beamten waren wenige. Die Arbeitskräfte waren unendlich viele, und damit die Befehle nicht mißver-

standen wurden, mußten alle Arbeiter dieselbe Sprache sprechen.

Nach und nach, als eine Mauerschicht auf die andere folgte, geriet die Oberste Behörde in Sorge, daß der Gedanke, einen Krieg gegen den Himmel zu führen, sinnlos sein könnte, schlimmer, daß Gott in seinem Himmel gar nicht existierte. Bei einer Sondersitzung des Zentralkomitees wurde beschlossen, eine Sonde in den Himmel zu schießen. Rakentensalven wurden senkrecht abgefeuert; und als diese blutbefleckt zur Erde zurückkehrten, war der Beweis erbracht worden, daß Gott letztlich sterblich war – und daß die Arbeit an dem Turm fortgesetzt werden sollte.

Er für sein Teil nahm es übel, daß man ihn in den Hintern gestochen hatte. Eines Morgens brachte er den Arm eines Maurers auf einer der höchsten Terrassen mit einem verächtlichen Atemzug ins Wanken und bewirkte damit, daß dieser einen Ziegel auf den Kopf eines Maurerkollegen unter sich fallen ließ. Es war ein Unfall. Alle wußten, daß es ein Unfall war, aber der Maurer unten begann Drohungen und Beleidigungen auszustoßen. Seine Kameraden versuchten vergeblich, ihn zu beruhigen. Alle ergriffen in diesem Streit Partei, ohne zu wissen, worum es bei dem Streit ging. Alle weigerten sich in ihrem gerechten Zorn, zu hören, was der Nachbar sagte, und benutzten eine Sprache, die Verwirrung stiften sollte. Das Zentralkomitee war hilflos, und die Arbeitstrupps, von denen jetzt jeder eine andere Sprache sprach, suchten Zuflucht vor den anderen in den entlegensten Regionen der Erde.

Nach Josephus Flavius, Jüdische Altertümer I, IV

*

Ohne Zwang könnte keine Siedlung gegründet werden. Die Arbeiter hätten keinen Aufseher. Die Flüsse würden kein Hochwasser führen.

Sumerischer Text

*

Für die Babylonier bedeutete »bab-il« »Pforte Gottes«. Für die Hebräer bedeutete dasselbe Wort »Verwirrung«, vielleicht »kakophonische Verwirrung«. Die Stufentürme Mesopotamiens waren »Pforten Gottes«, mit den elf Farben des Regenbogens bemalt und Anu und Enlil geweiht, den Göttlichkeiten, die Ordnung und Zwang vertraten.

Es war sicherlich eine wunderbare Intuition seitens der alten Juden – eingezwängt, wie sie waren, zwischen tyrannischen Imperien –, den Staat als Behemoth oder Leviathan begriffen zu haben, als ein Ungeheuer, welches das Leben der Menschen bedrohte. Sie waren vielleicht das erste Volk, das begriff, daß der Turm Chaos war, daß Ordnung Chaos war und daß Sprache – das Geschenk der Zungen, das Jahwe Adam in den Mund hauchte – eine rebellische und unberechenbare Kraft besitzt, mit der verglichen die Fundamente der Pyramiden wie Staub sind.

*

Im Zug von Frankfurt nach Wien
Er war unterwegs, um seinen alten Vater zu besuchen, der Rabbiner in Wien war. Er war klein und dick. Er hatte durchscheinende, weiße Haut und ingwerfarbene Schläfenlöckchen, und er trug einen langen Sergemantel und einen Biberhut. Er war sehr schüchtern. Er war so schüchtern, daß er es unmöglich fand, sich in Gegenwart eines anderen im Abteil auszuziehen. Der Schlafwagenschaffner hatte ihm versichert, er würde allein sein.

Ich bot an, in den Gang hinauszugehen. Der Zug fuhr durch einen Wald. Ich öffnete das Fenster und atmete den Duft von Kiefern ein. Als ich zehn Minuten später zurückkam, lag er auf der oberen Bettstelle, entspannt und begierig zu erzählen.

Sechzehn Jahre lang hatte er an einer talmudischen Akademie in Brooklyn studiert – er hatte seinen Vater seither nicht gesehen. Der nächste Tag würde sie vereinen.

Vor dem Krieg hatte seine Familie in Sibiu in Rumänien ge-

lebt, und als der Krieg ausbrach, hofften sie, in Sicherheit zu sein. Dann, im Jahr 1942, malten die Nazis einen Stern an ihr Haus.

Der Rabbiner rasierte sich den Bart und schnitt seine Schläfenlocken ab. Seine christliche Dienstmagd besorgte ihm Bauernkleidung: einen Filzhut, eine gegürtete Bluse, eine Schaffelljacke und Stiefel. Er umarmte seine Frau, seine beiden Töchter und den kleinen Sohn – alle vier sollten in Birkenau umkommen. Er nahm seinen Erstgeborenen auf den Arm und stürzte davon in die Wälder.

Der Rabbiner ging mit seinem Sohn durch die Birkenwälder der Karpaten. Schäfer beherbergten sie und gaben ihnen Fleisch. Die Art und Weise, wie die Schäfer Schafe schlachteten, verletzte seine Prinzipien nicht. Schließlich überquerten sie die türkische Grenze und machten sich auf die Reise nach Amerika.

Der Rabbiner fühlte sich in Amerika nie wohl. Er konnte mit dem Zionismus sympathisieren, brachte es jedoch nicht über sich, sich den Zionisten anzuschließen. Israel war eine Idee, kein Land. Wo die Thora war, da war auch das himmlische Königreich. Er war verzweifelt nach Europa aufgebrochen.

Jetzt würden Vater und Sohn nach Rumänien zurückkehren, denn der Rabbiner hatte vor nur wenigen Wochen ein Zeichen erhalten. Es war spät am Abend, als es an der Tür seiner Wohnung in Wien geklingelt und er widerstrebend geöffnet hatte. Auf dem Treppenabsatz stand eine alte Frau mit einem Einkaufskorb. Sie hatte blau angelaufene Lippen und schütteres weißes Haar. Undeutlich erkannte er seine christliche Dienstmagd.

»Ich habe Sie gefunden«, sagte sie. »Ihr Haus ist in Sicherheit. Ihre Bücher sind in Sicherheit, sogar Ihre Kleidung. Ich habe jahrelang vorgegeben, es sei jetzt ein christliches Haus. Ich sterbe. Hier ist der Schlüssel.«

*

Shahrak, Afghanistan
Die Tajiks sagen, sie seien das älteste Volk im Land. Sie bauen Weizen, Flachs und Melonen an. Sie haben lange, resignierte Gesichter und sind bis zur Erschöpfung mit ihren Bewässerungsgräben beschäftigt. Sie halten sich Rebhühner für Kämpfe und wissen nicht, wie man mit Pferden umgeht.

In dem Tal oberhalb des Tajik-Dorfes kamen wir zu einem Lager der Firuzkuhi Aimaqs. Ihre Jurten hatten gewölbte weiße Dächer und waren an den Seiten mit Rauten, Schnörkeln und Quadraten bemalt, in jeder vorstellbaren Farbe, wie ein Feld voller Ritter. Pferde grasten auf einer Wiese mit Kornblumen, und am Fluß standen weißblättrige Weiden. Wir sahen ein Fettschwanzschaf mit einem Schwanz, der so groß war, daß er an einem Karren festgebunden werden mußte. Vor den Jurten kämmten ein paar Frauen in purpurroten Gewändern Wolle.

Dies ist die Jahreszeit, wenn Bauern und Nomaden nach einer Saison des Unfriedens plötzlich die besten Freunde sind. Die Ernte ist eingebracht. Die Nomaden kaufen Getreide für den Winter. Die Dorfbewohner kaufen Käse, Häute und Fleisch. Die Schafe auf ihren Feldern sind ihnen willkommen, weil sie die Stoppeln aufbrechen und den Boden für die Herbstbestellung düngen.

Nomaden und Pflanzer sind die zwei zusammengehörenden Stützen der sogenannten »neolithischen Revolution«, die – in ihrer klassischen Form – etwa 8500 vor Christus an den Hängen des »fruchtbaren Halbmonds« stattfand, in dem wasserreichen »Land von Hügeln und Tälern«, das sich in einem Bogen von Palästina bis zum Südwesten des Iran erstreckt. Hier, in einer Höhe von rund tausend Metern, grasten die wilden Vorfahren unserer Schafe und Ziegen wilden Weizen und Gerste ab.

Während jede der vier Arten nach und nach domestiziert wurde, zogen die Bauern bergabwärts in das Schwemmland, aus dem sich die ersten Städte erheben sollten. Die Hirten da-

gegen zogen in das sommerliche Hochland und gründeten ihre eigene rivalisierende Ordnung.

*

Der Amoriter, der kein Korn kennt... Ein Volk, dessen Ansturm wie ein Orkan ist... Ein Volk, das nie eine Stadt gekannt hat...
Sumerischer Text

*

Ouissa, Air-Gebirge, Niger

Der Garten war kreisrund. Seine Erde war schwarz. Er war von einer Dornenhecke umgeben, um den Kamelen und Ziegen den Zugang zu verwehren. In der Mitte standen zwei uralte Dattelpalmen zu beiden Seiten des Brunnenschachts und einer Zisterne.

Vier Bewässerungsgräben unterteilten den Garten in Viertel. Die Viertel waren jeweils in ein Labyrinth von Gemüsebeeten unterteilt und mit Erbsen, Bohnen, Zwiebeln, Möhren, Grüngemüse, Kürbissen und Tomaten bepflanzt.

Der Gärtner war ein schwarzer Sklave, nackt bis auf einen Lendenschurz. Er war ganz auf seine Arbeit konzentriert. Er zog den Ledereimer aus dem Schacht und schaute zu, wie das Wasser durch das Labyrinth rann. Wenn ein Beet genügend bewässert war, versperrte er den Kanal mit seiner Hacke und leitete das Rinnsal zum nächsten um.

Etwas weiter talaufwärts waren andere runde Dornenhecken, in die die Tuareg nachts ihre Ziegen trieben.

Der Neger, der über die Sämlinge herrscht, hat die gleiche Bestimmung wie die ersten Diktatoren. Sumerischen und ägyptischen Archiven kann man entnehmen, daß die ersten Herrscher der Zivilisation sich als »Herren der befruchtenden Wasser« sahen, die ihren erschlaffenden Untertanen entweder Leben brachten oder den Hahn abdrehten.

*

Abel, mit dessen Tod die Kirchenväter den Märtyrertod Christi vorweggenommen sahen, war Schafhirte. Kain war ein seßhafter Bauer. Abel wurde von Gott bevorzugt, weil Jahwe selbst ein »Gott des Weges« war, dessen Ruhelosigkeit andere Götter ausschloß. Doch Kain, der die erste Stadt bauen sollte, wurde die Herrschaft über ihn versprochen.

Ein Vers des Midrasch, der den Streit kommentiert, besagt, daß Adams Söhne beide einen gleichwertigen Teil der Welt erbten: Kain erhielt das Anrecht auf alles Land und Abel auf alle lebenden Wesen – worauf Kain seinem Bruder Abel »unbefugtes Betreten« zur Last legte.

Die Namen der Brüder sind ein aufeinander abgestimmtes Paar von Gegensätzen. Abel stammt vom hebräischen hebel, *das »Atem« oder »Dampf« bedeutet – alles, was lebt und sich bewegt und vergänglich ist, das eigene Leben eingeschlossen. Die Wurzel von »Kain« scheint das Verb* kanah *zu sein: »erwerben«, »bekommen«, »eigener Besitz«, und auch »Herrschaft« oder »unterjochen«.*

  »Kain« bedeutet auch »Metallschmied«. Und da die Wörter für »Gewalt« und »Unterjochung« in mehreren Sprachen, sogar im Chinesischen, mit der Entdeckung von Metall zusammenhängen, ist es vielleicht das Schicksal Kains und seiner Nachkommen, die »Schwarze Kunst« der Technik zu praktizieren.

Eine mögliche Synopse des Mords:
  Kain ist ein fleißiger Mann, gebeugt vom ständigen Graben. Der Tag ist heiß und wolkenlos. Adler schweben hoch oben im Blau. Die letzte Schneeschmelze stürzt noch in Kaskaden talwärts, doch die Berghänge sind schon braun und verdorrt. Fliegen kleben in seinen Augenwinkeln. Er wischt sich den Schweiß von der Stirn und nimmt seine Arbeit wieder auf. Seine Hacke hat einen hölzernen Stiel, an dem ein Steinblatt befestigt ist.

Irgendwo weiter oben am Hang ruht sich Abel in der Kühle eines Felsens aus. Er trillert auf seiner Flöte: immer wieder dasselbe eindringliche Trillern. Kain hält inne, um zu lauschen. Schwerfällig richtet er sich auf. Dann hebt er die Hand gegen das grelle Licht und blickt auf seine Felder längs des Flusses. Die Schafe haben die Arbeit eines Morgens zertrampelt. Er hat keine Zeit, nachzudenken, und beginnt zu laufen...

Eine weniger entschuldbare Version der Geschichte lautet, daß Kain Abel auflauerte und einen Stein auf seinen Kopf schleuderte – in dem Fall ist der Mord die Frucht angestauter Bitterkeit, von Neid und Sehnsucht: der Sehnsucht des Gefangenen nach der Freiheit weiter Räume.

Jahwe erlaubt Kain, Sühne zu leisten, wenn er nur den Preis zahlt. Er verweigert ihm die »Früchte der Erde« und zwingt ihn, »den Flüchtigen und Umherirrenden«, in das Land Nod zu wandern. »Nod« bedeutet »Wildnis« oder »Wüste«, wo Abel einst vor ihm gewandert war.

*

»Travel«: das gleiche Wort wie »travail« – »körperliche oder geistige Arbeit«, »Strapaze, besonders schmerzvoller oder grausamer Art«, »Anstrengung«, »Mühsal«, »Leiden«. Eine »Reise«.

*

Kains Stadt, mit Menschenblut errichtet, nicht mit dem Blut von Ochsen oder Ziegen.
                                                        William Blake, The Ghost of Abel

*

»Allein und inmitten der Völker«, Meister des Überfallens, gierig nach Gewinn, doch angewidert von Besitz, getrieben von der Vorstellung aller Reisenden, die sich nach einem fe-

sten Wohnsitz sehen – kein Volk hat so stark wie die Juden die moralische Fragwürdigkeit des seßhaften Lebens empfunden. Ihr Gott ist ein Spiegelbild ihrer Rastlosigkeit. Ihr Buch – das Alte und das Neue Testament – kann zumindest in einer Hinsicht als ein monumentaler Dialog zwischen Ihm und Seinem Volk über Recht und Unrecht, im Lande zu leben, gelesen werden.

Sollte es ein Land für Felder und Häuser sein? Ein Land, wo Getreide und Wein wuchsen? Mit Städten, die sie nicht errichtet hatten, und Weinbergen, die sie nicht anlegten? Oder sollte es ein Land der schwarzen Zelte und Ziegenpfade sein? Ein Nomadenland, wo Milch und wilder Honig flossen? Ein Königreich, in dem das Volk »an einer Stätte wohne und nicht mehr in der Irre gehe« (2. Buch Samuel 7,10)? Oder war es, wie Heine vermutete, »ein tragbares Königreich«, das nur in den Herzen der Menschen existieren konnte?

Jahwe ist ursprünglich ein Gott des Weges. Sein Heiligtum ist die »Arche«, sein Haus ein Zelt, sein Altar ein Haufen unbehauener Steine. Und wenn er seinen Kindern auch gut bewässertes Land verspricht – Blau und Grün sind die Lieblingsfarben des Beduinen –, wünscht er ihnen insgeheim doch die Wüste.

Er führt sie aus Ägypten, fort von den Fleischtöpfen und der Peitsche des Aufsehers, eine dreitägige Reise in die rauhe, reine Luft des Sinai. Dort schenkt er ihnen ihr Hohes Fest, das Passahfest: ein Festessen mit gebratenem Lamm und bitteren Kräutern, Brot, das nicht im Ofen, sondern auf einem heißen Stein gebacken wird. Und er befiehlt ihnen, »eilig« zu essen, mit Schuhen an den Füßen und Stäben in den Händen, um sie ein für allemal daran zu erinnern, daß ihre Stärke in der Bewegung liegt.

Er schenkt ihnen den »Rundtanz«, den hag: *einen Tanz, der die Sprünge von Ziegen bei ihrer Frühjahrsmigration nachahmt, »als ob man mit einer Pfeife in die Berge des Herrn gehe«. Er erscheint im brennenden Dornbusch und in der*

Feuersäule. Er ist alles, was Ägypten nicht ist. Und doch wird er die zweifelhafte Ehre eines Tempels gutheißen – und es bedauern: »Sie haben ihre Greuelbilder gesetzt in das Haus, das nach meinem Namen genannt ist, um es unrein zu machen.« (Jeremia 7,30)

Die Gettos in Osteuropa waren jedes ein kleines Stück Wüste, »wo nichts Grünes wuchs«. Die christlichen Herren verboten den Juden, Land oder Häuser zu besitzen, ihr eigenes Gemüse anzubauen oder, außer Wucher, irgendwelchen Handel zu betreiben. Und während sie Reisig für Brennholz sammeln durften, war es ihnen doch nicht erlaubt, Bretter zu sägen, denn es hätte zum Bau eines Hauses führen können.

Die Christen, die ihnen diese Beschränkungen auferlegten, taten es in dem Glauben, sie bestraften die Juden für das Verbrechen, Christus getötet zu haben – so wie Jahwe Kain bestraft hatte. Orthodoxe Juden glaubten, daß sie, indem sie diese Beschränkungen hinnahmen, die Reise durch den Sinai, bei der das Volk Gnade in den Augen seines Herrn gefunden hatte, noch einmal durchlebten.

Die Propheten Jesaja, Jeremia, Amos und Hosea waren nomadische Erweckungsprediger, die das Unheil der dekadenten Zivilisation beklagten. Indem das Volk Wurzeln in die Erde senkte, »Haus an Haus und Feld an Feld reihte«, indem es den Tempel in eine Skulpturengalerie verwandelte, hatte es sich von seinem Gott abgewandt.

Wie lang, o Herr, wie lang...? »Bis die Städte verwüstet sind...« Die Propheten sahen einem Tag entgegen, an dem das Reich Gottes wiederhergestellt werden würde und die Juden zur genügsamen Askese des Nomadenlebens zurückkehrten. In der Vision Jesajas wird ihnen ein Retter versprochen, und sein Name würde Immanuel lauten und er würde ein Hirte sein.

Als Nebukadnezar, König von Babylon, die Juden in den

Mauern Jerusalems eingeschlossen hatte, erinnerte Jeremia sie an die Rechabiter, den einzigen Stamm, der den Verlockungen des seßhaften Lebens widerstanden hatte:

Wir trinken keinen Wein; denn unser Vater Jonadab, der Sohn Rechabs, hat uns geboten: Ihr und eure Nachkommen sollt niemals Wein trinken und kein Haus bauen, keinen Samen säen, keinen Weinberg pflanzen noch besitzen, sondern ihr sollt in Zelten wohnen euer Leben lang, auf daß ihr lange lebet in dem Lande, in dem ihr umherzieht.
Jeremia 35,6–7

Allein die Rechabiter entkamen, weil sie ihre taktische Mobilität bewahrten, den Greueln des Belagerungskrieges.

*

Im Muqaddimah, der »Weltgeschichte« von Ibn Chaldun, einem Philosophen, der die menschliche Natur vom Standpunkt eines Nomaden betrachtete, lesen wir:

Die Wüstenvölker sind dem Gutsein näher als seßhafte Völker, weil sie dem Urzustand näher sind und ferner von den üblen Gewohnheiten, die die Herzen der Seßhaften verdorben haben.

Unter »Wüstenvölkern« versteht Ibn Chaldun Beduinen wie jene, die er in den Tagen seiner kriegerischen Jugend aus dem Innern der Sahara als Söldner angeworben hatte.
Jahre später, nachdem er in die Schlitzaugen Timurs geblickt und mit eigenen Augen Schädelberge und schwelende Städte gesehen hatte, ergriff auch ihn, wie die Propheten des Alten Testaments, die furchtbare Angst vor der Zivilisation, und er dachte mit Sehnsucht an das Leben in den Zelten zurück.

Ibn Chaldun gründete seine Theorie auf die Annahme, daß

Menschen moralisch und physisch verkommen, wenn es sie in die Städte treibt.

Die harten Bedingungen der Wüste, vermutete er, waren dem verweichlichten Leben in den Städten vorausgegangen. Die Wüste war folglich ein Reservoir der Zivilisation, und Wüstenvölker waren Seßhaften gegenüber im Vorteil, weil sie genügsamer, freier, mutiger, gesünder und weniger überheblich, weniger ängstlich waren, weniger dazu neigten, sich korrupten Gesetzen zu unterwerfen, und insgesamt leichter geheilt werden konnten.

*

Kloster von Simonaspetras, Berg Athos
Ein junger Ungar, erschöpft vom Aufstieg zum heiligen Berg, kam und setzte sich auf die Terrasse und blickte auf die stürmische See unter uns. Er war ausgebildeter Epidemiologe, hatte seine Stellung jedoch aufgegeben, um die heiligen Berge der Welt zu besteigen. Er hoffte, daß er den Berg Ararat erklimmen und den Berg Kailas in Tibet umrunden könnte.
»Der Mensch«, sagte er plötzlich und unvermittelt, »war nicht dazu bestimmt, seßhaft zu werden.«
Das hatte er bei seinem Studium der Epidemien gelernt. Die Geschichte der Seuchenkrankheiten war eine Geschichte von Menschen, die sich in ihrem eigenen Dreck suhlten. Auch war er zu dem Schluß gekommen, daß Pandoras Büchse mit den Übeln eine neolithische Urne aus Ton gewesen war.
»Täuschen Sie sich nicht«, sagte er. »Es wird Epidemien geben, neben denen Atomwaffen sich wie nutzlose Spielzeuge ausnehmen werden.«

*

»Es war keine sommerliche Reise (progress). *Sie hatten Kälte davon, zu dieser Jahreszeit; ja, es war die schlimmste Zeit des Jahres, um eine Reise zu unternehmen, und insbesondere eine lange Reise.«*
Lancelot Andrews, 1622

Im Mittelenglischen bedeutete das Wort progress *eine »Reise«, insbesondere eine »saisonbedingte Reise« oder »Rundreise«.*

Ein progress *war die Rundreise eines Königs zu den Schlössern seiner Peers, eines Bischofs in alle seine Diözesen, eines Nomaden zu allen seinen Weideflächen, eines Pilgers zu einer Reihe von heiligen Stätten. »Moralische« oder »materielle« Seiten des* Fort-Schritts *waren bis zum siebzehnten Jahrhundert unbekannt.*

*

Im Tibetischen ist die Definition eines »Menschen« a-Gro ba: *ein »Geher«, »einer der auf Wanderung geht«. Ähnlich ist ein* arab *(oder* bedu*) ein »Zeltbewohner«, im Gegensatz zum* hazar, *»der in einem Haus lebt«. Doch hin und wieder muß sogar ein* bedu *seßhaft werden, abhängig von einem Wüstenbrunnen während der heißen, trockenen Jahreszeit im August – dem Monat, der seinen Namen dem Ramadan gab (von* rams, *»brennen«).*

*

Alles in allem gibt es nur zwei Arten von Menschen auf der Welt – solche, die zu Hause bleiben, und solche, die es nicht tun.

Kipling

*

Doch könnte das eine Frage saisonbedingter Veränderungen sein...

*

Wenige Gegenden kennen keine magere Jahreszeit: eine Zeit der Qual und der erzwungenen Tatenlosigkeit, wenn die Menschen am anfälligsten und die Raubtiere am hungrigsten sind. (Ramadan bedeutet auch »die Zeit der Bestien«.) In seinem Essay über die saisonbedingten Fluktuationen von Eski-

mogesellschaften stellt Marcel Mauss das reiche, »gottlose« Sommerleben in den Zelten den hungrigen, »spirituellen« und emotional aufgeladenen Aktivitäten der winterlichen Seßhaftigkeit im Iglu gegenüber. Colin Turnbull dagegen berichtet, daß die Mbuti-Pygmäen in Äquatorialafrika die meiste Zeit durch ihren Regenwald ziehen, wobei ihre Ernährung mehr als gesichert ist: und doch werden auch sie eine Zeitlang seßhaft, »ritualisieren« eine Phase der Entbehrungen (und der Seßhaftigkeit), obwohl es ihnen an nichts mangelt.

Ich habe manchmal geglaubt, daß es möglich sei, eine Theorie aufzustellen, nach der die Seßhaftigkeit – und folglich die Zivilisation – »die kapitalisierte magere Jahreszeit« wäre.

*

Hongkong
Paddy Booz erzählt, daß sie in den Straßen einer chinesischen Provinzstadt einem taoistischen Großmeister begegnet sei. Der Mann trug die blauen Gewänder und den hohen Hut eines Großmeisters. Er und sein junger Schüler waren kreuz und quer durch China gewandert.

»Und was«, fragte Paddy ihn, »haben Sie während der Kulturrevolution gemacht?«

»Ich bin auf einen Spaziergang in die Kun L'ung-Berge gegangen.«

*

Während der Fahrt mit Arkady mußte ich an eine Stelle in Vernadskis Frühes Rußland denken, wo beschrieben wird, wie slawische Bauern in einen Sumpf tauchten und durch hohles Schilfrohr atmeten, bis das Geräusch der Reiter verhallt war.

»Kommen Sie mit mir nach Hause und lernen Sie meinen Vater kennen«, sagte er. »Er und seine Freunde haben das gemacht, als die deutschen Panzer durch das Dorf fuhren.«

*

Quadrupedante putrem sonitu quatit ungula campum.
Virgils exemplarischer Hexameter, der das dumpfe Getrappel von Pferdehufen in einer Ebene beschreibt, hat seine persische Entsprechung in der Äußerung eines Überlebenden der Plünderung Bucharas durch die Mongolen: Amdand u khandand u sokhtand u kushtand u burdand u raftand. *»Sie kamen und sie plünderten und sie sengten und brannten und sie töteten und sie bündelten ihre Beute und waren gegangen.«*

In seiner Geschichte der Welteroberer *sagt Juvaini, daß sein ganzes Werk und all die Greuel jener Zeiten in diesem einzigen Satz enthalten seien.*

Aus Henry Yule: Marco Polo, I, 233

*

Ein Mann zu Fuß ist überhaupt kein Mann.

Texanischer Cowboy

*

Über die Grausamkeit von Nomaden:

Ich habe keine Mühle mit Weidenbäumen
Ich habe ein Pferd und eine Peitsche
Ich werde dich töten und gehen.

Yomut Turkoman

*

Die Chronik von Nowgorod berichtet von der Ankunft einer Hexe aus der Tatarei und zweier Männer, die sie begleiten, im Jahre 1223. Sie forderten ein Zehntel von allem: »Von Männern, Fürsten, Pferden, Schätzen, von allem ein Zehntel.«

Die russischen Fürsten lehnten ab. Die Invasion der Mongolen begann.

*

Leningrad

Ein Picknick im Büro eines Archäologieprofessors: Kaviar, Schwarzbrot, Scheiben von geräuchertem Stör, Zwiebeln, Rettiche und eine Flasche Stolitschnaja – für uns beide.

Den größten Teil des Morgens hatte ich mir seine Ansichten über die Mechanismen von Nomadeninvasionen angehört. Toynbee vertrat die Theorie, daß eine Dürreperiode irgendwo in der Steppe Zentralasiens einen Stamm von seinen Weidegründen vertrieben und einen »Kartenhauseffekt« zur Folge gehabt habe – mit Auswirkungen bis nach Europa und China.

Mir dagegen war aufgefallen, daß die Nomaden nicht in Zeiten des Mangels, sondern des Überflusses am angriffslustigsten waren, in Zeiten größten Wachstums, wenn das Gras am grünsten war und die Hirten ihre Tiere sich vermehren ließen, über den Punkt der Stabilität hinaus.

Dem Professor zufolge schienen seine Nomaden in friedlichen, engen, gehorsamen Bahnen umhergezogen zu sein, ohne ihre Nachbarn zu stören, ohne die heutigen Grenzen der Sozialistischen Republiken zu überschreiten.

Später, nach ein paar weiteren Schlucken Wodka, umschloß er mich in einer brüderlichen paneuropäischen Umarmung, verengte seine Augen zu Schlitzen und sagte: »Was wir hassen, ist dies, oder?«

»Ich nicht«, sagte ich.

*

Le Désert est monothéiste. *Renans Aphorismus will besagen, daß leere Horizonte und ein blendender Himmel den Geist von seinen Zerstreuungen befreien und ihm erlauben, sich auf die Gottheit zu konzentrieren. Aber das Leben in der Wüste ist nicht so!*

Um überhaupt zu überleben, muß der Wüstenbewohner – Tuareg oder Aborigine – einen außerordentlichen Orientierungssinn entwickeln. Er muß unentwegt tausend verschiedene »Zeichen« benennen, sichten, vergleichen – die Spuren eines Mistkäfers oder die Wellungen einer Düne –, um zu erfahren, wo er ist, wo die anderen sind, wo Regen gefallen ist, von wo die nächste Mahlzeit kommt, ob die Pflanze X blüht, die Pflanze Y Beeren tragen wird, und so weiter.

Es ist ein Paradox der monotheistischen Religionen, daß, obwohl sie im Bereich der Wüste entstanden sind, die Wüstenvölker selbst dem Allmächtigen gegenüber eine Gleichgültigkeit an den Tag legen, die entschieden arrogant ist. »Wir werden zu Gott hinaufgehen und ihn begrüßen«, sagte ein bedu in den sechziger Jahren des vergangenen Jahrhunderts zu Palgrave. »Und wenn er sich gastfreundlich zeigt, werden wir bleiben; wenn nicht, werden wir unsere Pferde besteigen und davonreiten.«

Mohammed sagte: »Kein Mann wird Prophet, der nicht zuerst Hirte gewesen ist.« Aber wie er eingestehen mußte, waren die Araber der Wüste »unverbesserlich in ihrer Ungläubigkeit und Heuchelei«.

Bis vor kurzem hielt ein Beduine, der wandernd in die Nähe Mekkas kam, es nicht für lohnend, auch nur einmal in seinem Leben um die Heiligtümer zu gehen. Doch war der Hadsch, die »Pilgerreise«, an sich eine »rituelle« Wanderung: um die Menschen aus ihren sündigen Heimen zu entfernen und, sei es auch nur vorübergehend, die Gleichheit aller Menschen vor Gott wiederherzustellen.

Ein Pilger auf dem Hadsch hat den Urzustand des Menschen wiedererlangt: wenn er auf dem Hadsch stirbt, geht er als Märtyrer direkt in den Himmel ein. Ähnlich wurde Il-Rāh, »Der Weg«, zuerst als ein technischer Ausdruck für »Straße« oder »Wanderpfad« benutzt – bevor die Mystiker ihn sich zu eigen machten und damit »den Weg zu Gott« bezeichneten.

Diese Vorstellung hat ihre Entsprechung in den zentralaustra-

lischen Sprachen, in denen tjurna djugurba *»die Fußspuren des Ahnen« oder »der Weg des Gesetzes« bedeutet.*

In den tieferen Schichten der menschlichen Psyche wird anscheinend ein Zusammenhang zwischen »Pfad-finden« und »Gesetz« hergestellt.

*

Für den arabischen Beduinen ist die Hölle ein sonnenheller Himmel, und die Sonne ein starkes, knochiges weibliches Wesen – böse, alt und voller Neid auf das Leben –, das die Weiden und die Haut von Menschen austrocknet.

Der Mond hingegen ist ein wendiger, energischer junger Mann, der über den Schlaf des Nomaden wacht, ihm bei nächtlichen Wanderungen den Weg weist, der den Regen bringt und den Tau von Pflanzen tröpfeln läßt. Er hat das Pech, mit der Sonne verheiratet zu sein. Nach einer einzigen Nacht mit ihr nimmt er ab und ist aufgezehrt. Er braucht einen Monat, um sich zu erholen.

*

Der norwegische Anthropologe Frederick Barth schreibt, daß den Basseri, einem anderen iranischen Nomadenstamm, in den dreißiger Jahren von Schah Reza verboten wurde, ihre Winterweiden zu verlassen.

1941 wurde der Schah abgesetzt, und sie waren wieder frei, um die dreihundert Meilen lange Reise in das Zagrosgebirge anzutreten. Frei waren sie, aber sie hatten keine Tiere. Ihre Schafe mit dem feinen Fell waren in den Ebenen des Südens umgekommen – aber sie brachen trotzdem auf.

Sie wurden wieder Nomaden, was bedeutet, daß sie wieder zu Menschen wurden. »Es war die Freiheit zu wandern«, schrieb Barth, »die für sie den höchsten Wert hatte, nicht die Umstände, die es wirtschaftlich lohnend machten.«

Als Barth die Abwesenheit von Ritualen oder irgendeines *verwurzelten Glaubens bei den Basseri zu ergründen ver-*

suchte, kam er zu dem Schluß, daß die Reise selbst das Ritual war, daß die Straße zum sommerlichen Hochland der Weg war, und daß das Aufschlagen und Abbrechen von Zelten sinnvollere Gebete waren als alle Gebete in der Moschee.

*

Überfälle sind unsere Landwirtschaft.
Beduinen-Sprichwort

*

Ich gegen meinen Bruder.
Ich und mein Bruder gegen unseren Cousin.
Ich, mein Bruder und unser Cousin gegen unsere
    Nachbarn.
Wir alle gegen den Fremden.
Beduinen-Sprichwort

*

Der Arabist Alois Musil, ein Cousin von Robert Musil, schätzte 1928, daß bei den Rwala-Beduinen vier Fünftel der Männer im Krieg oder durch Blutrache umkamen oder den Verletzungen erlagen, die ihnen dabei zugefügt worden waren.

Jäger dagegen, die eine Kunst des Minimums praktizieren, halten ihre Zahl bewußt niedrig und genießen weit mehr Sicherheit, was ihr Leben und ihr Land betrifft. Spencer und Gillen schrieben über den Eingeborenen Zentralaustraliens, daß er zwar gelegentlich streite oder kämpfe, jedoch nie auf den Gedanken käme, sich neues Territorium anzueignen, eine Haltung, die sich erklären lasse mit dem »Glauben, daß seine Alcheringa-(Traumzeit-)Ahnen genau dasselbe Land bewohnt hatten wie er jetzt«.

*

Die Hirtenmoral in Australien:

Jemand im Ministerium für Aborigine-Angelegenheiten – ich

glaube, es war der Minister persönlich – hat erklärt, im Northern Territory hätten »die Rinder von Ausländern« mehr Rechte als die australischen Bürger.

Die Hirtenmoral im alten Irland:

> *Seit ich meinen Speer in die Hand genommen habe, ist kein einziger Tag vergangen, ohne daß ich einen Connaught-Mann getötet hätte.*
>
> Conall Cernach, Viehhirte in Ulster

*

Jeder Nomadenstamm ist eine Militärmaschine im Embryonalzustand, die, wenn sie nicht gegen andere Nomaden kämpft, dem Impuls folgt, die Stadt zu überfallen oder zu bedrohen.

Deshalb haben Siedler seit Anbeginn der Geschichte Nomaden als Söldner angeworben: sei es, um eine Bedrohung durch Nomaden abzuwehren – wie die Kosaken, die für die Zaren gegen die Tataren kämpften –, oder, wenn keine Nomaden da waren, um gegen andere Staaten zu kämpfen.

*

Im alten Mesopotamien verwandelten sich diese »Söldner« zuerst in eine Kaste militärischer Aristokraten, dann in Lenker des Staates. Daraus kann man folgern, daß der Staat als solcher aus einer gewissen »chemischen« Verbindung zwischen Hirte und Pflanzer hervorging, sobald man einmal erkannt hatte, daß die Methode des Einzäunens von Tieren auf eine träge Masse von Bauern angewandt werden konnte.

Von ihrer Rolle als »Herren der befruchtenden Wasser« abgesehen, bezeichneten sich die ersten Diktatoren selbst als »Hirten des Volkes«. Tatsächlich sind die Wörter für »Sklave« und »Haustier« auf der ganzen Welt die gleichen. Die Massen müssen eingepfercht, gemolken, angebunden werden (um sie

vor den menschlichen »Wölfen« draußen zu retten) – und, wenn es nötig wird, zum Abschlachten aufgereiht werden.
 Die Stadt ist daher ein Schafgehege, das auf den Garten draufgesetzt wird.

Eine weitere Möglichkeit ist – nicht ohne Bedeutung für die Theorie, daß ein Krieg wie auf dem Schachbrett geplant werden könne –, daß das Heer, jedes Berufsheer oder Kriegsministerium, ohne sich dessen bewußt zu sein, ein Stamm von Ersatznomaden ist, die innerhalb des Staates groß geworden sind, die den Staat aussaugen, ohne die der Staat zusammenbrechen würde, deren Ruhelosigkeit jedoch letzten Endes zerstörerisch auf den Staat wirkt, da sie wie Rinderbremsen unaufhörlich versuchen, ihn zu Unternehmungen anzustacheln.

*

Hesiods Werke und Tage *enthalten ein metaphysisches Modell für den Niedergang des Menschen im Zusammenhang mit dem technischen Fortschritt. Seine Stadien kultureller Entwicklung erstrecken sich vom Goldenen Zeitalter bis zum Silbernen und bis zur Bronze- und Eisenzeit. Die Bronze- und die Eisenzeit waren eine archäologische Realität, die Hesiod aus eigener Erfahrung kannte und die in einer Zunahme von Gewalttätigkeit und Streit gegipfelt hatte. Natürlich waren ihm das »Paläolithikum« und das »Neolithikum« unbekannt, und so wurden das Goldene und das Silberne Zeitalter von ihm symbolisch verstanden. In der umgekehrten Reihenfolge ihrer metallischen Vollkommenheit stellen sie eine Degeneration vom Unvergänglichen zum Angelaufenen, Zerfressenen und Verrosteten dar.*
 Die Menschen des Goldenen Geschlechts, sagt Hesiod, lebten in einem Zeitalter, als Kronos, »Vater Zeit«, im Himmel regierte. Die Erde schenkte ihnen Überfluß. Sie lebten glücklich und ohne Sorgen, wanderten ungehindert über ihr Land, ohne Besitztümer, ohne Häuser oder Krieg. Sie nahmen ihre

Mahlzeiten gemeinsam zu sich, miteinander und zusammen mit den unsterblichen Göttern. Sie starben, solange sie noch all ihre Glieder gebrauchen konnten, als wäre der Schlaf über sie gekommen.

In der christlichen Zeit stützte sich Origenes (Contra Celsum, IV, 79) auf Hesiods Text, um zu behaupten, daß die Menschen zu Beginn der Menschheitsgeschichte unter übernatürlichem Schutz gestanden und deshalb keine Trennung zwischen ihrer göttlichen und ihrer menschlichen Natur gekannt hätten – oder, um es anders zu formulieren, daß es zwischen dem instinktiven Leben eines Menschen und seinem Verstand keinen Widerspruch gegeben hätte.

*

In dem Teil Libyens, wo man wilde Tiere findet, leben die Garamantes, die jeden Umgang mit Menschen meiden, keine Kriegswaffen besitzen und nicht wissen, wie sie sich verteidigen sollen.
Herodot, IV, 194

*

Die ersten Christen glaubten, daß sie, wenn sie in die Wüste zurückkehrten, das Ringen unseres Herrn in der Wildnis auf sich nehmen könnten.

Sie wandern in den Wüsten, als wären sie selbst wilde Tiere. Wie Vögel fliegen sie durch die Berge. Sie sammeln Futter wie Tiere. Ihr täglicher Rundgang ist unveränderlich, immer vorauszusehen, denn sie ernähren sich von Wurzeln, dem natürlichen Produkt der Erde.
> *Aus* Spiritual Meadow *von St. John Moscus, einer Beschreibung von Eremiten, die als »Browsers« bekannt wurden.*

*

Jede Mythologie erinnert an die Unschuld des Urzustands:

Adam im Paradies, die friedlichen Hyperboreer, die Uttarakurus oder »die Menschen von vollkommener Tugend« der Taoisten. Pessimisten interpretieren die Geschichte des Goldenen Zeitalters oft als einen Hang, den Übeln der Gegenwart den Rücken zu kehren und der Glückseligkeit der Jugend nachzutrauern. Aber nichts in Hesiods Texten geht über die Grenzen der Wahrscheinlichkeit hinaus.

Die echten oder halbechten Stämme, die sich an den Randzonen antiker Geographien befinden – Atavantes, Fenni, Parrossiten oder die tanzenden Spermatophagen –, haben ihre modernen Entsprechungen im Buschmann, im Schoschonen, im Eskimo und im Aborigine.

Ein Merkmal der Menschen des Goldenen Zeitalters: sie werden immer als Nomaden erinnert.

An der Küste Mauretaniens, unweit der Stelle, wo die Méduse *(die von Géricaults* Floß der Medusa*) Schiffbruch erlitt, sah ich die baufälligen Hütten der Imraguen: einer Kaste von Fischern, die Seebarben mit Wadennetzen fangen und die voll Heiterkeit und Anmut denselben Pariastatus genießen wie die Nemadi.*

Ähnliche Fischerhütten müssen am Ufer vom See Genezareth gestanden haben: »Folgt mir nach, und ich werde euch zu Menschenfischern machen.«

Eine Alternative zur Vision vom Goldenen Zeitalter ist die der »Antiprimitivisten«: sie glauben, daß der Mensch, indem er Jäger wurde, der Jäger und Mörder seiner eigenen Art wurde.

Dies ist eine höchst brauchbare Doktrin, wenn man a) andere ermorden will, wenn man b) »drakonische« Maßnahmen ergreifen will, um zu verhindern, daß ihre mörderischen Instinkte überhandnehmen.

Wie auch immer, der Wilde muß als schändlich angesehen werden.

In seinen Meditationen über die Jagd *vertritt Ortega y Gasset den Standpunkt, daß Jagen (anders als Gewalt) nie reziprok sei: der Jäger jagt, und der Gejagte versucht zu entkommen. Ein Leopard, der ein Tier reißt, ist ebensowenig gewalttätig oder böse, wie eine Antilope dem Gras böse ist, das sie frißt. Die meisten Berichte von Jägern heben hervor, daß der Akt des Tötens ein Augenblick des Mitleids und der Verehrung ist, der Dankbarkeit gegenüber dem Tier, das einwilligt, zu sterben.*

Ein »Bushie« im Pub in Glen Armond wandte sich mir zu und fragte: »Wollen Sie wissen, wie die Schwarzen jagen?«
  »Erzählen Sie.«
  »Instinkt.«

31

In eines meiner ersten Notizbücher übertrug ich gewissenhaft Sätze aus dem *Journal*, das Sir George Grey in den dreißiger Jahren des neunzehnten Jahrhunderts geschrieben hatte. Grey war möglicherweise der erste weiße Forscher, der verstand, daß die Aborigines trotz gelegentlicher Unannehmlichkeiten »gut lebten«.

Die beste Stelle im *Journal* ist die Beschreibung eines Schwarzen, der alle seine physischen und geistigen Fähigkeiten darauf konzentriert, um sich an ein Känguruh heranzupirschen und es mit einem Speer zu durchbohren.

Der letzte Absatz schließt mit einer Koda:

> ... seine anmutigen Bewegungen, das vorsichtige Annähern, die Ruhe und Gelassenheit, die ihn überkommen, wenn seine Beute gewarnt ist, all das belebt die Phantasie unfreiwillig und überwältigt einen dermaßen, daß man sich selbst zuflüstert: »Wie schön! Wie wunderschön!«

Ich redete mir ein, daß etwas von dieser Schönheit überlebt haben müsse, bis zum heutigen Tag. Ich bat Rolf, einen Mann ausfindig zu machen, der mich auf die Jagd mitnahm.

Ich hatte ein paar Wochen lang auf meinem Hintern gesessen und begann den Abscheu vor Wörtern zu empfinden, der aufkommt, wenn man sich keine Bewegung mehr verschafft.

»Der beste Mann, mit dem Sie gehen können«, sagte Rolf, »ist der alte Alex Tjangapati. Er spricht etwas Englisch.«

Alex war ein älterer Mann. Sein Haar war mit einem gelben Band hochgebunden, und er trug einen pflaumenblauen Damensamtmantel mit wattierten Schultern. Ich glaube nicht, daß er darunter irgend etwas anhatte. Er wanderte jeden Tag in den Busch, und abends lungerte er mit seinen Jagdspeeren in der Nähe des Ladens herum und starrte die anderen von der Cullen-Sippe an, als wären sie die echte *canaille*.

Als Rolf ihn bat, mich mitzunehmen, machte Alex ein langes, zerknirschtes Gesicht und ging davon.

»Nun, das war's wohl«, sagte ich.

»Machen Sie sich nichts draus«, sagte er. »Wir werden jemand anders finden.«

Am nächsten Tag kam Stumpy Jones gegen Mittag mit seinem Lastwagen nach Cullen hereingefahren. Er war der erste, der es durch die Überschwemmungen geschafft hatte. Trotzdem hatte er einen Tag und eine Nacht diesseits von Popanji im Schlamm festgesessen, und die Jungs von der Bergbaugesellschaft Magellan mußten ihn herausziehen.

Ein Mädchen war bei ihm. Sie war die Freundin von Don, dem Werkstattleiter. »Und sie ist ein gutes Mädchen«, sagte Stumpy augenzwinkernd.

Sie hatte kurzgeschnittenes Haar und trug ein schmutziges weißes Kleid. Don schien sehr erfreut, sie zu sehen, aber sie warf ihm einen kühlen, abschätzenden Blick zu und fuhr fort, Stumpy anzulächeln.

»Stimmt«, sagte sie. »Ich jammere nicht, wenn ich steckenbleibe.«

Don und ich halfen, die Kisten vom Lastwagen abzuladen. Wir waren fast fertig, als Rolf herauskam.

»Wollen Sie auf die Jagd gehen?« rief er.

»Ja«, sagte ich.

»Wollen Sie eine Tankfüllung Benzin bezahlen?«

»Wenn es das ist, was sie wollen.«

»Ich hab's abgemacht.«

»Mit wem?«

»Donkey-donk«, sagte er. »Guter Kerl!«

»Wann?«

»Sofort«, sagte er. »Sie gehen besser und ziehen sich Ihre Stiefel an. Und einen Hut!«

Ich ging zum Wohnwagen hinüber, als ein klappriger Ford-Sedan quietschend und ächzend hinter mir angefahren kam. Am Steuer saß ein bärtiger Aborigine mit einem dicken Bauch.

»Gehst du auf die Jagd?« sagte er grinsend.

»Mit dir?«

»Mann!« sagte Donkey-donk.

Wir fuhren zurück, um Benzin zu tanken, aber kaum hatte ich bezahlt, erkannte ich, daß meine Rolle bei dieser Expedition nicht die eines »Kunden«, sondern die eines »Sklaven« war.

Donkey-donk ließ mich zusätzlich Öl, Patronen, Schokoladenriegel und Zigaretten bezahlen. Er wollte, daß ich ihm einen neuen Reifen kaufte. Er ließ mich seine Zigarette halten, während er am Motor herumbastelte.

Wir waren zum Aufbruch bereit, als ein junger Mann namens Walker angeschlendert kam. Walker war ein großer Reisender. Er hatte Australien kreuz und quer auf der Suche nach einer Frau, die seinen Ansprüchen genügte, bereist. Er hatte auch einige Zeit im YMCA in Amsterdam verbracht. Er war sehr schön. Er hatte ein göttergleiches Profil und sehr dunkle Haut. Sein Haar und sein Bart hatten die Farbe von gesponnenem Gold.

»Willst du mit auf die Jagd kommen?« rief Donkey-donk ihm zu.

»Klar«, sagte Walker und setzte sich auf den Rücksitz.

Wir fuhren los, um den Mann zu suchen, der das Gewehr hatte. Auch er war ein unglaublich anmutiger junger Mann, mit einem kraftlosen Lächeln und schulterlangem Haar. Er saß vor einem Gehege aus Gestrüpp. Er hatte mit rotem Kugelschreiber seinen Namen, »Nero«, überall auf seine Jeans gekritzelt.

Neros Frau, stellte sich heraus, war die Riesin, die ich beim Pokerspiel beobachtet hatte. Sie war gut einen Kopf größer als er und ungefähr viermal so breit. Sie saß hinter ihrem Gehege am Lagerfeuer und nagte an einem verkohlten Känguruhschenkel. Als Nero ins Auto stieg, kam sein kleiner Sohn hinter ihm hergerannt und hechtete durch das offene Fenster. Die Mutter kam nach, ihre Känguruhkeule schwenkend. Sie zog den Jungen an den Haaren heraus und spuckte ihm ins Gesicht.

Wir waren seit ein paar Minuten unterwegs, als Nero sich an die anderen wandte.

»Habt ihr Streichhölzer?« fragte er.

Donkey-donk und Walker schüttelten den Kopf. Wir kehrten um, um Streichhölzer zu holen.

»Rauch«, sagte Nero grinsend. »Falls wir steckenbleiben.«

Wir fuhren zwischen Mount Cullen und Mount Liebler südwärts und dann talwärts in Richtung des Gun Barrel Highway. Nach dem Regen brachen gelbe Blüten aus dem Gebüsch hervor. Der Weg begann und endete in einer Luftspiegelung, und die felsige Bergkette schien über der Ebene zu schweben.

Ich zeigte auf einen rötlichen Höcker auf der linken Seite.

»Was ist das?« fragte ich.

»Alter Mann«, gab Walker strahlend preis.

»Und von wo kommt der Alte Mann?«

»Kommt von weit her. Vielleicht von der Aranda-Sippe. Vielleicht aus Sydney.«

»Und wo geht er hin?«

»Port Hedland«, sagte er in bestimmtem Ton.

Port Hedland ist ein Eisenerz-Hafen an der westaustralischen Küste, etwa achthundert Meilen westlich von Cullen hinter der Gibson-Wüste.

»Und was geschieht mit dem Alten Mann«, fragte ich, »wenn er ans Meer kommt?«

»Ende«, sagte Walker. »Vorbei.«

Als nächstes zeigte ich auf einen niedrigen Berg mit flachem Gipfel, der, wie Rolf mir versichert hatte, ein Kothaufen war, den der Perenty-Mann in der Traumzeit ausgeschieden hatte.

»Und was ist mit dem dort?«

Walker zupfte nervös an seinem Bart.

»Ich bin zu jung«, sagte er verschämt – womit er sagen wollte, daß er in dieses besondere Lied *nicht* eingeweiht worden war.

»Frag Nero«, fuhr er fort. »Er weiß es.«

Nero kicherte und wiegte den Kopf.

»Toiletten-Traum«, sagte er. »Scheiße-Traum.«

Donkey-donk krümmte sich vor Lachen und fuhr eine Zeitlang im Zickzack.

Ich wandte mich den beiden auf dem Rücksitz zu.

»Perenty-Scheiße?« fragte ich.

»Nein, nein«, gickerte Nero albern. »Zwei Männer.«

»Und woher kommen diese zwei Männer?«

»Sie kommen von nirgendwo.« Er klatschte in die Hände. »Sie machen es dort!«

Nero machte eine Geste mit Daumen und Zeigefinger, und es wurde nur zu deutlich, was die beiden Männer trieben.

»Schwäger«, sagte er.

Walker runzelte die Stirn, spitzte die Lippen und drückte die Knie fest zusammen.

»Ich glaube euch nicht«, sagte ich zu Nero. »Ihr nehmt mich hoch.«

»He! He!« kicherte er und wurde dann wieder von einem Lachanfall überwältigt.

Er und Donkey-donk prusteten noch immer vor Lachen, als wir nach etwa drei Meilen bei ein paar flachen Felsen anhielten. Alle drei sprangen aus dem Auto.

»Komm her«, rief Nero mir zu. »Wasser.«

Zwischen den Felsen waren Tümpel stehenden Wassers, in dem sich Moskitolarven ringelten.

»Bandwürmer«, sagte Nero.

»Keine Bandwürmer«, sagte ich. »Moskitolarven.«

»Dingo«, sagte Donkey-donk.

Er zeigte auf den größten Felsen, der tatsächlich wie ein liegender Hund aussah. Die kleineren Felsen, sagte er, seien junge Hunde.

Sie planschten ein paar Minuten im Wasser herum. Dann verließen wir die Piste und fuhren querfeldein nach Westen.

Donkey-donk, das muß ich sagen, war ein erstaunlicher Fahrer. Er ließ den Wagen durch das Spinifexgestrüpp tanzen. Er wußte genau, ob er einem Busch ausweichen oder ob er ihn flachfahren mußte. Die Samenkapseln rieselten über die Windschutzscheibe.

Nero hielt den Lauf seines Gewehrs aus dem Fenster.

»Truthahnspur«, flüsterte er.

Donkey-donk bremste, und ein Buschtruthahn – der zu der Gattung der Trappen gehört – reckte seinen gesprenkelten braunen Hals aus den Grashalmen hervor und trabte davon. Nero feuerte, und der Vogel brach in einem Wirbel fliegender Federn zusammen.

»Gut getroffen!« sagte ich.

»Noch einer!« rief Walker, und ein zweiter Truthahn rannte ins Dickicht hinein. Nero feuerte wieder, verfehlte ihn jedoch. Als wir zu dem ersten Truthahn zurückkamen, war auch dieser verschwunden.

»Verdammter Truthahn«, sagte Nero.

Wie hielten Kurs nach Westen, und kurz darauf tauchten ein Känguruh und sein Junges vor uns auf. Donkey-donk drückte seinen Fuß auf das Gaspedal, und der Wagen rumpelte und polterte über die Grashöcker hinter den hüpfenden Känguruhs her, die ihren Vorsprung vergrößerten. Dann fuhren wir aus dem Spinifexgebüsch hinaus in abgebranntes offenes Gelände, und *wir* holten auf und holten sie ein und rammten das Muttertier an der Flanke – das Junge war zur Seite gesprungen –, und sie flog in einem

Rückwärtssalto über das Dach des Wagens und landete – tot, hoffte ich – in einer Wolke aus Staub und Asche am Boden.

Wir sprangen aus dem Auto. Nero feuerte in die Wolke, aber das Känguruh war wieder auf den Beinen. Ein bißchen wackelig und lahmend, rannte es dennoch in ziemlich flottem Tempo weiter, und Donkey-donk, jetzt allein im Auto, war ihm dicht auf den Fersen.

Wir sahen, wie der Wagen das Känguruh ein zweites Mal rammte, aber es landete auf der Motorhaube, sprang hinunter und kam in unsere Richtung gehüpft. Nero ballerte drauflos, aber er verfehlte es – die Kugeln zischten an mir vorbei ins Gebüsch –, und das Känguruh lief im Zickzack den Weg zurück, den es gekommen war. Donkey-donk riß daraufhin das Steuer herum und rammte es zum drittenmal. Ein schrecklicher Aufprall, und jetzt rührte es sich nicht mehr.

Er öffnete die Wagentür und versetzte ihm mit einem Schraubenschlüssel einen Schlag auf die Schädeldecke – worauf es sich noch einmal auf den Hinterbeinen aufrichtete und er es am Schwanz packen mußte. Während wir herangelaufen kamen, hüpfte das Känguruh vorwärts und Donkey-donk hing an ihm wie ein Mann beim Tauziehen, und dann schoß Nero ihm in den Kopf, und es war vorbei.

Walker sah angewidert und unglücklich aus.

»Das gefällt mir nicht«, sagte er.

»Mir auch nicht«, stimmte ich ihm zu.

Nero betrachtete das tote Känguruh. Blut tropfte aus seinen Nasenlöchern auf die rote Erde.

»Ist alt«, sagte er. »Nicht gut zum Essen.«

»Was werdet ihr damit machen?«

»Liegenlassen«, sagte er. »Vielleicht den Schwanz abschneiden. Hast du ein Messer?«

»Nein«, sagte ich.

Nero kramte im Wagen herum und fand den Deckel einer alten Blechdose. Er benutzte ihn als Klinge und versuchte, den Schwanz abzuschneiden, aber er konnte die Wirbelsäule nicht durchtrennen.

Das linke Hinterrad hatte einen Platten. Donkey-donk befahl mir, den Wagenheber zu holen und den Reifen zu wechseln. Der Wagenheber war völlig verbogen, und nachdem ich ein paarmal gehebelt hatte, klappte er zusammen und die Achse schlug auf den Boden.

»Da hast du's«, sagte er mit einem bösen Seitenblick.

»Was machen wir nun?« fragte ich.

»Gehen«, sagte Nero kichernd.

»Wie weit?«

»Zwei Tage, vielleicht.«

»Wie wär's mit Rauch?« schlug ich vor.

»Nä!« knurrte Donkey-donk. »Heben! Hochheben, Mann!«

Walker und ich faßten unter die Stoßstange, spannten den Rücken an und versuchten, den Wagen hochzuheben, während Donkey-donk sich anschickte, einen Klotz unter das Differentialgetriebe zu schieben.

Es hatte keinen Sinn.

»Komm her«, rief ich Nero zu. »Hilf uns!«

Er wölbte die Hand und fuhr damit über seinen dünnen Bizeps, klapperte mit den Lidern und kicherte.

»Keine Kraft!« sagte er atemlos.

Donkey-donk gab mir einen Grabstock und befahl mir, ein Loch unter dem Rad auszuheben. Eine halbe Stunde später war das Loch groß genug, daß man den Reifen wechseln konnte. Alle drei sahen zu, während ich arbeitete. Ich war erledigt und schweißdurchnäßt. Dann schoben wir das Fahrzeug vor und zurück und bekamen es schließlich frei.

Wir überließen das Känguruh den Krähen und fuhren nach Cullen zurück.

»Willst du morgen mit auf die Jagd kommen?« fragte Donkey-donk.

»Nein«, sagte ich.

London, 1970

Bei einer öffentlichen Lesung hörte ich, wie Arthur Koestler verkündete, seiner Meinung nach sei die Menschheit verrückt. Er behauptete, daß der Mensch infolge einer mangelhaften Koordination zwischen den beiden Gehirnhälften – dem »rationalen« Neocortex und dem »instinktiven« Hypothalamus – auf irgendeine Weise den »einzigartigen, mörderischen, wahnhaften Hang« erwerbe, der ihn unvermeidlich zu Mord, Folter und Krieg antreibe.

Unsere prähistorischen Vorfahren, sagte er, litten nicht an den Folgen der Übervölkerung. Es mangelte ihnen nicht an Territorium. Sie lebten nicht in Städten... und doch hätten auch sie sich gegenseitig niedergemetzelt.

Er fuhr fort mit der Erklärung, seit Hiroshima habe eine vollständige Veränderung der »menschlichen Bewußtseinsstruktur« stattgefunden – zum erstenmal in seiner Geschichte müsse der Mensch sich mit dem Gedanken an die Auslöschung seiner Art vertraut machen.

Diese jahrtausendealte Phrasendrescherei machte mich ziemlich wütend. Als Fragen gestellt werden durften, hob ich die Hand.

Um das Jahr tausend, sagte ich, hätten Menschen in ganz Europa geglaubt, daß ein gewaltsames Ende der Welt unmittelbar bevorstehe. Inwiefern unterschied sich ihre »Bewußtseinsstruktur« von unserer?

Koestler starrte mich mit einem verächtlichen Blick an und fauchte unter dem Beifall des Publikums:

»Weil das eine Einbildung war, und die Wasserstoffbombe ist eine Realität.«

*

Heilsame Lektüre am Ende des zweiten Jahrtausends: L'An mil *von Henri Focillon.*

In dem Kapitel »Das Problem der Schrecken« zeigt Focillon, wie der abendländische Mensch vor genau eintausend Jahren von denselben Ängsten gelähmt war, die heute von als Staatsmänner geltenden Fanatikern verbreitet werden. Der Satz »Mundus senescit« – »Die Welt wird alt« – spiegelte die Stimmung eines unheilvollen intellektuellen Pessimismus wider und die »religiöse« Überzeugung, daß die Welt ein lebender Organismus sei, der, sobald er den Höhepunkt seiner Reife überschritten habe, dazu verurteilt sei, plötzlich zu sterben.

Es gebe drei verschiedene Auslöser für den Schrecken:

1. *Daß Gott seine Schöpfung in Wolken aus Feuer und Schwefel vernichten werde.*
2. *Daß die Legionen des Teufels aus dem Osten hervorbrechen würden.*
3. *Daß Epidemien die menschliche Rasse auslöschen würden.*

Und doch ging der Schrecken vorüber. Das Jahr tausend kam und ging, und die neue »offene« Gesellschaft des Mittelalters schlug Wurzeln. Bischof Glaber schrieb ein paar wunderschöne Zeilen dazu: »Drei Jahre nach dem Jahr tausend war die Erde mit einem weißen Mantel von Kirchen bedeckt.«

*

Abendessen, London, 1971
Ein sehr großer Amerikaner kam zum Abendessen. Er war auf dem Weg nach Washington und hatte eine Aufklärungsmission in Vietnam hinter sich. In der vergangenen Woche war er nach Hawaii, Guam, Tokio und Saigon geflogen. Er hatte Hanoi bei einem Bombenangriff überflogen. Er hatte mit den NATO-Generalstabschefs konferiert – und dies war sein erster freier Abend.

Er war ein unschuldiger Mann. Beim Salat sprach er von

Entlaubungsmitteln. Nie werde ich den Anblick der Himbeeren vergessen, wie sie zwischen seinen Lippen verschwanden, noch das dumpfe Geräusch der abgehackten Silben, die zwischen ihnen herausplatzten: »Die Nórdvietnamesen haben ein Dríttel bis die Hälfte einer Generatión ihrer wáffenfähigen jungen Männer verloren. Einen sólchen Verlúst kann keine Natión auf únbegrenzte Zeit verkráften: deshalb réchnen wir mit einem militärischen Sieg in Vietnám im Láufe des Jáhres 1972...«

*

Übe keinen Druck aus auf einen Feind in höchster Not.
  Prinz Fu Ch'ai sagte: »Wilde Tiere, wenn in höchster Not, kämpfen verzweifelt. Wieviel mehr trifft das auf die Menschen zu! Wenn sie wissen, daß sie keine andere Wahl mehr haben, werden sie bis zum Tod kämpfen.«
    Sun Tze, Die 13 Gebote der Kriegskunst

*

Steiermark, Österreich, 1974
Beim Bergsteigen in den Rottenmanner Tauern vor meinem Interview mit Lorenz war mein Rucksack mit seinen Büchern befrachtet. Es waren wolkenlose Tage. Ich verbrachte jede Nacht in einer anderen Alpenhütte und hatte Würstchen und Bier zum Abendessen. Die Berghänge standen in Blüte: Enzian und Edelweiß, Akelei und Türkenbund. Die Kiefernwälder lagen blaugrün im Sonnenlicht, und auf den Geröllhalden lagen noch Schneestreifen. Auf jeder Wiese waren sanftmütige braune Kühe, das Klingen von Kuhglocken hallte durch die Täler, oder das Bimmeln einer Kirchenglocke weit unten...
Die Bergsteiger: Männer und Frauen in rotweißen Hemden und Lederhosen, und alle sagten »Grüß Gott!«, wenn sie vorbeigingen. Ein knotiger kleiner Mann hielt mich für einen Deutschen, und mit dem geilen Blick eines Pornoverkäufers

schlug er seinen Jackenkragen zurück, um mir sein Hakenkreuz zu zeigen.

*

Beim Wiederlesen von Lorenz wurde mir klar, warum vernünftige Menschen dazu neigten, entsetzt die Hände über dem Kopf zusammenzuschlagen: zu leugnen, daß es so etwas wie eine menschliche Natur gab, und zu betonen, daß alles erlernt werden müsse!

»Genetischer Determinismus«, empfanden sie, bedrohe alle liberalen, menschlichen und demokratischen Impulse, an denen das Abendland noch festhielt. Sie erkannten ebenfalls, daß man mit Instinkten nicht wählerisch sein konnte: man mußte sie nehmen, wie sie kamen. Man konnte nicht Venus in das Pantheon einlassen und vor Mars die Tür verriegeln. Und sobald man »Kämpfen«, »territoriales Verhalten« und »Rangordnung« aufgriff, saß man gleich wieder im Sumpf der Reaktion des neunzehnten Jahrhunderts.

Was im Sogenannten Bösen bei den kalten Kriegern lebhaftes Interesse weckte, war Lorenz' Vorstellung vom »rituellen« Kampf.

Die Supermächte müssen folglich kämpfen, weil es in ihrer Natur liegt, zu kämpfen: doch könnten sie ihre Streitigkeiten vielleicht in irgendeinem armen, kleinen, möglichst wehrlosen Land austragen – genauso wie zwei Böcke ein Stück Niemandsland aussuchen, um ihre Kräfte zu messen.

Der amerikanische Verteidigungsminister, wurde mir berichtet, habe ein mit Anmerkungen versehenes Exemplar auf seinem Nachttisch liegen.

Menschen sind Produkte ihrer Umgebung, und das Lernen bedingt alles, was sie je sagen oder denken oder tun werden. Kinder werden von Vorfällen in ihrer Kindheit traumatisiert,

Nationen von Krisen im Verlauf ihrer Geschichte. Aber könnte diese »Konditionierung« bedeuten, daß es keine absoluten Maßstäbe gibt, die über geschichtliche Erinnerungen hinausgehen? Kein »Recht« oder »Unrecht«, ungeachtet von Rasse oder Religion?

Hat die »Gabe der Sprache« auf irgendeine Weise den Instinkt abgetötet? Kurz: Ist der Mensch das sprichwörtliche »unbeschriebene Blatt« der Behavioristen – unendlich gefügig und anpassungsfähig?

Wenn das so ist, haben alle großen Lehrmeister dummes Zeug geredet.

Die »anstößigste« Stelle im Sogenannten Bösen *– die, derentwegen er als »Nazi!« ausgebuht wurde – ist jene, in der Lorenz das festgelegte Bewegungsmuster beschreibt, das bei Männern beobachtet werden kann, deren Kampfeswut angestachelt wurde: »Der Kopf wird angehoben, das Kinn vorgestreckt... die Arme werden etwas seitlich angehoben... Unser ›heiliger Schauer‹... ist nichts anderes als das Sträuben unseres nur mehr in Spuren vorhandenen Pelzes... Man fühlt sich aus allen Bindungen der alltäglichen Welt heraus- und emporgehoben...«*

Und doch... *die Mutter, die ihr Kind wütend verteidigt, gehorcht – so wollen wir hoffen! – dem Ruf des Instinkts und nicht den Ratschlägen irgendeines Leitfadens für mütterliches Verhalten. Und wenn man das Vorhandensein von Kampfverhalten bei Frauen als gegeben annimmt, warum dann nicht auch bei Männern?*

Instinkte sind Pascals »Gründe des Herzens, von denen die Vernunft nichts weiß«. Und an »Herzensgründe« zu glauben, ist dem Reaktionär überhaupt kein Trost – eher das Gegenteil!

Ohne Religion ist, laut Dostojewkijs berühmter Formulierung, alles erlaubt. Ohne Instinkt wäre alles gleichermaßen *erlaubt.*

Eine vom Instinkt befreite Welt wäre ein weitaus tödlicherer und gefährlicherer Ort als alles, was die »Aggressions-Hetzer« sich ausdenken könnten, denn es wäre ein Limbus, wo eins durch das andere ersetzt werden könnte: gut könnte schlecht sein, Sinn Unsinn, Wahrheit Lüge und Stricken keineswegs moralischer als Kindestötung; und ein Mensch könnte durch Gehirnwäsche dazu gebracht werden, zu denken, zu sagen oder zu tun, was den jeweiligen Mächten gefallen könnte.

Ein Folterer kann einem Mann die Nase abschneiden; aber hat der Mann die Möglichkeit, ein Kind zu zeugen, wird sein Kind mit einer Nase auf die Welt kommen. So ist es auch mit dem Instinkt! Ein Kern unveränderlicher Instinkte im Menschen bedeutet, daß die Gehirnwäscher ihr Werk der Entstellung immer wieder von neuem beginnen müssen, bei jedem Individuum und bei jeder Generation – und das ist letzten Endes ein sehr mühsames Unternehmen.

Die Griechen glaubten, daß der Reichweite menschlichen Verhaltens Grenzen gesetzt seien: nicht, wie Camus darlegte, daß diese Grenzen nie überschritten würden, sondern nur, daß sie existierten und daß jeder, der die Hybris hatte, über sie hinauszugehen, vom Schicksal zugrunde gerichtet würde!

*

Lorenz vertritt den Standpunkt, daß es im Leben eines jeden Tieres bestimmte Krisen – oder einen instinktiven Rubikon – gibt, wenn es den Ruf erhält, sich auf eine bestimmte Weise zu verhalten. Diesem Ruf wird es nicht unbedingt Folge leisten, denn wenn das »natürliche« Angriffsobjekt für sein Verhalten fehlt, wird das Tier auf ein Ersatzobjekt ausweichen – und deformiert aufwachsen.

*

Jede Mythologie hat ihre eigene Version vom »Helden und seinem Weg der »Prüfungen«, in der ein junger Mann ebenfalls einen »Ruf« erhält. Er reist in ein fernes Land, wo ein Riese oder ein Ungeheuer die Bevölkerung zu vernichten droht. In einem übermenschlichen Kampf überwältigt er die Kräfte der Finsternis, beweist seinen Mannesmut und erhält seine Belohnung: eine Frau, einen Schatz, Land, Ruhm.

An all dem erfreut er sich bis ins vorgeschrittene Alter, wenn abermals dunkle Wolken heraufziehen. Wieder überkommt ihn die Ruhelosigkeit. Wieder bricht er auf: entweder wie Beowulf, um im Kampf tödlich verwundet zu werden, oder, wie der blinde Teiresias Odysseus weissagte, um zu irgendeinem geheimnisvollen Ziel aufzubrechen und zu verschwinden.

*

»Katharsis«: griechisch für »Sühnung«, »Reinigung«. Eine umstrittene Etymologie leitet es vom griechischen katheiro *ab, »das Land von Ungeheuern befreien«.*

*

Mythos ist Angebot, Handlung ist Entscheidung. Der Heldenzyklus ist ein unveränderliches Paradigma für das »ideale« Verhalten eines Mannes. (Man könnte natürlich auch eines für die Heldin aufstellen.)

Jeder Teil des Mythos entspricht, wie ein Glied in einer Verhaltenskette, einem der klassischen Zeitalter des Menschen. Jedes Zeitalter beginnt mit einer neuen zu überwindenden Hürde oder einer zu erduldenden Prüfung. Das Ansehen des Helden steigt proportional zum Erfolg, mit dem er dieser Reihe von Angriffen standhält – oder standzuhalten scheint.

Die meisten von uns, die wir keine Helden sind, vertrödeln

das Leben. Wir sagen unser Stichwort zur falschen Zeit und stecken am Ende in unseren verschiedenen Gefühlsproblemen. Der Held tut das nicht. Der Held – und deshalb bejubeln wir ihn als Helden – nimmt jede Probe, wie sie kommt, und verbucht Punkt für Punkt.

Ich habe einmal den Versuch unternommen, den Lebenslauf eines modernen Helden, Che Guevara, mit der Struktur des Beowulf-Gedichts zu vergleichen. Das Ergebnis war – mit ein wenig Nachhilfe hier und da –, daß bei beiden Helden die gleichen Taten in der gleichen Reihenfolge beobachtet werden können: das Abschiednehmen, die Reise über das Meer, die Niederlage des Ungeheuers (Grendel – Batista), die Niederlage der Mutter des Ungeheuers (»die Wasserhexe« – die Schweinebucht). Beide Helden erhalten ihre Belohnung: eine Frau, Ruhm und Schätze (im Fall Guevaras eine kubanische Frau und die Stellung des Direktors der Nationalbank Kubas), und so weiter. Beide sterben in einem fernen Land: Beowulf wird vom Drachen getötet, Guevara vom Diktator Boliviens.
  Als Mensch macht Guevara trotz seines Charmes den Eindruck einer rücksichtslosen, unangenehmen Persönlichkeit. Als Held hat er nie einen Fehler gemacht – und die Welt zog es vor, ihn als Helden zu betrachten.

Helden hören in heiklen Situationen angeblich »Engelsstimmen«, die ihnen sagen, was sie als nächstes tun sollen. Die gesamte Odyssee ist ein wunderbares Tauziehen zwischen Athene, die Odysseus ins Ohr flüstert: »Ja, du schaffst es!«, und Poseidon, der brüllt: »Nein, du schaffst es nicht!« Und wenn man das Wort »Instinkt« gegen das Wort »Engelsstimme« austauscht, nähert man sich den mehr psychologisch orientierten Mythenschreibern an: dann sind Mythen Fragmente des Seelenlebens der frühen Menschen.

Der Heldenzyklus, wo immer er vorkommt, ist eine Ge-

schichte der »Tüchtigkeit« im Sinne Darwins: eine Blaupause für genetischen »Erfolg«. Beowulf bricht auf... Iwan bricht auf... Jack bricht auf... der junge Aborigine bricht zur Buschwanderung auf... selbst der uralte Don Quijote bricht auf. Und diese Wanderjahre, diese Kämpfe mit dem wilden Tier sind des Erzählers Version vom Inzesttabu, nach der ein Mann zuerst seine »Tüchtigkeit« beweisen und danach »stammesfremd heiraten« muß.

In Wirklichkeit spielt es selten eine Rolle, ob Mythen verschlüsselte Botschaften des Instinkts sind, deren Strukturen im zentralen Nervensystem liegen, oder Fabeln, die seit dem Jahr X überliefert wurden. Eines kann nicht stark genug hervorgehoben werden: Selten, wenn überhaupt, läßt ein Mythos es moralisch wünschenswert erscheinen, daß ein Mensch einen anderen kaltblütig umbringt.

*

In den militärischen Bruderschaften in Germanien gehörte es zu den Übungen, die einem jungen Mann abverlangt wurden, damit er lernte, seine Hemmungen gegenüber dem Töten zu unterdrücken, daß er sich nackt auszog, sich in das noch warme, frisch gehäutete Fell eines Bären kleidete und sich in eine »bestialische« Raserei hineinsteigerte: mit anderen Worten, daß er buchstäblich »wie ein Berserker« wütete.
    »Bärenfell« und »Berserker« sind ein und dasselbe Wort. Die Helme der königlichen Leibwache, die vor dem Buckingham-Palast Dienst tut, stammen von diesem primitiven Kampfkostüm ab.

*

Homer unterscheidet zwei Arten von »Kampfverhalten«. Eines ist menos, *Odysseus' kaltblütiges Auftreten, als er die Freier erschlägt. Das andere ist* lyssa, *oder »Tollwut«, von der Hektor auf dem Schlachtfeld befallen wird (Ilias IX, 237 bis 239). Ein Mann in der Gewalt der* lyssa *gilt nicht mehr als*

»Mensch« *und ist nicht mehr den Gesetzen der Erde und des Himmels unterworfen.*
Lorenz' »wütende Angriffslust« ist eine Beschreibung der lyssa.

*

Die Sioux-Indianer sind ein Haufen elender, schmutziger, verlauster, in Decken gehüllter, diebischer, verlogener, hinterlistiger, mörderischer, gottloser, gesichtsloser, gedärmefressender STINKTIERE, die schlimmsten Wesen, denen der Herr je gestattet hat, die Erde zu verseuchen, und für deren sofortige und endgültige Ausrottung alle MENSCHEN, ausgenommen Agenten und Händler, die mit Indianern zu tun haben, beten sollten.
Aus Topeka Weekly Daily, 1869

*

Der Fremde, wenn er kein Händler ist, ist ein Feind.
Altenglisch

*

Das mittellateinische wargus – das heißt »expulsus« oder »Fremder« – bedeutet dasselbe wie »Wolf«; und daher sind die beiden Begriffe – der vom wilden Tier, das erjagt werden muß, und der vom Menschen, der als wildes Tier behandelt werden muß – eng miteinander verbunden.
P. J. Hamilton Grierson, The Silent Trade

*

Nuristan, Afghanistan, 1970

Die Dörfer in Nuristan liegen in einer so schwindelerregenden Schräge an den Berghängen, daß Leitern aus Deodarzeder als Straßen dienen müssen. Die Menschen haben helles Haar und blaue Augen und tragen Streitäxte aus Messing. Sie tragen Pfannkuchen-Hüte und kreuzweise geschnürte Riemen an den Beinen, und ihre Augenlider sind reichlich mit khol *geschminkt. Alexander hielt sie irrtümlich für einen Stamm seit langem verschollener Griechen, die Deutschen für einen arischen Stamm.*

Unsere Träger waren ein unterwürfiger Haufen. Sie beklagten sich unentwegt, daß ihre armen Füße sie nicht länger tragen könnten, und warfen neidische Blicke auf unsere Stiefel.

Um vier Uhr wollten sie unser Lager bei ein paar verfallenen Häusern im Schatten aufschlagen, aber wir bestanden darauf, das Tal weiter hinaufzuwandern. Eine Stunde später kamen wir zu einem Dorf, das von Walnußbäumen umgeben war. Die Dächer waren orangerot von Aprikosen, die in der Sonne trockneten, und Mädchen in krapproten Kleidern spielten auf einer Blumenwiese.

Der Dorfvorsteher begrüßte uns mit einem aufrichtigen, offenen Lächeln. Dann gesellte sich ein bärtiger junger Satyr zu uns, in dessen Haar Weinblätter und Mädesüß geflochten war und der uns aus seiner Lederflasche einen Strahl herben weißen Weins anbot.

»Hier halten wir an«, sagte ich zum Anführer der Träger.

»Wir halten nicht an«, sagte er.

Er hatte sein Englisch im Basar von Peshawar gelernt.

»Wir halten an«, sagte ich.

»Diese Menschen sind Wölfe«, sagte er.

»Wölfe?«

»Sie sind Wölfe.«

»Und die Menschen in dem Dorf?« fragte ich und zeigte auf ein zweites, verkommen aussehendes Dorf etwa eine Meile stromaufwärts.

»Sie sind Menschen«, sagte er.

»Und das Dorf dahinter? Wölfe, nicht wahr?«

»Wölfe«, nickte er.

»Was für einen Unsinn du redest!«

»Kein Unsinn, Sahib«, sagte er. »Manche Menschen sind Menschen, und andere Menschen sind Wölfe.«

*

Man braucht nicht sehr viel Phantasie, um sich vorzustellen, daß der Mensch als Spezies in seiner evolutionären Vergangenheit schrecklichen Prüfungen unterworfen war: die Tatsache, daß er so glänzend davongekommen ist, deutet auf das Ausmaß der Bedrohung hin.

Dies zu beweisen, ist eine andere Sache. Doch schon vor zwanzig Jahren hatte ich den Eindruck, daß unserem angeblichen Hang zum »Brudermord« zu große Bedeutung beigemessen wurde und zu wenig der Rolle des Fleischfressers bei der Formung unseres Charakters und Schicksals.

*

Müßte man eine allgemeine Antwort auf die Frage »Was fressen Karnivoren?« geben, es wäre sehr einfach: »Was sie bekommen können.«

Griff Ewer, The Carnivores

*

Von den Kadaren, einem Stamm von Jägern im Süden Indiens, ist berichtet worden, daß ihnen Gewalt oder jede Zurschaustellung von Männlichkeit fremd war, weil sie alle ihre Antipathien nach außen auf den Tiger kanalisierten.

*

Nehmen wir als Gedankenspiel einmal an, wir ließen all das Gerede über Aggression beiseite und konzentrierten uns auf das Problem der »Verteidigung«. Was, wenn der Feind in den Ebenen Afrikas nicht der andere Mensch gewesen wäre? Nicht die Menschen eines anderen Stammes? Was, wenn die Adrenalinausschüttung, die den »Kampfgeist« schürt, sich entwickelt hätte, um uns vor den Raubkatzen zu schützen? Was, wenn unsere Waffen ursprünglich nicht zum Jagen von Wild dienten, sondern zur Rettung unserer eigenen Haut? Was, wenn wir nicht so sehr eine räuberische Spezies wären als vielmehr eine Spezies auf der Suche nach einem Räuber?

Oder wenn an einem kritischen Punkt das Raubtier beinahe gewonnen hätte?

*

Hier – daran besteht kein Zweifel – liegt der große Unterschied.

Wenn die ersten Menschen brutal, mörderisch und kannibalisch waren, wenn ihre Raubgier sie zu Taten der Auslöschung und Eroberung trieb, dann hat jeder Staat, indem er seinen Schirm der Macht ausbreitete, die Menschen vor sich selbst gerettet und müßte zwangsläufig als vorteilhaft angesehen werden. Ein solcher Staat müßte, wie bedrohlich er für den einzelnen sein mag, als ein Segen betrachtet werden. Und jede Handlung einzelner, die den Staat schwächen oder bedrohen könnte, wäre ein Schritt zurück in urzeitliches Chaos.

Wenn die ersten Menschen dagegen erniedrigt, ausgeraubt und belagert wurden und ihre Gemeinschaften klein und zersplittert waren, wenn sie ständig den Horizont absuchten, von wo Hilfe kommen konnte, sich ans Leben und in den Schrecken der Finsternis aneinanderklammerten – könnten dann nicht alle besonderen Eigenschaften, die wir »menschlich« nennen (Sprache, Singen, gemeinsame Nahrungseinnahme, Schenken, Heirat untereinander), das heißt, alle freiwilligen guten Taten, die die Gesellschaft im Gleichgewicht halten, die die Gewaltanwendung unter ihren Mitgliedern unterdrücken und die nur wirken können, wenn Ausgeglichenheit die Regel ist – könnten sie nicht alle als Strategeme fürs Überleben entstanden sein, gegen eine ungeheure Übermacht ersonnen, um die Gefahr des Aussterbens abzuwenden? Wären sie darum weniger instinktiv oder richtungslos? Würde eine allgemeine Theorie der Verteidigung nicht besser erklären, warum Angriffskriege auf Dauer nicht zu führen sind? Warum die Tyrannen nie gewinnen?

*

Altenberg, Österreich, 1974
Es war zu heiß in Lorenz' Arbeitszimmer, und so zogen wir in ein Sommerhaus im Garten um. Über der Stadt erhob sich das mittelalterliche Schloß Greiffenstein: eine Bastion des christlichen Europas gegen die vorrückende Welt asiatischer Reiter. Als ich ihn so auf seinem Heimatboden sah, wurde mir klar, daß seine Ansichten über das Kämpfen in gewisser Weise davon beeinflußt worden sein mußten, daß er aufgewachsen war in einer Gegend, die Zentrum eines ungeheuren geopolitischen Dramas gewesen war.

Warum, fragte ich ihn, fanden immer noch so viele die Instinkttheorie, wenn auf den Menschen angewandt, so unverdaulich?

»Es gibt gewisse Dinge«, sagte er, »gegen die man einfach nichts tun kann, und dazu gehört auch die Dummheit.«

»Bitte unterbrechen Sie mich, wenn ich mich irre«, sagte ich, »aber wenn Sie in einem Tier ein System von Verhaltensweisen isolieren, lautet die erste Frage ›Wozu?‹. Wie könnte dies oder das dazu beigetragen haben, daß die Art in ihrem ursprünglichen Habitat erhalten blieb?«

»Richtig«, nickte er.

»Ein Rotkehlchen«, sagte ich und spielte damit auf eines seiner Experimente an, »das ein anderes Rotkehlchen oder auch nur ein Stück roten Flausch erblickt, geht zum Angriff über, weil Rot ›territorialer Rivale‹ signalisiert.«

»Ja, so ist es.«

»Also wird das Kämpfen bei einem Rotkehlchen durch den Anblick seiner eigenen Art ausgelöst?«

»Natürlich.«

»Und warum muß dann, wenn Menschen kämpfen, einer der beiden Kämpfenden ›weniger‹ Mensch sein? Glauben Sie nicht, daß ›wütende Angriffslust‹, wie Sie es nennen, als eine Abwehrreaktion gegen wilde Tiere entstanden sein könnte?«

»Das ist möglich«, antwortete er nachdenklich. »Das könnte gut sein. Die Massai in Kenia trommeln, bevor sie einen Löwen jagen, auf ziemlich künstliche Weise die Angriffs-

lust herbei. Bei den Nazis war es die Marschmusik... Ja. Der Kampf kann sich vorwiegend aus der Abwehr wilder Tiere entwickelt haben. Schimpansen führen beim Anblick eines Leoparden eine wunderschöne kollektive Aggressionsshow auf.«

»Aber sind Sie sicher«, beharrte ich, »daß wir die Begriffe ›Aggression‹ und ›Verteidigung‹ nicht vermischt haben? Haben wir es nicht mit zwei völlig verschiedenen Mechanismen zu tun? Einerseits gibt es die ›aggressiven‹ Rituale, die bei Menschen Schenken, Vertragsabschlüsse und eheliche Vereinbarungen bedeuten. Und dann gibt es die ›Verteidigung‹, sicherlich gegen das wilde Tier?«

Alle Kriegspropaganda, fuhr ich fort, gehe von der Voraussetzung aus, daß man den Feind zu etwas Bestialischem, Gottlosem, Krebsartigem und so weiter herabsetzen müsse. Oder aber die Kämpfer mußten sich selbst in Ersatzraubtiere verwandeln – in diesem Fall waren Menschen ihre legitime Beute.

Lorenz zupfte an seinem Bart, warf mir einen forschenden Blick zu und sagte, ob ironisch oder nicht, werde ich nie erfahren:

»Was Sie soeben gesagt haben, ist vollkommen neu.«

32

Eines Morgens, als ich mit Rolf und Wendy frühstückte, kam ein hochgewachsener Mann ohne Hemd auf uns zugeschlendert.

»Welch eine Ehre!« sagte Rolf. »Big Foot Clarence. Vorsitzender des Cullen-Rats.«

Der Mann hatte dunkle Haut und eine ziemlich birnenförmige Figur, und seine Füße waren riesig. Ich gab ihm meinen Stuhl. Er setzte sich und blickte finster.

»Wie geht's dir?« fragte Rolf.

»In Ordnung«, sagte Clarence.

»Gut.«

»Sie haben das Budget in Canberra verabschiedet«, sagte Clarence mit tonloser, gleichgültiger Stimme.

»Ach ja?«

»Tja«, sagte er. »Wir haben das Flugzeug bekommen.«

Seit mehr als zwei Jahren hatte der Rat von Cullen versucht, ein Flugzeug zu bekommen.

»Tja«, wiederholte Clarence. »Jetzt haben wir das Flugzeug. Dachte, ich sollte dir das erzählen.«

»Danke, Clarence.«

»Dachte, ich gehe am Donnerstag nach Canberra«, sagte er. »Dachte, ich komme mit dem Flugzeug zurück.«

»Mach das«, sagte Rolf.

Clarence stand auf und ging davon, als Rolf ihn zurückrief.

»Clarence«, sagte er.

»Tja.«

»Clarence, was hast du mit der Planierraupe gemacht?«

»Was für einer Planierraupe?«

»Der Planierraupe aus Popanji.«

»Weiß von keiner Planierraupe aus Popanji.«

»Doch, natürlich«, sagte Rolf. »Die Planierraupe, die Red Lawson dir geliehen hat.«

»Wann?«

»Letztes Jahr«, sagte er. »Du bist mit deinen Freunden mit der Planierraupe auf die Jagd gegangen. Erinnerst du dich?«

»Nein.«

»Also, Red kommt, um die Planierraupe abzuholen. Ich rate dir, sie zu finden, Clarence. Sonst könnten die Kosten von dem Flugzeug abgezogen werden.«

»Weiß nichts von einer Planierraupe«, schnaubte Clarence wütend und stampfte davon.

Wendy und ich sahen uns an. Sie gab sich alle Mühe, nicht zu kichern.

»Das Flugzeug«, sagte Rolf zu mir gewandt, »wird uns Scherereien bringen.«

Es war schön und gut, ihnen ein Flugzeug zu schenken, aber wer sollte die Wartung bezahlen? Keiner von der Cullen-Sippe sah einen Sinn darin, ein Flugzeug zu haben, wenn man es nicht an *Ort und Stelle* hatte. Das bedeutete, daß ein Pilot bezahlt werden mußte, der in Cullen lebte. Es bedeutete ebenfalls einen Hangar, der vor Kindern sicher war.

Der Pilot der Amadeus-Siedlung, fuhr Rolf fort, war ein netter Bursche gewesen, der die Kinder gern auf eine Spritztour mitnahm. Kinder von acht und zehn Jahren, und es dauerte nicht lange, bis sie sich im Steuersystem auskannten. Sie beobachteten, wo er seine Schlüssel aufbewahrte – in einem abgeschlossenen Schrank in seinem Wohnwagen –, und es gelang ihnen, sie zu entwenden, während er ein Mittagsschläfchen hielt.

»Er wachte auf«, sagte Rolf, »und sah, wie das Flugzeug über die Rollbahn brauste.«

»Sind sie gestartet?«

»Nicht ganz«, sagte er. »Sie sind über die Bahn hinausgeschossen und in ein paar Büschen gelandet. Das Flugzeug war beinahe ein Wrack.«

Es war noch kühl und klar am frühen Morgen.

»Ich glaube, ich werde heute einen Spaziergang machen«, sagte ich.

Wir rechneten jeden Tag mit Arkady, und jeden Morgen, wenn ich im Wohnwagen arbeitete, gelobte ich mir, auf den Mount Liebler zu steigen.

»Nehmen Sie Wasser mit«, sagte Rolf. »Nehmen Sie dreimal so viel Wasser mit, wie Sie glauben, daß Sie brauchen.«

Ich zeigte in die Richtung, wo ich aufsteigen wollte.

»Keine Sorge«, sagte er. »Wir haben Fährtenfinder, die Sie in wenigen Stunden finden würden. Aber das Wasser *müssen* Sie mitnehmen.«

Ich füllte meine Wasserflasche, legte zwei zusätzliche Flaschen in den Rucksack und brach auf. Am Rand der Siedlung kam ich an einem Baum vorbei, an dem eine Damenhandtasche hing.

Ich wanderte über ein Plateau von Sandhügeln und bröckligem rotem Felsgestein, das von schwer zu durchquerenden Schluchten unterbrochen war. Die Büsche waren für Treibjagden abgebrannt worden; hellgrüne Triebe sprossen aus den Stümpfen hervor.

Ich stieg mit stetigen Schritten aufwärts, und als ich auf die Ebene hinabblickte, verstand ich, warum die Aborigines es vorzogen, ihr Land in »pointillistischen« Punkten zu malen. Das Land *war* gepunktet. Die weißen Punkte waren Spinifex-Büschel; die bläulichen Punkte waren Eukalyptusbäume, und die zitronengrünen Punkte waren irgendwelche anderen Grasbüschel. Ich verstand auch besser denn je, was Lawrence mit der »sonderbaren, verlorenen, müden Reserviertheit Australiens« meinte.

Ein Wallaby sprang hoch und hüpfte den Berg hinunter. Dann sah ich auf der anderen Seite der Schlucht etwas Großes im Schatten eines Baumes liegen. Zuerst dachte ich, es sei ein Giant Red, bis ich erkannte, daß es ein Mann war.

Ich kletterte die gegenüberliegende Seite hoch und fand Old Alex – nackt, seine Speere auf der Erde ausgebreitet, seinen Samtmantel zu einem Bündel gefaltet. Ich nickte, und er nickte.

»Hallo«, sagte ich. »Was führt dich hierher?«

Er lächelte, verlegen wegen seiner Nacktheit, und sagte mit kaum geöffneten Lippen: »Gehe die ganze Zeit zu Fuß durch die ganze Welt.«

Ich überließ ihn seiner Träumerei und ging weiter. Der Spinifex war dichter denn je. Manchmal gab ich fast die Hoffnung auf, einen Weg hindurch zu finden, aber es führte, wie ein Ariadnefaden, *immer* ein Weg hindurch.

Als nächstes erlag ich der Versuchung (der Versuchung, einen Igel anzufassen), meine Hand auf einen Busch zu legen: sofort war meine Hand mit zentimeterlangen Dornen gespickt, und zwar schon, bevor ich auch nur damit gerechnet hatte. Als ich sie nacheinander herauszog, erinnerte ich mich an das, was Arkady gesagt hatte: »In Australien ist alles dornig. Selbst ein Goanna hat den Mund voller Dornen.«

Ich kletterte über das Geröll einer Böschung und kam oben an einer scharfen Felskante heraus. Sie sah wirklich wie der Schwanz einer Perenty-Echse aus. Dahinter lag eine Hochebene mit ein paar Bäumen an einem ausgetrockneten Wasserlauf. Die Bäume hatten keine Blätter. Sie hatten eine rauhe graue Rinde und winzige scharlachrote Blüten, die wie Blutstropfen auf den Boden fielen.

Ich setzte mich erschöpft in den Halbschatten einer der Bäume. Es war höllisch heiß.

Nicht weit entfernt riefen zwei Würger, schwarz und weiß wie Elstern, im Wechselgesang durch eine Schlucht. Der eine Vogel hob den Schnabel und stieß drei lange, gellende Töne aus, denen drei ansteigende kurze Laute folgten.

Dann nahm der Rivale den Refrain auf und wiederholte ihn.

»So einfach ist das«, sagte ich zu mir selbst. »Notenaustausch über eine Grenze hinweg.«

Ich lehnte an dem Baumstamm, Arme und Beine von mir gestreckt, ließ ein Bein über die Böschung baumeln und trank in gierigen Zügen aus der Wasserflasche. Jetzt verstand ich, was Rolf mit Dehydration meinte. Es war Wahnsinn, den Berg weiter hinaufzugehen. Ich würde den Weg, den ich gekommen war, wieder zurückgehen müssen.

Die Würger waren verstummt. Schweiß strömte über meine Augenlider, so daß alles verschwommen und unproportioniert wirkte. Ich hörte lose Steine die Böschung hinabkullern, blickte auf und sah ein Ungeheuer auf mich zukommen.

Es war ein riesiger Waran, der Herr der Berge, Perenty in Person. Er muß etwa zwei Meter lang gewesen sein. Seine Haut war hellockergelb und hatte eine dunklere, braune Musterung. Die lilafarbene Zunge züngelte aus dem Maul. Ich erstarrte. Er kroch langsam vorwärts: ich hatte keine Ahnung, ob er mich gesehen hatte. Seine Klauen glitten wenige Zentimeter von meinem Stiefel entfernt vorbei. Dann machte er eine vollständige Drehung und schoß mit einem plötzlichen Satz dahin zurück, von wo er gekommen war.

Die Perenty-Echse hat ein beängstigendes Gebiß, ist für den Menschen jedoch ungefährlich, solange sie nicht in die Enge getrieben wird: tatsächlich ist Australien, sieht man von Skorpionen, Schlangen und Spinnen ab, außergewöhnlich gutartig.

Und doch haben die Aborigines ein Bestiarium von Ungeheuern und Kobolden geerbt: mit ihnen drohen sie ihren Kindern oder quälen die jungen Männer während der Initiationszyklen. Ich erinnerte mich an Sir George Greys Beschreibung vom Boly-yas: eine schlappohrige Erscheinung, auf tückischere Weise rachsüchtig als alle anderen Kreaturen, die das Fleisch verzehrte, aber die Knochen liegen ließ. Ich erinnerte mich an die Regenbogenschlange. Und ich erinnerte mich an das, was Arkady über den *Manu-manu* gesagt hatte: ein Yeti-ähnliches Geschöpf mit Reißzähnen, das sich unter der Erde bewegte, nachts um die Lager strich und sich mit unvorsichtigen Fremden davonmachte.

Die ersten Australier, überlegte ich, hatten sicher wirkliche Ungeheuer wie zum Beispiel den *Thylacaleo* oder »Beutellöwen« gekannt. Es gab auch eine zehn Meter lange Perenty-Echse. Doch die australische Megafauna konnte es keineswegs mit den Schrecken des afrikanischen Buschs aufnehmen.

Ich begann mich zu fragen, ob die gewalttätige Seite des Aborigine-Lebens – die Blutrache und die blutigen Initiationsriten – von der Tatsache herrühren mochte, daß sie keine richtigen Raubtiere kannten, mit denen sie es aufnehmen mußten.

Ich erhob mich schwerfällig, kletterte über den Bergrücken und blickte auf die Cullen-Siedlung hinab.

Ich glaubte, einen leichteren Weg nach unten entdeckt zu haben, der es mir ersparte, die Schluchten zu durchqueren. Der »leichte Weg« erwies sich als ein Felssturz, aber ich kam unversehrt unten an und ging an einem Bachbett entlang heimwärts.

Es floß ein Rinnsal darin, und am Ufer wuchsen Büsche. Ich befeuchtete mein Gesicht und ging weiter. Ich hatte mein rechtes Bein angehoben, um den nächsten Schritt zu machen, als ich mich sagen hörte: »Ich bin dabei, auf etwas zu treten, das wie ein grüner Kiefernzapfen aussieht.« Was ich da noch nicht gesehen hatte, war der Kopf einer Riesenbraunschlange, die, bereit, zuzubeißen, sich hinter einem Busch emporreckte. Ich legte den Rückwärtsgang ein und zog mich zurück, sehr langsam... eins... zwei... eins... zwei. Auch die Schlange zog sich zurück und glitt in ein

Erdloch. Ich sagte mir: »Du bist ganz ruhig« – bis ich von Wellen der Übelkeit erfaßt wurde.

Um halb zwei war ich wieder in Cullen.

Rolf sah mich von oben bis unten an und sagte: »Sie sehen ziemlich mitgenommen aus, mein Freund.«

Wiege dich, mein Baby, in des Baumes Wipfel
Wenn der Wind weht, wiegt die Wiege im Gipfel
Wenn der Ast bricht, wird die Wiege fallen
Herunter stürzt das Baby, mit Wiege und mit allem.

*

Daß der Mensch eine wandernde Spezies ist, wird meines Erachtens durch ein Experiment bestätigt, daß in der Tavistock-Klinik in London durchgeführt und von Dr. John Bowlby in seinem Buch Attachment and Loss *beschrieben wurde.*

Jedes normale Baby schreit, wenn es allein gelassen wird; um es zu besänftigen, nimmt die Mutter es am besten in die Arme und wiegt es oder »wandert« mit ihm herum, bis es wieder zufrieden ist. Bowlby bastelte eine Maschine, die den Gang einer Mutter, das Tempo und die Bewegungen, perfekt imitierte. Er stellte fest, daß das Baby, vorausgesetzt, es war gesund, satt und hatte es warm, sofort zu schreien aufhörte. »Die ideale Bewegung«, schrieb er, »ist eine vertikale, mit einer Verschiebung von zehn Zentimetern.« Langsames Wiegen, zum Beispiel dreißigmal pro Minute, hatte keine Wirkung: aber wenn man das Tempo auf fünfzigmal und mehr steigerte, hörte jedes Baby mit dem Schreien auf und blieb dann fast immer still.

*

Tagaus, tagein – ein Baby kann vom Wandern nicht genug bekommen. Und wenn Babys instinktiv danach verlangen, daß mit ihnen gegangen wird, dann mußte auch die Mutter in der afrikanischen Savanne wandern: von einem Lager zum andern bei ihrer täglichen Nahrungssuche, zum Wasserloch und zu Besuchen bei Nachbarn.

*

Affen haben Plattfüße, wir haben Fußgewölbe. Professor Napier zufolge ist der menschliche Gang ein ausgreifendes, federndes Schreiten – 1 ... 2 ... 1 ... 2 ... – mit einem vierfachen Rhythmus, der auf die Bewegung der Füße abgestimmt ist, sobald sie mit dem Boden in Berührung kommen – 1, 2, 3, 4 ... 1, 2, 3, 4 ... Aufsetzen der Fersen. Verlagerung des Gewichts auf die Außenkante des Fußes. Von da auf den Fußballen. Abfedern mit dem großen Zeh.

*

Ich stelle mir – vollkommen ernst – die Frage, wie viele Schuhsohlen, wie viele Ochsenhautsohlen, wie viele Sandalen Alighieri im Verlauf seines dichterischen Werks abgelaufen hat, während er über die Ziegenpfade Italiens wanderte.

Das Inferno *und insbesondere das* Purgatorio *rühmen den menschlichen Gang, das Maß und den Rhythmus der Schritte, den Fuß und seine Form. Der Schritt, mit dem Atem verbunden und vom Gedanken gesättigt, ist für Dante der Anfang der Prosodie.*

Ossip Mandelstam, Gespräch über Dante

*

Melos: *griechisch für »Glied«, daher »Melodie«.*

*

Und denke wie die langsam schreitende Seele...
John Donne, »The Second Anniversarie«

Ein weißer Forscher in Afrika, der es eilig hatte, voranzukommen, bezahlte seine Träger für eine Anzahl von Gewaltmärschen. Aber sie, fast an ihrem Ziel angekommen, stellten die

Bündel ab und weigerten sich, weiterzugehen. Keine noch so hohe zusätzliche Geldsumme konnte sie umstimmen. Sie erklärten, sie müßten warten, bis ihre Seelen sie eingeholt hätten.

Den Buschmännern, die riesige Entfernungen in der Kalahari-Wüste zurücklegen, ist der Gedanke an das Überleben der Seele in einer anderen Welt fremd. »Wenn wir sterben, sterben wir«, sagen sie. »Der Wind verweht unsere Fußspuren, und das ist unser Ende.«

Träge, seßhafte Völker wie die alten Ägypter – mit ihrer Vorstellung von einer Reise durch das Schilfgras nach dem Tod – projizieren die Reisen in die nächste Welt, die sie in der hiesigen nicht gemacht haben.

*

London, 1965
Der Mann, der mit Mr. Rasikh zum Abendessen kam, war ein gründlich geschrubbter Engländer mit beginnender Glatze, rosa wie ein gesundes Baby und Mitte Sechzig. Er hatte sandfarbene, ergrauende Koteletten und klare blaue Augen. Sein Name war Alan Brady. Man sah auf den ersten Blick, daß er ein sehr glücklicher Mensch war.

Mr. Rasikh war der offizielle Einkäufer der sudanesischen Regierung in London. Er lebte in einem Apartment im obersten Stock eines Hochhausblocks im Victoria-Viertel. Sein Bart war mit Henna gefärbt, und er trug weiße Galabiyas und einen nachlässig gebundenen weißen Turban. Er hing ununterbrochen am Telefon, um sich bei Wettbüros Tips für Pferderennen zu holen, und schien nie auszugehen. Hin und wieder hörte man die Schritte seiner Frauen in einem anderen Zimmer.

Sein Freund Brady war Handlungsreisender für eine Firma, die Schreibmaschinen und Büroeinrichtungen herstellte. Er hatte Kunden in über dreißig afrikanischen Län-

dern und besuchte sie einen nach dem anderen alle vier Monate.

Er sagte, er ziehe die Gesellschaft von Afrikanern der von Weißen vor. Es sei ein Vergnügen, Geschäfte mit ihnen zu machen. Es werde immer behauptet, man könne mit Afrikanern unmöglich Geschäfte machen, weil sie immer etwas umsonst haben wollten.

»Aber glauben Sie mir«, sagte mir Brady, »sie sind viel unkomplizierter als meine Kollegen in der Firma.«

In zwanzig Geschäftsjahren hatte er nur zweimal unbeglichene Außenstände gehabt. Er machte nie Urlaub. Er hatte keine Angst vor Revolutionen oder afrikanischen Fluggesellschaften.

Er kam dreimal im Jahr nach London, nie für länger als eine Woche, und wohnte in einem Kabuff, das die Firma für ihre Vertreter reserviert hatte. Weil er keine Winterkleidung besaß, versuchte er diese Besuche so einzurichten, daß er das schlimmste Wetter vermied: im November, im März und im Juli.

Abgesehen von der Kleidung, die er am Leib trug, besaß er nichts als einen Ersatztropenanzug, eine Ersatzkrawatte, einen Pullover, drei Hemden, Unterwäsche, Socken, Sandalen, einen Schirm und einen Waschbeutel. Alles paßte in einen Koffer, den er als Handgepäck mitnehmen konnte.

»Ich halte nichts davon, auf Flughäfen Zeit zu vergeuden«, sagte er.

Wann immer er nach London zurückkehrte, ging er in ein Geschäft für Tropenausrüstung in der Nähe von Piccadilly und stattete sich völlig neu aus: Koffer, Schirm, Kleidung und der Rest. Die alten Sachen gab er dem Firmenportier, der sich ein paar Pfund damit verdiente.

»Nichts«, sagte er stolz, »wird an Alan Brady alt.«

Er hatte weder englische Freunde noch eine Familie. Mr. Rasikhs Apartment war der einzige Ort in London, wo er sich wohl fühlte.

Sein Vater war an der Somme einer Gasvergiftung erlegen,

seine Mutter war in der Woche von Dünkirchen gestorben. Manchmal besuchte er im Sommer ihr Grab auf einem Dorffriedhof in der Nähe von Nottingham. Früher hatte er einmal eine Tante in Wigan gehabt, aber auch sie war inzwischen gestorben.

Er hatte das Pensionsalter überschritten. Die Leute in der Firma murrten, es sei an der Zeit, daß er gehe: aber sein Auftragsbuch war immer voll, und die Direktion behielt ihn.

»Haben Sie nicht irgendeinen festen Punkt?« fragte ich ihn. »Haben Sie nichts, was Sie ein ›Zuhause‹ nennen könnten?«

Er errötete verlegen. »Doch«, stammelte er. »Es ist ziemlich intim.«

»Tut mir leid«, sagte ich. »Vergessen Sie es.«

»Nicht, daß ich mich dessen schämen würde«, fuhr er fort. »Nur könnten es manche albern finden.«

»Ich nicht«, sagte ich.

Er sagte, daß er im Firmensafe einen alten schwarzen Blechkoffer aufbewahrte, von der Art, auf denen in weißen Buchstaben »Eigentum von Sir Soundso« geschrieben steht.

Wenn er nach London kam, schloß er sich in dem Kabuff ein und breitete den Inhalt auf der Matratze aus.

Am Boden des Koffers bewahrte er den aus einer früheren Existenz geretteten Krimskrams auf: das Hochzeitsfoto seiner Eltern, die Orden seines Vaters, den Brief vom König, einen Teddybär, einen Eisvogel aus Meißner Porzellan – das Lieblingsstück seiner Mutter –, ihre Granatbrosche, seine Schwimmtrophäe (1928 hatten die Anfälle von Bronchialasthma aufgehört), seinen silbernen Aschenbecher »für fünfundzwanzig Jahre treuer Dienste« für die Firma.

Im oberen Teil des Koffers, durch eine Lage Seidenpapier vom übrigen getrennt, bewahrte er seine »afrikanischen« Sachen auf – wertlose Objekte, von denen jedes Zeugnis einer denkwürdigen Begegnung war: eine Zulu-Schnitzerei, die er einem traurigen alten Mann in den Drakensbergen abgekauft hatte, eine eiserne Schlange aus Dahomey, einen Druck *mit dem Pferd des Propheten und einen Brief von einem Jungen aus Burundi, der sich bei ihm für einen Fußball bedankte. Jedesmal brachte er etwas Neues mit und warf etwas Altes fort, das seine Bedeutung verloren hatte.*

Alan Brady hatte nur eine Angst: daß sie ihn bald pensionieren würden.

*

Wenn jeder Säugling Gefallen an der Vorwärtsbewegung findet, muß man als nächstes herausfinden, warum er es nicht ertragen kann, still dazuliegen.

Nach einer genaueren Untersuchung der Ursachen für Angst und Zorn bei den ganz jungen Menschen kam Dr. Bowlby zu dem Schluß, daß die komplexen instinktiven Bande zwischen einer Mutter und ihrem Kind – die Entsetzensschreie des Kindes (ganz anders als das Wimmern aufgrund von Kälte, Hunger oder Krankheit), die »unheimliche« Fähigkeit der Mutter, diese Schreie zu hören, die Angst des Kindes vor dem Dunkeln und vor Fremden, sein Grauen vor schnell nahenden Gegenständen, seine Alpträume von bedrohlichen Ungeheuern, wo nichts dergleichen existiert – kurz: daß all die verwirrenden »Phobien«, die Freud vergeblich zu erklären versuchte, tatsächlich durch die ständige Anwesenheit von Raubtieren im urzeitlichen Lebensbereich des Menschen erklärt werden könnten.

Bowlby zitiert aus William James' Prinzipien der Psychologie: »Die wichtigste Quelle des Schreckens in der Kindheit ist Einsamkeit.« Ein einsames Kind, das in seinem Bettchen schreit und strampelt, demonstriert daher nicht zwangsläufig die ersten Anzeichen von Todeswunsch, Machtwillen oder eines »aggressiven Triebs«, der es dazu bringt, seinem Bruder die Zähne einzuschlagen. All dies mag sich später entwickeln oder auch nicht. Nein. Das Kind schreit – wenn man das Bettchen in das afrikanische Dorngestrüpp stellt –, weil es, wenn die Mutter nicht in wenigen Minuten zurückkommt, von der Hyäne geschnappt werden wird.

Jedes Kind scheint eine angeborene innere Vorstellung von der »Sache« zu haben, von der es angegriffen werden könnte: so stark, daß jede bedrohliche »Sache«, selbst wenn es nicht die wirkliche »Sache« ist, eine vorhersehbare Sequenz defensiven Verhaltens auslösen wird. Die Schreie und das Strampeln sind die erste Verteidigungsstrategie. Dann muß die Mutter darauf vorbereitet sein, für das Kind zu kämpfen, und der Vater, für sie beide zu kämpfen. In der Nacht ist die Gefahr doppelt so groß, weil der Mensch nachtblind ist und die Raubkatzen nachts jagen. Und ist dieses äußerst manichäische Drama – von Licht, Finsternis und dem wilden Tier – nicht das Kernproblem der menschlichen Existenz?

Besucher der Säuglingsstation eines Krankenhauses wundern sich oft über die Stille. Doch wenn die Mutter ihr Kind wirklich verlassen hat, ist seine einzige Chance, zu überleben, daß es stumm bleibt.

33

Wie versprochen kam Red Lawson nach Cullen gefahren, um die verlorene Planierraupe zu suchen. Er kam mit dem Polizeifahrzeug; und um die Cullen-Sippe von der Ernsthaftigkeit seiner Absichten zu überzeugen, erschien er in voller Ausrüstung, in Khaki, mit allen seinen Rangabzeichen und einem Hut, den er entschlossen unter dem Kinn festgebunden hatte. Seine Strümpfe spannten sich so um seine Waden, daß es aussah, als würden sie platzen.

Am Nachmittag machte er in der Siedlung die Runde, aber er erlitt eine Schlappe. Niemand hatte von der Planierraupe gehört. Niemand wußte, was eine Planierraupe war, ausgenommen Clarence, der Vorsitzende, der in Zorn geriet und sagte, er verwechsle Cullen mit einem anderen Ort. Selbst Joshua stellte sich dumm.

»Was jetzt?« fragte Red Rolf.

Er saß auf einer Kiste im Laden und wischte sich den Schweiß von der Stirn.

»Laß uns auf Old Alex warten«, sagte Rolf. »Er wird es wissen. Und so wie ich ihn kenne, haßt er die Planierraupe und will sie weghaben.«

Alex war wie üblich auf Buschwanderung, sollte jedoch bei Sonnenuntergang zurück sein – und das war er auch.

»Den überlaß mir«, sagte Rolf und ging fort, um mit ihm zu sprechen.

Alex hörte zu. Dann, mit einem unmerklichen Lächeln, zeigte er mit einem knochigen Finger nach Nordosten.

Reds Leidenschaft für Spinoza wurde beim Abendessen verständlicher, als er uns erzählte, daß seine Mutter eine Jüdin aus Amsterdam war. Sie hatte als einzige der

Familie die Nazi-Besetzung überlebt, auf dem Dachboden nichtjüdischer Nachbarn versteckt. Als die Rohlinge fort waren und sie ungehindert durch die Straßen gehen konnte, hatte sie das Gefühl, sie müsse entweder sterben – oder sehr weit weggehen. Sie traf einen australischen Soldaten, der nett zu ihr war und sie bat, seine Frau zu werden.

Red brannte darauf, über Spinoza zu sprechen, aber zu meiner Schande hatte ich nur in seiner *Ethik* geblättert, und unser Gespräch war eine Abfolge stockend vorgebrachter, sang- und klanglos endender Argumente. Mein Auftritt war mit dem Arkadys überhaupt nicht zu vergleichen.

Am nächsten Morgen machten Red und ich und ein Mann, der mit ihm aus Popanji gekommen war, uns auf die Suche nach der Planierraupe. Wir fuhren langsam quer über Land in die Richtung, die Alex angegeben hatte. Sobald wir zu einer Bodenerhebung kamen, hielt Red an und holte sein Fernglas hervor.

»Nichts von dem Ding zu sehen!« sagte er.

Dann fuhren wir durch eine Senke zwischen zwei flachen Bergen; auf der anderen Seite angekommen, riefen wir einstimmig: »Planierspuren!«

Hatten die sich einen Spaß gemacht! Meilenweit vor uns war das Gelände aufgewühlt zu Kreisen, Schleifen und Achter-Figuren.

Aber wir mochten noch so lange um dieses lächerliche Labyrinth herumfahren, von der Planierraupe war weit und breit nichts zu sehen.

»Ich glaube, ich werde verrückt«, sagte Red.

In diesem Augenblick fiel mein Blick auf einen konischen Hügel zu unserer Rechten. Das riesige gelbe Ding stand obendrauf.

»Sehen Sie!« rief ich.

»Herr im Himmel!« sagte Red. »Wie zum Teufel haben sie ihn da raufbekommen?«

Wir stiegen auf den Hügel und fanden die Planierraupe vor: sie war verrostet, die Farbe blätterte ab, ein Busch wuchs aus dem Motorgehäuse heraus, und ein Rad ragte über einen sehr steilen Hang hinaus in die Luft. Kaum zu glauben: die Reifen waren prall aufgepumpt.

Red kontrollierte den Tank: er war halbvoll. Er kontrollierte den Anlasser, der herausgezogen war. Dann kontrollierte er den Hang auf verborgene Gefahren hin und meinte, daß wir die Maschine vermutlich im Leerlauf in Gang bringen könnten.

»Clevere Burschen«, sagte er lachend. »Wußten genau, was sie taten!«

Die Metallteile der Maschine waren höllisch heiß. Red gab mir ein Paar feuerfeste Handschuhe und eine Sprühdose. Meine Rolle bei dieser Operation bestand darin, Äther in den Vergaser zu sprühen, ohne mich selbst zu betäuben.

Ich knüpfte mir ein Taschentuch um die Nase. Red stieg auf den Fahrersitz.

»Fertig?« rief er.

»Fertig!« antwortete ich.

Er löste die Bremse, und die Planierraupe bewegte sich langsam vorwärts; Zweige knackten. Ich drückte auf die Düse der Sprühdose und ließ nicht los, so als ginge es ums liebe Leben, als wir plötzlich den Hang hinuntersausten und der Motor mit einem Dröhnen ansprang. Red steuerte die Maschine geschickt auf ebene Erde und bremste. Er drehte sich zu mir um und streckte beide Daumen nach oben.

Er wies den Mann aus Popanji an, sich an das Steuer des Polizeifahrzeugs zu setzen. Ich hockte mich hinten in die Fahrerkabine der Planierraupe. Nach etwa einer Meile überschrie ich das Getöse: »Ob Sie mir einen großen Gefallen tun? Darf ich sie mal steuern?«

»Klar!« sagte Red.

Ich fuhr die Planierraupe in die Siedlung. Es war niemand zu sehen. Ich stellte sie an einem Hang hinter Rolfs Wohnwagen ab.

Jetzt würde ich, wenn ich dem »anderen« Bruce in Alice begegnete, sagen können: »Einen Bulldozer habe ich nicht gefahren, Bru. Aber ich habe eine Planierraupe gefahren.«

In keinem Land ist die Fülle gefährlicher Tiere größer als im südlichen Afrika.
    Charles Darwin, Die Abstammung des Menschen

*

Wo aber Gefahr ist, wächst das Rettende auch.
    Friedrich Hölderlin, Patmos

*

Koestlers Gerede vom ursprünglichen »Blutbad« brachte mich auf den Gedanken, daß er, aus erster oder zweiter Hand, die Arbeiten Raymond Darts kennen mußte. Dart war der junge Anatomieprofessor an der Witwatersrand-Universität in Johannesburg, der 1924 die Bedeutung des Taung-Kindes – ein spektakulärer fossiler Schädel aus der Kap-Provinz – erkannt und ihm anschließend den zungenbrechenden Namen Australopithecus africanus, *»afrikanischer Südaffe«, gegeben hatte.*

Er kam zu dem richtigen Schluß, daß das Geschöpf etwa ein Meter zwanzig groß gewesen war, daß es aufrecht gegangen war, mehr oder weniger wie ein Mensch; und daß es, obwohl das Gehirn eines ausgewachsenen Exemplars kaum größer als das eines Schimpansen gewesen sein konnte, trotzdem menschliche Merkmale aufwies.

Die Entdeckung dieses »Missing link«, behauptete er (und wurde von »Experten« in England deshalb verspottet), erhärte Darwins Aussage, daß der Mensch von den höheren Affen Afrikas abstamme.

Er glaubte ferner, daß das »Kind« mit einem Schlag auf den Kopf getötet worden war.

Dart, der von Buschfarmern in Queensland abstammt, gehört zur Generation des Ersten Weltkriegs; und hatte er auch nur Säuberungsaktionen im Jahre 1918 miterlebt, so scheint er doch die desillusionierte Ansicht vertreten zu haben, daß Menschen Gefallen daran finden, andere Menschen zu töten, und daß sie endlos weitertöten werden.

1953 fühlte er sich jedenfalls angesichts neuen Beweismaterials aus einer Höhle am Rand der Kalahari-Wüste veranlaßt, in einer Abhandlung mit dem Titel »Das räuberische Übergangsstadium vom Affen zum Menschen« seine Überzeugung zu verkünden, daß unsere Art unsere Vorfahren, die Affen, hinter sich gelassen habe, eben weil *wir Mörder und Kannibalen seien, daß die Waffe den Menschen geschaffen habe, daß alle nachfolgende Geschichte sich um den Besitz und die Entwicklung überlegener Waffen gedreht habe und daß daraus folge, daß die Menschen ihre Gesellschaft den Waffen und nicht die Waffen den Bedürfnissen der Gesellschaft anpassen müßten.*

Darts Schüler Robert Ardrey fühlte sich bemüßigt, die Abhandlung wegen ihrer langfristigen ideologischen Auswirkungen neben das Kommunistische Manifest *zu stellen.*

1947–48, während der Ausgrabungen in der Limeworks-Höhle von Makapansgat – sie selbst ein unheimlicher Ort, wo die Voortrekker einmal einen Stamm von Bantus niedermetzelten –, hatte Dart freigelegt, was er für den »Küchenabfall« einer Gruppe von Australopithecinen hielt, die, »wie Nimrod lange Zeit nach ihnen«, große Jäger gewesen seien.

Obwohl sie Eier, Krebse, Eidechsen, Nagetiere und Vögel aßen, hätten sie auch in großen Mengen Antilopen geschlachtet, ganz zu schweigen von viel größeren Säugetieren: eine Giraffe, einen Höhlenbären, das Flußpferd, das Rhinozeros, den Elefanten, den Löwen, zwei Hyänenarten – zu denen, mit den rund 7000 Knochen vermischt, eine Menge Pavianschädel ohne Skelette und die Überreste eines kannibalischen Festschmauses kamen.

Aus den Fossilien wählte Dart ein besonderes Exemplar aus: »die zerschmetterte untere Kinnlade des zwölfjährigen Sohnes eines menschenähnlichen Affen«:

Der Junge war durch einen heftigen Schlag, der mit großer Präzision auf die Kinnspitze abgegeben wurde, getötet worden. Der Schlag mit der Keule war so heftig gewesen, daß die Kiefer beider Gesichtshälften zerschmettert und alle Vorderzähne ausgeschlagen wurden. Dieses aufregende Exemplar veranlaßte mich 1948 und in den nachfolgenden sieben Jahren zu einer gründlicheren Untersuchung ihrer mörderischen und kannibalischen Lebensweise.

Wie gesagt, so getan. Er begann damit, die Knochenansammlung von Makapansgat mit denen von Taung und Sterkfontein zu vergleichen (letzterer ein Ausgrabungsort in der Nähe von Pretoria), und zwischen 1949 und 1965 veröffentlichte er insgesamt neununddreißig Abhandlungen, in denen er seine Theorie von einer osteodontokeratischen (Knochen-Zahn-Horn) Werkzeugkultur des Australopithecus entwickelte.

Das Bild, das er von unseren unmittelbaren Vorfahren entwarf, ergab, daß sie Rechtshänder waren, daß ihre Lieblingswaffe eine Keule war, die aus dem distalen Ende des Vorderlaufknochens einer Antilope gemacht war, daß sie als Dolche Horn oder gespitzte Knochensplitter benutzt hatten, Kinnladen als Sägen, Eckzähne von Raubtieren als Pickel, und daß eine Menge anderer Knochen zur Extraktion von Mark zerschmettert worden waren.

Aus der weiteren Feststellung, daß die Schwanzwirbel fast immer fehlten, zog Dart den Schluß, daß diese als Flegel, Peitschen oder Signalfahnen herumgeschwenkt worden waren. Und weil die Schädel sowohl des Pavians als auch des Australopithecus ihm vorsätzlich verstümmelt vorkamen, behauptete er, die Bewohner der Höhle seien »professionelle Kopfjäger« gewesen. Er folgerte:

Die blutbesudelten, von Schlächtereien zeugenden Archive der menschlichen Geschichte, beginnend bei den ältesten sumerischen und ägyptischen Aufzeichnungen bis zu den jüngsten Abscheulichkeiten des Zweiten Weltkriegs, stimmen mit diesem frühen universalen Kannibalismus überein, mit der Praktik, Tiere und Menschen zu religiösen Zwecken zu opfern, mit weltweiten Skalpierer-, Kopfjäger-, Verstümmler- und Leichenfressergebräuchen, die alle auf dieses gemeinsame blutrünstige Merkmal zurückgehen, diese räuberische Angewohnheit, dieses Kainsmal, das die Ernährung des Menschen von der seiner äffischen Verwandten unterscheidet und ihn in eine Reihe mit den gefährlichsten Raubtieren stellt.

Schon der Stil verrät, daß hier irgend etwas nicht in Ordnung ist.

*

Berkeley, Kalifornien, 1969
In People's Park wurde ich von einem vorzeitig gealterten Hippie angehauen.
»Hört mit dem Morden auf!« sagte er. »Hört mit dem Morden auf!«
»Du würdest nicht zufällig auch auf den Gedanken kommen«, sagte ich, »einem Tiger zu raten, Tabak zu kauen?«
Ich stand auf, bereit, das Weite zu suchen.
»Scheiße!« rief er.
»Denk an Hitler!« rief ich zurück. »Denk an Rudolf Heß! Beide haben immer im vegetarischen Picknickkorb des anderen geschnüffelt.«

*

Während der Fastenzeit ist die Zahl der Morde, wurde mir berichtet, höher als in jeder anderen Jahreszeit. Ein Mann unter dem Einfluß einer Bohnendiät (denn sie sind das Hauptgericht der Griechen während ihres Fastens) wird in der rechten Stimmung sein, den Schrein seines Heiligen zu bereichern und seinem Nachbarn ein Messer in den Leib zu stoßen.

A. W. Kinglake, Eothen

*

Witwatersrand-Universität, Johannesburg, 1983
Feier zum neunzigsten Geburtstag von Professor Raymond Dart in der Fakultät für Anatomie. Der alte Mann schwang eine Hämatithantel, wodurch er seine Stirnlappen in Form zu halten hoffte. Mit gellender Stimme verkündete er, daß bei einem Rechtshänder die linke Hirnhälfte stärker ausgeprägt sei, doch wenn man beide Hände gleichermaßen trainiere, trainiere man beide Hälften des Gehirns.

Zwei schwarze Studenten tauchten vorsichtig Kekse in ihre Teetassen und kicherten.

Nach der Feier führten mich zwei jüngere Kollegen Darts durch einen Flur, um mir das Taung-Kind zu zeigen. Ein erstaunliches Exemplar! Ich hatte das Gefühl, als starre eine sehr kluge kleine Person aus uralten Zeiten durch ein Fernglas zu mir her.

Der Bruch am Schädel, sagten sie, habe nichts mit Gewaltanwendung zu tun. Bevor er zum Fossil wurde, sei der Schädel schlicht und einfach durch die Last der sich über ihm ansammelnden Gesteinsmassen eingedrückt worden.

Sie erlaubten mir, die »zerschmetterte Kinnlade« des Jungen von Makapansgat in die Hand zu nehmen. Sie war grauschwarz, nicht vom Kochen, sondern von Magnesiumflecken. Auch in diesem Fall, sagten sie, könne die Beschädigung nur durch ein »Scheren« verursacht worden sein, eine Folge der Senkung von Gesteinsablagerungen.

Soviel zu den Hirngespinsten, die sich auf die Beweiskraft dieser beiden Exemplare gründeten.

*

Swartkrans, Transvaal

Mit »Bob« Brain einen Tag lang bei Ausgrabungen in der Swartkrans-Höhle: er arbeitete seit neunzehn Jahren dort. Ich stand oberhalb des Höhlenschachts und sah in der einen Richtung über eine weite Grashügellandschaft zum High Veldt und in der anderen auf die glänzenden Dächer der Sterkfontein-Grabungsstätte und die riesigen Erdaufhäufungen der Krugersdorp-Mine dahinter.

Der Boden war von kleinen gezackten Steinen zerklüftet, die das Gehen erschwerten. Eine scharlachrote Aloe stand in Blüte, aber es gab keine Bäume, zumindest nicht in der Ebene. Im Höhleneingang reckte sich der fleckige Stamm des Stinkbaums in die Höhe, dessen Blätter bei den Ausgrabungen Schatten spendeten. Nur an geschützten Stellen können Sämlinge Buschfeuer und Frost überstehen.

Brain zeigte mir die Breccie, die so viele Fossilien der muskulösen, »King-Kong-ähnlichen« Form des Australopithecus, A. robustus, *freigegeben hatte: eine Kreatur, die vor über zwei Millionen Jahren mit dem ersten Menschen,* Homo habilis, *gemeinsam in diesem Tal gelebt hat.*

George, der Vorarbeiter, war ein erfahrener Ausgräber. Er grub jeweils dreißig Kubikzentimeter aus und schüttete den Inhalt durch ein Drahtsieb. Brain nahm jedes einzelne Knochenfragment und untersuchte es unter einem Vergrößerungsglas.

In der Mittagshitze blieben wir in seiner Hütte. Auf dem Bücherregal stand ein Exemplar von Sir Thomas Brownes Religio Medici. *Hier hatte Brain den größten Teil seines Buchs* The Hunters or the Hunted? *geschrieben – die spannendste Kriminalgeschichte, die ich je gelesen habe.*

Brain, der Direktor des Transvaal-Museums in Pretoria, ist ein ruhiger, nachdenklicher, zurückhaltender Mann von asketischen Überzeugungen und grenzenloser Geduld. Sein Vater war ein englischer Entomologe, der nach Rhodesien ging, um sich an der Schädlingsbekämpfung zu beteiligen. Seine

Mutter war Afrikaanderin. Er ist der Urgroßneffe von Eugène Marais, dem Dichter, Naturforscher und Eremiten, dessen Buch Die Seele der weißen Ameise *von Maeterlinck plagiert wurde.*

Brain hat den echten Naturforscher als »einen Mann, der die Welt liebt«, definiert und glaubt, daß man sich der Natur nur nähern kann, indem man versucht, die Dinge »ohne Filter« so zu sehen, wie sie sind. Der Gedanke an die Anfälligkeit des menschlichen Lebens treibt ihn um, und er sucht immer nach Wegen, es zu schützen.

Er haßt es, in eine einzige Disziplin eingesperrt zu sein, und hat sich zu dem einen oder anderen Zeitpunkt – mit einer gewissen »taoistischen« Selbstverleugnung – in Zoologie, Geologie, Vorgeschichte und Klimatologie vertieft. Er hat über das Verhalten von Affen geschrieben, über Geckos, über Chamäleons und über die Viper der Namibischen Wüste. Sobald er seine Arbeit in Swartkrans abgeschlossen hat, will er sich wieder den Protozoen zuwenden – »diesen einzelligen Vitalitätsbündeln«, die im Brackwasser von Wüstenbrunnen gefunden werden und sich innerhalb weniger Stunden ernähren, reproduzieren und sterben.

Als junger Mann nahm Brain 1955 am Dritten Panafrikanischen Kongreß für Vorgeschichte teil und hörte, wie Raymond Dart seine Theorie über das Blutbad verkündete. Er hatte das Gefühl, der Mensch als Spezies würde verleumdet und war möglicherweise der einzige Anwesende, der wußte, warum.

Er hatte, wie es sich traf, als Bodengeologe die Breccien von Makapansgat untersucht und zweifelte Darts Recht an, jedes Knochenstückchen in der Höhle als Werkzeug oder Waffe zu interpretieren. Wenn Mord und Kannibalismus auch sporadisch im gesamten Tierreich auftraten – gewöhnlich als Reaktion auf Überbevölkerung oder Streß –, so ergab doch die These, daß Mord den Menschen machte, keinen evolutionären Sinn.

Zehn Jahre lang brütete Brain über Darts These, und nach-

dem er Direktor des Museums geworden war, beschloß er, sich der Angelegenheit anzunehmen.

Im Sterkfontein-Tal befinden sich drei Dolomitgesteinshöhlen, in denen Fossilien von Hominiden gefunden wurden: in Sterkfontein selbst, in Swartkrans und Kromdraai. Sobald er sich davon überzeugt hatte, daß die Bedingungen dort im wesentlichen mit denen von Makapansgat übereinstimmten, machte er sich an die Arbeit.

Jede Höhle ist mit einer Breccie aus Knochen und Sedimenten gefüllt, die in einem Zeitraum von zwei bis drei Millionen Jahren zu Schichten zusammengedrückt wurden. Die Knochen variieren in der Größe zwischen denen eines Elefanten bis zu denen einer Maus. Unter ihnen gibt es mehrere Arten ausgestorbener Paviane und zwei Formen des Australopithecus: in Sterkfontein den früheren, »grazilen« A. africanus, in Swartkrans und Kromdraai dessen Nachkommen, den muskulösen A. robustus.

Es gibt ebenfalls, wenn auch nicht viele, Knochen vom Menschen.

Einige dieser Hominidenknochen weisen tatsächlich Spuren auf, die eindeutig auf ein gewaltsames Ende schließen lassen. Wenn bewiesen werden könnte, daß sie von anderen Hominiden in die Höhle gebracht wurden, würden diese sich der Anklage wegen Mord und Kannibalismus stellen müssen. Wenn nicht, nicht.

Brain unterzog rund 20 000 Knochen einer genauen »forensischen« Untersuchung – um zu bestimmen, wie jeder den Weg in die Höhle gefunden und in seinen gegenwärtigen Zustand geraten war. Einige Knochen waren vielleicht bei Überschwemmungen hineingespült worden. Andere wurden von Stachelschweinen hineingebracht, die bekanntlich Knochen horten und ihre Zähne an ihnen wetzen. Die kleineren Nagetiere sind wohl mit Eulengewölle hineingekommen. Die Knochen der größeren Säugetiere – Elefant, Flußpferd, Löwe – sind wahrscheinlich das Werk aasfressender Hyänen.

Aber nichts davon mindert den generellen Eindruck, daß alle drei Höhlen Lager von Karnivoren waren und daß die überwältigende Mehrheit der Knochen von Tieren stammte, die außerhalb der Höhle getötet und »nach Hause« geschleppt worden waren, um in der Dunkelheit verzehrt zu werden. Die Fossilien waren die weggeworfenen Speisereste.

Auf den Scharfsinn von Brains Methode muß nicht eigens hingewiesen werden. Es sollte nur betont werden, daß alle Antilopenknochen, die Dart als Keulen, Dolche und so weiter bezeichnete, genau jene Teile des Skeletts waren, die eine Raubkatze gewöhnlich nach ihrer Mahlzeit zurückläßt.
Hinsichtlich der Seltenheit von Hominidenfossilien – ausgenommen den bewußten Schädel und die Kinnladen – stellte Brain fest, daß ein Gepard, der einen Pavian frißt, den größten Teil des Skeletts zermalmt, bis auf die Extremitäten und den Schädel. Die geringfügige »Verstümmelung«, die hin und wieder an der Schädeldecke festgestellt wurde, ließ sich durch die Angewohnheit des Tieres erklären, die Hirnschale an ihrer dünnsten Stelle (dem foramen magnum) aufzubrechen und dann den Inhalt auszulecken.
Das Skelett eines Primaten ist viel zerbrechlicher und verdaulicher als das einer Antilope.

*

Alle Raubkatzen töten mit einem Nackenbiß – das haben sie mit der Axt des Henkers, der Guillotine und der Garrotte gemein. In seinen Betrachtungen zur Todesstrafe *erinnert sich Camus, wie sein Vater, ein gestandener Kleinbürger aus Oran, von einem grausamen Mord dermaßen schockiert war, daß er der öffentlichen Hinrichtung des Mannes beiwohnte – und wegging, weil ihm hoffnungslos übel wurde.*

*

Das Gefühl, von einer Raubkatze schlimm zugerichtet zu werden, kann, wie wir aufgrund der Begegnung Dr. Living-

stones mit einem Löwen wissen, etwas weniger grauenhaft sein, als man es sich gemeinhin vorstellt. »Es war eine Art von Erstarrung«, schrieb er, »bei der ich kein Gefühl von Schreck oder Schmerz empfand, gleichwohl aber das vollkommene Bewußtsein all dessen hatte, was mit mir vorging. Der Zustand war dem eines Patienten ähnlich, der, unter dem Einfluß des Chloroforms, zwar alle Einzelheiten der Operation wahrnimmt, allein das Messer des Chirurgen nicht fühlt. Diese Furchtlosigkeit ging keineswegs aus einer inneren sittlichen Kraft hervor; nur das Schütteln hatte die Furcht benommen und ließ mich ohne Entsetzen der Bestie ins Gesicht blicken. Ein derartiger Zustand tritt wahrscheinlich bei allen Tieren ein, die den Fleischfressern zur Beute dienen...« (David Livingstone, Reisen in Südafrika)

*

Transvaal-Museum, Pretoria
Ein Nachmittag mit Dr. Elizabeth Vrba, einer Paläontologin und Brains erster Assistentin – und eine faszinierende Erzählerin! Wir saßen auf dem Boden des sogenannten Roten Raums und faßten mit weißen Handschuhen so berühmte Fossilien wie »Mrs. Ples« an: ein beinahe intakter Schädel eines A. africanus, den der verstorbene Robert Broom in den dreißiger Jahren fand.

In der einen Hand den zerbrechlichen Kieferknochen des africanus *und in der anderen die riesigen Mahlzähne des* robustus *zu halten, das war, als hätte man den Huf eines Shetlandponys und den eines Shire-Pferds in den Händen.*

Die Fossilien im Sterkfontein-Tal sind alle späten Datums, verglichen mit denen aus Kenia und Äthiopien, wo die archaische Zwergenform des Australopithecus, A. afarensis *(das aufgefundene Exemplar ist »Lucy«), nach heutigen Erkenntnissen vor rund sechs Millionen Jahren aufrecht ging. Die frühesten »Südafrikaner« sind nach dem bisherigen Stand der Forschung ungefähr halb so alt.*

Elizabeth Vrba zeigte mir, wie die drei Formen des Australopithecus drei Stadien einer Evolutionskette darstellen und wie sie immer größer und muskulöser werden als Reaktion auf Lebensbedingungen in einem zunehmend trockeneren und ungeschützteren Gebiet.

An welchem Punkt der erste Mensch von dieser Linie abzweigt, ist eine Frage, über die sich die Experten ad infinitum streiten werden. Jeder Wissenschaftler, der Feldforschung betreibt, will IHN finden. Aber, so warnte Brain: »Ein schönes Fossil zu finden und seine Karriere darauf zu begründen, bedeutet, das Fossil nicht mehr zu sehen.«

Tatsächlich taucht rund zweieinhalb Millionen Jahre später in Ostafrika eine kleine, geschmeidige Kreatur mit erstaunlich entwickelten Stirnlappen auf. In allen drei Stadien des Australopithecus bleibt das Verhältnis von Körpergröße und Gehirn konstant. Beim Menschen kommt es zu einer plötzlichen Explosion.

*

Elizabeth Vrba hat eine Reihe wissenschaftlicher Abhandlungen über die Geschwindigkeit evolutionärer Veränderungen geschrieben, die international Anerkennung fanden. Sie hat mein Bewußtsein für die Debatte zwischen den »Gradualisten« und den »Springern« geschärft.

Orthodoxe Darwinisten glauben, die Evolution schreite in gleichmäßiger Kontinuität fort. Jede Generation unterscheide sich unmerklich von der ihrer Eltern, und wenn die Unterschiede sich häufen, kreuze die Spezies eine genetische »Wasserscheide«, und es entstehe ein neues Lebewesen, eines neuen Linnéschen Namens würdig.

Die »Springer« dagegen bestehen darauf – ausgehend von den brutalen Veränderungen im zwanzigsten Jahrhundert –, daß jede Spezies eine Entität mit einem abrupten Anfang und einem abrupten Ende sei und daß die Evolution in kurzen explosionsartigen Tumulten fortschreite, denen lange Perioden der Muße folgen.

Die meisten Evolutionisten glauben, daß das Klima ein Motor evolutionärer Veränderungen sei.

Die Arten sind im großen und ganzen konservativ und widerstehen Veränderungen. Wie Partner in einer nicht mehr intakten Ehe machen sie immer weiter, machen hier und da kleinere Zugeständnisse, bis es zum Ausbruch kommt, über den hinaus sie sich nicht mehr verständigen können.

Bei einer Klimakatastrophe, bei der ihr Habitat in alle Richtungen versprengt wird, kann eine kleine Brutgemeinschaft von ihren Artgenossen getrennt werden und in einer isolierten Nische landen, meistens am äußersten Rand des Gebiets ihrer Vorfahren, wo sie sich verwandeln oder aussterben muß.

Der »Sprung« von einer Spezies zur nächsten geschieht, wenn er erfolgt, schnell und säuberlich. Plötzlich reagieren die Neuankömmlinge nicht mehr auf die alten Lockrufe. Sobald diese »Vereinzelungsmechanismen« eingefahren sind, kann es keine genetische Umkehr mehr geben, keine Aufgabe neuerworbener Eigenschaften, keinen Weg zurück.

Manchmal können die neuen Arten, durch die Veränderung gestärkt, ihre früheren Lager wieder besiedeln und ihre Vorgänger verdrängen.

Der Prozeß des »Springens« in der Vereinzelung ist »allopatrische Artenbildung« (Artenbildung »in einem anderen Land«) genannt worden und erklärt, warum, während Biologen zahllose Varianten – Körperumfang oder Pigmentierung – innerhalb einer Spezies entdecken, noch nie eine Zwischenform zwischen einer Spezies und der nächsten gefunden wurde.

Das Forschen nach der Abstammung des Menschen mag sich demnach als Jagd auf eine Chimäre herausstellen.

Die für das »Springen« erforderliche Vereinzelung kann, so scheint es, ebensogut an einem Migrationsweg entlang erfolgen, der letztlich ein zu einer ununterbrochenen Linie ge-

sponnenes Territorium ist – so wie man geschorene Wolle zu Garn spinnt.

Während ich über das Vorstehende nachdachte, überraschte mich die Ähnlichkeit zwischen »Allopatrie« und den Schöpfungsmythen der Aborigines, in denen jedes einzelne totemistische Wesen in Vereinzelung an einem bestimmten Punkt auf der Karte geboren wird und sich von dort aus in Linien über das ganze Land ausbreitet.

Alle Arten müssen irgendwann »springen«, aber manche springen leichter als andere. Elizabeth Vrba zeigte mir Diagramme, auf denen sie die Abstammung von zwei verwandten Antilopenarten dargestellt hatte, der Alcephalini *und* Aepycerotini, *die einen gemeinsamen Vorfahren im Miozän hatten.*

Die Alcephalini, *zu deren Familie das Wildebeest und das Hartebeest gehören, haben »spezialisierte« Zähne und Mägen für die Ernährung in Dürregebieten und in den vergangenen sechseinhalb Millionen Jahren rund vierzig Arten hervorgebracht. Die Impala, eine Angehörige der* Aepycerotini, *eine »Generalistin« mit der Fähigkeit, unter den verschiedensten Klimabedingungen zu leben, hat sich bis auf den heutigen Tag nicht verändert.*

Evolutionärer Wandel, sagte sie, sei früher als großer Erfolg begrüßt worden. Heute wissen wir es besser: erfolgreich sind die, die überdauern.

*

Die wirklich wichtige Neuigkeit ist, daß wir einem ausgesprochen dauerhaften Geschlecht angehören.

Die Vorfahren des Menschen waren »Generalisten«: unbezwingbare, erfindungsreiche Lebewesen, die sich im selben Zeitraum wie die Impala oft genug aus der Klemme ziehen mußten, ohne bei jeder Gelegenheit eine Artenveränderung durchzumachen. Daher kann man, wenn man einen größeren Strukturwandel in der Hominidenlinie findet, davon aus-

gehen, daß ein gewaltsamer Druck von außen dafür verantwortlich gemacht werden muß. Und auch, daß unser moralisches, instinktives Rückgrat weitaus stärker ist, als bisher angenommen wurde.

Seit Ende des Miozäns hat es tatsächlich nur zwei solcher größeren »Vorwärtssprünge« gegeben, die durch einen zeitlichen Abstand von rund vier Millionen Jahren voneinander getrennt waren – den ersten im Zusammenhang mit dem Australopithecus, den zweiten mit dem Menschen:

1. Die Umbildung von Becken und Fuß von denen des sich durch Schwinghangeln fortbewegenden Waldaffen zu denen des Wanderers im Flachland; von einem viergliedrigen zu einem zweigliedrigen Grundriß; von einem Lebewesen, das sich mit den Händen fortbewegte, zu einem Lebewesen, dessen Hände sich mit anderen Dingen beschäftigten.
2. Die schnelle Entwicklung des Gehirns.

Wie sich zeigt, treffen beide »Sprünge« zeitlich mit plötzlichen Umschwüngen zu einem kälteren und trockeneren Klima zusammen.

Vor ungefähr zehn Millionen Jahren hat unser hypothetischer Vorfahr, der Miozän-Affe, wahrscheinlich seine Tage unter dem hohen Dach des Regenwaldes verbracht, der damals fast ganz Afrika bedeckte.

Wie der Schimpanse und der Gorilla hat er wahrscheinlich jede Nacht an einer anderen Stelle verbracht, seine Wanderungen jedoch auf wenige Quadratkilometer gefahrlosen Territoriums beschränkt, wo es immer Nahrung gab, wo der Regen die Baumstämme herabrieselte und das Sonnenlicht danach die Blätter besprenkelte und wo er sich vor den »Schrecken« auf dem Boden des Waldes in Sicherheit schwingen konnte.

Vom Grund des Térnéfine-Sees im Tschad habe ich den fossilen Schädel einer Miozän-Hyäne gesehen: ein Tier von der Größe eines Bullen, mit Kinnbacken, mit denen es einem Elefanten ein Bein abbeißen konnte.

Gegen Ende des Miozäns jedoch begannen die Bäume kleiner zu werden. Aus noch ungeklärten Gründen scheint das Mittelmeer etwa sechs Prozent vom Meeressalz der ganzen Welt enthalten zu haben. Aufgrund des geringeren Salzgehalts begannen die Meere um die Antarktis sich mit Eis zu bedecken. Die Größe der Eisdecke verdoppelte sich. Der Meeresspiegel sank, und das Mittelmeer, durch eine Landbrücke bei Gibraltar abgeschlossen, wurde zu einer riesigen evaporierenden Salzpfanne.

In Afrika schrumpfte der Regenwald zu kleinen Inseln – wo man heute die Baumaffen findet –, während die Vegetation an der östlichen Seite des Kontinents eine »mosaikartige Savanne« wurde: offene Waldgebiete und Grasland mit abwechselnden Regen- und Trockenperioden – Überfluß und Knappheit, Überschwemmungen und verkrusteter Schlamm. Dies war die »Heimat« des Australopithecus.

Er war ein Tier, das gehen konnte und wahrscheinlich Lasten trug: aufrechtes Gehen, bei dem sich der Deltamuskel entwickelt, scheint das Tragen von Gewichten, wahrscheinlich von Nahrung und Kindern, von einem Ort zum anderen vorauszusetzen. Doch seine breiten Schultern, seine langen Arme und noch zum Greifen geeigneten Zehen deuten darauf hin, daß er, zumindest in seiner »archaischen« Form, noch immer teilweise in den Bäumen lebte oder auf ihnen Zuflucht suchte.

*

In den dreißiger Jahren des neunzehnten Jahrhunderts erklärte Wilhelm von Humboldt, der Vater der modernen Sprachwissenschaften, daß der Mensch wegen des Sprechens aufrecht gehe, das auf diese Weise nicht »durch den Boden gedämpft oder unhörbar gemacht« werde.

Doch haben vier Millionen Jahre aufrechten Gehens nicht

den geringsten Einfluß auf die Entwicklung von Sprache genommen.

*

Wie auch immer, die »Grazilen« und die »Robusten« besaßen anscheinend die Fähigkeit, einfache Werkzeuge aus Knochen und selbst aus Stein herzustellen. Die Abnutzungsspuren an diesen Werkzeugen lassen nach mikroskopischer Untersuchung vermuten, daß sie nicht zum Schlachten, sondern zum Ausgraben von Zwiebeln und Knollen benutzt wurden. Der Australopithecus hat einer jungen Gazelle, wenn sie in seine Nähe kam, vielleicht eine Trense angelegt, vielleicht ist er sogar wie ein Schimpanse systematisch auf die Jagd gegangen. Aber er war immer noch mehr oder weniger Vegetarier.

Was den ersten Menschen angeht, so war er ein Allesfresser. Seine Zähne sind die eines Allesfressers. Die Steinwerkzeuge, die um seine Lagerstätten verstreut lagen, lassen darauf schließen, daß er womöglich Kadaver zerstückelt und verzehrt hat. Er war jedoch wahrscheinlich eher ein Aasfresser als ein Jäger. Sein Erscheinen trifft mit dem zweiten Klimaumschwung zusammen.

Klimatologen haben herausgefunden, daß vor 3,2 bis 2,6 Millionen Jahren ein jäher Sturz der Temperatur auf der ganzen Welt erfolgte, der als erste Eiszeit bekannt ist und in dessen Folge der Nordpol zum erstenmal vereiste. Für Afrika hatte das verheerende Folgen.

Im ganzen Great-Rift-Tal wurde das Waldland weggefegt und durch offene Steppe ersetzt: eine Wildnis aus Sand und Kies, gelegentlichen Grasflecken und Dornbüschen und höheren Bäumen, die in den Wasserläufen verblieben waren.

Dorngestrüpp war das Land, in dem sich das Gehirn des ersten Menschen entwickelte: die Dornenkrone war keine zufällige Krone.

*

»*Der Mensch*«, *sagte Elizabeth Vrba,* »*wurde in Not geboren. Not ist in diesem Fall die Dürre.*«
»*Wollen Sie damit sagen, daß der Mensch in der Wüste geboren ist?*«
»*Ja*«, *sagte sie.* »*In der Wüste. Oder zumindest in der Halbwüste.*«
»*Wo man sich nie auf Wasserstellen verlassen konnte?*«
»*Ja.*«
»*Aber es waren eine Menge Raubtiere in der Nähe?*«
»*Einem Karnivoren ist es gleichgültig, wo er lebt, solange er sein Fleisch bekommt. Es muß schrecklich gewesen sein!*«

Die Geschichte der Evolution ist eine Geschichte des »*Wettrüstens*« *zwischen Räuber und Beute, da die natürliche Auslese der Beute mit den besten Verteidigungsmechanismen und den Räubern mit den besten Mordwerkzeugen den Vorzug gibt.*
Eine Schildkröte zieht sich in ihren Panzer zurück. Ein Igel sträubt seine Stacheln. Ein Nachtfalter tarnt sich an der Baumrinde, und ein Kaninchen saust in einen Bau, der zu eng ist, als daß der Fuchs ihm folgen könnte; der Mensch dagegen war in einem Flachland ohne Bäume wehrlos. Der robustus *reagierte darauf, indem er sich mehr Muskeln zulegte. Wir benutzten unser Gehirn.*

*

Es sei unsinnig, fuhr Dr. Vrba fort, das Erscheinen des Menschen in einem Vakuum zu untersuchen, ohne gleichzeitig das Schicksal anderer Arten in demselben Zeitraum zu berücksichtigen. Tatsächlich fand vor etwa zweieinhalb Millionen Jahren, zur selben Zeit, als der Mensch seinen gewaltigen »*Sprung*« *machte, eine* »*ungeheure Umwälzung der verschiedenen Spezies*« *statt.*
»*Unter den Antilopen*«, *sagte sie,* »*war plötzlich die Hölle los.*«
In ganz Ostafrika machten die eher seßhaften grasenden

Tiere den »klügeren«, wandernden Grasfressern Platz. Für eine seßhafte Existenz gab es einfach keine Grundlage mehr.

»Und seßhafte Arten«, sagte sie, »sind wie seßhafte Gene eine Zeitlang unerhört erfolgreich, doch am Ende zerstören sie sich selbst.«

In Trockenzonen können die Ressourcen von einem Jahr zum anderen variieren. Durch ein vereinzeltes Gewitter kann vorübergehend eine grüne Oase entstehen, während nur wenige Kilometer entfernt das Land verdorrt und unfruchtbar bleibt. Um die Dürre zu überleben, muß jede Art eins von zwei Strategemen anwenden: mit dem Schlimmsten rechnen und sich vergraben oder sich der Welt öffnen und weiterziehen.

Einige Samen in der Wüste liegen jahrzehntelang brach. Einige Nagetiere in der Wüste kommen nur nachts aus ihren Erdlöchern hervor. Die Weltwitchia, eine außergewöhnliche Pflanze der Namibischen Wüste mit bandförmigen Blättern, lebt jahrtausendelang von ihrer täglichen Nahrung aus Morgentau. Aber wandernde Tiere müssen aufbrechen – oder zum Aufbruch bereit sein.

An einem Punkt des Gesprächs sagte Elizabeth Vrba, Antilopen würden durch den Blitz zum Weiterziehen angeregt.

»Genauso wie die Buschmänner in der Kalahari«, sagte ich. »Auch sie ›folgen‹ dem Blitz. Denn wo der Blitz war, wird es Wasser, Grün und Wild geben.«

*

Wenn ich meine Füße ruhen lasse, hört auch mein Kopf auf zu funktionieren.

J. G. Hamann

Die Sprachfähigkeit des Homo habilis *hat sich möglicherweise auf Grunzen, Heulen und Zischen beschränkt: wir werden es nie wissen. Ein Gehirn überlebt den Versteinerungsprozeß nicht. Doch hinterlassen seine Konturen und Merkmale ihre Spuren im Innern des Schädels. Man kann Ausgüsse vornehmen und diese »Endocranialausgüsse« nebeneinanderstellen und miteinander vergleichen.*

Paris, Musée de l'Homme, 1984
In seinem sorgfältig aufgeräumten Büro hatte Professor Yves Coppens – einer der führenden Köpfe auf dem Gebiet des fossilen Menschen – eine Reihe solcher Endocranialausgüsse nebeneinandergestellt; der Augenblick, in dem er vom Australopithecus zum Menschen überging, löste in mir das Gefühl aus, etwas bestürzend Neues vor mir zu haben.

Nicht nur vergrößert sich das Gehirn (um fast die Hälfte), auch seine Form ändert sich. Die Scheitelbein- und Schläfenbeinregion – wo sich das sensorische Zentrum und das Erinnerungsvermögen befinden – entwickeln sich und werden viel komplizierter. Das Brocasche Hirnrindenfeld, das eng mit dem Sprachvermögen zusammenhängt, taucht zum erstenmal auf. Die Membranen verdichten sich. Die Synapsen vermehren sich – wie auch die Venen und Arterien, die das Gehirn durchbluten.

Auch im Mund finden größere strukturelle Veränderungen statt, vor allem an der Innenseite des Unterkiefers, wo die Zunge auf den Gaumen trifft. Und da der Mensch nun einmal das sprachbegabte Wesen ist, läßt sich schwer einsehen, wozu diese Veränderungen dienen sollten, wenn nicht der Sprache.

Die nachfolgenden Stadien der menschlichen Evolution – über den Homo erectus *zum* Homo sapiens sapiens *– berechtigen laut Coppens noch nicht dazu, von einer gesonderten Spezies zu sprechen. Vielmehr sollten sie als Abwandlungen des Urmodells, des* Homo habilis, *angesehen werden.*

»Eine langjährige Beschäftigung mit dem Homo habilis*«, schreibt er in dem Buch* Die Wurzeln des Menschen, *»bringt mich jedoch zu der Ansicht, daß wir es ihm verdanken, uns die Frage vorgelegt zu haben, wer wir waren, woher wir ka-*

*men und wohin wir gingen. Sein plötzlicher Siegeszug...
scheint mir so glanzvoll, so außergewöhnlich und so neu, daß
ich mich für diese Spezies, diese Epoche und diese Gegend der
Welt bereitwillig entscheiden würde, um ihnen das Aufkommen des Denkprozesses und der Sprache zuzuweisen.«*

*

*»Ich weiß, daß es wie an den Haaren herbeigezogen klingt«,
sagte ich zu Elizabeth Vrba, »aber wenn man mich fragen
würde: ›Wozu ist das Großhirn da?‹, wäre ich versucht zu antworten: ›Damit wir unseren Weg durch die Wildnis singen.‹«*

*Sie wirkte leicht verwundert. Dann öffnete sie eine Schublade in ihrem Schreibtisch und holte ein Aquarell hervor: die
Impression eines Künstlers von der Familie des ersten Menschen, die mit ihren Kindern im Gänsemarsch durch leeres offenes Land wandert.*

Sie lächelte und sagte: »Auch ich glaube, daß die Hominiden wanderten.«

*

Wer aber war dann der Mörder in der Höhle?

*Leoparden ziehen es vor, ihre Beute in möglichst finsteren
Schlupfwinkeln zu verzehren. Und in einem frühen Stadium
seiner Untersuchungen glaubte Brain, daß sie für das Gemetzel verantwortlich seien – was sie, zum Teil, auch gewesen
sein mochten.*

*Neben anderen Fossilien im Roten Raum zeigte er mir den
unvollständigen Schädel eines jungen männlichen* Homo
habilis. *In der Nähe der Stirn gibt es Anzeichen für einen Gehirntumor: vielleicht war er der »Idiot der Familie«. An der
Basis befinden sich zwei etwa drei Zentimeter auseinanderliegende, exakt plazierte Löcher. Dann nahm Brain den versteinerten Schädel eines Leoparden, der in derselben Gesteinsschicht gefunden worden war, und zeigte mir, daß die
unteren Eckzähne genau in die beiden Löcher paßten. Ein
Leopard schleppt seine Beute davon, indem er den Schädel*

mit seiner Kinnlade umschließt – so wie die Katze eine Maus trägt.
Die Löcher waren genau an der richtigen Stelle.

*

Bhimtal, Kumaon, Indien
Eines Nachmittags besuchte ich den schiwaistischen Sadhu in seiner Einsiedelei auf dem gegenüberliegenden Berg. Er war ein sehr heiliger Mann, der meine Spende von ein paar Rupien nahm und sie ehrerbietig in den Saum seines orangeroten Gewands wickelte. Er saß mit überkreuzten Beinen auf seinem Leopardenfell. Sein Bart wallte über seine Knie, und die Kakerlaken krochen daran auf und ab, während er das Wasser für den Tee kochte. Unterhalb der Einsiedelei war eine Leopardenhöhle. In mondhellen Nächten kam der Leopard in den Garten, und er und der Sadhu blickten einander an.
Doch die älteren Leute im Dorf konnten sich noch mit Entsetzen an die Zeit der »Menschenfresser« erinnern, als man selbst hinter verriegelten Türen nicht sicher war.
In Rudraprayag, nördlich von hier, hat ein Menschenfresser über 125 Personen verzehrt, bevor er von Jim Corbett erschossen wurde. In einem Fall drückte das Tier eine Stalltür ein, kroch über oder unter den Leibern von vierzig Ziegen hinweg, ohne auch nur eine anzurühren, und schnappte sich schließlich den jungen Ziegenhirten, der allein in der hintersten Ecke der Hütte schlief.

*

Transvaal-Museum
Ein Leopard wird gewöhnlich – wenn auch nicht immer – infolge eines Zufalls, aufgrund eines fehlenden Eckzahns zum Beispiel, zum Menschenfresser. Aber hat das Tier erst einmal Geschmack an Menschenfleisch gefunden, rührt es kein anderes mehr an.
Als Brain sich anschickte, die Prozentsätze von Primatenfossilien zu addieren, das heißt von Pavianen und Homini-

den sowohl im »robusten« Stadium von Swartkrans als auch im africanus-Stadium von Sterkfontein, stellte er zu seiner Überraschung fest, daß die Knochen von Primaten 52,9 Prozent beziehungsweise 69,8 Prozent der gesamten Beute ausmachten. Antilopen und andere Säugetiere stellten den Rest. Welches Tier (oder welche Tiere) auch immer die Höhle als Beinhaus benutzte, es hatte eine Vorliebe für Primaten.

Brain spielte mit dem Gedanken, daß »menschenfressende« Leoparden am Werk gewesen seien, aber diese Hypothese hatte mehrere Haken:

1. Statistiken afrikanischer Wildparks zeigen, daß Paviane nicht mehr als zwei Prozent der normalen Nahrung eines Leoparden ausmachen.
2. In den höheren Schichten von Swartkrans, als die Höhle eindeutig von Leoparden bewohnt wurde, ließen sie reichliche Überreste ihrer gewöhnlichen Beute, des Springbocks, zurück, während Paviane auf drei Prozent zurückgingen.

War es möglich, daß Leoparden eine »anomale« Menschenfresserphase durchgemacht hatten und danach zu ihren früheren Gewohnheiten zurückkehrten?

Außerdem fand Elizabeth Vrba, als sie mit der Analyse der Rinderknochen in der Höhle begann, in überwiegender Zahl Tiere – wie zum Beispiel die Kuhantilope –, die zu kräftig gebaut waren, als daß ein Leopard es mit ihnen hätte aufnehmen können. Ein anderer, stärkerer Fleischfresser mußte am Werk gewesen sein. Welcher?

Es gibt drei Hauptkandidaten, die alle inzwischen ausgestorben sind und die ihre Fossilien im Sterkfontein-Tal zurückgelassen haben.

a) Die langbeinigen Jägerhyänen, Hyenictis und Euryboas.

b) *Der Machairodus oder Säbelzahntiger.*
c) *Die Gattung Dinofelis oder »falscher Säbelzahntiger«.*

Die Säbelzahntiger hatten kräftige Nackenmuskeln und konnten gewaltige Sprünge machen; und in ihrem Oberkiefer hatten sie sichelförmige, an den Schneidekanten gezackte Eckzähne, die sie in den Nacken ihrer Beute gruben. Sie waren besonders dazu ausgerüstet, große Pflanzenfresser zur Strecke zu bringen. Ihre Reißzähne taugten zum Schneiden von Fleisch mehr als die aller anderen Karnivorenarten. Doch ihre Unterkiefer waren schwach, so schwach, daß sie kein Skelett auffressen konnten.

Griff Ewer hat einmal die Hypothese geäußert, daß sich die knochenzermalmenden Backenzähne der Hyäne entwickelt hätten, weil der Vorrat der von Säbelzahntigern zurückgelassenen Kadaver so unerschöpflich war.

Offenbar waren die Höhlen im Sterkfontein-Tal über einen sehr langen Zeitabschnitt von einer Vielfalt von Karnivoren bewohnt.

Brain nahm an, daß ein Teil der Knochen, vor allem der der größeren Antilopen, von Säbelzahntigern und Hyänen in gemeinschaftlicher Arbeit in die Höhle gebracht worden war. Auch die Jägerhyänen könnten ein paar Hominiden hineingeschleppt haben.

Doch beschäftigen wir uns mit der dritten Möglichkeit.

Der Dinofelis war eine weniger geschmeidige Wildkatze als der Leopard oder der Gepard, aber sehr viel kräftiger gebaut. Er hatte gerade, dolchartige Killerzähne, der Form nach zwischen den Zähnen eines Säbelzahntigers und eines heutigen Tigers. Sein Unterkiefer konnte sich abrupt schließen, und weil er wegen seiner etwas plumpen Gestalt heimlich auf die Jagd gegangen sein muß, hat er wahrscheinlich nachts gejagt. Er mag gefleckt gewesen sein. Er mag gestreift gewesen sein. Er mag, wie ein Panther, schwarz gewesen sein.

Seine Knochen sind vom Transvaal bis nach Äthiopien aus-

gegraben worden – das heißt, im urzeitlichen Verbreitungsgebiet des Menschen.

Im Roten Raum hatte ich soeben den fossilen Schädel eines Dinofelis in den Händen gehalten: ein perfektes Exemplar mit einer klebrig-braunen Patina. Ich ließ es mir nicht nehmen, die Kinnlade zu bewegen und die Reißzähne genau zu betrachten, während ich sie schloß.

Der Schädel stammt von einem von drei vollständigen Dinofelis-Skeletten – ein Männchen, ein Weibchen und ein Junges –, die zusammen mit acht Pavianen und keinen anderen Tieren 1947/48 in fossilem Zustand in Bolt's Farm nahe Swartkrans gefunden wurden. Ihr Finder, H.B.S. Cooke, nahm an, daß sich die Dinofelis-»Familie« auf Pavianjagd befand, als sie alle in eine natürliche Grube fielen und gemeinsam den Tod fanden.

Ein seltsames Ende! Aber nicht seltsamer als die nach wie vor ungeklärten Fragen: Warum waren so viele Paviane und Hominiden in diesen Höhlen? Warum so wenige Antilopen und andere Arten?

Brain erwog mit der ihm eigenen Vorsicht die verschiedenen Möglichkeiten und trug in den letzten Absätzen seines Buches The Hunters or the Hunted? *zwei vorläufige, einander ergänzende Hypothesen vor.*

Die Hominiden waren möglicherweise nicht in die Höhle geschleppt worden: sie hatten dort vielleicht Seite an Seite mit ihrem Zerstörer gelebt. Im Mount Suswa, einem untätigen Vulkan in Kenia, gibt es lange Lavatunnel, in deren Tiefe Leoparden leben und in deren Eingang Paviangruppen nachts Zuflucht suchen. Die Leoparden haben eine lebende Speisekammer an ihrer eigenen Eingangstür.

Im Transvaal sind die Winternächte kalt: so kalt, daß die Anzahl der Paviane im High Veldt durch die Anzahl von Höhlen und Schlupfwinkeln, in denen sie schlafen können, begrenzt ist. Zur Zeit der ersten Eiszeit hat es möglicherweise hundert Frostnächte im Jahr gegeben. Und stellen wir uns jetzt den robustus *in der Kälte vor: Wanderer, die im Sommer ins Hochland zogen und im Winter die Täler aufsuchten, ohne Mittel, sich zu wehren, bis auf die eigene rohe Kraft; ohne Feuer; ohne Wärme, bis auf die ihrer eigenen zusammengedrängten Körper; nachtblind und doch gezwungen, ihre Unterkunft mit einer funkeläugigen Katze zu teilen, die hin und wieder hinausschlich, um sich einen versprengten Bummelanten zu schnappen.*

Die zweite Hypothese macht uns mit einem Gedanken vertraut, bei dem sich einem der Kopf dreht.

Könnte es sein, fragt Brain, daß der Dinofelis ein auf Primaten spezialisierter Räuber war?

»Die Verbindung von einer robusten Kinnlade«, schreibt er, »mit einem gutentwickelten Gebiß hätte es dem Dinofelis ermöglicht, alle Teile eines Primatenskeletts zu verzehren, ausgenommen den Schädel. Die Hypothese, daß Dinofelis ein auf Primaten spezialisierter Mörder war, hat einiges für sich.«

*

Könnte es sein, so möchte man fragen, daß der Dinofelis unser »wildes Tier« war? Ein wildes Tier, das sich von allen anderen Inkarnationen der Hölle unterschied? Das Tier aus der Apokalypse, der Erzfeind, der uns heimlich und hinterlistig folgte, wohin immer wir gingen? Den wir am Ende jedoch zu Fall brachten?

Im König Lear *heißt es: »Der Fürst der Finsternis ist ein Edelmann.« Verführerisch an einem spezialisierten räuberischen Lebewesen ist der Gedanke an die Nähe zwischen uns und dem wilden Tier. Denn wenn es ursprünglich ein besonderes Tier war, haben wir es dann nicht so faszinieren wollen, wie es uns faszinierte? Haben wir es nicht bezaubern wollen, wie die Engel die Löwen in Daniels Grube bezauberten?*

Die Schlangen, Skorpione und anderen bedrohlichen

Kreaturen der Savanne – die sich neben ihrer zoologischen Realität einer zweiten Existenz in den Höllen der Mystiker erfreuen – hätten unser Leben als solches nie bedrohen, hätten nie das Ende unserer Welt verkünden können. Ein spezialisierter Killer dagegen konnte es – und deshalb müssen wir ihn trotz der unsicheren Beweislage ernst nehmen.

»Bob« Brains Leistung besteht in meinen Augen darin – einerlei, ob wir uns eine große Raubkatze, mehrere Wildkatzen oder ein Scheusal wie die Jägerhyäne vorzustellen haben –, eine Gestalt neu eingeführt zu haben, deren Erscheinung seit dem Ende des Mittelalters immer mehr verblaßte: den Fürsten der Finsternis in all seiner düsteren Herrlichkeit.

Ohne die Grenzen wissenschaftlicher Genauigkeit zu verletzen (wie ich es zweifellos getan habe), hat er die Geschichte eines außerordentlichen Sieges ans Licht gebracht – eines Sieges, auf den wir vielleicht noch bauen können –, in dem der Mensch durch seine Menschwerdung die Mächte der Zerstörung bezwang.

Denn plötzlich ist in den höheren Schichten von Swartkrans und Sterkfontein der Mensch zugegen. Er hat die Oberhand, und die räuberischen Tiere sind nicht mehr bei ihm.

Verglichen mit diesem Sieg mögen einem unsere übrigen Errungenschaften geradezu läppisch vorkommen. Man könnte sagen, daß wir eine Spezies auf Urlaub sind. Doch vielleicht mußte es ein Pyrrhussieg sein: Ist nicht die ganze Geschichte eine Suche nach falschen Ungeheuern gewesen? Eine nostalgische Sehnsucht nach dem wilden Tier, das wir verloren haben? Wir müssen dem Fürsten dankbar sein, der sich mit einer eleganten Verbeugung verabschiedet hat. Die Welt sollte noch ungefähr bis zum zehnten Jahrtausend vor Christus auf die erste Waffe warten müssen – als Kain seinem Bruder mit der Hacke den Schädel einschlug.

34

Rolf und ich nahmen einen abendlichen Drink, als eine von Estrellas Krankenschwestern herübergelaufen kam und sagte, am Funktelefon sei ein Mann. Ich hoffte, daß es Arkady sei. Nach all der Schreiberei sehnte ich mich danach, ihn auf seine erfrischende, besonnene Art reden zu hören.

Wir eilten beide zur Ambulanz, um festzustellen, daß nicht ein Mann im Äther war, sondern eine Frau mit einer sehr barschen Stimme: Eileen Houston vom Aborigine-Kunstbüro in Sydney.

»Hat Winston sein Bild fertig?« brummte sie.

»Ja«, sagte Rolf.

»Okay. Sage ihm, daß ich Punkt neun da bin.«

Die Leitung war tot.

»Das Luder«, sagte Rolf.

Winston Japurula, der »wichtigste« Künstler, der in Cullen arbeitete, hatte vor knapp einer Woche ein größeres Bild fertiggestellt und wartete darauf, daß Mrs. Houston kam und es ihm abkaufte. Wie so viele Künstler war er mit Geld sehr großzügig und hatte im Laden hohe Schulden gemacht.

Mrs. Houston, die sich als »die erste Autorität unter den Händlern für Aborigine-Kunst« bezeichnete, hatte die Gewohnheit, in die Siedlungen zu fahren und bei ihren Künstlern nach dem Rechten zu sehen. Sie brachte ihnen Farbe, Pinsel und Leinwand mit und bezahlte fertige Arbeiten mit einem Scheck. Sie war eine sehr entschlossene Frau. Sie übernachtete immer im Busch, allein – und war nie nicht in Eile.

Am nächsten Morgen saß Winston mit gekreuzten Beinen und nackt bis zum Gürtel auf einem Flecken ebener Erde neben den Benzinkanistern und wartete auf sie. Er war ein alternder Lüstling. Aus seinen farbbekleckstem Shorts quollen Fettwülste hervor, und er hatte einen riesigen Mund mit herabhängenden Mundwinkeln. Seine Söhne und Enkel trugen den Stempel seiner großartigen Häßlichkeit. Er zeichnete ein Ungeheuer auf ein Stück Pappe. Durch Osmose hatte er sich das Temperament und die Manieriertheit des Lower West Broadway zu eigen gemacht.

Sein »Polizist« oder Ritualmanager, ein jüngerer Mann in braunen Hosen namens Bobby, war zur Stelle, um zu verhindern, daß Winston heiliges Wissen ausplauderte.

Um Punkt neun sahen die Jungen Mrs. Houstons roten Landcruiser über die Rollbahn näher kommen. Sie stieg aus, ging auf die Gruppe zu und ließ ihre Schenkel auf einen Campingstuhl fallen.

»Morgen, Winston«, nickte sie ihm zu.

»Morgen«, sagte er, ohne sich zu rühren.

Sie war eine umfangreiche Frau in einem beigefarbenen »Kampfanzug«. Ihr scharlachroter Sonnenhut war wie ein Tropenhelm tief über ihren ergrauenden Lockenkopf gezogen. Ihre bleichen, von der Hitze angegriffenen Wangen liefen in einem sehr spitzen Kinn aus.

»Worauf warten wir?« fragte sie. »Ich glaubte, ich wäre gekommen, um ein Bild zu sehen.«

Winston spielte mit seinem Haarband, und mit einem Wink wies er seine Enkel an, das Bild aus dem Laden zu holen.

Sechs von ihnen kamen mit einer großen, aufgezogenen Leinwand zurück, die etwa zweieinhalb auf zwei Meter groß und mit einer durchsichtigen Plastikhülle gegen Staub geschützt war. Sie setzten das Bild übertrieben vorsichtig auf dem Boden ab und packten es aus.

Mrs. Houston blinzelte. Ich beobachtete, wie sie ein freudiges Lächeln unterdrückte. Sie hatte Winston beauftragt, ein »weißes« Bild zu malen. Aber dieses übertraf, so glaube ich, alle ihre Erwartungen.

Sehr viele Aborigine-Künstler malten in grellen Farben. Hier waren schlicht sechs weiße bis gelbweiße Kreise, sorgfältig in »pointillistischen« Punkten gemalt, auf einem zwischen Weiß, Bläulichweiß und dem hellsten Ockergelb variierenden Hintergrund. Zwischen den Kreisen verliefen mäandrische Schlangenlinien, in einem gleichermaßen hellen Lilagrau.

Mrs. Houstons Lippen bewegten sich. Man konnte beinahe hören, wie sie in ihrem Kopf kalkulierte. Eine weiße Galerie... eine weiße Abstraktion... Weiß auf Weiß... Malewitsch... New York...

Sie wischte sich den Schweiß von der Stirn und nahm sich zusammen.

»Winston!« Sie zeigte mit einem Finger auf die Leinwand.

»Jaah.«

»Winston, du hast nicht das Titanweiß benutzt, obwohl ich es dir ausdrücklich gesagt habe! Was für einen Sinn hat es, daß ich teure Farbe kaufe, wenn du sie nicht einmal benutzt? Du hast *Zink*weiß benutzt, stimmt's? Antworte mir!«

Winston reagierte, indem er seine Arme vor dem Gesicht verschränkte und durch einen Spalt spähte, wie ein Kind beim Versteckspiel.

»Hast du das Titanweiß benutzt, ja oder nein?«

»NEIN!« rief Winston, ohne die Arme zu senken.

»Hab' ich's mir doch gedacht!« sagte sie und hob befriedigt das Kinn.

Dann blickte sie wieder auf die Leinwand und entdeckte einen winzigen, kaum einen Zentimeter langen Riß am Rand eines der Kreise.

»Und sieh her!« schrie sie. »Du hast sie zerrissen. Winston, du hast die Leinwand *zerrissen*! Weißt du, was das bedeutet? Dieses Bild muß verstärkt werden. Ich werde dieses

Bild zum Restaurieren nach Melbourne schicken müssen. Und das wird mindestens dreihundert Dollar kosten. Es ist ein Jammer.«

Winston, der die Arme hatte sinken lassen, schlang sie wieder um sein Gesicht und zeigte der Händlerin nichts außer der Stirn.

»Es ist ein Jammer«, wiederholte sie.

Die Zuschauer starrten auf die Leinwand, als betrachteten sie eine Leiche.

Mrs. Houstons Kinn begann zu zucken. Sie war zu weit gegangen, und sie würde einen versöhnlicheren Ton anschlagen müssen.

»Aber es ist ein schönes Bild, Winston«, sagte sie. »Es wird gut in unsere Wanderausstellung passen. Ich habe dir doch gesagt, daß wir eine Sammlung zusammenstellen, nicht wahr? Von den besten Pintupi-Malern? Nicht wahr? Hörst du mich?«

Ihre Stimme klang ängstlich. Winston blieb stumm.

»Hörst du mich?«

»Jaah«, sagte er in schleppendem Ton und ließ die Arme sinken.

»Na, dann ist ja alles in Ordnung, nicht wahr?« Sie versuchte zu lachen.

»Jaah.«

Sie nahm einen Block und einen Bleistift aus ihrer Umhängetasche.

»Und wie geht die Geschichte, Winston?«

»Welche Geschichte?«

»Die Geschichte des Bildes.«

»Ich habe es gemalt.«

»Ich weiß, daß du es gemalt hast. Ich meine, welche Traumgeschichte hat es? Ein Bild ohne Geschichte kann ich nicht verkaufen. Das weißt du!«

»Ich?«

»Du.«

»Alter Mann«, sagte er.

»Danke.« Sie begann, etwas auf den Block zu kritzeln. »Das Bild ist also der Traum eines alten Mannes?«

»Jaah.«

»Und?«

»Und was?«

»Der Rest der Geschichte.«

»Welche Geschichte?«

»Die Geschichte des alten Mannes«, sagte sie wütend. »Was *tut* der alte Mann?«

»Er geht«, sagte Winston, der eine doppelte gepunktete Linie in den Sand zeichnete.

»Natürlich geht er«, sagte sie. »Wohin geht er?«

Winston sah mit hervorquellenden Augen auf die Leinwand und blickte zu seinem »Polizisten« hoch.

Bobby zwinkerte.

»Ich habe dich gefragt«, sagte Mrs. Houston, wobei sie jede Silbe betonte. »*Wohin* geht der alte Mann?«

Winston kniff die Lippen zusammen und schwieg.

»Nun, und was ist das?« Sie zeigte auf einen der weißen Kreise.

»Salzpfanne«, sagte er.

»Und das?«

»Salzpfanne.«

»Das da?«

»Salzpfanne. Sind alles Salzpfannen.«

»Der alte Mann geht also über Salzpfannen?«

»Jaah.«

»Nicht viel dran an der Geschichte!« Mrs. Houston zuckte die Achseln. »Was ist mit den Schnörkeln in der Mitte?«

»Pitjuri«, sagte er.

Pitjuri ist ein mildes Narkotikum, das Aborigines kauen, um den Hunger zu verdrängen. Winston rollte Kopf und Augen von einer Seite zur anderen, wie ein Mann auf einem Pitjuritrip. Die Zuschauer lachten. Mrs. Houston lachte nicht.

»Verstehe«, sagte sie. Dann dachte sie laut vor sich hin und machte sich Notizen über die Geschichte: »Der uralte Ahne mit dem weißen Bart, der vor Durst umkommt, schleppt sich über eine glitzernde Salzpfanne nach Hause und findet am anderen Ufer eine Pitjuripflanze...«

Sie steckte den Bleistift zwischen ihre Lippen und sah mich beifallheischend an.

Ich lächelte zuckersüß.

»Ja, das ist hübsch«, sagte sie. »Das ist ein hübscher Anfang.«

Winston hatte den Blick von der Leinwand abgewendet und heftete ihn nun auf sie.

»Ich weiß«, sagte sie. »Ich *weiß*! Jetzt müssen wir uns auf den Preis einigen, nicht wahr? Wieviel habe ich dir das letztemal gegeben?«

»Fünfhundert Dollar«, sagte er säuerlich.

»Und wieviel Vorschuß habe ich dir diesmal gegeben?«

»Zweihundert.«

»Das ist richtig, Winston. Genauso ist es. Nun, jetzt haben wir den Schaden, der repariert werden muß. Ziehen wir einmal einhundert für den Schaden ab, und ich zahle dir weitere dreihundert? Das sind hundert mehr als bisher. Dann sind wir quitt.«

Winston rührte sich nicht.

»Und ich muß ein Foto von dir machen«, zwitscherte sie weiter. »Ich glaube, du ziehst dir besser etwas über. Wir brauchen ein hübsches neues Foto für den Katalog.«

»Nein!« brüllte Winston.

»Was soll das heißen, nein?« Mrs. Houston sah sehr schockiert aus. »Du willst kein Foto von dir machen lassen?«

»NEIN!« brüllte er noch lauter. »Ich will mehr Geld!«

»Mehr Geld? Ich... ich... verstehe nicht.«

»MEHR... GELD!, habe ich gesagt.«

Sie machte ein betrübtes Gesicht, als hätte sie es mit einem undankbaren Kind zu tun, und sagte dann in eisigem Ton: »Wieviel?«

Wieder beschirmte Winston sein Gesicht mit den Armen.

»Wieviel willst du?« beharrte sie. »Ich bin nicht hier, um meine Zeit zu verschwenden. Ich habe meinen Preis genannt. Nenn du deinen.«

Er rührte sich nicht.

»Es ist lächerlich«, sagte sie.

Er schwieg.

»Ich mache kein neues Angebot«, sagte sie. »Du mußt deinen Preis nennen.«

Nichts.

»Los. Sag schon. Wieviel?«

Winston senkte den Unterarm und formte einen dreieckigen Schlitz, durch den er rief: »SECHSTAUSEND DOLLAR!«

Mrs. Houston fiel fast vom Stuhl. »Sechstausend Dollar! Das soll wohl ein Witz sein!«

»Und warum verlangst du verdammte siebentausend Dollar für eins meiner Bilder in deiner verdammten Ausstellung in Adelaide?«

Angesichts der Reihe echter Ungeheuer, mit denen der erste Mensch konfrontiert war, kann man unmöglich *annehmen, daß Kämpfe und Kriege zwischen Stämmen zur ursprünglichen Ordnung der Dinge gehörten – das gilt nur für die klassischen Formen von Zusammenarbeit.*

Ibn Chaldun schreibt, daß Gott den Tieren zu ihrer Verteidigung körperliche Eigenschaften verlieh, dem Menschen hingegen die Fähigkeit zum Denken gab. Die Macht des Denkens ermöglichte ihm, Waffen herzustellen – Lanzen statt Hörner, Schwerter statt Klauen, Schilder statt dicker Häute – und Gemeinschaften zu gründen, in denen sie hergestellt wurden.

Da ein einzelnes Individuum gegen das wilde Tier wehrlos war, vor allem gegen das Raubtier, konnte sich der Mensch nur durch kollektive Verteidigung schützen. Unter den Bedingungen der Zivilisation begann der Krieg aller gegen alle jedoch mit einer Ausrüstung, die dazu gedacht war, Raubtiere abzuschrecken.

*

Mit welcher Waffe konnte ein Tier wie der Dinofelis abgeschreckt werden?

Mit Feuer, ohne Zweifel. Ich nehme an, daß eines Tages irgendwo ein Ausgräber entdecken wird, daß der Homo sapiens *Feuer benutzte.*

Und die »konventionellen« Waffen? Eine Handaxt? Sinnlos! Eine Keule? Noch sinnloser! Nur ein Speer oder eine Lanze von der Art, wie sie Sankt Georg in den Rachen des Drachen stößt, hätte den gewünschten Erfolg gehabt: eine

Lanze, auf den Bruchteil einer Sekunde genau gezielt und geworfen von einem jungen Mann auf dem Höhepunkt seiner physischen Kräfte.

*

Demokrit hat gesagt, es sei absurd, daß Menschen sich ihrer Überlegenheit über die Tiere rühmten, die doch in wichtigen Dingen unsere Lehrmeister seien: die Spinne im Weben und Ausbessern, die Schwalbe in der Architektur, der Schwan und die Nachtigall im Singen.
Man könnte diese Reihe endlos fortsetzen: die Fledermaus für den Radar, der Delphin für das Sonar und, wie Ibn Chaldun sagte, die Hörner für die Lanze.

*

Sasriem, Namibische Wüste
Strauße, Zebra und Gemsböcke (der afrikanische Oryx) zogen in Herden im frühen Morgenlicht vor einem Hintergrund orangeroter Dünen vorbei. Der Talboden war ein Meer aus grauen Kieselsteinen.
Der Parkhüter sagte, die geraden Hörner des Oryx seien gegen einen Leoparden erstaunlich wirksam, tatsächlich aber ein Fall von Überspezialisierung: es kam manchmal vor, daß sich zwei Böcke beim Kämpfen gegenseitig durchbohrten.
Als wir aus dem Wagen ausstiegen, stand ein Oryx in der Nähe hinter einem Busch. Der Parkhüter mahnte uns zur Vorsicht: sie hätten schon manchen Mann aufgespießt.

*

In einer biblischen Tradition bestand das »Mal«, das Gott dem Kain auferlegte, aus »Hörnern«: damit er sich gegen die Tiere der Wildnis verteidigen konnte, die es danach dürstete, den Tod Abels, ihres Herrn, zu rächen.

*

Ein sonderbares Bild, in den Moralia *von Papst Gregor dem*

Großen: Christi Leib als eine Fessel für das Apokalyptische Tier.

*

Die für Archäologen unsichtbare, dritte Erfindung war vielleicht die Schlinge – aus Fasern oder aus Leder –, in der eine Mutter ihren Säugling trug und dank deren sie die Hände zum Sammeln von Wurzeln und Beeren frei hatte.
Die Schlinge war daher das erste Fahrzeug.
Lorna Marshall schreibt über die !Kung-Buschmänner: »Sie tragen ihre Kinder und ihre Habe in ledernen Umhängen. Die nackten Babys reisen also neben ihren Müttern, in einer Schlinge aus weichem Antilopenleder auf der linken Seite.«

Jagdvölker haben keine Milch von Haustieren; und wie Mrs. Marshall schreibt, stärkt die Milch die Beine eines Kleinkinds. Die Mutter kann es sich nicht erlauben, das Kind zu entwöhnen, bevor es drei oder vier Jahre oder älter ist. Es muß entweder von ihr oder vom Vater getragen werden, bis es eine Tageswanderung auf eigenen Beinen bewältigt: Reisen von sechzig bis hundert Meilen, mit zwei oder drei »Schlafpausen« unterwegs.
Das verheiratete Paar ist eine Transport- und Verteidigungseinheit.

*

Der verstorbene C. W. Peck hat einen Mythos aus dem Westen von New South Wales über den Ursprung von Waffen überliefert. Ich glaube, daß er universale Gültigkeit besitzt:

Vor langer Zeit, als die Menschen keine Waffen hatten und sich gegen die wilden Tiere nicht wehren konnten, gab es eine große Sippe, die am Zusammenfluß von Lachlan und Murrumbidgee ihr Lager hatte. Es war ein heißer Tag. Luftspiegelungen ließen die Landschaft verschwimmen, und alle Menschen ruhten im Schatten. Plötzlich wurden sie von einer Herde Riesenkänguruhs angegriffen, die ihre Opfer mit ihren gewaltigen Armen zerdrückten. Die Menschen flohen in Panik, und wenige überlebten.

Doch zu den Überlebenden gehörte der Häuptling, der eine Sitzung einberief, um die Möglichkeiten der Verteidigung zu erörtern. Bei dieser Sitzung geschah es, daß die Menschen Speere, Schilder, Keulen und Bumerange erfanden. Und weil viele der jungen Frauen in der Hast ihre Babys fallen gelassen hatten, waren sie es, die die nützliche Borkenwiege erfunden haben.

Die Geschichte geht mit der Beschreibung weiter, wie der klügste der Männer sich mit Fett und Sand tarnte, sich an die Känguruhs heranschlich und sie mit Feuer vertrieb.

Im prähistorischen Australien gab es Riesenkänguruhs – und sie müssen gefährlich gewesen sein, wenn sie in die Enge getrieben wurden –, aber sie waren keine Raubtiere, keine Angreifer.

*

Was die jungen Helden angeht, so konnten sie sich nur »ertüchtigen« durch ein ausgesprochen hartes Training untereinander: durch Ringen, Kämpfen und die Kunst, mit Waffen umzugehen. Die Jugend ist die »Sparring«-Zeit. Danach wird – oder sollte – alle Feindseligkeit nach außen auf den Feind gelenkt werden.

Die »Kriegerjungen« sind diejenigen, die nie erwachsen werden.

*

Niger

Die Directrice des Campement war eine Französin namens Madame Marie mit goldfischfarbenem Haar, die keine Weißen mochte. Sie war von ihrem Mann geschieden, weil sie mit Schwarzen ins Bett gegangen war, und hatte eine Villa, einen

Mercedes und einen Swimmingpool *en forme de rognon verloren, ihren Schmuck jedoch mitgenommen.*

Am dritten Abend meines Aufenthalts *organisierte sie eine soirée musicale, bei der* Anou et ses Sorciers Noirs *und sie selbst,* Marie et son Go, *als gleichberechtigte Attraktionen auftraten. Als die Show vorbei war, nahm sie einen der Zauberer mit ins Bett, und um halb drei hatte sie einen Herzinfarkt. Der Zauberer kam aus dem Schlafzimmer gerannt und schnatterte: »Ich habe Madame nicht angerührt.«*

Am nächsten Tag widersetzte sie sich den Versuchen ihres Arztes, sie ins Krankenhaus zu schicken, und lag auf ihrem Bett, ohne jede Schminke, blickte nach draußen über das Dorngestrüpp hinweg und stöhnte: »La lumière... Oh! la belle lumière...«

Gegen elf kamen zwei junge Bororo. Sie trugen kurze Damenröcke und Strohhüte und sahen neckisch aus.

Die Bororo sind Nomaden, die den Sahel durchwandern. Sie hegen eine tiefe Verachtung für materiellen Besitz und konzentrieren ihre sämtlichen Energien und Gefühle auf die Zucht ihrer schönen Rinder mit den lyraförmigen Hörnern und auf die Pflege ihrer eigenen Schönheit.

Die Jungen – der eine mit dem Bizeps eines Gewichthebers, der andere schlanker und schön – waren gekommen, um Marie zu fragen, ob sie etwas Schminke übrig habe.

»Mais sûrement...« rief sie aus dem Schlafzimmer, und wir gingen alle zusammen hinein.

Sie griff nach ihrem Schminkkoffer, schüttete den Inhalt über der Bettdecke aus und sagte hin und wieder: »Non, pas ça!« Trotzdem nahmen die Jungen jeden Farbton von Lippenstift, Nagellack, Lidschatten und Augenbrauenstift an sich. Sie wickelten ihre Beute in ein Kopftuch. Sie gab ihnen ein paar alte Ausgaben der Zeitschrift Elle. *Dann schlurften sie mit ihren Sandalen über die Terrasse und rannten lachend davon.*

»Es ist für ihre Zeremonie«, sagte mir Marie. »Heute abend werden sie beide Männer. Das müssen Sie sehen! Un vrai spectacle.«

»*Das muß ich sehen!*« *sagte ich.*

»*Eine Stunde vor Sonnenuntergang*«, *sagte sie.* »*Vor dem Palast des Emirs.*«

Auf dem Dach des Palastes hatte ich einen Logenplatz mit Blick in den Hof, wo drei Musiker spielten: ein Flötenspieler, ein Trommler und ein Mann, der an einem Instrument mit drei Saiten zupfte, dessen Resonanzboden aus einer Kalebasse gemacht war.

Der Mann, der neben mir saß, ein ancien combattant, *sprach gut Französisch.*

Ein Zeremonienmeister erschien und befahl zwei jungen Assistenten, einen Kreis aus weißem Puder, wie bei einer Zirkusarena, in den Sand zu streuen. Als das getan war, standen die jungen Männer Wache vor dem Kreis und gingen mit Streifen von Palmzweigen auf jene los, die die Linie überschritten.

Unter den Zuschauern befanden sich zahlreiche Bororofrauen in mittlerem Alter mit ihren Töchtern. Die Töchter trugen eine Art weißen Schleier. Die Mütter waren in Indigoblau gehüllt, und an ihren Ohren klapperten Messingreifen. Sie ließen ihre Blicke über Schwiegersöhne in spe schweifen, mit dem Sachverständnis von Frauen beim Verkauf von Vollblutpferden.

Im Innenhof waren die jungen Männer, die in den vergangenen vier Jahren gezwungen gewesen waren, in Frauenkleidern herumzulaufen. Wir hörten einen Ausbruch wilder Schreie: dann kamen, begleitet vom Rattern der Trommel, die beiden Jungen herein, die Maries Schminke dick aufgetragen hatten.

Der »Robuste« hatte einen rosaroten Amorsbogen um seine Lippen gezogen; seine Fingernägel waren scharlachrot und seine Augenlider grün. Sein trägerloses bauschiges Kleid bestand aus blaßlila Streifen, die auf einen rosaroten Unterrock genäht waren. Die Wirkung wurde durch schillerndgrüne Socken und ein Paar Tennisschuhe zunichte gemacht.

Sein Freund, der »Schöne«, trug einen enganliegenden

malvenfarbenen Turban, war in ein grünweiß gestreiftes Futteralkleid gehüllt und bewies einen ausgeprägten Sinn für zeitgemäße Mode. Er war mit dem Lippenstift sehr sparsam umgegangen und hatte auf jede Wange säuberlich zwei Rechtecke aus rosa und weißen Querstreifen gemalt. Er trug eine Sonnenbrille mit Spiegelgläsern und bewunderte sich in einem Handspiegel.

Die Menge jubelte.

Ein anderer junger Bororo kam mit drei verschiedenen »Herkules«-Keulen dazu, die aus einem Akazienstamm geschnitzt worden waren. Er bot dem Schönen eine der Waffen zur Wahl an.

Der Schöne nahm seine Sonnenbrille ab und zeigte mit einer schlaffen Geste auf die größte, steckte sich etwas in den Mund und winkte seinen Freunden auf dem Dach zu. Sie brüllten beifällig und hoben ihre Plastikhüte auf Speerspitzen in die Höhe.

Der Zeremonienmeister nahm die Keule, die der Schöne gewählt hatte, und mit der Feierlichkeit eines Kellners, der einen Château Lafite serviert, präsentierte er sie dem Robusten.

Der Schöne bezog jetzt Stellung in der Mitte des Kreises, hielt seine Sonnenbrille über den Kopf und begann, im Falsett ein Lied zu singen. Der Freund schwang währenddessen mit beiden Händen die Keule und führte am Kreis entlang Pirouetten aus.

Der Trommler beschleunigte den Rhythmus. Der Schöne sang, als würden ihm die Lungen platzen; und der Robuste, der immer schneller wirbelte, kam näher. Schließlich schleuderte er die Keule mit einem knochenzermalmenden Schlag gegen die Rippen seines Freundes, und der Freund stieß ein triumphierendes »Au... a... a... a... a...!« aus, wich jedoch nicht zurück.

»Was hat er gesungen?« fragte ich den ancien combattant.

»Ich kann einen Löwen töten«, sagte er. »... Ich habe den größten Schwanz... Ich kann eintausend Frauen befriedigen...«

»Natürlich«, sagte ich.

Nachdem sie denselben Vorgang zweimal wiederholt hatten, war der Schöne an der Reihe, den Robusten mit der Keule zu schlagen. Als das vorbei war, sprangen die beiden – beste Freunde und Blutsbrüder fürs Leben – zwischen den Zuschauern hin und her, die ihre Hände ausstreckten und ihnen Geldscheine auf das Make-up klebten.

Hand in Hand gingen die Jungen zum Palast zurück. Zwei weitere Paare machten die gleiche Prozedur durch: aber sie waren beide weniger »chic«. Dann zogen auch sie sich zurück.

Die Assistenten verwischten den weißen Kreis, und alle drängten sich in den Hof und warteten, daß etwas geschah.

Es war fast dunkel, als aus dem Innenhof wieder grauenhafte Schreie drangen. Ein weiteres Trommelrasseln, und alle sechs Jungen kamen herein, hart und glänzend, in kiltähnlichen schwarzen Lederröcken, mit Straußenfedern an den Hüten; sie schwenkten die Schultern und schwangen ihre Speere, wobei sie sich unter die Mädchen mischten.

»Sie sind Männer«, sagte der ancient combattant.

Ich blickte nach unten ins Halblicht, auf die Masse blauer und schwarzer Gestalten, ähnlich den Wellen bei Nacht, mit einer oder zwei weißen Schaumkronen, und der silberne Schmuck glitzerte wie Tupfer phosphoreszierenden Lichts.

35

Um einander Raum zu lassen, hatten Rolf und Wendy zwei getrennte Haushalte eingerichtet. Rolf und die Bücher hatten den Wohnwagen. Wendy schlief, wenn sie nachts allein sein wollte, in einem Betonschuppen. Es war der Abstellraum der Schule aus der Zeit, als der Unterricht noch im Freien stattfand.

Sie bat mich, sie zu besuchen und ihr bei der Arbeit an dem Wörterbuch zuzusehen. Es nieselte. Ein feiner leichter Regen kam von Westen herangezogen, und alle hatten sich in ihre Hütten verkrochen.

Ich fand Wendy mit Old Alex, wie sie über einem Tablett mit botanischen Exemplaren hockten: Samenhülsen, getrocknete Blüten, Blätter und Wurzeln. Er trug den pflaumenblauen Samtmantel. Wenn Wendy ihm ein Exemplar reichte, drehte er es um, hielt es gegen das Licht, murmelte vor sich hin und sagte dann den Pintupi-Namen. Sie ließ ihn den Namen mehrere Male wiederholen, um sich der phonetischen Aussprache zu vergewissern. Dann versah sie das Exemplar mit einem Etikett.

Es gab nur eine Pflanze, die Alex nicht kannte: den getrockneten Kopf einer Distel. »Ist mit den Weißen gekommen«, sagte er stirnrunzelnd.

»Und er hat recht«, sagte Wendy zu mir gewandt. »Ein Mitbringsel der Europäer.«

Sie dankte ihm, und er ging davon, die Speere über der Schulter.

»Er ist das Wahre«, sagte sie, während sie ihm lächelnd nachsah. »Aber man darf ihn nicht zuviel an einem Tag fragen – seine Aufmerksamkeit wandert.«

Wendys Zimmer war so nüchtern, wie das von Rolf chaotisch war. Sie bewahrte ein paar Kleider in einem Koffer auf. Da war ein graues metallenes Bettgestell, ein Waschbecken und ein Teleskop auf einem Dreifuß. »Ein altes Familienstück«, sagte sie. »Es gehörte meinem Großvater.«

In manchen Nächten zog sie das Bett ins Freie und schlief über der Beobachtung der Sterne ein.

Sie nahm Alex' Tablett und ging mit mir in einen kleineren Blechschuppen, wo auf aufgebockten Tischen viele weitere Exemplare ausgebreitet waren: nicht nur Pflanzen, sondern Eier, Insekten, Vögel, Schlangen und Felsbrocken.

»Eigentlich bin ich eine Ethnobotanistin«, lachte sie. »Aber es ist alles ein bißchen außer Kontrolle geraten.«

Alex war ihr bester Informant. Seine Pflanzenkenntnisse waren unerschöpflich. Er konnte die Namen der Spezies herunterrasseln und wußte, wann und wo sie in Blüte standen. Für ihn waren sie wie ein Kalender.

»Wenn man allein hier draußen arbeitet«, sagte sie, »füllt sich der Kopf mit vielen verrückten Ideen, aber es gibt niemanden, bei dem man sie ausprobieren kann.« Sie warf den Kopf in den Nacken und lachte.

»Zum Glück habe ich Rolf«, sagte sie. »Ihm ist keine Idee zu verrückt.«

»Zum Beispiel?«

Sie hatte nie linguistische Studien betrieben. Doch ihre Arbeit an dem Wörterbuch hatte ihr Interesse für den Mythos von Babel geweckt. Warum hatte es zweihundert Sprachen in Australien gegeben, wenn das Leben der Aborigines so gleichförmig gewesen war? Ließ sich das wirklich mit dem Stammessystem oder der Isolation erklären? Bestimmt nicht! Sie begann sich zu fragen, ob die Sprache selbst nicht vielleicht mit der Verbreitung verschiedener Spezies über das Land zusammenhing.

»Manchmal«, sagte sie, »bitte ich Old Alex, eine Pflanze zu benennen, und dann antwortet er: ›Kein Name‹, was bedeutet: ›Die Pflanze wächst nicht in meinem Land.‹«

Dann suchte sie einen Informanten, der als Kind dort gelebt hatte, wo die Pflanze wuchs – und fand heraus, daß sie doch einen Namen hatte.

Das »trockene Herz« Australiens, sagte sie, sei ein Puzzle aus Mikroklimata, verschiedenen Bodenmineralien und verschiedenen Pflanzen und Tieren. Ein Mann, der in einem bestimmten Teil der Wüste aufgewachsen war, kannte dessen Flora und Fauna. Er wußte, welche Pflanze das Wild anlockte. Er kannte seine Wasserstellen. Er wußte, wo Knollen unter der Erde waren. Mit anderen Worten: indem er alle »Dinge« in seinem Territorium *benannte*, konnte er immer damit rechnen, zu überleben.

»Aber wenn man ihn mit verbundenen Augen in ein anderes Gebiet führt«, sagte sie, »könnte es passieren, daß er sich verirrt und verhungert.«

»Weil er die Orientierung verloren hat?«

»Ja.«

»Sie glauben, daß der Mensch sein Territorium ›macht‹, indem er die ›Dinge‹ darin benennt?«

»Genauso ist es!« Ihr Gesicht leuchtete auf.

»Die Grundlage für eine universelle Sprache kann es also nie gegeben haben?«

»Genau! Ganz genau!«

Wendy sagte, auch heute noch würde eine Aborigine-Mutter, wenn sie bei ihrem Kind die ersten Sprechversuche bemerke, ihm die »Dinge« des jeweiligen Landes in die Hand geben: Blätter, Früchte, Insekten und so weiter.

Das Kind an der Brust seiner Mutter wird mit dem »Ding« spielen, zu ihm sprechen, seine Zähne an ihm erproben, seinen Namen lernen, seinen Namen wiederholen – und es schließlich wegschieben.

»Wir geben unseren Kindern Gewehre und Computerspiele«, sagte Wendy. »*Sie* geben ihren Kindern das Land.«

Die erhabenste Aufgabe der Dichtkunst ist, den empfindungslosen Gegenständen Empfindungen und Leidenschaft zu leihen; und es ist eine Eigenschaft der Kinder, leblose Dinge in die Hand zu nehmen und spielend mit ihnen zu sprechen, als wären es lebende Personen... Dieser philologisch-philosophische Grundsatz beweist, daß die Menschen der kindlichen Welt von Natur erhabene Dichter waren...

Giambattista Vico, Die neue Wissenschaft, XXXVII

Die Menschen lassen den großen Leidenschaften Lauf, indem sie in Gesang ausbrechen, wie man es bei solchen erprobt, die von höchstem Schmerz oder höchster Freude ergriffen sind.

Vico, Die neue Wissenschaft, LIX

*

Die alten Ägypter glaubten, daß der Sitz der Seele in der Zunge liege: die Zunge war ein Paddel oder ein Steuerruder, mit dem ein Mensch seinen Weg durch die Welt steuerte.

*

»Primitive« Sprachen bestehen aus sehr langen Wörtern voll schwieriger Laute, und sie werden eher gesungen als gesprochen... Die ersten Wörter sind für die Wörter von heute das, was der Plesiosaurier und der Gigantosaurier für die Reptile unserer Tage sind.

O. Jesperson, Die Sprache, ihre Natur, Entwicklung und Entstehung

*

Poesie ist die Muttersprache des menschlichen Geschlechts, wie der Gartenbau, älter als der Acker; Malerei, – als Schrift; Gesang, – als Deklamation; Gleichnisse, – als Schlüsse; Tausch, – als Handel.

                J. G. Hamann, Sokratische Denkwürdigkeiten

*

Alle leidenschaftliche Sprache wird von selbst musikalisch – mit einer feineren Musik als der reinen Aussprache; die Sprache wird sogar im hitzigen Zorn ein Lied, ein Gesang.

                Thomas Carlyle, zitiert in Jespersen, Die Sprache...

*

Die Worte entquellen freiwillig, ohne Not und Absicht, der Brust, und es mag wohl in keiner Einöde eine wandernde Horde gegeben haben, die nicht schon ihre Lieder besessen hätte. Denn der Mensch, als Tiergattung, ist ein singendes Geschöpf, aber Gedanken mit den Tönen verbindend.

        Wilhelm von Humboldt, Über die Verschiedenheit des menschlichen Sprachbaues und ihren Einfluß auf die geistige Entwicklung des Menschengeschlechts

*

Laut Strehlow bedeutet das Aranda-Wort tnakama »beim Namen rufen« und ebenfalls »vertrauen« und »glauben«.

*

Eigentliche Dichtung ist niemals nur eine höhere Weise (Melos) der Alltagssprache. Vielmehr ist umgekehrt das alltägliche Reden ein vergessenes und darum vernutztes Gedicht, aus dem kaum noch ein Rufen erklingt.

                Martin Heidegger, Unterwegs zur Sprache

*

Richard Lee errechnete, daß ein Buschmann-Kind über eine Distanz von 4900 Meilen getragen wird, ehe es selbst zu laufen beginnt. Da es im Verlauf dieser rhythmischen Phase unaufhörlich den Inhalt seines Territoriums benennt, ist es unmöglich, daß es nicht zum Dichter wird.

*

Proust erinnert uns scharfsinniger als jeder andere Schriftsteller daran, daß die »Wanderungen« in der Kindheit das Rohmaterial unserer Intelligenz formen:

> ... jedenfalls kommen mir Blumen, die man mir heute zeigt, nicht mehr wie richtige Blumen vor. Die Gegend nach Méséglise zu mit ihren Fliederbüschen, den Weißdornhecken, den Kornblumen und dem Mohn, den Apfelbäumen, die Gegend von Guermantes mit dem Fluß, mit Kaulquappen, Seerosen und dem Hahnenfuß haben für alle Zeiten das Antlitz des Landes geprägt, in dem ich leben möchte... und die Kornblumen, der Weißdorn, die Apfelbäume, die ich zufällig, wenn ich reise, auf den Feldern sehe, knüpften, weil sie auf der gleichen Höhe oder Tiefe mit meiner Vergangenheit gelegen sind, sofort mit meinem Herzen eine Verbindung an.

*

Einer allgemeinen Regel der Biologie zufolge sind die migratorischen Arten weniger »aggressiv« als die seßhaften.

Es liegt auf der Hand, warum das so sein muß. Die Migration selbst ist, wie auch die Pilgerreise, eine für alle gleichermaßen beschwerliche Reise – die »Tüchtigen« werden überleben und die Nachzügler am Wegrand zurückbleiben.

Deshalb setzt die Reise zwangsläufig Hierarchien und die Demonstration von Überlegenheit voraus. Die »Diktatoren« im Tierreich sind die, die in einer Atmosphäre des Überflusses leben. Die Anarchisten sind wie immer die »Gentlemen der Straße«.

*

Was können wir tun? Wir wurden mit der großen Unrast geboren. Unser Vater hat uns gelehrt, daß das Leben eine lange Reise ist, bei der nur die Untüchtigen zurückgelassen werden.

Ein Karibu-Eskimo im Gespräch mit
Dr. Knud Rasmussen

*

Das Obenstehende erinnert mich an die beiden eindeutig dem Homo habilis *zuzuordnenden Fossilien, an die Hominiden, die in die Höhle von Swartkrans verschleppt und dort verzehrt wurden: das eine der Junge mit einem Gehirntumor, das andere eine alte, arthritische Frau.*

*

Unter den Abhandlungen, die mir Elizabeth Vrba empfahl, war eine mit dem Titel »Wettbewerb oder friedliche Koexistenz?« von John Wiens.

Wiens, ein Ornithologe, der in New Mexico arbeitet, hat das Verhalten von Zugvögeln studiert – den dirkcissel, den Steppensperling und die Spottdrossel –, die jeden Sommer zum Nisten in die dürre Buschlandschaft der Western Plains zurückkehren.

Hier, wo auf jahrelange Hungersnot plötzlich eine Zeit des Überflusses folgen kann, gibt es bei den Vögeln keine Anzeichen dafür, daß sie auf das zunehmende Nahrungsangebot mit Vermehrung ihrer Zahl reagieren oder den Wettstreit mit ihren Nachbarn verschärfen. Er kommt zu dem Schluß, daß Zugvögel einen inneren Mechanismus haben müssen, der Kooperation und Koexistenz begünstigt.

Er behauptet weiter, daß der große Darwinsche »Kampf ums Dasein« paradoxerweise eher in Gegenden mit einem stabilen als mit unbeständigem Klima stattfindet. In Regionen, in denen der Überfluß gesichert ist, stecken die Tiere ihr Land ab und verteidigen es mit eindeutiger Aggressivität. In kargen

Landschaften, wo die Natur selten freundlich ist – wenn auch meistens Raum zum Weiterziehen vorhanden ist –, machen sie sich ihre mageren Ressourcen zunutze und finden ihren Weg, ohne zu kämpfen.

*

In Aranda Traditions *stellt Strehlow zwei Völker Zentralaustraliens einander gegenüber, von denen das eine seßhaft, das andere beweglich ist.*

Die Aranda, die in einer Landschaft mit gesicherten Wasserstellen und reichlich vorhandenem Wild lebten, waren erzkonservativ: sie hatten unveränderliche Zeremonien, brutale Initiationsriten und bestraften jedes Sakrileg mit dem Tod. Sie betrachteten sich als »reine« Rasse und dachten selten daran, ihr Land zu verlassen.

Das Volk im Western Desert dagegen war so aufgeschlossen, wie die Aranda verschlossen waren. Sie bedienten sich ungeniert der Lieder und Tänze anderer Völker, liebten ihr Land nicht weniger und waren doch ständig unterwegs. »Das Erstaunlichste an diesen Menschen«, schreibt Strehlow, »war, daß sie stets zum Lachen aufgelegt waren. Sie waren ein fröhliches, lachendes Volk und verhielten sich, als hätten sie nie Sorgen gekannt. Die Aranda, auf Schaffarmen mit der Zivilisation bekannt gemacht, pflegten zu sagen: ›Sie lachen immer. Sie können nicht anders.‹«

*

Ein Spätsommerabend in Manhattan, die Massen haben die Stadt verlassen, ich radle die untere Park Avenue hinunter, von den Seitenstraßen her fällt das Licht schräg ein, und ein Schwarm von Chrysippus-Schmetterlingen, abwechselnd braun im Schatten und golden in der Sonne, fliegt um das Pan Am Building herum, fliegt von der Mercury-Statue zur Grand Central Station hinunter und weiter Downtown in Richtung Karibik.

*

Im Verlauf meiner Lektüre über die Migration von Tieren habe ich einiges über die Wanderungen von Kabeljau, Aal, Hering, Sardine und über den selbstmörderischen Exodus der Lemminge gelernt.

Ich habe das Für und Wider der Existenz eines »sechsten Sinns« – eines magnetischen Orientierungssinns – im zentralen Nervensystem des Menschen erwogen. Ich sah den Zug der Wildebeest in der Serengeti. Ich las von Vögeln, die ihre Reisen von den Eltern »lernen«, und von dem flügge gewordenen Kuckuck, der seine Eltern nie gekannt hat und den Wandertrieb darum in seinen Genen gehabt haben muß.

Voraussetzung für alle Tiermigrationen waren Verschiebungen von Klimazonen, im Falle der Grünen Schildkröte war es die Kontinentalverschiebung.

Es gibt Theorien, denen zufolge Vögel ihre Position nach dem Stand der Sonne, nach den Phasen des Mondes oder dem Auf- und Untergehen von Sternen bestimmen und ihre Flugrichtung korrigieren, wenn sie bei einem Sturm vom Weg abgetrieben werden. Einige Enten und Gänse können sich an die Froschchöre unter sich »erinnern« und »wissen«, daß sie über Sumpfland fliegen. Andere Nachtflieger schikken ihre Rufe nach unten auf die Erde und bestimmen anhand des Echos ihre Flughöhe und die Beschaffenheit des Geländes.

Das Heulen wandernder Fische kann durch Schiffsplanken dringen und Matrosen in ihrer Koje aufwecken. Ein Lachs kennt den Geschmack des Flusses, aus dem er stammt. Delphine entsenden Schnalzlaute zu Unterseeriffen und orientieren sich anhand des Echos, um sicher durch sie hindurchzukommen. Mir kam sogar der Gedanke, daß ein Delphin, wenn er »trianguliert«, um seine Position zu bestimmen, sich ähnlich verhält wie wir, wenn wir die »Dinge«, denen wir in unserem täglichen Leben begegnen, benennen und vergleichen und auf diese Weise unseren Platz in der Welt festlegen.

Jedes Buch, das ich aufschlug, erhielt wie selbstverständ-

lich einen Bericht über den spektakulärsten aller Vogelzüge, den Flug der Arktischen Seeschwalbe – ein Vogel, der in der Tundra nistet, in antarktischen Gewässern überwintert und dann in den Norden zurückfliegt.

*

Ich knallte das Buch zu. Die ledernen Lehnstühle in der London Library machten mich schläfrig. Der Mann, der neben mir saß, eine Literaturzeitschrift auf seinem Bauch ausgebreitet, schnarchte. Zum Teufel mit der Migration! sagte ich mir. Ich stellte den Stapel Bücher auf den Tisch. Ich hatte Hunger.

Draußen war ein kalter, sonniger Dezembertag. Ich hoffte, von einem Freund zum Mittagessen eingeladen zu werden. Als ich in der St. James Street am White's Club vorbeiging, fuhr ein Taxi vor, aus dem ein Mann in einem Mantel mit Samtkragen ausstieg. Er fächelte dem Taxifahrer ein paar Pfundnoten entgegen und ging zu den Eingangsstufen. Er hatte dichtes graues Haar und geplatzte Äderchen an den Wangen, was aussah, als hätte er sich einen durchsichtigen roten Strumpf über das Gesicht gezogen. Es war – ich kannte ihn von Fotos – ein Herzog.

In diesem Augenblick stürzte ein zweiter Mann in einem alten Armeemantel, ohne Socken und mit Stiefeln, die mit Zwirn geschnürt waren, mit einem gewinnenden Lächeln vorwärts.

»Hm... Entschuldigen Sie die Belästigung, Sir«, sagte er mit einem starken irischen Akzent. »Ich dachte, ob Sie mir vielleicht...«

Der Herzog hastete zur Tür.

Ich sah den Landstreicher an, der mir bedeutsam zublinzelte. Ein paar rötliche Haarsträhnen schwebten über seiner fleckigen Kopfhaut. Er hatte wäßrige, treuherzige Augen, deren Blicke sich kurz vor seiner Nase kreuzten. Er mußte Ende Sechzig sein. So wie ich aussah, hielt er es nicht für lohnend, Forderungen an meinen Geldbeutel zu stellen.

»Ich habe eine Idee«, sagte ich zu ihm.
»Ja, Kom'dant.«
»Sie sind ein weitgereister Mann, stimmt's?«
»Durch die ganze Welt, Kom'dant.«
»Also, wenn Sie Lust haben, mir von Ihren Reisen zu erzählen, hätte ich Lust, Sie zum Mittagessen einzuladen.«
»Und mir ist es ein Vergnügen, anzunehmen.«

Wir gingen um die Ecke in die Jermyn Street in ein überfülltes, preiswertes italienisches Restaurant. Ein kleiner Tisch war frei.

Ich schlug ihm nicht vor, den Mantel auszuziehen, aus Angst vor dem, was darunter war. Der Geruch war unglaublich. Zwei schicke Sekretärinnen rutschten von uns weg und klemmten sich die Röcke zwischen die Beine, als erwarteten sie eine Invasion von Flöhen.

»Worauf haben Sie Lust?«
»Hm... und worauf haben Sie Lust?«
»Nur zu«, sagte ich. »Bestellen Sie, was Sie wollen.«

Er überflog die Karte, die er verkehrt herum hielt, mit der Selbstsicherheit eines Stammkunden, der sich verpflichtet fühlt, die Tageskarte zu studieren.

»Steak und Chips!« sagte er.

Die Kellnerin hörte auf, an ihrem Bleistift zu kauen, und warf den Sekretärinnen einen wehleidigen Blick zu.

»Rump- oder Lendensteak?« fragte sie.
»Wie Sie wollen«, sagte er.
»Zwei Lendensteaks«, sagte ich. »Eins halb durchgebraten, eins englisch.«

Er löschte seinen Durst mit einem Bier, aber er war wie hypnotisiert von dem Gedanken an Essen, und Speicheltropfen erschienen in seinen Mundwinkeln.

Ich wußte, daß Landstreicher bei der Nahrungssuche systematisch vorgehen und immer wieder zu ihren bevorzugten Mülltonnen zurückkehren. Ich fragte ihn, welche Methode er bei den Londoner Clubs anwende.

Er dachte einen Augenblick lang nach und sagte, der beste

Tip sei noch immer das Athenaeum. Zu seinen Mitgliedern zählten noch ein paar gläubige Gentlemen.

»Ja«, grübelte er. »Von einem Bischof kann man meistens einen Shilling schnorren.«

Der zweitbeste sei in den guten alten Tagen der Travellers Club gewesen. Die Gentlemen dort hätten wie er die Welt gesehen.

»Ein Treffen Gleichgesinnter, könnte man sagen«, sagte er. »Aber heutzutage... nein... nein.«

Der Travellers Club war nicht mehr das, was er einmal gewesen war. Von einer anderen Sorte Menschen übernommen.

»Leute aus der Werbung«, sagte er grimmig. »Sehr knauserig, das kann ich Ihnen versichern.«

Er fügte hinzu, daß Brook's, Boddle's und White's alle zur selben Kategorie gehörten. Hohes Risiko! Großzügigkeit... oder gar nichts!

Seine Konversationsgabe wurde stark beeinträchtigt, als sein Steak kam. Er nahm es wild entschlossen in Angriff, hob den Teller ans Gesicht, leckte den Saft ab, und dann, als er sich erinnerte, wo er war, stellte er ihn wieder auf den Tisch.

»Möchten Sie noch eins?« fragte ich.

»Ich würde nicht nein sagen, Kom'dant«, sagte er. »Sehr anständig von Ihnen.«

Ich bestellte ein zweites Steak, und er ließ seine Lebensgeschichte vom Stapel. Sie war es wert. Der Bericht, je weiter er fortschritt, war genau das, was ich hören wollte: die Kate in Galway County, der Tod der Mutter, Liverpool, der Atlantik, die Schlachthöfe in Chicago, Australien, Weltwirtschaftskrise, die Südseeinseln...

»Oooh! Das ist der richtige Ort für dich, mein Junge! Tahiti! Va-hines!«

Er fuhr mit der Zunge über die Unterlippe.

»Vahines!« wiederholte er. »Das ist das Wort für Frauen... Oooh! Herr-lich! Ich hab's im Stehen unter einem Wasserfall getrieben!«

Die Sekretärinnen verlangten die Rechnung und gingen.

Ich blickte auf und sah den breiten Unterkiefer des Oberkellners, der uns feindselig anstarrte. Ich befürchtete, man würde uns hinauswerfen.
»Und jetzt«, sagte ich, »würde ich gern etwas anderes wissen.«
»Ja, Kom'dant«, sagte er. »Bin ganz Ohr.«
»Würden Sie je nach Irland zurückgehen?«
»Nein.« *Er schloß die Augen.* »Nein, daran liegt mir nichts. Zu viele ungute Erinnerungen.«
»Gibt es denn einen Ort, an den Sie wie an ein ›Zuhause‹ denken?«
»Aber bestimmt.« *Er warf den Kopf zurück und grinste.* »Die Promenade des Anglais in Nizza. Jemals davon gehört?«
»Ja«, *sagte ich.*
An einem Sommerabend hatte er auf der Promenade einen höflichen französischen Gentleman in ein Gespräch verwickelt. Eine Stunde lang hatten sie in Englisch das Weltgeschehen erörtert. Dann hatte der Gentleman einen 10 000-Francs-Schein aus seiner Brieftasche gezogen – »Alte Francs, wohlgemerkt!« *– und ihm, nachdem er ihm seine Visitenkarte überreicht hatte, einen angenehmen Aufenthalt gewünscht.*
»Himmel und Hölle!« *rief er.* »Es war der Polizeichef!«
Er hatte so oft wie möglich versucht, den Schauplatz des bewegendsten Augenblicks seiner Laufbahn wieder aufzusuchen.
»Ja«, *kicherte er.* »Ich habe den Polizeichef angehauen... in Nizza!«
Das Restaurant war jetzt leerer. Ich bestellte eine doppelte Portion Apfelkuchen für ihn. Eine Tasse Kaffee lehnte er ab. Bei Kaffee, sagte er, kriege er Magenverstimmung. Er rülpste. Ich zahlte.
»Vielen Dank, Sir«, *sagte er mit dem Ausdruck eines Interviewten, der eine Reihe von Nachmittagsterminen hat.* »Ich hoffe, ich war Ihnen behilflich.«
»Das waren Sie durchaus«, *bedankte ich mich.*

Er stand auf, setzte sich jedoch wieder hin und starrte mich unverwandt an. Nachdem er den äußeren Ablauf seines Lebens geschildert hatte, wollte er nicht gehen, ohne seine inneren Beweggründe zu kommentieren.

Dann sagte er langsam und mit großem Ernst:

»Es ist, als ob einen die Gezeiten über den Highway spülen. Ich bin wie die Arktische Seeschwalbe, Kom'dant. Das ist ein Vogel. Ein wunderschöner weißer Vogel. Er fliegt vom Nordpol zum Südpol und wieder zurück.«

36

In der Nacht regnete es wieder, und am Morgen, als ich aus dem Fenster sah, stand die Sonne am Himmel, und purpurrote Dunstwolken schienen sich von der Flanke des Mount Liebler zu schälen.

Um zehn gingen Rolf und ich los, um Limpy zu suchen. Von Arkady, der seit drei Wochen überfällig war, war eine Nachricht gekommen, daß wir ihn mit dem Postflugzeug erwarten könnten. Es sei sehr wichtig... »wiederhole, sehr wichtig«, daß Limpy und Titus zur Verfügung stünden.

Der medizinische Geruch von brennendem Eukalyptusholz zog durch das Tal. Der Hund heulte, als wir näher kamen. Bettücher waren zum Trocknen ausgebreitet worden.

»Limpy?« rief Rolf, und eine schwache Stimme hallte aus einem baufälligen Wohnwagen etwas weiter bergaufwärts zurück.

»Da oben sind sie also!« sagte er.

Der Wohnwagen trug die optimistische Aufschrift »Erholungszentrum«. Er enthielt einen wackligen Pingpongtisch ohne Netz, der mit einer roten Staubschicht bedeckt war.

Die drei großen alten Männer saßen auf dem Boden: Limpy, Alex und Joshua – mit Hüten. Limpy hatte einen Stetson auf, Joshua eine Yankee-Baseballmütze, und Alex trug einen wunderbaren ausgefransten Holzfällerhut.

»Ist Titus draußen an der Bohrstelle?« fragte Rolf.

»Sicher ist er da!« sagte Limpy.

»Er geht nicht weg?«

»Nä!« Er schüttelte den Kopf. »Bleibt hier.«

»Woher weißt du das?« fragte Rolf.

»Ich weiß es«, sagte Limpy und beendete das Gespräch.

Rolf hatte mir bereits gesagt, daß Alex einen der Anhänger mit Perlmuscheln aus der Timorsee besaß, mit denen seit ewigen Zeiten in ganz Australien gehandelt worden war. Sie wurden bei Zeremonien zum Regenmachen benutzt: Alex' Anhänger hatte für dieses Jahr seine Arbeit voll und ganz getan. Dann überraschte er uns, indem er mit seiner Hand zwischen die Knöpfe des Samtmantels fuhr und den Anhänger am Ende einer Schnur herauszog.

Er hatte ein gezacktes, mäandrisches Muster und war mit rotem Ocker beschmiert: es mußte zwischen seinen Beinen auf der Erde gebaumelt haben.

Oberflächlich betrachtet ähneln diese Anhänger einem Tschuringa, aber sie sind für Fremde *nicht* unbedingt geheim.

»Und woher kommt sie?« fragte ich und zeigte auf die Muschel.

»Aus Broome«, sagte er mit Bestimmtheit.

Er fuhr mit dem Zeigefinger über die staubige Pingpongplatte und rasselte alle »Stops« in der Gibson-Wüste zwischen Cullen und Broome herunter.

»Okay«, sagte ich. »Du hast die Perlmuscheln aus Broome bekommen? Was schickst du dafür zurück?«

Er zögerte, und dann zeichnete er ein längliches Oval in den Sand.

»Brett«, sagte er.

»Tschuringa?« fragte ich.

Er nickte.

»Heilige Angelegenheit? Lieder und all das?«

Er nickte wieder.

»Das«, sagte ich zu Rolf, als wir davongingen, »ist höchst interessant.«

Aber noch bleibt der Gesang, der das Land nennt.
Martin Heidegger, Wozu Dichter?

*

Bevor ich nach Australien kam, hatte ich oft über die Songlines gesprochen, und meine Gesprächspartner wurden unweigerlich an etwas anderes erinnert.

»Wie die ley-lines*?« fragten sie in Anspielung auf die uralten Steinkreise, Menhire und Gräber, die sich linienförmig über ganz England ausbreiten. Sie stammen aus uralten Zeiten, werden aber nur von Augen wahrgenommen, die sehen können.*

Sinologen wurden an die »Drachenlinien« von feng-shui erinnert oder an traditionelle chinesische Geomantie. Und als ich mit einem finnischen Journalisten sprach, sagte er, die Lappen hätten »singende Steine«, die ebenfalls in Linien angeordnet seien.

Für einige stellten die Songlines die Kunst des Rückerinnerns dar. In Frances Yates' wunderbarem Buch las ich, daß die klassischen Redner von Cicero aufwärts und auch schon vorher Erinnerungspaläste errichteten; sie machten Teile ihrer Rede an imaginären architektonischen Merkmalen fest und konnten, nachdem sie ihren Weg um jeden Architrav und jede Säule zurückgelegt hatten, ungeheuer lange Redepassagen im Gedächtnis behalten. Die Merkmale waren als loci *oder »Orte« bekannt. Aber in Australien waren die* loci *keine mentale Konstruktion, sondern hatten seit jeher als Begebenheiten der Traumzeit existiert.*

Andere Freunde fühlten sich an die Nazca-Linien erinnert, die in die meringeähnliche Oberfläche der zentralperuani-

schen Wüste eingraviert sind und tatsächlich so etwas wie eine totemistische Landkarte darstellen.

Wir haben einmal eine vergnügte Woche mit ihrer selbsternannten Hüterin, Maria Reiche, verbracht. Eines Morgens machte ich mich mit ihr auf den Weg, um die spektakulärste aller Linien zu sehen, die man nur bei Sonnenaufgang wahrnehmen kann. Ich trug ihre gesamte Fotoausrüstung einen steilen Berg aus Sand und Steinen hinauf, und Maria, damals in ihren Siebzigern, schritt voran. Ich war entsetzt, als ich sah, wie sie an mir vorbei nach unten rutschte.

Ich war auf gebrochene Knochen gefaßt, aber sie lachte: »Mein Vater hat immer gesagt, wenn man zu rutschen begonnen hat, muß man weiterrutschen.«

*

Nein. Das waren nicht die Vergleiche, nach denen ich suchte. Nicht in diesem Stadium. Darüber war ich hinaus.

Handel bedeutet Freundschaft und Zusammenarbeit; und für den Aborigine war das wichtigste Handelsobjekt der Song. Ein Song brachte demnach Frieden. Doch ich spürte, daß die Songlines nicht unbedingt ein australisches, sondern ein universales Phänomen waren: ein Mittel, mit dessen Hilfe der Mensch sein Territorium absteckte und sein gesellschaftliches Leben organisierte. Alle nachfolgenden Systeme waren Varianten – oder Perversionen – dieses Urmodells.

Die wichtigsten Songlines in Australien scheinen von Norden oder Nordwesten – über die Timorsee oder die Torresstraße – in das Land einzudringen und sich von dort aus nach Süden über den ganzen Kontinent zu schlängeln. Man hat den Eindruck, daß sie die Wege der ersten Australier waren – und daß sie von woanders kamen.

Vor wie langer Zeit? Vor fünfzigtausend Jahren? Vor achtzig- oder hunderttausend Jahren? Die Daten sind belanglos, verglichen mit denen der afrikanischen Vorgeschichte.

Und an diesem Punkt muß ich einen Sprung in den Glauben machen: in Regionen, in die mir wohl niemand folgen wird.

Ich habe eine Vision von den Songlines, die sich über Kontinente und Zeitalter erstrecken; daß, wo immer Menschen gegangen sind, sie die Spur eines Lieds hinterließen (von dem wir hin und wieder ein Echo auffangen können) und daß diese Spuren in Zeit und Raum zu isolierten Inseln in der afrikanischen Savanne zurückführen, wo der erste Mensch den Mund öffnete, den ihn umgebenden Schrecken zum Trotz, und die erste Strophe des Weltenlieds sang: »ICH BIN!«

Ich will noch einen Schritt weitergehen. Stellen wir uns vor, wie Urvater Adam (Homo sapiens) durch das irdische Paradies wandelt. Er setzt den linken Fuß auf und benennt eine Blume. Er setzt den rechten Fuß auf und benennt einen Stein. Das Verb führt ihn zur nächsten Strophe des Lieds. Alle Tiere – Insekten, Vögel, Säugetiere, Delphine, Fische und Buckelwale – verfügen über ein Navigationssystem, das wir mit »Triangulation« bezeichnen. Chomskys rätselhafte »angeborene Satzstruktur« wird ganz einfach, wenn man sie sich als menschliche Triangulation vorstellt, Subjekt – Verb – Objekt.

Eine Frau aus Connecticut schrieb mir, beim Lesen von Traumpfade hätte sie damit gerechnet, auf ein Zitat aus Anne Camerons Daughters of the Copper Woman zu stoßen.

Die Stämme an der Nordwestküste Amerikas – die Nootka, Haida, Kwakiutl und Bela Coola – leben sowohl auf den Inseln als auch auf dem Festland. Im Grunde sind sie Jäger und Sammler, doch weil es in ihren Flüssen von Lachsen nur so wimmelt und das Wild in ihren Wäldern im Überfluß vorhanden ist, hatten sie die Möglichkeit, seßhaft zu werden. Sie haben wunderbare Holzhäuser gebaut, und natürlich waren sie es, die die »Totempfähle« errichteten.

In dieser Atmosphäre des Überflusses gab es den Adel, Krieger, Arbeiter und Sklaven. Sie hingen noch dem uralten Prinzip der Jäger und Sammler an, demzufolge Reichtum geteilt oder aber vernichtet werden muß. Das war der Anlaß für ihre

»Potlatch«-Feste, bei denen der Adel seinen Reichtum vorsätzlich »tötete«. Ein Mann demonstrierte seine Verachtung für Besitz am besten, indem er einem seiner Sklaven mit einer Ritualkeule aus Karibuknochen den Kopf einschlug.

Doch die Stämme liebten es nach wie vor, über das Meer zu fahren, und sie steuerten ihre Kanus die Strömung hinauf, die von Kalifornien bis zur Beringstraße verläuft und die sie »Klin Otto« nannten. Als Navigatoren fungierten Priesterinnen. In Sibirien waren sie als »Schamankas« bekannt. Die nachfolgend zitierten Worte einer alten Frau veranschaulichen eine über fünfzehntausend Jahre alte Tradition:

Alles, was wir über die Bewegung des Meeres wußten, war in den Strophen eines Lieds enthalten. Tausende von Jahren gingen wir, wohin wir wollten, und dank des Lieds fanden wir sicher zurück. In klaren Nächten ließen wir uns von den Sternen leiten, und im Nebel gab es die Ströme und Flüsse des Meeres, die Ströme und Flüsse, die hineinfließen und zu Klin Otto werden...

Es gab ein Lied für den Weg nach China und ein Lied für den Weg nach Japan, ein Lied für die große Insel und ein Lied für die kleinere. Sie mußte nur das Lied kennen, und sie wußte, wo sie war. Wenn sie heimkehren wollte, sang sie das Lied ganz einfach rückwärts...

37

Ich hörte den Lärm des Flugzeugs, das zur Landung ansetzte. Ich rannte über die Rollbahn und war rechtzeitig da, um Arkady aussteigen zu sehen, mit einem »Eski« in der Hand. Marians goldener Haarschopf folgte. Sie sah unbeschreiblich glücklich aus. Sie trug ein anderes geblümtes Kleid, das nicht weniger zerlumpt war als die anderen.

»He!« rief ich. »Das ist ja wunderbar!«

»Hallo, alter Freund!« Arkady lächelte. Er stellte den »Eski« auf den Boden und zog uns beide in einer seiner russischen Umarmungen an sich.

»Aha! Ihr habt euch also gefunden.«

»Lauter gute Nachrichten«, sagte Arkady. »Gute Nachrichten... toi, toi, toi... in Sachen Titus. Gut für Hanlon... Ist kein Krebs... Gut für die Eisenbahn. Sie haben noch einen Blick aufs Budget geworfen und sehen keine Möglichkeit, das Ding zu bauen. Die Arbeiten sind zum Stillstand gekommen. Ich habe meinen Job verloren, aber was soll's?«

»Und wissen Sie, wer da gehext hat?« sagte ich.

»Old Alan«, sagte Arkady.

»Vielleicht hat er sie weggesungen?«

»Wie geht's mit dem Schreiben?« fragte er.

»Das übliche Chaos«, sagte ich.

»Nicht so trübsinnig«, sagte Marian. »Wir haben einen wunderschönen Fisch zum Abendessen mitgebracht.«

Im »Eski« waren ein vierpfündiger Barramunda und Kräuter zum Grillen. Außerdem hatten sie zwei Flaschen Weißwein vom Wynne-Weingut in Südaustralien hineingeschmuggelt.

»He!« sagte ich. »Das ist was Besonderes! Wo haben Sie die her?«

»Beziehungen«, sagte Arkady.

»Wo ist Wendy?« Marian wandte sich an Rolf.

»Mit den Kindern unterwegs, Buschnahrung suchen«, sagte er.

Ungefähr fünf Minuten später kam Wendy am Steuer ihres alten Landrovers angefahren. Die Rücksitze waren mit grinsenden Kindern vollgestopft, von denen einige Goannas an den Schwänzen baumeln ließen.

»Diese beiden«, sagte Rolf, »haben sich wiedergefunden.«

»Oh, wie schön!« Sie sprang aus dem Wagen und stürzte in Marians Arme, und Arkady schloß sich ihnen an.

Mit Estrella waren wir eine sechsköpfige Gesellschaft beim Abendessen. Wir aßen und lachten und tranken und erzählten alberne Geschichten. Estrella war eine Fundgrube für Absurdes. Ihr Lieblingsthema war der katholische Bischof der Kimberleys, der früher einmal U-Boot-Kommandant gewesen war und sich jetzt einbildete, ein As im Fliegen zu sein.

»Dieser Mann«, sagte sie, »ist ein *fenomeno... una maravilla...* Er fliegt mit seinem *aeroplano* mitten in eine Gewitterwolke, um zu sehen, ob er richtig oder verkehrt herum wieder rauskommt.«

Nach dem Kaffee ging ich, um den Wohnwagen für das junge Paar aufzuräumen. Arkady startete den Motor des Landcruisers.

Er wollte um acht zu Titus aufbrechen.

»Kann ich diesmal mitkommen?« fragte ich.

Er zwinkerte Marian zu.

»Natürlich können Sie mitkommen«, sagte sie.

Wir sahen ihnen nach, als sie schlafen gingen. Sie waren zwei Menschen, die im Himmel füreinander gemacht waren. Sie waren seit dem Tag ihrer ersten Begegnung hoffnungslos ineinander verliebt gewesen, doch hatten sie sich immer mehr in ihre Panzer verkrochen, absichtlich aneinander vorbeigesehen, voller Verzweiflung, als wäre es zu gut, als sollte es nie sein, bis die Zurückhaltung und die Angst plötzlich wegschmolzen.

Die Nacht war klar und warm. Wendy und ich schoben ihr Bettgestell nach draußen vor den Abstellraum. Sie zeigte mir, wie man das Teleskop scharf einstellte, und bevor ich einschlief, reiste ich um das Kreuz des Südens.

38

Um acht waren wir unterwegs. Der Morgen war klar und frisch, aber später würde es heiß werden. Der Mann der Amadeus-Sippe, der mit dem Flugzeug mitgekommen war, saß zwischen Arkady und Marian und hielt eine Aktenmappe umklammert. Limpy, der sich für die Gelegenheit in Schale geworfen hatte, saß neben mir auf dem Rücksitz.

Wir nahmen Kurs auf den Schauplatz meiner verunglückten Känguruhjagd, bogen dann aber links ab auf die Nebenstraße nach Alice. Nach ungefähr zehn Meilen verwandelte sich die gelbblühende Gestrüpplandschaft in ein wogendes, offenes Grasland mit verblichenen Halmen und windgestutzten Eukalyptusbäumen – blaugrün, wie die Farbe von Olivenbäumen, deren Blätter im Wind weiß werden; und wenn man die Augen zusammenkniff, konnte man meinen, in der grellen provenzalischen Landschaft von van Goghs *Kornfeld bei Arles* zu sein.

Wir fuhren durch einen Wasserlauf und bogen erneut links in eine Sandpiste ein. In einem Gehölz stießen wir auf eine ordentlich wirkende Blechhütte und auf Titus' Ford. Eine Frau sprang auf und rannte davon. Wie üblich heulten die Hunde.

Titus, in Shorts und mit einem runden, flachen, breitkrempigen Hut, saß auf einer rosa Schaumgummimatratze vor einem Kessel mit kochendem Wasser. Sein Vater – ein gutaussehender alter Mann mit sehr langen Beinen und sehr kurzen grauen Borsten auf dem Kopf – lag ausgestreckt im Sand und lächelte.

»Ihr kommt früh«, sagte Titus feierlich. »Ich habe nicht vor neun mit euch gerechnet.«

Seine Häßlichkeit überraschte mich: die breit auslaufende Nase, seine von Geschwulsten überwucherte Stirn, die fleischigen, herabhängenden Lippen und die Augen, die von den faltigen Lidern bedeckt wurden.

Doch was für ein Gesicht! Noch nie hatte ich ein so lebendiges, charaktervolles Gesicht gesehen. Jeder noch so winzige Teil war unaufhörlich in Bewegung. In einem Augenblick war er ein unnachgiebiger Hüter der Aborigine-Gesetze, im nächsten ein umwerfender Komiker.

»Titus«, sagte Arkady. »Das ist Bruce, ein Freund aus England.«

»Wie geht's Thatcher?« sagte er mit schleppender Stimme.

»Immer noch da«, sagte ich.

»Kann nicht sagen, daß mir an der Frau was liegt.«

Arkady hielt den Moment für gekommen, den Mann aus Amadeus vorzustellen, doch Titus hob die Hand und sagte: »Warte!«

Er öffnete das Vorhängeschloß an der Tür, ließ sie halb offen und kam mit einem blauen Emaillebecher für den zusätzlichen Besucher wieder heraus.

Der Tee war fertig.

»Zucker?« fragte er mich.

»Nein, danke.«

»Nein.« Er zwinkerte mir zu. »Sie sahen mir auch nicht danach aus.«

Kaum hatten wir den Tee ausgetrunken, sprang er auf und sagte: »Gut so! Jetzt zum Geschäft!«

Er gab Limpy und dem Mann aus Amadeus ein Zeichen, vorauszugehen. Dann drehte er sich um und sah uns an.

»Und ihr«, sagte er, »ihr würdet mir einen Gefallen tun, wenn ihr eine halbe Stunde lang hier warten würdet.«

Die trockenen Zweige knackten unter ihren Füßen, und die Männer verschwanden zwischen den Bäumen.

Der alte Vater lag strahlend da und schlummerte ein.

*

Ein Tschuringa – es ist eine Wiederholung wert – ist ein ovaler Gegenstand aus Stein oder Mulgaholz. Er ist sowohl Partitur als auch mythologischer Leitfaden für die Reisen des Ahnen. Er ist der jetzige Leib des Ahnen *(pars pro toto)*. Er ist das *alter ego* des Menschen, seine Seele, sein Obolus an Charon, seine Besitzurkunde für das Land, sein Paß und seine Fahrkarte »zurück ins Innere«.

Strehlow liefert einen herzzerreißenden Bericht über ein paar Älteste, die entdecken, daß ihr Tschuringa-Lager von Weißen geplündert wurde, und für die dies das Ende der Welt bedeutet. Er gibt eine heitere Beschreibung von ein paar anderen alten Männern, die ihren Nachbarn für eine Anzahl von Jahren ihre Tschuringas geliehen haben und die, als sie sie nach ihrer Rückgabe auspacken, vor Glück in einen schallenden Gesang ausbrechen.

Ich habe auch einen Bericht gelesen, dem zufolge die »Besitzer«, wenn ein Liedzyklus in seiner Gesamtheit gesungen wurde, ihre Tschuringas Kopf an Kopf legten, in der richtigen Reihenfolge, wie die Reihenfolge der Schlafwagen des *Train Bleu*.

Wenn man aber seinen Tschuringa zerbrach oder verlor, war man außerhalb menschlicher Grenzen und hatte alle Hoffnung auf »Rückkehr« verloren. Von einem jungen Herumtreiber in Alice hörte ich sagen: »Er hat seinen Tschuringa nicht gesehen. Er weiß nicht, wer er ist.«

Im Gilgamesch-Epos gibt es in Form einer zusätzlichen Erläuterung eine seltsame Passage, in der Gilgamesch der König, des Lebens überdrüssig, die Unterwelt besuchen will, um seinen Freund, den »wilden Mann« Enkidu, zu sehen. Aber Utnapischtim, der Fährmann, sagt: »Nein! Du darfst diese Regionen nicht betreten. Du hast die Steintafeln zerbrochen.«

Arkady spähte durch die Tür von Titus' Hütte.

»Sie dürfen auf keinen Fall hineingehen«, sagte er, ohne

die Lippen zu bewegen. »Aber wenn Sie einen Blick hineinwerfen, werden Sie etwas sehen, das Sie überraschen wird.«

Ich kauerte mich auf die Fersen und spähte hinein. Es dauerte etwas, bis sich meine Augen an das Dunkel gewöhnt hatten. Auf einer Kiste neben Titus' Bett lag ein Stapel Bücher, englische und deutsche. Oben auf dem Stoß war Nietzsches *Also sprach Zarathustra*.

»Ja«, nickte ich. »Ich bin *sehr* überrascht.«

In weniger als einer halben Stunde hörten wir ein Pfeifen zwischen den Bäumen und sahen die drei Männer hintereinander auf uns zukommen.

»Geschäft geregelt!« sagte Titus mit fester Stimme und setzte sich auf seine Matte. »Die Tschuringas sind zu ihren rechtmäßigen Besitzern zurückgekehrt.«

Der Mann aus Amadeus sah erleichtert aus. Das Gespräch drehte sich jetzt um andere Dinge.

Titus war der Schrecken der Landrechtebewegung, weil alles, was er zu sagen hatte, zwangsläufig originell und unverfroren war. Er behauptete, die Menschen der Generation seiner Großeltern hätten unendlich viel düsterere Perspektiven gehabt, als das heute der Fall sei. Die Ältesten, die beobachteten, wie ihre Söhne kaputtgingen, hätten ihre Tschuringas häufig den Missionaren übergeben, um zu verhindern, daß sie zerbrachen, verlorengingen oder verkauft wurden. Ein Mann, der ihr Vertrauen verdiente, war der Pastor der Horn-River-Mission, Klaus-Peter Auricht. »Mein Großvater«, sagte Titus, »hat dem alten Auricht mehrere Tschuringas gegeben, als der da« – er zeigte mit dem Kopf auf seinen schnarchenden Vater – »zu trinken anfing.«

Bevor er Ende der sechziger Jahre starb, hatte Pastor Auricht die »Sammlung« zum Hauptsitz der Mission in Alice gebracht, wo sie unter Verschluß gehalten wurde. Als die »Aktivisten« Wind davon bekamen, daß Deutsche auf heiligem Besitzgut saßen, das »Millionen wert« war, schlugen sie wie üblich Radau und forderten die Rückgabe an das Volk.

»Diese Idioten verstehen nicht«, sagte Titus mit seiner schleppenden Stimme, »daß es so etwas wie einen Aborigine oder Ureinwohner nicht gibt. Es gibt Tjakamarras und Jaburullas und Duburungas wie mich, und das immer so weiter, im ganzen Land.

Aber wenn Leslie Watson«, fuhr er fort, »und die Canberra-Sippe auch nur einen einzigen Blick auf meine Familientschuringas geworfen hätten und wir wegen dieses Umstands das *Gesetz* anwenden müßten, wäre ich gezwungen, sie mit dem Speer zu durchbohren, oder?«

Titus schüttelte sich vor Lachen, und wir alle taten es ihm gleich.

»Ich kann euch sagen«, keuchte er mit einem boshaften Grinsen, »seit ich euch das letztemal gesehen habe, sind ein paar ausgesprochen komische Besucher bei mir gewesen.«

Die ersten waren ein paar junge Architekten, die ihm – im Namen des Pintupi-Rats und in der Hoffnung, ihm den Mund zu verschließen – ein Haus bauen wollten.

Titus schnaubte: »Sie hatten sich irgendeine Hütte mit Flachdach vorgestellt. Idioten! Ich sagte ihnen, wenn ich je ein Haus haben sollte, müßte es ein Haus mit Giebeldach sein. Ich bräuchte eine Bibliothek für meine Bücher. Ein Wohnzimmer. Ein Gästezimmer. Draußen Küche und Dusche. Sonst bliebe ich, wo ich bin.«

Der nächste war noch komischer gewesen: ein zungenfertiges Individuum von der Bergwerksgesellschaft, das Sprengkabel durch Titus' Land legen wollte.

»Bastard!« sagte er. »Zeigt mir seine geologische Übersichtskarte – wozu er, das muß man dazusagen, laut Gesetz der Krone verpflichtet ist – und redet eine Menge total schwachsinniges Zeug. ›Hier‹, sage ich zu ihm, ›geben Sie mal her.‹ Ich werfe einen Blick auf seine Synklinalen, und ich muß sagen, sie haben gute Chancen, in der Nähe von

Hunter's Bluff Öl oder Erdgas zu finden. ›Sehen Sie her!‹ sage ich. ›Man kann das auch anders betrachten. Wir haben in dem Gebiet eine Menge wichtiger Träume. Die Australische Katze, zum Beispiel. Den Emu, den schwarzen Kakadu, den Wellensittich, zwei Echsenarten. Und wir haben eine ›ewige Ruhestätte‹ des Großen Känguruhs. Auf den ersten Blick würde ich sagen, daß dort Ihr Ölfeld oder sonst etwas ist. Aber er schläft dort seit der Traumzeit, und wenn ich in der Sache ein Wort mitreden kann, wird er dort bis in alle Ewigkeit weiterschlafen.‹«

Titus freute sich sehr über unseren Besuch. Wir lachten noch eine Menge mehr. Sogar der Mann aus Amadeus mit seinem Nachttopfgesicht lachte. Dann kletterten wir in den Landcruiser und fuhren nach Cullen zurück.

Ich verbrachte den Nachmittag damit, meine Papiere zu ordnen. Wir wollten am nächsten Morgen nach Alice aufbrechen.

39

Der Mann aus Amadeus wollte bei der Horn-River-Siedlung abgesetzt werden, und so bot sich Arkady an, ihn über die Nebenstraße hinzubringen. Sie war weit weniger befahren als die andere, aber sie wurde allmählich trocken, und der Mann von der Bergwerksgesellschaft war mit seinem Auto durchgekommen.

Wir hatten uns mit Nahrung und Wasser eingedeckt und verabschiedeten uns gerade von Rolf und Wendy und versprachen einander, daß wir uns schreiben und Bücher schicken und uns nie aus den Augen verlieren würden, als Limpy angeschlendert kam und seine Hände an Arkadys Ohr legte.

»Natürlich nehmen wir dich mit«, sagte er.

Limpy war in seinem besten Staat. Er trug ein sauberes weißes Hemd und eine braune Tweedjacke, und sein Haar und sein Gesicht trieften von Öl, so daß er wie ein nasser grauer Seehund aussah.

Er wollte Cycad Valley besuchen: eine Stelle von ungeheurer Bedeutung in seiner Songline, die er nie aufgesucht hatte.

Cycad Valley ist ein Nationalpark – wenn auch vor der Öffentlichkeit gut geschützt –, wo es eine einzigartige Kohlpalme und einen uralten Bestand von einheimischen Kiefern gibt. Der Horn River fließt durch seine Schlucht; Limpys Traum, die Australische Katze, verlief mitten durch das Flußbett. Die Australische Katze, oder Tjilpa, ist keine wirkliche Katze, sondern ein kleines Beuteltier *(Dasyurus geoffreyi)* mit überdimensionalem Schnurrbart und einem gestreiften Schwanz, der senkrecht hochsteht. Es ist leider wahrscheinlich ausgestorben.

Es gibt eine Geschichte von einem jungen Tjilpa-Ahnen, der irgendwo im Norden der MacDonnell-Kette zwei Adlerfedern vom Himmel fallen sah und wissen wollte, von wo sie kamen. Er folgte der Milchstraße über die Sandberge, lockte nach und nach andere Tjilpa-Männer an, die sich der Gruppe anschlossen. Weit und weiter gingen sie. Ihr Fell war vom Winterwind zerzaust, und ihre Pfoten waren von der Kälte aufgerissen.

Schließlich kamen sie bei Port Augusta ans Meer, und dort, im Meer, stand ein Pfahl, so hoch, daß er den Himmel berührte (wie Dantes Berg im *Purgatorio*). Seine Spitze war weiß von Himmelsfedern und seine untere Hälfte weiß von Meeresfedern. Die Tjilpa-Männer nahmen den Pfahl mit und trugen ihn nach Zentralaustralien.

Limpy war aufgrund einer alten Fehde nie hierhergekommen. Doch kürzlich hatte er über den Buschtelegrafen erfahren, daß drei seiner entfernten Verwandten dort lebten – oder vielmehr, dort im Sterben lagen, bei ihrem Tschuringa-Lager. Er wollte sie sehen, bevor sie davongingen.

Wir fuhren sieben Stunden lang, von sieben bis zwei. Limpy saß vorn zwischen dem Fahrer und Marian, reglos bis auf pfeilschnelle Blicke seiner Augen nach rechts und links.

Etwa zehn Meilen vor dem Tal holperte der Landcruiser durch einen Bach, der nach Süden floß.

Limpy schoß plötzlich hoch wie ein Stehaufmännchen, sagte etwas im Flüsterton, steckte seinen Kopf aus dem Fahrerfenster (was Arkady veranlaßte, das Steuer herumzureißen), wiederholte das gleiche auf der anderen Seite, und dann kreuzte er die Arme und verstummte.

»Was ist los?« fragte Arkady.

»Der Tjilpa-Mann ist dort *gegangen*«, sagte Limpy und zeigte nach Süden.

An dem Straßenschild nach Cycad Valley nahmen wir eine rechte Haarnadelkurve und fuhren einen steilen Weg hinunter am Flußbett des Horn entlang. Blaßgrünes Wasser rauschte über die weißen Steine. Wir durchquerten den Fluß mehrmals. Rotgummibäume wuchsen im Flußbett.

Limpy hielt die Arme verschränkt und schwieg.

Wir kamen zu einer Stelle, wo sich ein Fluß teilte, das heißt, wir trafen wieder auf den Fluß, den wir weiter oben auf der Hauptstraße gekreuzt hatten. Der kleinere Arm war die Route der Tjilpa-Ahnen, und wir kamen im rechten Winkel darauf zu.

Als Arkady das Steuer nach links drehte, geriet Limpy erneut in Bewegung. Wieder steckte er den Kopf durch das eine, dann das andere Fenster. Seine Augen rollten wild über Felsen, Klippen, Palmen, Wasser. Seine Lippen bewegten sich schnell wie die eines Bauchredners, und ein Zischeln kam zwischen ihnen hervor: das Rauschen des Windes in den Zweigen.

Arkady wußte sofort, was los war: Limpy hatte die Strophen seiner Katze für die Gehgeschwindigkeit gelernt, vier Meilen in der Stunde, und wir fuhren fünfundzwanzig Meilen in der Stunde.

Arkady schaltete in den ersten Gang, und wir schlichen gemächlich wie Fußgänger voran. Sofort paßte Limpy sein Tempo der neuen Geschwindigkeit an. Er lächelte. Sein Kopf schwankte hin und her. Das Zischeln wurde ein sanftes, melodiöses Schnurren, und was ihn anging, wußten wir, daß er die Australische Katze *war*.

Wir fuhren fast eine Stunde lang; die Straße schlängelte sich durch die purpurroten Klippen. Es gab riesige Flußsteine, von schwarzen Streifen durchzogen, und Zykadeen schossen, vergrößerten Farnen ähnlich, zwischen ihnen empor. Es war ein drückend heißer Tag.

Dann verschwand der Fluß unter der Erde und ließ an der Oberfläche ein stehendes Gewässer mit schilfbewachsenen Rändern zurück. Ein purpurroter Reiher flog auf und ließ sich in einem Baum nieder. Die Straße war zu Ende.

Wir stiegen aus und folgten Limpy über einen ausgetretenen Fußpfad, der sich um die Felsen und das Wasser schlängelte und in einem Bassin aus dunkelrotem Stein endete, dessen Schichten stufenweise zurückwichen und an Sitze in einem Amphitheater erinnerten. Unter einem Baum stand die übliche Blechhütte.

Eine Frau mittleren Alters, deren Brüste sich unter ihrem purpurroten Trägerkleid wölbten, zog einen Ast als Brennholz zur Feuerstelle. Limpy stellte sich vor. Ein Lächeln glitt über ihr Gesicht, und sie bedeutete uns, ihr zu folgen.

Wie ich in meinen Notizbüchern schrieb, glauben die Mystiker, daß der ideale Mensch sich einen »richtigen Tod« erwandern soll. Wer angekommen ist, »geht zurück«.

Im Australien der Aborigines gibt es besondere Regeln für das »Zurückgehen«, oder vielmehr dafür, sich dahin zu singen, wohin man gehört: zur »Stätte der Empfängnis«, zu dem Platz, wo der eigene Tschuringa lagert. Nur dann kann man der Ahne werden – oder von neuem werden. Diese Vorstellung ähnelt dem geheimnisvollen Ausspruch Heraklits: »Sterbliche und Unsterbliche, lebendig in ihrem Tod, tot im Leben des anderen.«

Limpy humpelte voran. Wir folgten ihm auf Zehenspitzen. Der Himmel war weißglühend, und scharfe Schatten fielen über den Pfad. Ein Rinnsal tröpfelte die Klippe hinunter.

»Dort oben ist die Tschuringa-Stätte«, sagte Limpy leise und zeigte auf eine dunkle Spalte hoch über unseren Köpfen.

In einer Lichtung standen drei Spitalbetten mit einem Rost aus Sprungfedern, ohne Matratze, und auf ihnen lagen die drei sterbenden Männer. Sie waren beinahe Skelette. Sie hatten keine Bärte und keine Haare mehr. Einer hatte noch die Kraft, den Arm zu heben, ein anderer, etwas zu sagen. Als sie hörten, wer Limpy war, lächelten alle drei spontan dasselbe zahnlose Lächeln.

Arkady schlug die Arme übereinander und beobachtete sie.

»Sind sie nicht wunderbar?« flüsterte Marian, legte ihre Hand in meine und drückte sie.

Ja. Ihnen fehlte nichts. Sie wußten, wohin sie gingen. Im Schatten eines Geistereukalyptusbaumes lächelten sie dem Tod entgegen.

Bruce Chatwin
Was mache ich hier

Aus dem Englischen von Anna Kamp
Band 10362

Was mache ich hier ist wohl das persönlichste Buch von Bruce Chatwin. Weitgehend noch von ihm selbst zusammengestellt in den letzten Monaten vor seinem Tod im Januar 1989, offenbart diese aufregend vielseitige Auswahl an Geschichten, Porträts, Reiseberichten und »seltsamen Begegnungen« seinen besonderen Blick auf die Welt, seine geschärfte Sensibilität und seine außerordentliche Empfänglichkeit für das Fremdartige. Chatwin sieht sich um ein Haar in einen Militärputsch in Westafrika verwickelt, geht mit Indira Gandhi auf Wahlkampfreise, sucht im Himalaya nach den Spuren des Yeti, recherchiert die Geschichte eines Wolfskindes, besucht Nadeshda Mandelstam, Ernst Jünger und André Malraux. Vorliebe für das Entlegene und Skurrile zeigen besonders die Schilderungen seiner Begegnung mit einem chinesischen Geomanten, seines Besuchs bei Madame Vionnet, »die um die Jahrhundertwende die Frauen von der Tyrannei des Korsetts befreite«. Worüber er in diesen journalistischen Arbeiten auch schreibt, immer hat ein »Prozeß der freien Erfindung stattgefunden«, erweist er sich auch hier als großer Geschichtenerzähler.

Fischer Taschenbuch Verlag

Bruce Chatwin

Der Traum des Ruhelosen

Aus dem Englischen von Anna Kamp

Band 13729

Bruce Chatwin gilt als einer der bedeutendsten Reiseschriftsteller unseres Jahrhunderts. Doch immer schon hat er sich unterschiedlichen Metiers gewidmet. Er war Kunstexperte bei Sotheby's, Archäologe, Sammler, Rezensent und Reporter. In diesem Band finden sich Texte aus seinem Nachlaß, die diese Vielfalt spiegeln. Es sind Geschichten und Reiseskizzen, Artikel und Essays, durch die sich wie ein roter Faden die Motive ziehen, die Chatwins Denken und Schreiben seit jeher bestimmen: Verwurzelung und Heimatlosigkeit, Fernweh und Fremde, Exotik und Exil, Besitz und Freiheit, Sammelleidenschaft und Schönheit der Dinge.

»*Die magische Wirkung von Chatwins Prosa entfaltet sich auch in diesen kürzeren Texten ... Sie beweisen einmal mehr, daß der ›Berufsnomade‹ ein Autor ersten Ranges war.*«   Tagesanzeiger

Fischer Taschenbuch Verlag

Susannah Clapp
Mit Chatwin
Porträt eines Schriftstellers
Aus dem Englischen von Anna Kamp
Band 14562

Wie kaum ein anderer Schriftsteller in den letzten zwanzig Jahren hat Bruce Chatwin unseren Träumen von Aufbruch und Wegsein in seinen Büchern Ausdruck gegeben. In Susannah Clapps vitalem Porträt begegnen wir Chatwin noch einmal – dem Dandy, dem Nomaden, dem Archäologen, dem Kunstexperten bei Sotheby's, dem Sammler und Geschichtenerzähler.

»Ein glitzerndes Porträt, in dem wir Chatwin
noch einmal sehen können, in all dem Glanz,
den seine Person ausstrahlte, und in dem Dunkel,
in dem er sich zu verbergen suchte.«
Süddeutsche Zeitung

Fischer Taschenbuch Verlag

HANSER

Schriftsteller und Reisender ·
Erinnerungen an Bruce Chatwin

Bruce Chatwin, einer der schillerndsten und widersprüchlichs[ten] Autoren seiner Zeit, gestaltete sowohl sein Leben als auch sein Werk als Performance. Er war d[er] jüngste Experte bei Sotheby's u[nd] zog mit einem maßgeschneider[ten] Rucksack durch die Wüste. Er li[eb]te die Strenge, das Schmucklose und war selbst extravagant bis i[ns] Extrem. In ihrem sehr persönlic[hen] Erinnerungsbuch zeichnet Susannah Clapp, die Chatwin a[ls] Lektorin und Freundin gut gekan[nt] hat, das faszinierende Porträt dieses Dandys und Nomaden.

Aus dem Englischen von Anna Kamp
256 Seiten. Gebunden